精选出数百则典故,
并对每则典故的故事、含义进行了全面的解读,
让你在轻松中体悟国学精华。

年轻人必知的 500个 国学典故

● 千年中国文化集粹 ●

墨 菲 ◎ 编著

中国华侨出版社

图书在版编目（CIP）数据

年轻人必知的 500 个国学典故 / 墨菲编著. — 北京：中国华侨出版社，2015.7
ISBN 978-7-5113-5575-1

Ⅰ. ①年… Ⅱ. ①墨… Ⅲ. ①国学－通俗读物 Ⅳ. ①Z126－49

中国版本图书馆 CIP 数据核字（2015）第 168743 号

● 年轻人必知的 500 个国学典故

| 编　　著 / 墨　菲
| 责任编辑 / 文　筝
| 责任校对 / 高晓华
| 装帧设计 / 环球互动
| 经　　销 / 新华书店
| 开　　本 / 710 毫米×1000 毫米　1/16　印张 /21　字数 /381 千字
| 印　　刷 / 香河利华文化发展有限公司
| 版　　次 / 2015 年 12 月第 1 版　2017 年 6 月第 2 次印刷
| 书　　号 / ISBN 978-7-5113-5575-1
| 定　　价 / 38.00 元

中国华侨出版社　北京市朝阳区静安里 26 号通成达大厦 3 层　邮编：100028
法律顾问：陈鹰律师事务所　　编辑部：（010）64443056　　64443979
发行部：（010）64443051　　　传　真：（010）64439708
网　址：www.oveaschin.com　　E-mail：oveaschin@sina.com

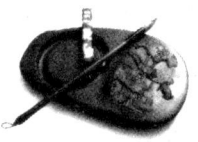

前 言
PREFACE

中国作为世界四大文明古国之一,拥有几千年的历史文化,有着深厚的底蕴和内涵。其中,数不尽的国学典故更是为这个古老而文明的国度又增添了丰富的文化内涵。说到这儿,不禁有人要问:什么是国学呢?国学典故又是什么呢?

其实,"国学"这个名词最早出现在20世纪20年代,又称"汉学"或"中国学"。而国学典故就是通过故事的形式去解释国学中所蕴含的文化与哲学。其在文化和学术上的体现主要以儒学为体系,涵盖两汉经学、魏晋玄学、宋明理学,还包括汉赋、六朝骈文、唐宋诗词、元曲及明清小说,涉及历史、思想、哲学、地理、政治、经济、书画、音乐、术数、医学、星象、建筑等方面。其范围很广,涵盖的学科也是种类繁多,可以说是中国传统文化和学术的百科全书。

国学典故是通过小故事大道理的方式告诉我们国学中所蕴含的思想和智慧,将其吸收理解之后,不仅可以使我们在处事、学习、交友、修身等多方面有很大的提高,还可以让我们眼界放宽,心态摆正。丰富知识的同时更是学会了做人的道理与生活的意义。

本书通过"世间百态"、"正确处事"、"自我修身"、"学习与进步"、

"治国与用人"及"交友与相处"这六个角度向读者们介绍了五百个国学典故，主要涉及历史、政治、思想、医学、音乐、经济等方面，包括了成语典故、历史典故、寓言典故还有文化典故，让读者们通过读故事的方式去了解国学文化的博大精深。

怎样学习提高最快？如何处事让人喜欢？古时谏臣怎么巧妙进谏？一代霸主如何兴国安邦？世间百态里有怎样的经典故事？处世谋略中告诉我们什么样的深刻道理？一则又一则的国学小故事，蕴涵一个又一个的育人大道理。读者在阅读中，除了可以了解中国传统文化，还会感受到国学带给我们的古典魅力。

为了方便读者阅读，本书的五百则典故都是用最通俗精简的语言去表述，从而达到轻松阅读又可受益匪浅的效果。希望通过这五百则典故，可以使更多的人了解国学，喜欢上国学，实现中华民族文化的伟大复兴。

目 录
CONTENTS

第一部分　世间百态

001 东施效颦——自取其辱 …… 1
002 杀猪教子——父母应该首先学会"诚实" …… 2
003 庄周梦蝶——虚实难辨 …… 2
004 东窗事发——若想人不知，除非己莫为 …… 3
005 自相矛盾——说话、行动前后相抵触 …… 3
006 守株待兔——侥幸一次并不代表可以永远幸运 …… 4
007 掩耳盗铃——自欺欺人 …… 4
008 成败萧何——事物都有两面性 …… 5
009 不识时务——其乃洁身自好 …… 6
010 叶公好龙——哪里是真的喜欢 …… 6
011 入木三分——钻研得刻苦，分析得深刻 …… 7
012 黔驴技穷——时光流逝下的真相 …… 7
013 杯弓蛇影——多疑的后果 …… 8
014 大相径庭——夸夸其谈惹人烦 …… 9
015 天衣无缝——非人间所有 …… 9
016 养猿于笼——扼杀天性 …… 10
017 朝三暮四——骗人不骗己 …… 10
018 粤人食芝——死于愚昧，悲于自作聪明 …… 11
019 笼中鹦鹉——没有自由的鹦鹉，永远不会快乐 …… 11
020 南岐之见——错误当正确，是非不分 …… 12
021 燕石藏珍——固执的可怕甚过愚钝 …… 12
022 王华还金——拾金不昧好品德 …… 13
023 朽木不可雕——差到极致 …… 13
024 画荻教子——环境再苦，也不忘育儿读书 …… 14
025 永某氏之鼠——丑类永远只能猖獗一时 …… 14
026 剜股藏珠——为利伤人，实在不值 …… 15
027 是可忍，孰不可忍——人的忍耐是有限度的 …… 15
028 挂羊头卖狗肉——表里不一 …… 16
029 宣王好射——甜蜜谎言下的日益

1

堕落 …… 16	生活平稳 …… 32
030 赵某误子——父母过分的溺爱，孩子灰暗的明天 …… 17	055 风吹草动——风稍一吹，草就摇晃 …… 33
031 大鳌与蚂蚁——小人物的自以为是 …… 17	056 梁上君子——生活窘迫也不能自甘堕落 …… 34
032 蒙人遇虎——别被表象所迷惑 …… 18	057 橘化为枳——环境变了，品质也变了 …… 34
033 旁观者清——不一样的角度看问题 …… 19	058 侯门如海——门第悬殊，故友疏途 …… 35
034 树倒猢狲散——靠树树会倒，靠人人会散 …… 19	059 刻鹄类鹜——模仿也要分对象 …… 36
035 别无长物——再无多余之物 …… 20	060 同仇敌忾——命运相通，结果相同 …… 37
036 城狐社鼠——依仗权势，为非作歹 …… 20	061 咄咄怪事——见怪不怪，其怪自败 …… 37
037 依样画葫芦——没有创新等于做无用功 …… 21	062 一字千金——《吕氏春秋》一字值千金 …… 38
038 因噎废食——怎能因小小挫折而让生活停滞不前 …… 21	063 撕衣成书——创意书法，流传千古 …… 39
039 捉襟见肘——山穷水尽的尴尬境地 …… 22	064 人为财死，鸟为食亡——贪婪的代价 …… 40
040 狼子野心——兽性难改 …… 23	065 金玉其外，败絮其中——表面光鲜，华而不实 …… 41
041 钟能辨盗——做贼心虚 …… 23	066 舍本逐末——目光短浅 …… 41
042 痴人说梦——只有痴人才相信 …… 24	067 鲁侯养鸟——想将鸟养好，就要用鸟最喜欢的方式 …… 42
043 痴心妄想——在幻想中迷失了真实的自我 …… 24	068 禽鸟钟情——禽兽尚知生离死别之苦 …… 42
044 名落孙山——输给了最后一名 …… 26	069 汉人煮箦——话听得一知半解，事做得一塌糊涂 …… 43
045 暴跳如雷——情绪冲动，又急又怒 …… 26	070 远水不救近火——水在千里，火在眼前 …… 43
046 不寒而栗——过分地害怕而浑身发抖 …… 27	071 乡人藏虱——分清善恶，坚决铲除 …… 44
047 临江之麋——被宠溺的悲哀 …… 27	072 沧海桑田——世间变幻的神奇之处 …… 45
048 得过且过——胸无大志难成器 …… 28	073 一问三不知——到底知不知 …… 45
049 招摇过市——做人不能太过高调 …… 29	074 鲁国之儒——不可凭借表象去评判一个人 …… 46
050 雁足传书——大雁传递的那封书信 …… 29	075 脍炙人口——人人赞颂 …… 46
051 买椟还珠——舍本逐末，弃主求次 …… 30	076 怒发冲冠——怒到极限 …… 47
052 临渴掘井——临时抱佛脚难成事 …… 30	077 杞人忧天——没有必要的担心 …… 48
053 豹死留皮——肉体会腐，但精神可永存 …… 31	078 饮驴上流——假装清高才是真的俗 …… 49
054 留得青山在，不怕没柴烧——拥有资本，	

079 揠苗助长——欲速则不达 ………… 49	101 哄堂大笑——你说好笑不好笑 ……… 62
080 后生可畏——新生力量的强大 …… 50	102 惊弓之鸟——因为伤过,所以才怕 … 63
081 危如累卵——形势的危险 ………… 50	103 狼狈不堪——进退两难 ……………… 63
082 画饼充饥——怎能真"饱" ………… 51	104 吝公惜驴——金钱有数,健康无价 … 64
083 造酒忘米——一步登天的痴心妄想 … 52	105 无价之宝——金钱已经无法衡量 …… 65
084 吕某刺虎——谎言迟早会败露 …… 52	106 病入膏肓——无术可医 ……………… 65
085 不胫而走——传播速度的强大 …… 53	107 鬼斧神工——雕塑作品的工艺精湛 … 66
086 夜狸偷鸡——死守名利,最终丧命 … 53	108 雕虫小技——小小伎俩,微不足道 … 67
087 家喻户晓——众人皆知 …………… 54	109 翠鸟移巢——亡于溺爱 ……………… 67
088 郑人惜鱼——爱的方式不对,好事最	110 驳象虎疑——看问题只看到表象 …… 67
终变成了坏事 ………………… 54	111 狮子与豺——助纣为虐,自食恶果 … 68
089 吴牛喘月——只看表象就已吓破胆 … 55	112 青出于蓝,而胜于蓝——后人的超越,
090 人言可畏——说人是非是最狠毒的	社会的进步 …………………… 68
攻击武器 ……………………… 55	113 飞鸟惊蛇——草书的最高境界 ……… 69
091 老生常谈——才更需警示 ………… 56	114 余音绕梁——优美歌声永不绝 ……… 69
092 东食西宿——鱼和熊掌怎可兼得 … 57	115 鱼目混珠——怎能以假乱真 ………… 70
093 比肩接踵——人口稠密 …………… 57	116 张用良不杀蜂——态度的转变 ……… 70
094 五十步笑百步——看不到自己的错 … 58	117 兔死狐悲——同类的今日,自己的
095 一夜十起——内心的牵挂 ………… 58	明天 …………………………… 71
096 不禽不兽——两面派的伎俩 ……… 59	118 某恶鼠——扼杀在温室中的栋梁之才 … 71
097 狐假虎威——借着强者的威严,抬高	119 一琴一鹤——行囊简单,为官清廉 … 72
自己 …………………………… 60	120 改弦易辙——彻底的改变 …………… 72
098 画龙点睛——最绝妙的一笔 ……… 60	121 罚人吃肉——你厌恶的,不一定也是
099 以讹传讹——传言的危害 ………… 61	别人厌恶的 …………………… 73
100 此地无银三百两——不要制造自欺欺	122 割肉相啖——"勇敢"的代价 ……… 73
人的借口 ……………………… 62	123 张五悔猎——母爱的伟大 …………… 74

第二部分　正确处事

124 越人阱鼠——策略做事,一网打尽 … 75	127 螳臂当车——力量渺小,勇气可嘉 … 76
125 赵襄主学御——胜败置之度外,发挥	128 截竿入城——当不懂变通遇上了
最好状态 ……………………… 75	自作聪明,谁更愚钝 …………… 77
126 坐山观虎斗——轻松获利的方法 … 76	129 千金买骨——坦诚的效应 …………… 78

130 追女失妻——顾着"新欢",丢了"旧爱",
　　前后两空 …………………………… 78
131 枭将东徙——问题要从根本上去
　　解决 ………………………………… 79
132 其父善游——解决问题要从实际
　　出发 ………………………………… 79
133 庸医治驼——只求主观目的,不顾
　　客观影响 …………………………… 79
134 曹冲称象——学会转变思维方式 … 80
135 杯水车薪——以杯水去救整车薪火,
　　不自量力 …………………………… 81
136 赵伯公肥大——被表象吓昏了头 … 81
137 农夫耕田——事事都有大学问 …… 82
138 涸泽之蛇——透过表象看本质 …… 82
139 暴虎冯河——有勇无谋 …………… 83
140 有备无患——居安思危 …………… 83
141 骑马顶包——做事首先要搞清楚事物
　　间的关系 …………………………… 84
142 宋人酤酒——事物之间都有相互的
　　联系 ………………………………… 84
143 移花接木——为达目的不择手段 … 85
144 察言观色——从细微的言语表情中察
　　觉别人的心理 ……………………… 86
145 天马行空——享受思维的凌空跳跃 … 86
146 扬汤止沸——解决问题不能做
　　无用功 ……………………………… 87
147 事半功倍——小力气,大收获 …… 87
148 一孔之见——目光狭隘 …………… 88
149 余勇可贾——勇气无限 …………… 88
150 千里之堤,毁于蚁穴——无视小小蚁穴,
　　毁掉千里堤坝 ……………………… 89
151 千里之行,始于足下——踏实地走好
　　"每一步" …………………………… 90

152 临渊羡鱼,不如退而结网——与其垂涎
　　羡慕,不如着手去做 ……………… 90
153 盲人骑瞎马,夜半临深池——盲目行动,
　　后果不堪设想 ……………………… 91
154 骑虎难下——克服困难,奋勇向前 … 91
155 鲁相嗜鱼——不收人礼物,不受人
　　牵绊 ………………………………… 92
156 焚庐灭鼠——要时刻保持冷静的态度去
　　做事 ………………………………… 92
157 常羊学射——做事不可三心二意 … 93
158 齐人有好猎者——准备充足才能
　　成功 ………………………………… 93
159 空中楼阁——不切实际的幻想 …… 94
160 赵人乞猫——做事有失必有得 …… 95
161 声东击西——清楚自己的目标,
　　迷惑敌人的方向 …………………… 95
162 不遗余力——全力以赴 …………… 96
163 以逸待劳——养精蓄锐 …………… 97
164 打草惊蛇——切勿轻举妄动 ……… 97
165 百闻不如一见——眼见为实,耳听
　　为虚 ………………………………… 98
166 明哲保身——做一个明智的人 …… 99
167 舍旧谋新——时代不同,处事方式需
　　改变 ………………………………… 99
168 羿射不中——心存杂念,是使目标偏离
　　的根本原因 ………………………… 100
169 郑人买履——不要墨守成规 ……… 100
170 鹦鹉救火——不忘滴水之恩 ……… 101
171 狼心狗肺——不识人善 …………… 101
172 迂儒救火——死板讲求礼仪的后果不
　　堪设想 ……………………………… 102
173 先声夺人——在气势上压倒对手 … 103
174 孔子马逸——摆事实讲道理 ……… 103

175 一鼓作气——情绪最高亢的时候最容
易达到成功 104
176 急流勇退——勇者的智慧 104
177 弄巧成拙——做人不可自作聪明 105
178 欲速则不达——做事不要过于心急 ... 106
179 有志者事竟成——梦想的力量 106
180 以卵击石——不自量力 107
181 疑邻盗斧——走出思维定势,做出
理智的判断 107
182 杀鸡取卵——做事不能只图眼前
利益 108
183 披荆斩棘——心中有梦,何惧沿途
荆棘丛生 109
184 不入虎穴,焉得虎子——可贵的冒
险精神 109
185 三折其肱——在挫折中积累经验 110
186 破釜沉舟——心除杂念,奋勇向前 ... 110
187 穷当益坚,老当益壮——找出不足,
改善自我 111
188 白龙鱼服——太过低调也会有代价 ... 111
189 盗割牛舌——处理事情的技巧 112
190 抛砖引玉——处事该有的谦虚
态度 113
191 田忌赛马——简单策略下的稳操
胜券 113
192 运筹帷幄——王者风范 114
193 请君入瓮——不要搬石头砸自己脚 ... 114
194 望梅止渴——心理暗示的神奇功效 ... 115
195 一鸣惊人——沉默,是为了更好地
出击 116
196 抱薪救火——处事要讲求方法 117
197 先斩后奏——时机不等人,该出手时
就出手 117

198 一箭双雕——精湛技艺与完美时机
配合下的巨大收获 118
199 奇货可居——用不一样的方法看问题,
收获不一样的成功 119
200 假痴不癫——伺机反击 119
201 关门捉贼——一举歼灭 120
202 塞翁失马,焉知非福——事物的
多面性 121
203 鹬蚌相争,渔翁得利——要看清
真正的敌人 122
204 螳螂捕蝉,黄雀在后——做事不
可只顾眼前的利益 122
205 借尸还魂——换新颜,走老路 123
206 欲擒故纵——智取"猎物" 123
207 围魏救赵——换种方式去思考 124
208 笑里藏刀——隐藏在微笑背后的
杀机 124
209 兵不厌诈——计谋的策划,胜利
的法则 125
210 坐观成败——随主不可怀二心 126
211 调虎离山——小变通,大胜利 126
212 未雨绸缪——小鸟筑巢的哲学 127
213 先发制人——先机的重要性 127
214 偷梁换柱——蒙混过关 128
215 乘人之危——小人作为 129
216 开诚布公——人与人之间相处的
学问 129
217 金针度人——毫不吝啬的教导 130
218 夜郎自大——肤浅却又自以为是 130
219 南柯一梦——美梦终究会醒 131
220 老马识途——事物都各有所长 132
221 三人成虎——谣言的危害 132
222 楚人贻笑——追求目标不要太过

偏执 …………………………………… 133

223 画蛇添足——何必多此一举 …… 134

224 为盗之道——听话切勿只听表面 … 134

225 愚人食盐——盐虽美味，却不可
多食 ……………………………… 135

226 模棱两可——决定不明的处事
态度 ……………………………… 136

227 刻舟求剑——不懂变通的大笑话 … 136

228 宋襄之仁——对敌人不能仁慈 …… 137

229 妄语误人——兜兜转转一大圈，
害人终究害自己 ………………… 138

230 趋炎附势——权势之人的傀儡 …… 139

231 一意孤行——固执的处事方法 …… 139

232 智子疑邻——一样的劝告，不一样的
回报 ……………………………… 140

233 养虎为患——不要被事物的表面所
迷惑 ……………………………… 141

234 农夫杀牛——好心没好报 ………… 142

235 二叟钓鱼——钓鱼小哲学，生活大
道理 ……………………………… 142

236 功亏一篑——没能坚持到最后的
遗憾 ……………………………… 143

237 当机立断——危急关头，果断处事 … 143

238 盲人摸象——做事不要只求片面 …… 144

239 华佗巧治病——做事要讲求技巧 …… 145

240 缘木求鱼——方法不对，就永远
不会达到目的 …………………… 145

241 过河拆桥——忘恩负义的事情做
不得 ……………………………… 146

第三部分　自我修身

242 好逸恶劳——身心的堕落 ………… 147

243 多言何益——话在精不在多 ……… 148

244 偷鸭求骂——面对犯过的错，要选择
勇敢地去面对 …………………… 148

245 大器晚成——时间磨炼人才 ……… 149

246 甘拜下风——正确面对失败 ……… 149

247 鸲鹆噪虎——将自己活成别人的模样，
实在可悲 ………………………… 150

248 河豚之死——小小打击，自暴自弃 … 150

249 月攘一鸡——改错岂能拖延症 …… 151

250 亡羊补牢——为时不晚 …………… 151

251 钱货入瓶——永远不会满足的欲望 … 152

252 井底之蛙——市井小民 …………… 152

253 闭门思过——犯错就给自己一个反省
的空间 …………………………… 153

254 呆若木鸡——以永恒的淡定，面对一
世的喧嚣 ………………………… 154

255 津人操舟——心无杂念，操事自如 … 154

256 越工操舟——人不要高估自己的
能力 ……………………………… 155

257 姜从树生——有错就认错，何必
在乎面子 ………………………… 156

258 一狙搏矢——骄傲的代价 ………… 156

259 许金不酬——承诺怎可不兑现 …… 157

260 孔融让梨——良好的品行应该从小
养成 ……………………………… 157

261 防微杜渐——将祸患扼杀在萌芽
之中 ……………………………… 158

262 分庭抗礼——平起平坐 …………… 159

263 不为五斗米折腰——无论何种境地，

都不要丢失自己的尊严 …………… 159
264 宰相肚里能撑船——宽容的哲学 …… 160
265 齐人攫金——利欲熏心后的荒谬
行为 ……………………………………… 161
266 蜘蛛与蚕——一样吐丝,两种境界 … 161
267 北人食菱——不懂装懂的大笑话 …… 162
268 死而不朽——精神不死才是真正的
永垂不朽 ……………………………… 163
269 洁身自好——何惧世道污浊 ………… 163
270 安贫乐道——坚持信念,何苦抱怨 … 164
271 纸上谈兵——不怕经验尚浅,就怕
自以为是 ……………………………… 165
272 方士大言——吹牛的代价 …………… 166
273 宠辱不惊——永远的平常心 ………… 166
274 扁鹊换心——长短互补才能更加
完美 …………………………………… 167
275 不欺暗室——君子的坦荡 …………… 168
276 宁为玉碎,不为瓦全——宁可骄傲
地死去,也不卑微地活着 …………… 168
277 田父遗产——勤劳和勤俭是人生中最
宝贵的财富 …………………………… 169
278 悔过自新——改掉缺点,从头再来 … 169

279 百尺竿头——人生还需更进一步 …… 170
280 盲子失坠——不信劝言,自讨苦吃 … 171
281 乌鸦喜谀——不要在花言巧语中迷失
自我 …………………………………… 171
282 杨布打狗——学会换位思考 ………… 172
283 一屋不扫,何以扫天下——细节决定
成败 …………………………………… 173
284 心坚石穿——信念的力量 …………… 173
285 反求诸己——自我反省,争取进步 … 174
286 不可救药——没有再做教导的必要 … 174
287 生不逢时——要学会改变自己,以适
应时代的需求 ………………………… 175
288 迁公修屋——做人不要鼠目寸光 …… 175
289 鸲鹆学舌——人要勇敢做自己 ……… 176
290 卖蒜老叟——做人要懂得谦虚 ……… 177
291 讳疾忌医——勇敢面对自己的缺点 … 178
292 玄石好酒——知错不改,最终丧命 … 179
293 望洋兴叹——面对强者的感叹 ……… 179
294 毛遂自荐——你是你自己最好的推
荐者 …………………………………… 180
295 趾高气扬——自满的悲剧 …………… 181

第四部分 学习与进步

296 拾人牙慧——毫无己见 ……………… 183
297 铁杵磨针——想要成功,先下苦功 … 184
298 四方之志——远大志向是你成功的
顺风帆 ………………………………… 184
299 目不窥园——专注学习 ……………… 185
300 悬梁刺股——下苦功,获成功 ……… 185
301 造父学御——基本功的重要性 ……… 186
302 中山窃糟——学习抓不住精髓的愚钝

之人 …………………………………… 187
303 梧鼠学技——学习的根本在于质量而
非数量 ………………………………… 187
304 奴子傅显——死板读书,愚钝处事 … 188
305 眇者识日——亲身体验才将知识学
透彻 …………………………………… 188
306 熟能生巧——勤加练习,才能怀
绝技 …………………………………… 189

| 307 文征明习字——江南才子的成功

   诀窍 190
| 308 韦编三绝——勤奋刻苦的读书精神 190
| 309 圆木警枕——警醒自己要勤奋 191
| 310 屠龙之技——出奇技艺,无施展之地 191
| 311 金石为开——全神贯注的神奇力量 192
| 312 鹤立鸡群——学会与众不同 192
| 313 囊萤映雪——抓紧一切机会学习 193
| 314 洛阳纸贵——顽童变才子,作品用光

   洛阳纸 194
| 315 开卷有益——读书的益处 195
| 316 百步穿杨——箭术的出神入化 195
| 317 愚公移山——执着精神改变后世

   命运 195
| 318 飞黄腾达——不懈努力的最好

   回报 196
| 319 胸有成竹——反复练习的神奇

   效果 197
| 320 投笔从戎——向最适合自己的

   方向努力,收获最满意的成功 197
| 321 闻一知十——一点就通 198
| 322 生吞活剥——文章怎能这样写 198
| 323 歧路亡羊——学习不要在歧路

   中迷失 199
| 324 纪昌学射——刻苦,是学有所

   成的唯一途径 200
| 325 孺子可教——可造就的年轻人 201
| 326 囫囵吞枣——"细嚼慢咽"才

   能得精 202
| 327 詹何钓鱼——对的方法是通往

   成功的阶梯 202
| 328 秉烛之明——学习永远为时不晚 203
| 329 轮扁斫轮——造车也有大道理 204

330 一窍不通——愚钝的"至高"

   境界 204
331 夜以继日——学到"昏天暗地" 205
332 桃李满天下——狄仁杰育人有道 206
333 汗牛充栋——书是人类的好朋友 207
334 郦原泣学——学习是人生中最不可放弃

   的事情 207
335 佝偻承蜩——专心致志,方能成大事 208
336 亦步亦趋——学习不能"有样学样" 208
337 朱詹吞纸——生存环境不是你拒绝

   学习的理由 209
338 断织劝学——学习不可半途而废 210
339 南辕北辙——前进方向要与目标相

   一致 210
340 不耻下问——孔子对待学习的态度 211
341 江郎才尽——巩固学习是进步的

   关键 212
342 凿壁偷光——没有条件,创造条件也要

   学习的求知精神 213
343 薛谭学讴——学无止境 213
344 子路受教——天赋固然重要,后天努力

   也不可或缺 214
345 梓庆为鐻——专注是成功的秘诀 215
346 苏洵焚稿——学习也可从头再来 215
347 任末好学——将学习视为一生的

   追求 216
348 牛角挂书——勤奋收获成功 217
349 学而不厌——学习该持有的态度 217
350 按图索骥——读书不要读死书 217
351 焚膏继晷——勤奋总会有成效 218
352 老翁捕虎——坚持,是成功最神奇的催

   化剂 219
353 藏火偷读——"偷学"而成的大学士 220

354 楚人学舟——脚踏实地、谦虚是学习之本 …… 221
355 庖丁解牛——做事的最高境界在于"游刃有余" …… 221
356 刘向燃藜——刻苦终有回报 …… 222
357 狗尾续貂——怎能以次充好 …… 222
358 一知半解——不如不解 …… 223
359 神农尝百草——探索的可贵与奉献的伟大 …… 223
360 郑师文学琴——学习不能只求表面 …… 224
361 手不释卷——好的习惯帮你走向成功 …… 225
362 惜墨如金——严谨的学习态度 …… 226
363 水滴石穿——切勿忽略微小事物的存在 …… 226
364 精卫填海——坚持就会有希望 …… 227
365 闻鸡起舞——成功的秘诀在于早起的那"一分钟" …… 228
366 发愤忘食——勤奋到忘我的地步 …… 228
367 出人头地——你的才华终究会被发掘 …… 229
368 专心致志——一心一意，必能成功 …… 229
369 不甘雌伏——成功，是因为不甘堕落 …… 230
370 乘风破浪——排除万难，必达目标 …… 230
371 舍我其谁——洒脱的大我精神 …… 231
372 锲而不舍——坚持是最好的学习方法 …… 232
373 士别三日，当刮目相看——别小看任何一个人的努力 …… 232
374 一目十行——阅速飞快 …… 233
375 戴嵩画牛——不要盲目信从权威 …… 233
376 滥竽充数——骗得了一时，骗不了一世 …… 234
377 敲门砖——为求功名，死学八股 …… 235
378 不求甚解——陶渊明的自我评判 …… 235
379 邯郸学步——变通是学习之本 …… 236
380 孟母三迁——环境能成就人，也能毁掉人 …… 237
381 程门立雪——尊师重道，千古传颂 …… 237

第五部分　治国与用人

382 以人为鉴——反省自己的"捷径" …… 239
383 近悦远来——统治者该学习的治理政策 …… 239
384 子思进言——王者对人才功过该持的态度 …… 240
385 指鹿为马——颠倒黑白要不得 …… 240
386 楚庄忧亡——国君忧愁自省，国家繁荣昌盛 …… 241
387 水深火热——暴政怎能得到百姓拥护 …… 242
388 愚公之谷——百姓的态度对一个国家的影响 …… 242
389 杀鸡儆猴——以处罚手段震慑全局 …… 243
390 取道杀马——威严的震慑不能代表一切 …… 244
391 燕王好乌——君王该树的榜样 …… 244
392 安居乐业——一种理想的社会 …… 245
393 道不拾遗——最好的民风，最强的国度 …… 245
394 萧规曹随——循规蹈矩的治国方针 …… 246

| 395 克己奉公——为公忘私的大我精神 ………………………… 247
| 396 远交近攻——目标由小到大地循序渐进 ……………………… 248
| 397 斩姬练兵——良将严格练兵的策略 ………………………… 248
| 398 与民偕乐——君王对民该有的态度 ………………………… 249
| 399 为虎作伥——怎可为私欲去伤害更多的人 ……………………… 250
| 400 卫君重法——律严法明的治国政策 ………………………… 251
| 401 苛政猛于虎——施暴统治下的人心惶惶 ……………………… 251
| 402 邴吉问牛——爱民乃治国根本 … 252
| 403 昭侯治吏——法不容情 ……… 252
| 404 众怒难犯——民众利益不可侵犯 253
| 405 卖剑买牛——武力不是统治者解决问题的唯一方法 ……………… 254
| 406 亡国怨祝——统治者自己才是守护这个国家的"神灵" …………… 254
| 407 三过家门而不入——王者该有的无私精神 ………………………… 255
| 408 兼听则明,偏听则暗——广开言路使君王明辨是非 ……………… 256
| 409 广开言路——给臣民一次讲话的机会,给国家一个满意的未来 … 256
| 410 约法三章——帝王有所承诺,百姓才能拥护 ……………………… 257
| 411 取信于民——百姓的信任是国家前进的最大动力 ………………… 258
| 412 穷兵黩武——盲目用兵的后果 … 258
| 413 疾首蹙额——深入群众,了解群众 … 259

414 生灵涂炭——动荡时局下的可怜百姓 ………………………… 260
415 宽猛相济——严宽结合的治国政策 … 260
416 毁家纾难——危难时刻,贤臣心系百姓 ………………………… 261
417 得道多助——君爱民如子,国强壮似虎 ………………………… 262
418 励精图治——君王的奋起,百姓的福气 ………………………… 262
419 号令如山——严明治兵的政策 … 263
420 流芳百世——百姓不忘旧君恩 … 264
421 掣肘难书——留给人才充分的施展空间 ………………………… 264
422 南山可移,判不可摇——做最公正的判决 ………………………… 265
423 一人得道,鸡犬升天——连带关系危害极大 ……………………… 265
424 天无二日——国无二主 ……… 266
425 朝令暮改——百姓苦于政策的频繁改变 ………………………… 266
426 虎兕出柙——统治者的职责本分 … 267
427 网开三面——仁慈于民,仁爱治国 … 268
428 玩火自焚——不得民心的国家迟早会灭亡 ………………………… 268
429 任人唯贤——国家强大的秘密 … 269
430 鸡犬不宁——被官府骚扰下的百姓生活 ………………………… 270
431 尸位素餐——在其位,谋其政 … 270
432 厉兵秣马——做好战前准备 … 271
433 墨子救宋——墨子劝楚王放弃攻打宋国 ………………………… 272
434 取鼠之狗——要懂得物尽其用 … 273
435 买鸭捉兔——不能物尽其用的尴尬 … 273

436 马革裹尸——让人感动的爱国热情 … 274
437 卧薪尝胆——勿忘心中志,终有得志时 ………………………… 275
438 东山再起——永不妥协 ……… 275
439 齐桓公好服紫——上有所好,下必甚焉 ……………………… 276
440 一匡天下——百姓受益 …… 276
441 众志成城——只有得到百姓拥护,国家才牢靠 ……………… 277

第六部分　交友与相处

442 沆瀣一气——臭味相投 ……… 279
443 盛气凌人——非交友之道 …… 279
444 推心置腹——换取真心的法宝 … 280
445 半面之交——一面之缘 ……… 281
446 割席分座——志不同,道不合 … 281
447 运斤成风——娴熟的技艺 …… 282
448 赵孝争死——令人感动的亲情 … 282
449 埋儿奉母——孝比天高 ……… 283
450 分道扬镳——道不同,不相为谋 … 284
451 倾盖如故——似曾相识 ……… 284
452 出尔反尔——做人不可以这样 … 285
453 物以类聚,人以群分——志趣相投的人总会不自觉地聚到一起 …… 286
454 狗咬吕洞宾——不识好人心 … 287
455 有眼不识泰山——不要用很浅显的认识去断然评判一个人 …… 287
456 一丘之貉——同是丑类,何分你我 … 288
457 林回弃璧——金钱并不是生命的全部 …………………………… 288
458 东道主——接待客人的主人 … 289
459 牛衣对泣——贫贱不移的夫妇真情 … 289
460 管鲍之交——信任,朋友间最珍贵的财富 …………………… 290
461 对牛弹琴——白费口舌 ……… 291
462 忘年交——跨越年龄界限的友谊 …… 291
463 急不相弃——对待朋友的托付,要有始有终 …………………… 292
464 三生有幸——遇见最投契的朋友 … 292
465 爱屋及乌——因为喜欢,乌鸦都可变"祥物" ………………… 293
466 曲高和寡——知音难求 ……… 294
467 平易近人——交友态度 ……… 294
468 一字之师——良师益友 ……… 295
469 一诺千金——一诺已出,千金不移 … 296
470 涸辙之鲋——帮人要及时 …… 296
471 引狼入室——交"友"不慎 … 297
472 心怀叵测——外表真诚,内心险恶 … 298
473 包藏祸心——心怀鬼胎 ……… 298
474 三无赖落阱——善恶终有报 … 299
475 将相和——大度容人,可平天下 … 300
476 四海之内皆兄弟——君子何患无友 … 301
477 人有卖骏马者——千里马还需伯乐识 …………………………… 301
478 言归于好——做人何必太小气 … 302
479 海上沤鸟——坦诚,交友的态度 … 303
480 甲与乙相善——顺从背后的阴谋 … 303
481 弓与矢——团队合作,缺一不可 … 304
482 黄雀衔环——动物都懂得的报恩 … 304
483 义猴之墓——感恩之心,人兽皆有 … 305
484 蔡磷坚还亡友财——讲求诚信,收获

挚友 …………………………………… 305
485 杀骡乘鸡——主人不懂待客之道，
     又找借口搪塞 …………………… 306
486 泽人网雁——对于朋友，选择相信 … 306
487 千里姻缘一线牵——缘分牵引，
     一世夫妻 ………………………… 307
488 结草报恩——知恩图报 …………… 308
489 既往不咎——学会原谅，懂得宽容 … 308
490 糟糠之妻——千金易得，真爱难求 … 309
491 各自为政——合作处事，该相互
     考虑周全 ………………………… 310
492 千里送鹅毛——礼轻情意重 ……… 310

493 酒徒遇啬鬼——吝啬之人的
     不断推脱 ………………………… 311
494 破镜重圆——缘分终未尽，
     破镜能重圆 ……………………… 311
495 落井下石——交友不慎的悲哀 …… 312
496 高山流水——知音难求 …………… 312
497 齐人乞食——虚荣心作祟下的怪异
     举动 ……………………………… 313
498 宾至如归——待客的学问 ………… 314
499 举案齐眉——夫妻互敬的模范 …… 315
500 狼狈为奸——坏人间的相互勾结 … 316

第一部分
世间百态

 001 东施效颦——自取其辱

这则典故出自《庄子·天运》,用来比喻模仿别人,不仅模仿不好,反而还出丑。

西施是越国的美女,也是我国历史上的"四大美女"之一,因为天生丽质,所以举手投足间都是十分地引人注意。但西施的身体不是很好,她有心痛的毛病。

有一次,西施在河边洗完衣服准备回家,可就在回家的路上,犯起了心痛的老毛病。于是西施便用手捂住胸口,皱着眉头。虽然样子痛苦,但村民们见到美丽的西施却还是忍不住称赞她,并夸她说这样比平时还要漂亮。

这件事情被同村一名叫做东施的女子知道了,东施的长相很不好看,她言行粗鲁,还很没有修养,却终日做着当美女的梦,她模仿西施的穿着打扮、举手投足。当东施听说村民们夸赞西施用手捂住胸口、皱着眉头这一举动比平时更漂亮后,便也学着西施的样子用手捂住胸口、皱着眉头,并故意在人们面前慢慢地走动,以为这样就会有人来称赞她。可因为东施本来就长相丑陋,再加上她这样刻意地去模仿西施的动作,装腔作势、样子古怪,所以更加让人厌恶。村民们看到东施这个样子之后,有的赶紧回家关紧门窗,有的急忙拉着自己的妻子和孩子躲得远远的。因为这件事情,东施在村里更是被村民们看不起了。

盲目地去模仿别人而不看清自身的条件,最终只会适得其反,引来哄笑声一片。

002 杀猪教子——父母应该首先学会"诚实"

这则典故出自《韩非子·外储说左上》，意思是告诉人们，孩子从小便要培养诚实的品德，且做父母的教育孩子更是要以身作则。

曾子，是孔子的得意门生，被儒家尊为"宗圣"。

一天，曾子家中的米吃光了，于是他的妻子就准备去集市上去买，他的小儿子听说妈妈要去集市，哭着闹着也想要跟着去。因为考虑到街上车马太多，带着孩子不太方便，于是曾子的妻子便哄着自己的儿子说："乖乖，你别哭，好好在家里待着，妈妈回来给你杀猪炒肉吃。"小儿子一听说有肉吃，马上就不哭闹，也不吵着一起去集市了。

不多久，曾子的妻子从集市上回来了，看见院中曾子正在拿着绳子捆猪，准备杀猪。曾子的妻子一看这情形便慌了神，赶快制止曾子说："我刚才那是逗小孩子玩的，并没有真的要杀猪，你怎么还当真了？"曾子语重心长地对妻子说："你可不能这样和他开玩笑啊。小孩子没有思考和判断的能力，什么事情都要向父母学习，做父母的要给予孩子最正确的教导。你欺骗他，便是教小孩子骗人。母亲欺骗儿子，儿子就不会再相信自己的母亲了，以后再教育他就难了。"随后，曾子便将猪杀了，给孩子炒肉吃了。

要教育出诚实的孩子，首先父母自己必须说话算数。

003 庄周梦蝶——虚实难辨

这则典故出自《庄子·齐物论》，是庄子所提出的一个的哲学命题，认为人不可能确切地区分真实虚幻和生死物化。

庄周，也就是庄子，是先秦（战国）时期伟大的思想家、哲学家和文学家，道家学说的主要创始人之一。

那时，庄周还是一个漆园（现在安徽省蒙城县）的小官，没事的时候总喜欢待在家中空想，将自己沉浸在天马行空的幻象之中。因为总是幻想奇怪的东西，所以庄周所做的梦也很奇怪。有一天，庄周在家睡觉的时候做了一个梦，梦中的自己变成了一只在空中翩翩飞舞的蝴蝶，而且非常地生动逼真，飘飘然的感觉让庄周感到非常惬意和愉快，完全忘记了自己是谁了，他非常享受这种自由自在的感觉。后来庄周醒了，便对这个梦充满了疑惑，认真地想一想，他竟全然不知究竟是庄周在梦中变成蝴蝶，还是蝴蝶梦见自己变成了庄周呢？

庄周也好，蝴蝶也罢，其实都是道运动中的一种形态、一个阶段而已。这也是庄子所提出的哲学观点。

 004 东窗事发——若想人不知，除非己莫为

这则寓言出自《钱塘遗事·二·东窗事发》，意思是指阴谋败露或秘密勾当终被发觉。

南宋时期有个大奸臣名字叫做秦桧。相传，秦桧一直想杀掉自己的死对头岳飞，于是便与自己的妻子王氏在东窗内共同商讨。后来，秦桧以"莫须有"的罪名杀死了岳飞。秦桧有一次去西湖中游玩，玩累了便在船中睡着了，期间还做了一个梦。梦中他看见一个披着长发的人对他说："你害国害民，我已经将你的所做所为告诉了上天，上天就要派人来捉你了。"虽然只是一个梦，但这个梦让秦桧醒来后还是非常地害怕，结果在回到家中的几天后就病死了。凑巧的是，就在秦桧死后的几天，他的儿子秦熺也死了。王氏感觉邪门，便请来道士来驱鬼。道士起坛作法，在迷蒙间看到了秦熺被扣着枷锁，在受责罚，于是道士问："太师（秦桧）在何处？"秦熺答："在鬼城酆都。"于是道士就按着秦熺所说的方向去了酆都，结果真的看到的秦桧，只见其扣戴铁板枷，正受着各种各样的刑苦。见到道士来找他，秦桧便同道士讲："您可以传话给我的夫人吗？如果可以，请您告诉她，我与她一起在东窗下密谋杀害岳飞的事情已经暴露了。"

要想人不知，除非己莫为。暗中的勾当迟早会败露，最终失利的，也只有自己。

 005 自相矛盾——说话、行动前后相抵触

这则典故出自《韩非子》，用来比喻一个人讲话、行动前后相抵触，不一致。

话说，在战国末期的时候，楚国有一个既卖矛又卖盾的人。有一天，这个人又上街上去卖矛和盾，他打开嗓门大声吆喝着："大家快来看一看啊，你们看我卖的矛，这可是天下最锐利的矛，世界上没有什么东西是它穿不透

3

的。"然后转头又开始炫耀起他的盾,"你们再看一看,你们看我卖的盾,这可是天下最坚固的盾,世界上没有什么东西是可以刺破它的。"

正当这个卖矛和盾的人奋力吆喝的时候,一个路人走过他的摊前,于是便停下脚步问他:"你卖的矛可以穿破世界上的任何东西,而你卖的盾又是世界上没有东西可以穿破的,那么,用你的矛去刺你的盾,结果会是怎样的呢?"那人一听,顿时脸涨得通红,被羞得一句话都说不出来。

一个人讲话要实事求是,切莫自相矛盾。

 006 守株待兔——侥幸一次并不代表可以永远幸运

这则典故出自《韩非子·五蠹》,原比喻希望不经过努力就可以得到成功的侥幸心理。现也比喻不主动努力,总是存在着万一的侥幸心理,希望得到意外的收获,死守狭隘经验,不知变通。

故事发生在战国时期的宋国,在一个村庄里住着一个农夫,这个农夫每天辛辛苦苦地种地,而微薄的收入却只够刚刚填饱自己的肚子。

一天,农夫像往常一样农田里干活,就在他抬头准备擦掉额头汗珠的时候,看见一只兔子从草丛中窜了出来,猛的一下就撞到了一棵大树上死掉了。农夫见状赶忙跑上前去将已经撞死的兔子捡了起来,并美滋滋地自言自语道:"这可实在是太幸运了,一点力气没花就白捡了一只兔子。"说完,便拎着撞死的兔子往家走去。饱餐了一顿兔子肉之后,农夫便心生了这样一个念头:如果每天守在树旁捡兔子,这不是比干农活要轻松多了吗?于是从那之后,农夫便不再去地里种田,每天就死守在那棵曾经撞死过兔子的大树旁。可是一天过去了,两天过去了,许多天过去了,他根本没见到兔子的影子。就这样,时间流逝在农夫的等待中,直到田地里的野草长得比庄稼都高了,农夫再也没等来一只撞树的兔子。

世界上原本就没有免费的午餐,更不会有天上掉馅饼的事情发生。如果我们愚蠢地将一件偶然发生的事情当做必然发生的事实,终日在侥幸中等待,最终只会一无所获。

 007 掩耳盗铃——自欺欺人

这则典故出自《吕氏春秋·自知》,意思是偷铃铛的时候因为害怕别人听见而捂住自己的耳朵。用来比喻自欺欺人。

故事发生在春秋时期,那时的晋国有两个贵族相争——智伯和范氏。后来范氏被灭掉了,在其逃亡的过程当中,就有人对其家当动了歪心。

一天,一个小偷来到范氏家中,见其院门口吊着一口大钟,是用上等的青铜铸成,样子十分的精美。小偷十分喜欢,便想将这口大钟背回自己的家中去。可这口钟又大又重,该怎么偷呢?于是小偷便想到将这口钟砸碎,然后将碎片分别搬回家中。说干就干,小偷找来一把锤子,拼命向大钟砸去,却不想"咣"的一声巨响,这可把小偷吓坏了,心想:"这不明摆着告诉别人我偷钟么?"一着急,他便捂住了自己的耳朵。这一捂,让小偷欣喜地发现,如果将自己的耳朵捂住,那不就听不见钟声了吗?于是就自作聪明地找来了两个棉球将自己的耳朵堵上,然后,开始放手地砸起大钟。一下、两下……响亮的钟声传到了很远的地方,听到钟声的人们很快便赶到范氏院子门前,将小偷捉住了。

在生活中,我们如果遇见一些问题,就要想办法解决问题,而不是掩耳盗铃地自欺欺人。这样一来,只会将问题变得更突兀。

 008 成败萧何——事物都有两面性

这则典故出自《容斋续笔·萧何给韩信》,比喻事情的成败都出于同一个人。

最初,韩信还是一名在项羽手下的郎中小官,因为屡次献策都不被采用,便从楚军逃亡到了汉军,做了一名小小的治粟都尉。萧何是西汉初期的有名的政治家,他曾几次与韩信谈话,发现此人是个奇才,于是便向刘邦大力推荐韩信。就这样,在萧何的推荐下,韩信从一个小军官变成了一个统率全军的大将,而韩信也是不负萧何的重望,率领汉军屡战屡胜。攻下齐后,韩信被封为齐王,后来更是在楚汉战争中辅佐刘邦打败了项羽,从而又被封为楚王。

就在韩信出任齐王的时候,他身边有一个叫蒯通的谋士就鼓动韩信造反,但韩信不忍。后来刘邦平定天下,有人密告韩信谋反,于是刘邦便用计策逮捕了韩信,后来虽然赦免,但却将其由楚王降为了淮阴侯。从此,韩信便开始怨恨刘邦,经常称病而不去上朝。后来巨鹿守将陈郗造反,韩信事前与其达成默契,愿为其做内应。刘邦亲自率兵前去平叛,韩信借病不从,与一群亡命之徒密集一起欲袭击吕后和太子。但此事泄露，吕后便用萧何之计，假称皇上已经平定陈豨，让群臣前来拜贺，骗韩信入朝，从而将其抓获。

这件典故用来比喻事情的成败、好坏都是由一个人造成。同时也说明了世界上的一切事物都是包含两个方面的，既统一，又矛盾。

009 不识时务——其乃洁身自好

这则典故出自《后汉书·张霸传》，指认识不到当前重要的事态和时代的潮流，现在也指待人接物不知趣。

张霸是东汉时期会稽的太守，这个人学识渊博，懂得治理。那时的会稽是个混乱的地方，在经过张霸的三年治理之后，变成了一个太平盛世。也因此，张霸在百姓当中有很高的威望。后来张霸被朝廷选为了侍中，前途无量，于是便有很多人开始想要拉拢他，而这其中还包括皇亲邓骘。然而张霸面对这些人，却总是小心地避开。于是众人便议论张霸不识时务。

这个典故其实可以从两方面去理解，第一是人要学会变通，也是我们人在这个社会生存的一个最基本的法则。无论是为人还是处世，我们的脚步都该跟得上这个时代的节奏，去适应这个时代的步伐。第二是在一个社会当中，我们不一定非得要对那些有权有势的人趋炎附势，要洁身自好，在一个复杂的社会里活得单纯，也是一种高超的境界。

010 叶公好龙——哪里是真的喜欢

这则典故出自《新序·杂事》，比喻表面上爱好某样事物，而实际上却并不是真的喜欢。

在春秋时期，有个人叫做叶子高，是楚国的贵族，也被大家称呼为叶公。叶公是一个非常喜欢龙的人，可以说是恋龙成癖。从他住的屋梁、门窗、柱子到他用的家具、穿的衣服，上面都雕刻或者绣有龙的图案。后来他喜欢龙这件事情被天上的真龙知道了，于是便从天上专程降到叶公的家里去看他。可谁知，这个真龙才刚刚把自己的脑袋探进叶公家的窗户，叶公就被吓得魂不附体，脸色骤变，慌忙地逃开了。于是真龙感慨："看来他根本就不是喜欢龙啊，只不过是喜欢那些似龙非龙的东西罢了。"

人一定不要失去真我，发自内心地去喜欢，才叫活得真实。

011 入木三分——钻研得刻苦，分析得深刻

这则典故出自《书断·王羲之》，相传王羲之在木板上写完字之后，木工雕刻的时候发现其字迹已经深入木板达三分，形容王羲之的书法极有力气，现在比喻分析问题很深刻。

王羲之是我国东晋的书法家，有书圣之称。而他对于书法的练习也是相当地刻苦。

王羲之喜欢在池塘边练习书法，每次在练习完之后就顺便在池塘里清洗笔砚。时间一久，池塘里的水都变成了黑色。不仅如此，王羲之对于书法的喜爱可以说达到了痴迷，无论是正在走路还是片刻休息，他的脑袋里所想的永远是那些字体的结构、笔画，想着怎样才能将一个字写得完美。因为脑袋里在想，所以手指就不自觉地在衣服上划着。时间久了，衣服都被他划破了。

在王羲之二十岁的时候，有个叫做郗鉴的太尉派人到王家去为女儿选女婿。王家的青年们听到了这个消息之后，纷纷打扮起来，希望自己可以被幸运地选中。唯有王羲之躺在竹榻上，一手拿着烧饼吃，一手继续在衣服上划着字。这让郗太尉很欣赏，于是便将自己的女儿嫁给了王羲之。

有一次，皇帝要去北郊祭祀，便让王羲之将祝词写在一块木板上，然后再派人去雕刻。结果，当王羲之写完祝词将木板送给木匠雕刻的时候，木匠发觉，王羲之写的字已经是深入到木头里面达三分，于是赞叹道："王羲之的字，真是入木三分啊！"

我们无论是对待什么事情，只要认真地去努力、钻研，就一定会达到令人为之震惊的效果。

012 黔驴技穷——时光流逝下的真相

这则典故出自《三戒·黔之驴》，用来比喻有限的一点技能已经用完了，同时也是讽刺那些虚有其表、外强中干的人。

在很久很久以前，黔中道这个地方还没有过驴子，所以那里的动物们也从来不知道驴子是怎样的一种动物。

有一天，一个商人从外地运来了一头驴子，因为考虑到黔中道这个地方多山，带着驴子不好走，便把这头驴放在了山下，任凭它自己在那吃草溜达。

正在这头驴子独自在山下溜达的时候，一只老虎见到了它。初次见到这个奇怪动物，老虎的心里很是好奇，于是就藏在森林中偷偷地看着驴子。日子久了些，老虎便开始走出来去接近驴子，但十分小心谨慎，因为并不知道驴子到底是什么东西。

有一天，驴子突然长鸣了一声，听到这样的吼叫声，让老虎非常害怕，以为是驴子要来攻击自己，于是便远远地逃走了。后来驴子多次同样地长鸣，但对老虎没有任何的伤害，这让老虎逐渐地适应了这头驴子的叫声，并且也开始慢慢认定这头驴子其实根本就没什么特殊的本领。但老虎依旧是不敢主动去攻击驴子。又过了些日子，老虎开始放开一些胆子，慢慢地向驴子发起些小小的进攻，冒犯着驴子。这样一来使驴子非常愤怒，于是用蹄子去踢老虎。这个反击让老虎非常欣喜，心想：原来这驴子的本事也不过如此，对自己根本没有任何的反击能力，于是便大叫一声，将其吃掉了。

其实人也好，动物也好，学习新鲜事物是生存的根本，仅靠有限的一点本领，要想永远地立足于某一领域是绝对不可能的事情。

 013 杯弓蛇影——多疑的后果

这则典故出自《晋书·乐广传》，意思是将映在酒杯里的弓影误认为是蛇。比喻因疑神疑鬼而引起恐惧。

乐广是西晋时期的一个名士，有一次，他请一个朋友到家里来喝酒。当那个好朋友喝了一口酒，正准备将杯子放在桌子上的时候，突然看见杯子里面出现了一条小蛇。这一幕让乐广的这位朋友十分厌恶，而且感觉恶心，不过出于礼貌，还是勉强喝完了那杯酒。

后来乐广的这位朋友在回到家不久后就生病了。乐广还特意派人前去问候，才知道杯中有蛇这件事情。于是乐广将家里仔仔细细地观察了一遍，想追究一下这究竟是怎么一回事，却并没在家中发现什么蛇。就当乐广满心疑惑的时候，一抬头，看到了墙上挂着的那把弓。原来，那天，弓的影子正好倒映在了那个朋友的酒杯中，随着酒水的流动，看起来很像一条晃动的小蛇。于是乐广又将他的那位朋友请到家里来，并告诉其杯子里根本没有小蛇。不出几日，这位朋友的病就好了。

过分地去猜疑，到头来，只有自讨苦吃。

014 大相径庭——夸夸其谈惹人烦

这则典故出自《庄子·逍遥游》："吾惊怖其言，犹河汉而无极也。大有径庭，不近人情焉？"指事物区别明显，意见、看法截然不同。

春秋时期，楚国有一个著名的隐士叫做接舆，他的行踪总是飘忽不定，常常是头发蓬松，拎着一个酒葫芦四处游走，高兴的时候就会忘我地饮酒，而且狂唱不止。

有一次，接舆在途中见到了肩吾（古神话中的人物），便一把拉住了肩吾的袍袖，向其讲述起遥远的姑射山上住着的神仙，说这个神仙不吃五谷杂粮，只吸清风、喝露水，终日乘龙驾雾，四海之外遨游……接舆说得兴致勃勃，就好像他亲眼见过这个神仙一样。可肩吾却越听越奇怪了，于是就回去对他的朋友连叔（古神话中的人物）说："最近我遇到了接舆这个楚国的狂人，他和我说了一番很夸大又没根据的言论，十分地离奇，就好像是天上那没有边际的银河，像是门外小路与堂前之地的遥远距离，不近人情。"

说话要注意分寸。

015 天衣无缝——非人间所有

这则典故出自《灵怪录·郭翰》："天衣本非针线为也。"原本是指仙女穿的衣服没有针线缝过的痕迹，现在被人们用来比喻事物的周密完善，找不出任何瑕疵。

很久很久以前，有一个叫郭翰的太原人，他精通书画且性格开朗。在一个盛夏的夜晚，郭翰正在一棵大树下乘凉，忽然天空透亮，随着清风徐徐吹过，一个长得十分美丽动人的仙女从空中缓缓降落到地面。只见这个仙女身着白衣，微笑着看着郭翰，并告诉他她叫织女。郭翰看着眼前这个美女，忽然发现，她的衣服居然看不出一处线缝，于是就好奇地问她这是怎么一回事，织女答道："天衣本非针线为也。"

后来这个词语通常用来形容计划周密严谨，做事不留痕迹，既有褒义又有贬义。

016 养猿于笼——扼杀天性

这则典故出自《郁离子》，寓意是人不可以养尊处优，要不断地去适应这个社会，不然最终只会被这个社会所淘汰。

古时候，有个人将一只猿猴放在笼子里去养，每天都很精心地去喂它。转眼间，十年过去了。

一天，这个人和朋友外出游玩，见到野外的猿猴自由自在，于是心想："猿猴如果被放在笼子里养，实在是太可怜了。我还是将它放生吧。"于是回到家中，这个人就将猿猴放了。

几天后，这个猿猴又回来了。这个人就想："应该是放不够远吧。"于是第二次，他将猿猴送进了深山之中。猿猴这下找不到回去的路，只能在深山之中独自生活。可由于它常年都待在笼子里，早就丧失了野外觅食的能力，所以不久后，这个猿猴就被饿死在深山之中了。

社会不断地进步，而我们也要不断地改变自己而去适应这个社会。不要养尊处优，不然最终的结局就会和典故中的猿猴一样，饿死在深山之中，被社会淘汰。

 017 朝三暮四——骗人不骗己

这则典故出自《列子·皇帝》，原指玩弄手法欺骗人。后用来比喻常常变卦，反复无常的人。

宋朝的时候有个很喜欢猕猴的人，叫狙公。狙公养了很多的猕猴，他对猕猴的一举一动、内心想法都十分清楚。而同时，猕猴们也是很清楚自己这个主人的心理。

猕猴们很喜欢吃橡栗，狙公就每天都喂食它们橡栗。时间久了，猕猴们的食量越来越大了，狙公便要想办法去控制猕猴们的欲望。于是他将猕猴们叫到自己的面前问道："今天开始，我早上给你们三颗橡栗，晚上给你四颗，你们满足吗？"猕猴们不开心地跳起来。狙公见此情形，又说道："那我就早上给你们四颗橡栗，晚上给你们三颗，这样满足么？"猕猴们听了这样的安排之后，都很开心地趴在了狙公的身边。

橡栗的数量无论是"朝三暮四"，还是"朝四暮三"，一天总共的数量都是一定的。像狙公这种用小手段去骗人的，我们在生活中往往也会遇到，所以在别人给你一个"数量"的时候，自己要学会去思考一下再选择是否可信。

 018 粤人食芝——死于愚昧，悲于自作聪明

这则典故出自《郁离子》，讽刺那些本来就愚昧却还自作聪明的人，他们到死都没有醒悟。

古时候，在粤地住着一户人家。一天，这户人家的男人上山去采药，采到了一个有大又漂亮的蘑菇。这个男人以为自己采摘到了传说中神奇的灵芝，于是开心地赶着回家同妻儿分享这个好消息。其实他不知道，这个漂亮的蘑菇哪里是灵芝，不过是一个有毒的蘑菇罢了。

回到家中，这个男人对自己的妻儿说："这是我今天采摘到的灵芝，听说人只要吃了它就会成仙。这种东西不是一般人能采到了，是要看缘分的。今天我有缘得到了它，实在是老天对我的恩赐。"

于是这个男人将灵芝恭恭敬敬地放起来，斋戒了三天之后才拿出来吃。可当这个男人刚吃了一口"灵芝"就死掉了。他的儿子见此情形，说道："听说人在升仙的时候总是会被肉体所牵绊，我的父亲一定是摆脱了他的肉体升仙了，并不是死掉了。"说完，男人的儿子也将"灵芝"吃了，他也死了。

就这样，男人的一家都因吃了这个"灵芝"而死了。

分明就是愚昧，还偏偏自以为聪明，最终一家人的命都丧在了一个毒蘑菇下，实在是可悲。

 019 笼中鹦鹉——没有自由的鹦鹉，永远不会快乐

这则典故是古时候的一则寓言故事，说明无论是人还是动物，如果没有了自由，那就会很难快乐的。

很久以前，在城中住了一个有钱的商人。这个商人养了一只鹦鹉，鹦鹉很聪明，懂得诵诗，还可以与人交谈。富商很喜欢这只鹦鹉，就将它两个翅膀上的羽毛剪掉了，还将它关在一个做工精美的笼子里。

后来，这个商人因为做错事而被抓进了监狱。半年后，商人出狱，这个商人回到家中问鹦鹉说："我在监狱的这半年时间一点自由都没有，过得一点也不快乐啊。不像你,每天都有人喂食,多快乐呀!"鹦鹉说:"你只是在监狱里关了半年,你就觉着没有自由会不快乐,而我已经在笼子里待了好多年了,怎么会快乐?"商人听了鹦鹉的话之后方才明白,于是将鹦鹉放了。

无论是人还是动物,没有了自由就好像被铐上了禁锢的枷锁,怎么会快乐。

 020 南岐之见——错误当正确,是非不分

这则典故出自《贤奕编·警喻》,讽刺那些孤陋寡闻,把错误当正确,又喜欢嘲笑别人的人。

在秦蜀的山谷之中有一个叫南岐的地方。那里的水味道甘甜,只可惜,水质不好。喝过那里水的人都会在脖子上生长肿瘤。所以,生活在那里的村民每个人的脖子上都长了很大的肿瘤。

一天,一个外地人来到南岐。村中的人见到这个外地人之后纷纷嘲笑他的脖子奇怪。这个外地人听到了这样的嘲笑之后辩解说:"是你们的脖子生病了,需要治疗。"而村民们听了这个外地人的辩解之后笑说:"我们这个村子里的人都是这个样子的,你长得和我们不一样,分明就是你有问题啊。"外地人听了村民的话之后只好无奈地走掉了。

因为孤陋寡闻才会黑白不分。所以我们要多多充实自己。这样在是非对错面前,我们才能很好地去分辨。

 021 燕石藏珍——固执的可怕甚过愚钝

这则典故是古时候的一则寓言故事,寓意是人在做事的时候不能太过固执,要适当地听从他人的意见,从而去分辨是非。

古时候,宋国有一个愚钝且固执的人。一天,这个人在河边捡到一块燕石头,这个愚钝的人就以为自己捡到了宝贝,于是就拿回家收藏了起来。

后来有人听说这个愚钝的人家中有一块贵重的宝石,就想看一看。愚钝的人听说之后,先是让想看宝石的客人斋戒七天,又让其穿戴礼帽,还特意杀了一头公牛祭祀。一切"礼仪"都结束之后,这个人才缓缓将一个包了几十层的箱子拿出来。打开箱子,客人拿起宝石说:"这不过是一块燕石而已,同瓦片没什么区别。"这个愚钝的人听说了客人这样的评价之后,大怒说道:

"你这分明是商贾之言、小人的心理。你这样说不过是在妒忌我的宝石罢了。"说完,这个愚钝的人将燕石小心翼翼地装进箱子,包裹得更加严密之后,收了起来。

客人好心告诉愚钝之人燕石的价值,可却被燕国人认为是在妒忌他的宝石。愚钝不是最可怕的,最可怕的是又愚钝又固执。

 022 王华还金——拾金不昧好品德

这则典故讲的是南朝时期宋国官员王华小时候的故事,讲述其拾金不昧的高尚品质。

南朝的时候,宋国有个官员名叫王华。此人品德高尚,在其很小的时候就有过一件拾金不昧的事迹。

王华六岁那年,一天,他和邻居的小孩们一起在河边戏水。这时,有个喝醉的人来到河边洗脚,因为他喝得很醉,所以在离开的时候将携带的包裹落在了河边。小王华过去将包裹捡起,打开发现里面居然有十两黄金那么多。小王华想,这个人遗落了这么贵重的物品,等到酒醒的时候一定会回来寻找的。小王华担心会有人把金子拿走,于是就将金子投到了水中,自己坐在河边等着失主的归来。

过了一会,丢失包裹的人哭着回来找自己的包裹。小王华迎上前去,为其指明了放金子的地点。这个重新找回自己的包裹的人十分高兴,拿出金子准备酬谢小王华,但小王华却拒绝接受。

拾金不昧是我们中华民族的传统美德,我们每个人都该有这样的品德。

 023 朽木不可雕——差到极致

这则典故出自《论语·公冶长》,意思是腐烂的木头无法雕刻。比喻人不可造就,或事物和局势败坏到不可救药。

孔子是我国春秋末期伟大的思想家、教育家和政治家,同时也是儒家思想的创始人。孔子有个叫做宰予的弟子,很会讲话。孔子对他也是十分喜欢,并认定其以后一定会有大出息。可随着时间的流逝,孔子逐渐发现了这宰予有一个很致命的毛病——懒惰。一次,孔子正在给弟子们讲课,发现宰予并没有来听课,于是便派弟子去找。不一会,去找宰予的弟子回来告诉孔子说,宰予正在房里睡大觉。孔子听后非常的失望,说道:"朽木不可雕也,粪土之墙不可圬也!于予与何诛?"意思就是说:腐烂的木头不堪雕刻,粪土的墙面不堪涂抹!对于宰予这样的人,还有什么好责备的呢?

　　差到一定程度,就没有挽回的必要了。

024 画荻教子——环境再苦,也不忘育儿读书

　　这则典故出自《宋史·欧阳修传》:"家贫,致以荻画地学书。"意思是用荻草在地上书画教育儿子读书。用以称赞母亲教子有方。

　　欧阳修是我国北宋时期著名的文学家和史学家,在文学上有很高的成就。

　　在欧阳修很小的时候,他的父亲就去世了,他的母亲独自把他抚养大。虽然家境贫寒,但欧阳修的母亲依旧不忘让自己的儿子读书。可私塾的学费那么高,家里又这么穷,怎么办呢?想了想,于是欧阳修的母亲决定自己教儿子。买不起纸笔,她就用荻草秆代替笔在地上写字教儿子写人字,还教他诵读许多古人的篇章。等到欧阳修大一些时,家中的书都读完了,他就去别人家借书,并且抄写下来。就这样,在母亲的教育和自己的努力下,欧阳修终于成为了一代文豪。

　　再困苦的环境也不要忘记读书。

025 永某氏之鼠——丑类永远只能猖獗一时

　　这则典故出自《三戒》,讽刺了那些凭借他人的保护而猖獗一时的丑类。

　　古时候,在永州住了一个非常迷信的人。这个人甚至根据自己出生的年份而将老鼠当做了自己的保护神,禁止家里人养猫,更禁止家中的仆人捕杀老鼠。

　　因为这个人对老鼠的"宽容",所以家中四处都是老鼠。后来,别的老鼠知道了这户人家对老鼠的"宽容",都纷纷跑过来。这下,这户人家的老鼠更多了。老鼠们肆意地在这户人家里活动,咬坏衣服,明目张胆地去吃米缸里的米。

　　后来,这户人家搬走了,房子住进了另外一户人。新搬来的人家非常讨厌老鼠,而老鼠不知,还继续像过去一样猖獗。于是这个人开展了一系列的

治鼠政策：先是借来五六只猫捕捉老鼠，然后又用水去浇灌老鼠洞，最后雇人对老鼠四处搜寻追捕。被杀死的老鼠堆成小山丘，尸体扔到偏僻的地方，几个月后臭味才散去。

生活中，一些人就像是典故中的老鼠，以为可以依仗暂时的保护而猖獗一辈子。事实证明，是恶人，最终一定会被惩治，不会有什么好下场的。

 026 剐股藏珠——为利伤人，实在不值

这则典故出自《洪武圣政记》，告诫人们，不要为追求钱财去伤害自己的身体，导致最终丧命。

很久很久以前，在大海的中央有一座宝山。宝山上有很多的金银珠宝。一天，一个海夫来到这座山上，在上面找到了一个直径有一寸长的宝珠。海夫拿着宝珠看了又看，喜欢得不得了，然后回到船上，准备回家。就在船在海中航行还不到一百里的时候，忽然海风大作，只见一条蛟龙围着海夫的船游来游去。这时，同行的人对海夫说："这条蛟龙是想要你手中的那颗宝珠，你快把宝珠丢到海里吧，不然蛟龙生气打翻船，我们都会受到你的连累的。"海夫想了想，看了看手中的宝珠，还是舍不得丢弃，可又迫于蛟龙的逼迫。情急之下，他将自己的大腿割开，将宝珠藏了进去。

过了一会，海浪平静了，船上的人都安全上岸。回到家中的海夫将宝珠从大腿中取出，小心翼翼地洗干净放在家中。宝珠虽美，可几天后这个人却因大腿肉溃烂而死。

虽然得到了宝珠，但已没命欣赏，得到了又有什么用呢？

 027 是可忍，孰不可忍——人的忍耐是有限度的

这则典故出自《论语·八佾》："孔子谓季氏，八佾舞于庭，是可忍也，孰不可忍也。"意思是这个都可以容忍，还有什么不可容忍的呢？表示绝不能容忍。

在春秋末年的时候，鲁国掌控实权的是贵族季孙氏，其行为十分放肆。更为过分的是，他还在家中设置了一只只有太子才能享用的大型舞乐队——"八佾"，这严重违背了祖上的规矩。对于这种情况，圣人孔子气愤地说道：

"八佾舞于庭,是可忍也,孰不可忍也!"

每个人的忍耐都是有限度的。

028 挂羊头卖狗肉——表里不一

这则典故出自《五灯会元》,意思是挂着羊头,却卖狗肉。比喻以好的名义做幌子,实际上却名不副实,或做坏事。

春秋时期,齐国国君齐灵公曾有一段时间特别喜欢让宫内的女人们穿男人的衣服。结果不多久,齐国便很快地流行起来女人穿男装,这给国家的治理带来了很多的麻烦。于是齐灵公便下了一道圣旨,凡是发现穿男装的女人,一律剥光衣服示众,而且她的丈夫也要受到惩罚。圣旨颁布后,本以为这股风潮就会过去,可每当官兵在街上巡逻的时候发现穿男装的女人,女人们顶多就是尖叫着跑开,而穿男装的现象丝毫没有得到改善。为此齐灵公特别苦恼。后来一位叫晏子的大夫进谏,对齐灵公说道:"国君,您在宫内要求女扮男装,而在宫外却严加禁止,这就像是在店铺的门口挂着羊头而店内部却卖的是狗肉。国君,您为什么不让宫内的妇人也停止女扮男装呢?如果这样,宫外的人也就不会再女扮男装了。"齐灵公按照晏子的建议实施了整治政策,结果不到一个月的时间,国内的妇女就无人再穿男装了。

齐灵公对宫外的女人们施行严格的禁止措施,而对宫内却实施另一套规矩,典型的表里不一。但后来齐灵公认识到了这一点,听从了晏子的劝说,最后国体才得以整治。

029 宣王好射——甜蜜谎言下的日益堕落

这则典故出自《汉书》,寓意是人不可以总是听信那些奉承的话而忘了真实的自我,要用最真实的眼光去认识自己,不然只会永远沉溺在甜蜜的谎言当中,不断堕落。

战国时期,齐国国君齐宣王很喜欢射箭,并喜欢听别人夸耀他可以把强弓拉开。

其实,齐宣王并不是一个臂力强大的人,他所谓的"需要用九石力才能拉开的弓箭",不过用三石力就可以拉开了。

一天,齐宣王拿出弓,让身边的人传看。所有的人将这只弓拉到一半就都假装拉不动的样子,并且恭维地说道:"这张弓,只有大王这样有九石力气的人才能拉开啊。除了大王,谁还能拉开这张弓呢?"齐宣王听了这样的奉承,非常开心。

就这样,齐宣王永远沉溺在自己有九石力气的谎言当中,逐渐地,射箭的本事越来越差,最终失去了自己最真实的水平。

赞扬的话每个人都爱听,可如果我们永远都只听信顺耳的奉承话,最终只会越来越堕落。

 030 赵某误子——父母过分的溺爱,孩子灰暗的明天

这是古时候的一则寓言故事,寓意是父母在教育孩子的时候不要太过宠溺,要让他们学会独立,并养成节约的好习惯。

古时候,吴国有个有钱人,这个有钱人非常宠爱他的三个儿子,以至于他的这三个儿子在成人之后还终日游手好闲,挥霍无度。

有钱人的邻居曾多次劝这个有钱人,说:"你不可以这样溺爱你的孩子们,如果有一天你去世了,你的孩子们没有了经济的支撑,又不能依靠自己的能力生活,他们该怎么办呢?所以,你该让他们学习独立啊。"可有钱人从来不听别人的好心劝告,依旧放纵他的儿子们。

几年后,这个有钱人生病去世了。三个儿子变得更加没有节制,很快就将有钱人留下的财产都挥霍空了。没有了经济来源,又没有赚钱的能力,三个儿子不是沦落到乞讨的地步,就是变成了小偷小摸的窃贼。邻居见到有钱人的这三个儿子,说道:"唉,真是自作自受啊。"

每个父母都会宠溺自己的孩子,可过分的宠溺就会将"爱"变成了"害"。

 031 大鳌与蚂蚁——小人物的自以为是

这则典故出自《苻子》,讽刺了那些自以为是、目中无人的人。

相传,在东海深处,有一种身形巨大的龟,叫鳌。鳌的一举一动都与众不同,看过的人们都会为其所震撼。

有这样一群红蚂蚁,它们每天为自己的生活忙碌着,没去过多远的地方,也没见过什么世面。一天,一只红蚂蚁外出旅行时听说了鳌的事迹,回到蚁窝后跟同伴们描述，并说要一同去看鳌的壮举。红蚂蚁们觉着这是一次开眼界、长见识的好机会，于是就都愉快地答应了。

蚂蚁们从蚁窝出发，经过跋涉之后来到了东海边上，期盼着可以亲眼看一次鳌的壮举。一天过去了，两天过去了……日子就这样在等待中流逝，而蚂蚁们的情绪也因为等待而变得烦躁不安。

一个月后，还没有看到鳌的蚂蚁们有些灰心了，商议着回去。正当他们准备离开的时候，突然狂风四起，天空变暗，海面上卷起万丈高的浪头。一只蚂蚁大声喊道："是不是鳌就要出现了啊？"

几天后，天地间逐渐恢复了平静，仿佛一切都没有发生过一样，之前海天相接的地方逐渐升起了一座大山，山顶直冲云端，时而向东移动，时而向西方移走，原来，那是鳌顶着山在移动呢。此时，蚂蚁们终于见到了期盼已久的鳌，但却没有那么兴奋，反而很不屑地议论说："唉，千里迢迢来到这里看鳌，其实它也不过如此么。它在海里游动，顶着山移动，这与我们平日的爬行，头顶米粒前进有什么不一样呢？只不过是程度有所不同罢了，根本不值得大惊小怪。"

做人一定要看到别人的长处，学会谦虚，不要总是目中无人，自以为是。

032 蒙人遇虎——别被表象所迷惑

这则典故出自《寓林折枝》，它告诫人们，在处理问题的时候，不要总是看表象，要认真分析其内在原因。

古时候，有个蒙地的人想要去旷野生活，但因为不了解那里的气候，于是就披上了狮子的皮前往，想提前适应下那里的风寒。当天，这个蒙地来的人就在旷野之上遇见了老虎。老虎见到身披狮子皮的蒙人，以为是老虎，便跑开了。见此情形，蒙人心想："老虎也没有别人说的那么可怕，它是惧怕我的啊。"

第二天，蒙人穿了一件狐狸皮做成的衣服前往旷野，再次遇到了老虎。这次老虎没有离开，而是站在那里看着他。蒙人见老虎不害怕他，竟开始生气地呵斥起老虎。还没等他说完，老虎就将他吃掉了。

看待事物不能总是拘泥于表象，不然一定会吃大亏。

第一部分 / 世间百态

 033 旁观者清——不一样的角度看问题

这则典故出自《旧唐书·元行冲传》："当局称迷，傍观见审。"寓意为对同一事物，局外人由于冷静、客观，比当事人看得清楚和全面。

唐朝有一个大臣叫做元澹，他学问广博。一次，有个叫做魏光的大臣上书皇帝唐玄宗，希望可以将魏征整理修订的《类礼》列为经书。唐玄宗同意了，并将校阅的任务交给了元澹。

一段时间之后，元澹完成了任务，并呈送给玄宗，却不想右丞相张说对此有不同的意见。他认为，戴圣（西汉官员、学者，汉代今文经学的开创者）的本子使用到现在已经有千年的历史，东汉末年的经学大师郑玄也为它加了注解，所以不建议改用魏征的本子。玄宗觉着他说得有道理，于是便又改变了主意。但元澹还是认为本子改换一下为好，可又不好当面争执，于是便写了一篇文章《释疑》，来表述自己的观点。这篇文章以客人和主人对话的形式写成。内容是这样的：

客人问："《礼记》这部书，究竟哪个编得好？"

主人答："戴圣编的本子，从西汉到现在，已经过许多人的修订、注解，矛盾之处很多。魏征考虑到这个情况，对它进行了修订、整理，哪知那些墨守成规的人竟会反对。"

客人说道："这就好像下棋一样，局中人迷糊，旁观者反而清楚。"

旁观者清，当局者迷。不同的角度去看待相同的事物，往往会让我们有着意想不到的收获。

 034 树倒猢狲散——靠树树会倒，靠人人会散

这则典故出自《谈薮·曹咏妻》，意思是树倒了，树上的猴子就散去。比喻为首的人垮下来，随从的人无所依傍也就随之而散。

宋高宗时期，有个叫做曹咏的侍郎，因为善于迎合拍马，深得奸臣秦桧的喜欢，后来更是连升三级，仕途无量。

因为当上了大官，于是就开始有很多人来巴结他。对于这种情形，曹咏是十分得意的。但唯有一个人让曹咏有些气恼，那就是他的大舅子厉德斯。厉德斯是一个头脑很清醒的人，他看得清楚，曹咏之所以官运亨通并不是因为他的真才实学，而是依靠了秦桧才得以走到今天。所以厉德斯料定，曹咏这种人不会有什么好的下场，所以不肯与其同流合污。

后来，秦桧死了，那些依附在秦桧身边的家伙随之一个个地倒台了，曹咏也被贬到了新州。厉德斯得知这一消息后，非常开心，于是就写了一篇题为《树倒猢狲散》的赋寄给曹咏。文中将秦桧比成一棵大树，曹咏等人则是树上的那些猴子，猴子们依靠大树作威作福，而如今大树一倒，猢狲四散，于国于家，实在是可喜可贺。曹咏看过这篇文章后被气得半天说不出一句话来。

依靠别人，终有一天会受其连累。靠树树会倒，靠人人会散，唯有靠自己，才是最踏实的"依赖"。

035 别无长物——再无多余之物

这则典故出自《晋书·王恭传》，指多余的物品，表示除此外别无他物。

东晋的时候，有个叫王恭的人。这个人读书刻苦，为人和善，生活上也十分节俭。认识他的人都说他将来一定会有大作为。

王恭虽然自己生活节俭，但他对朋友却是十分慷慨。有一次，王恭同他的父亲从家乡会稽去都城建康，一个叫王忱的人听说之后特意去王恭住的地方看望。来到王恭的住处，王恭热情地招待了同族，铺开一张竹席，两人坐在上面聊天。聊了一会之后，王忱感觉自己身下坐着的这张竹席十分舒适光滑，就想到，王恭来的地方是盛产竹子的会稽，一定还有好多这样的竹席，所以就在临走的时候问王恭能不能将竹席送给自己。王恭爽快地答应了。

其实，王恭的竹席只有这一张，送给了王忱之后他就用草席了。王忱后来听说了这个情况，十分愧疚，也十分惊讶，特意又找到了王恭表示自己的歉意。王恭笑着对王忱说："可能你还不是很了解我吧，我根本没有什么物品是多余的啊。"

虽然身无长物，可王恭还是毫不犹豫地将竹席送给了王忱，由此可见，王恭这个人的豁达性格。

036 城狐社鼠——依仗权势，为非作歹

这则典故出自《晋书·谢辊传》，意思是城墙上的狐狸、社庙里的老鼠。

比喻依仗权势作恶、一时难以驱除的小人。

晋朝有个叫王敦的将军，他同他的长史官谢鲲经常在一起谈论朝中之事。

一天，这两个人又聚到了一起谈论朝中的事情。当时朝中有个叫刘隗的人让王敦很看不惯，于是王敦就对谢鲲说出了想除掉刘隗的想法。谢鲲听了之后，想了一下，摇头说道："刘隗现在的位置就好像是那在城边上的狐狸、社庙里的老鼠。你要是用挖掘的方式去铲除狐狸，恐怕会弄坏围墙；如果你用火烧或者水灌的方式去驱赶老鼠，恐怕连带着还会毁坏了一座神庙。这都是很不容易铲除的事情啊。"王敦听了谢鲲的话之后便放弃了铲除刘隗的想法。

在解决一件事情之前，一定要看清楚这件事情所牵连的危害，不要随便地就放手去做，这样不仅得不到你想要的结果，可能最后还会为自己带来意想不到的灾祸。

 037 依样画葫芦——没有创新等于做无用功

这则典故出自《东轩笔录》，意思是照着真葫芦去画葫芦。比喻单纯照搬或模仿原样没有改变，没有创新。

北宋初年的时候，有一个官员名叫陶谷，他的工作就是在宋太祖赵匡胤身边起草文告。做的时间久了，陶谷就开始认为自己是有功之人，于是便向宋太祖讨官做。但宋太祖认为，陶谷每天起草文告，不过就是照着前人的旧本去改，其间改换几个字句而已，充其量不过是照着葫芦画瓢，哪里谈得上贡献，于是就拒绝了陶谷的请求。被宋太祖拒绝后，陶谷非常失望，一气之下就作了首诗自嘲，其中诗句中有两句是这样的："堪笑翰林陶学士，年年依样画葫芦。"于是"依样画葫芦"就这样流传开来了。

无论是过去还是现在，促使社会进步的往往都是那些创新的东西。如果只是单纯地模仿别人，毫无创新地"依样画葫芦"，于人于国，都等同在做无用功。

 038 因噎废食——怎能因小小挫折而让生活停滞不前

这则典故出自《吕氏春秋·荡兵》，意思是因为有人吃饭噎住了，索性连饭也不吃了。比喻要做的事情由于出了点小毛病或怕出问题就索性不去干了。

战国时期，齐国有个财主，为人精明能干，努力打拼了大半辈子，才有了如今兴旺的家业。财主有个儿子，可这个儿子却不像自己的父亲那样精明，呆头呆脑，胆小怕事。后来老财主死了，他的儿子小财主继承了他所有的家业。

一天，小财主在家中设宴酒席，将村中一些有头有脸的人物都请到了自己家里来。席间，众人喝酒划拳，有说有笑，气氛十分和谐。这时，一个老头因为牛肉没有嚼烂而噎住了，只见老头满头大汗，翻着白眼。众人见状纷纷想着办法帮老头，被来回折腾的老头气得大喊一声，没嚼烂的牛肉被吐了出来。

早在一旁看呆的小财主见状，慌忙地对屋中的众人说道："你们都快快回家去吧，有了刚才这个老伯的前车之鉴，我们以后都不要再吃饭了。"

在成长的道路上，我们会经历很多从前没有经历过的事情。在经历的过程中，我们不免会遇到困难，也会害怕、会怯懦，但只要我们咬牙坚持，勇敢向前，就会收获一份让自己意外的成果。

 039 捉襟见肘——山穷水尽的尴尬境地

这则典故出自《庄子·让王》："十年不制衣，正冠而缨绝，捉襟而肘见，纳履而踵决。"意思是拉一下衣襟就露出胳膊肘儿，形容衣服破烂。比喻生活困难或处境窘迫。也比喻顾此失彼，穷于应付。

作为圣人孔子的得意门生，曾子在春秋时期隐居不仕，日子虽然过得自由，但也十分窘迫，最为窘迫的日子应该算是在魏国的那段生活。那时的曾子经常是面容憔悴，双手和双脚都长满了茧子，身上很少有足够的钱去买食物，有时甚至三天都不生一次火，穿的衣服也更是破烂不堪。正一正帽子，帽子上的缨绳就断了，拉一下衣襟，胳膊肘就露出来了。于是后人便用捉襟见肘这个词去形容寒酸的人。

虽然曾子在魏国过的生活是这样的窘迫，但他却并不因此忧虑，他反而自由自在，心清气爽。这也是应了庄子所说：注意培养心志的人会忘掉形体，注意养身的人会忘记利禄，而致力于大道的人会忘掉心机。

拉一拉衣襟就露出胳膊肘，实在不难想象其窘迫的程度啊。

第一部分 / 世间百态

 040 狼子野心——兽性难改

这则典故出自《左传·宣公四年》:"谚曰:狼子野心。是乃狼也,其可畜乎?"意思是狼有凶残的本性。比喻凶暴的人居心狠毒,习性难改。

古时候,在村子的东面住了一个富人。这个富人很喜欢狗,家里也养了很多条狗。

一次偶然的机会,富人得到了两只小狼崽。富人将小狼崽抱在怀里,越看越喜欢,于是决定将这两个小狼崽和自己的狗一起豢养。日子一天一天地过去了,狼崽和狗的关系看起来十分融洽。渐渐地,富人就忘记了这是两只狼,完全将他们当成了狗。

狼崽长大了,一天,富人像往常一样悠闲地躺在客厅里睡午觉,却不想,忽然被家狗发怒的叫声惊醒了。富人睁开眼睛四处环视,见无人,于是假装闭起眼睛,想看看发生了什么事情。后来发现,养的那两只狼想趁着他没有察觉的时候咬死他,而他的狗拼命地阻拦。这个富人遂起身,拿起刀将两只狼杀了,取出它们的心,自言自语地说道:"狼子野心啊,它们只不过是将凶恶的本性暂时隐藏罢了。我可真是愚蠢,为什么要将它们收养而给自己埋下祸患呢?"

江山易改,本性难移,"肉食动物"们永远都不会改变凶残的本性,我们不要轻易地就被它们隐藏了本性的外表所欺骗。

 041 钟能辨盗——做贼心虚

这则典故出自《权书》,寓言讽刺那些做了坏事的人都心虚。

北宋的时候,建州浦城有个知县名叫陈述古。这个人为官清廉,而且断案也很有方法。

一次,一个富人家里遭到了盗窃,抓住了几个人,但却不知道谁才是真正的盗贼,便扭送这几个人来到了衙门。

到了衙门之后,几个嫌疑人都相互推说,谁也不承认自己是窃贼。陈述古见此情形,灵机一动,说道:"在城东的那个寺庙里有一口大钟,那个钟十分灵验,能辨别是非,一定也能辨别谁才是真正的小偷。不如把你们交给大钟去判这个案子。"富人听了陈述古的话之后感觉很荒谬,但因为陈述古的确断案有方，便也没有拒绝，将几个嫌疑人带到了寺庙。

来到钟前，陈述古正经地说道："这口钟很神奇，我们将手放在钟上，没偷东西的人摸这口钟的时候钟并不会响，可偷东西的人如果摸了它，它就会响。"然后陈述古又叫人用帐子将大钟围起来，让每个嫌疑人进到帐子里去摸钟，可所有人都摸完了，钟还是没有响。被偷钱的富人有些着急了，刚要上前说话，陈述古抬头示意他后退，然后让每个嫌疑人将手伸出来。其他人手上都有墨汁，只有一个人手上没有墨汁。陈述古遂叫人将这个人抓起来，厉声说道："墨汁是我事先派人涂在上面的，摸钟的人手上都会沾染墨汁，而你手上却没有，说明你做贼心虚，这钱就是你偷的。"那个人听了陈述古的话之后慌忙跪在地上，承认了自己的罪行。

做了坏事才会心虚，想要坦坦荡荡做人，就不要做坏事，甚至坏心都不要揣。

 042 痴人说梦——只有痴人才相信

这则典故出自《冷斋夜话·痴人说梦》，原指对痴人说梦话而痴人信以为真。比喻凭借荒唐的想象胡言乱语。

唐高宗时期，有个修行很高的和尚。这人要是修行一高，举止上就同常人有了不同，行为怪异不说，说的话也经常让人很难理解。

有一次，这个和尚去长江、淮河一带出游。来到一个陌生的地方，他不认识任何人，人们也不认识他。于是就有人问他："你姓何？"这个和尚很平静地学着别人的话说："我姓何。"人家又问："何国人？"和尚回答："何国人。"

后来这个和尚去世了，一个叫李邕的诗人为他作碑文，可却从来没听懂过和尚说话的他根本不知道要如何着手去写。思来想去，只好根据这个和尚当年的回答在碑上写道："大师姓何，何国人。"

后来这件事情被后人当做了笑话去相互讲说，并说道："和尚原本是对痴人说梦，想不到痴人竟然也会相信。"

随口之言，何必当真？

 043 痴心妄想——在幻想中迷失了真实的自我

这则典故出自《平妖传》，意思是一心想着不可能实现的事。也指愚蠢荒唐的想法。

很久以前,城里住着一个贫穷且没有上进心的人,分明已经过着吃不饱、穿不暖的生活了,但终日还是沉浸在突然发大财的幻想中。

有一次,这个人外出去办事情,在回家的路上捡到了一个鸡蛋,这可把这个人高兴坏了。他轻轻将鸡蛋揣起来,回到家中,见妻子在家中,于是高兴地说道:"我们就要发财了,因为我有家产了啊。"妻子被丈夫这句突兀的话弄得有点莫名其妙,于是问道:"什么家产?哪里来的家产?"这个人小心翼翼地拿出鸡蛋给妻子看,说道:"这就是我们的家产啊。"妻子说:"不过是一颗鸡蛋罢了,怎么会是家产呢?"这个人板起脸,严肃地说道:"妇人之见,一点长远的东西都看不到。明天我就去邻居家,借用他们家正在抱窝的母鸡去孵化它,孵出来之后,我就在里面挑一只母鸡。我们精心地饲养,小鸡长大会生蛋,蛋又能孵化出小鸡,再生蛋,再生鸡……这样一来,不出几年的时间,我们就会拥有很多很多的鸡,然后我们用这些鸡换钱,换来的钱买牛。几年后我们拥有牛群,我们再用牛换钱买房,买地,然后再纳一房小妾……"妻子本来已经完全沉浸在了丈夫的美好幻想之中,并且对这只捡来的鸡蛋也充满了希望,可听到丈夫说"纳一房小妾",生气地说道:"什么?你居然还想着纳一房小妾?难道你忘了你贫困的时候是谁一直跟在你身边的吗?既然你是这样的人,那我们就不要留着这该死的祸根了。"说完,将鸡蛋狠狠地摔到地上。丈夫见妻子摔碎了鸡蛋,就仿佛是摔碎了自己编织出来的宏伟梦想,顿时火冒三丈,随手拿起手边的鞭子开始抽打妻子,生气地说道:"我这万贯的家财,就这样被你这泼妇摔碎了!"丈夫越想越生气,索性将自己的妻子告到了衙门。县太爷看了看堂下的这两个人,问道:"你们因为什么而吵架呢?"丈夫说:"大人,我请求您杀了这个泼妇,我那万贯的家产刚刚被她给摔了。"县太爷不解,问道:"你的家产在哪里呢?"于是这个丈夫开始将刚对妻子说的那一套将给县太爷听,从鸡蛋孵小鸡到最后有了钱纳小妾。县太爷听完了这丈夫的话之后,想了想,说道:"嗯,这个妇人的确可恶,毁了你的家产,该处死。"妻子一听这样的宣判,哭着说道:"那些不过是我丈夫的幻想罢了,还没有实现,我何罪之有啊?"县太爷回答说:"那他要纳小妾的事情也还没有成真啊。你为什么还生气地摔碎他的鸡蛋?"妻子擦了擦眼泪说道:"因为祸根要趁早铲除啊。"县太爷听了这样的回答,笑了笑,将这一对荒唐的夫妻放走了。

  捡鸡蛋的这对夫妻对未来生活的畅想本来就是一个根本不会

实现的妄想,而最终因为一个更荒谬的幻想而闹到了衙门,实在是一件愚蠢又可笑的事情。现实生活中,也有这样的一些人,顽固地相信那些根本不可能实现的妄想。其实人对未来抱有幻想是好事,可顽固地去相信,过分地把它当做必然,就不见得是好事了。

044 名落孙山——输给了最后一名

这则典故出自《过庭录》,指考试或选拔没有被录取。

古时,吴国有个叫孙山的读书人。这个孙山为人风趣幽默,说话诙谐搞笑,读书也还算用功。一次,孙山同邻居的儿子一同参加科举考试。考完之后,孙山觉着自己考得还可以,于是会回到客栈中踏实地睡觉了。而邻居的儿子却对自己的试卷很不满意,来来回回地踱步,生怕自己落榜。

成绩放榜,孙山果然榜上有名,虽然是最后一名,但孙山还是十分满足。再看邻居的儿子,反反复复将榜单看了好几遍,还是没有找到自己的名字。两个人一个欢喜一个哀愁地回到家乡,邻居上前问其有没有考取。孙山幽默地说道:"我幸运地出现在了榜单最后一名,而您的儿子就排在我的后面。"

这次不行,下次继续。

045 暴跳如雷——情绪冲动,又急又怒

这则典故出自《孔雀东南飞》:"我有亲父兄,性情暴如雷,恐不任我意,逆以煎我怀。"意思是急怒地蹦跳呼喊,就好像是打雷一样的猛烈。形容人又急又怒的样子。

东汉末年,有个叫刘兰芝的女子,她在十七岁的时候就嫁给了一个叫焦仲卿的小官吏。

自从嫁给焦仲卿之后,刘兰芝在焦家无论对上还是对下,都尽着自己做媳妇的义务。丈夫焦仲卿对刘兰芝也非常好,但唯有她那性情古怪的婆婆对她十分地苛刻凶狠。为了达到婆婆的要求,刘兰芝每天天没亮就起,开始做家务、织布,到了很晚很晚才睡去。可就是这样努力,她的婆婆还是不满意,还是要将她赶回娘家。焦仲卿得知母亲的想法之后,跪在地上恳求母亲留下刘兰芝,但母亲丝毫没有理会他的想法。

没有办法,焦仲卿只好先将刘兰芝送回家中,并说道:"我母亲实在是威

逼得厉害,所以我只能想把你送回家躲避一段时间。你我两人都不嫁娶,等我劝服了母亲就去你家接你。"刘兰芝含泪同意。

刘兰芝有一个哥哥,性格非常地暴躁,他若知道妹妹刘兰芝被休的事情之后一定会暴跳如雷,而这也是刘兰芝所担心的,于是对焦仲卿说:"回到家中,我母亲的关倒好过,可我哥哥那里就难了啊,他可能会逼我改嫁的。"

事情果然如此,刘兰芝才刚刚回答家中,她的哥哥就逼迫她改嫁。刘兰芝不肯,在强势的逼迫下,跳水自尽了。焦仲卿得知刘兰芝死亡的噩耗之后,受不了这样的打击,也于当晚在花园中自杀了。

遇事的时候不要因情绪冲动而过分生气,气大伤身,心平气和地想一想,其实没有什么过不去的事情,何必暴跳如雷呢?

 046 不寒而栗——过分地害怕而浑身发抖

这则典故出自《史记·酷吏列传》:"是日皆报杀四百余人。其后郡中不寒而栗,猾民佐吏为治。"意思是不寒冷却发抖。后来,人们用它形容恐惧到了极点。

汉武帝在位的时候,有个叫义纵的官吏。这个人原本只是一个打家劫舍的小无赖,但因为他精通医术的姐姐得到了皇太后重用,所以义纵也跟着沾了光,当其了官。

在义纵当定襄太守的那一年,他为了树立官威,居然下令将狱中二百多名犯人和二百名私自探望囚犯的人都定成了死罪,并于当天将他们全都杀害。这个消息传出之后,定襄地区的老百姓们每个人都不寒而栗,就连那些地痞、流氓们也都变得循规蹈矩起来了。

义纵如此严苛的治民手段,百姓们怎么能不"不寒而栗"?

 047 临江之麋——被宠溺的悲哀

这则典故出自《三戒》,讽刺了倚仗他人势力而求得与对方交好的那种人。

很久之前,在临江住着一个爱好打猎的人,这个人很喜欢打猎,隔一段时间就要外出一次。猎狗是狩猎者的必备伙伴,所以这个爱好打猎的人家中自然也养了很多的猎狗。

一次，这个猎人外出打猎的时候，活捉到一只小麋鹿，样子十分可爱，于是猎人便将这个小麋鹿抱回了家中，准备和自己的猎狗一起养。

就在猎人刚进家门的时候，他养的猎狗们纷纷流着口水围了上来，以为他怀中抱着的小麋鹿是给它们的大餐。这让猎人十分生气，于是就恐吓着吓走了猎狗们。为了让小麋鹿可以很好地和猎狗一起生存，这个猎人每天都会抱着小麋鹿去接近自己的猎狗，让猎狗对这只小东西产生好感而不会伤害它。猎狗们因为害怕主人，所以只能咽着口水和小麋鹿一同玩耍。

几年后，小麋鹿长大了，可以独自走出家门去玩耍了。一天，麋鹿刚走出家门，见到远处有一群野狗，它立刻亲近上前去找野狗们一同玩耍。而野狗们却不像被猎人驯服的猎狗，争抢着将麋鹿吃掉了。而可怜的麋鹿就在死去的那一刻，也没弄明白自己为什么会落到这样的下场。

在猎人宠溺下长大的小麋鹿，单纯地以为全世界的狗都会对自己那样友善。其实真正走出它的世界才发现，现实中的野狗与它所见到的猎狗根本是不一样的。就像如今在温室里长大的一些年轻人，真正走向社会才发现，没有了父母的呵护，依旧用最单纯的眼光去看待这个世界，丝毫不提高警觉，那么最终只会摔得很惨。但这只是针对这则寓言而言，现实的社会固然没有那么好，但一定也不是某些人所想象的那么坏。

048 得过且过——胸无大志难成器

这则典故出自《辍耕录》，意思是只要能够过得去，就这样过下去。形容胸无大志，没有长远打算；也指某些人对工作敷衍了事，不负责任。

相传，很久很久以前，五台山上有一种鸟叫做寒号鸟。夏天的时候，这种鸟的羽毛十分漂亮。每到这个时候它就会骄傲地展开自己的翅膀，得意地叫道："我真是美丽，我真是美丽。"到了秋天，当其他鸟儿都忙着做窝为冬天避寒的时候，只有寒号鸟仍然无事地跳着、唱着。深冬来临了，它的羽毛渐渐脱落，没有了美丽的外表，又没有避寒的窝，晚上的时候它只能浑身哆嗦地缩在石缝里避寒。但第二天早上的时候它又会自我安慰地说道："得过且过，得过且过。"

做事不该敷衍了事，要有长远打算，这是成事的基础。如果总胸无大志，得过且过，则难成大器。

049 招摇过市——做人不能太过高调

这则典故出自《史记·孔子世家》:"居卫月余,灵公与夫人同车,宦者雍渠参乘,出,使孔子为次乘,招摇市过之。"指在公开场合大摇大摆显示声势,引人注意。

孔子带着他的弟子子路和颜回周游列国,到了卫国的时候,卫国的国君卫灵公就想与孔子结为兄弟,并带着孔子等一行人出游。在出游过程中,卫灵公在大街上大摇大摆显示自己的声势,而且丝毫没有提在卫国施行仁政之事。孔子无奈之下只好带着学生们离开了卫国。

现在流行的一句话:低调做人、高调做事。说得很有道理。做人一定要恪守本分,不要太过张扬;反之,就算你是国君,也会被人看不起。

050 雁足传书——大雁传递的那封书信

这则典故出自《汉书·苏武传》:"天子射上林中,得雁,足有系帛书,言武等在某泽中。"意思是大雁能传递书信。

西汉时期,汉武帝在位的时候,有个叫做苏武的中郎。奉命出使北方的匈奴族,却不想被扣在了部落里。匈奴人让他在北海牧羊,后来汉昭帝登位,匈奴实行了和亲的政策,并在几年后与其达成了和议。于是汉廷便开始要求匈奴放了当年扣留的苏武等人,可匈奴谎称苏武已经死了。

后来汉朝又有使者来到了匈奴,当年跟随在苏武身边的一个随从想办法见到了汉使,并告诉其苏武并没有死,还原原本本地讲述了苏武这几年在匈奴的情形,并恳求汉使想办法救回苏武。

汉使在得知真相之后,决心救苏武回到自己的国家,于是便想了一条妙计。汉使对匈奴的首领说:"我大汉天子有一天在林中打猎的时候射到了一只大雁。这只大雁腿上系着一封信,信上的内容明明白白地写着苏武现在正在您这里放羊,所以请您让他来与我相见,并一同回朝。"

匈奴首领单于听了之后大吃一惊,随后也只好承认了实情,并放苏武回汉。

"雁足传书"这一典故在后来指书信或信使。

大雁能传书，但救回苏武的那个大雁却并不存在，不过是个计策罢了。

051 买椟还珠——舍本逐末，弃主求次

这则典故出自《韩非子·外储说左上》，买下木匣，退还了珍珠。比喻那些没有眼光、取舍不当、只重外表、不注重实质的人。又讽刺那些不了解事物本质、舍本逐末、弃主求次的人。

故事发生在春秋时代，有一个楚国人，他很想将他家里的一颗珍珠卖出去，于是就特意找人用名贵的木料为这颗珍珠做了一个盒子，而且还用桂、椒等香料熏染了盒子，又在盒子的外面雕刻了许多美丽的花纹，并且粘了翠鸟的羽毛，使整个盒子看起来十分的漂亮。

楚国人小心翼翼地将珍珠放在了盒子里并拿到街上去卖。一个郑国人路过看到这个漂亮的盒子，并拿在手中看了半天，爱不释手，最后出了很高的价钱买了下来。可几天后，郑国人却拿着装有珍珠的盒子找到了楚国人。楚国人以为这个郑国人是想退货，刚要拒绝，不想郑国人就将珍珠交还到了楚国人的手里并说道："我买的是您的盒子，您将一颗珍珠忘在了盒子里，我特意找到您，就是要还您珍珠的。"说完便转身离去了，留下尴尬的楚国人站在原地，手里拿着的是那颗没有卖出去的珍珠。

这则典故可以分别从郑国人和楚国人两个角度来理解：

郑国人的眼睛只是盯着那只精美的盒子，而且没有注意到盒子里真正有价值的珍珠，所以才做出了本末倒置这样的傻事；

楚国人过分地注重了包装珍珠的外表，从而忘记了珍珠的本质才是最重要的，所以才导致了郑国人最后回来还珍珠的尴尬。

052 临渴掘井——临时抱佛脚难成事

这则典故出自《黄帝内经·素问·四气调神大论》："夫病已成而后药之，乱已成而后治之，譬犹渴而穿井，斗而铸锥，不亦晚乎！"意思是口渴了才去挖井，比喻事先不做好准备，事到临头才动手想办法。

春秋的时候，鲁国的第二十四代君主鲁昭公因为亲近小人而不听从重臣的好心规劝，而最终被赶出了鲁国。后来鲁昭公逃到齐国之后才明白过来，

自己的所作所为是错误的。齐国的国君齐景公见鲁昭公已经知道悔过，就认为应该让鲁昭公回国，他定会成为一个贤良的国君，于是便想劝说鲁昭公回国。但这时齐国的大夫晏子则举出了这样一个例子，他认为：一个人掉进水里后才会想起应该防备失足，迷路后才知道应该注意路径，这就像是已经面临灾难的人才急着去铸造兵器，吃东西塞住了咽喉才急着去挖井取水。虽然已经在用最快的速度去解决已经发生的问题，但一切已经来不及了。听了晏子的劝，齐景公便放弃了劝说鲁昭公回国的想法。

平时对各种事情都不做准备，不加提防，等到事情发生了才想起要采取措施去应付，那是绝对行不通的。

 053 豹死留皮——肉体会腐，但精神可永存

这则典故出《新五代史·王彦章传》："豹死留皮，人死留名。"意思是豹子死了，皮留在世间。比喻将好名声留传于后世。

在五代时期，后梁有一位名将叫王彦章，因为他善于使用一支铁枪，且骁勇善战，所以人称其为"王铁枪"。后来后唐与后梁交战，王彦章受命出城退敌。但王彦章那时手下只有一百多人的卫兵，显然不是后唐的对手。王彦章虽然奋勇杀敌，可最终还是因为兵力单薄而不幸战败被俘。

被俘后，后唐皇帝庄宗问王彦章说："你以往总是对我不屑一顾，今日成为了我的阶下囚，你是服还是不服啊？"王彦章答道："我败给你，是因为现在的形势对你有利，这种形势并不是人力就可以挽回的，我为什么要对你服气？"因为庄宗怜其忠勇，于是便劝王彦章投降，并说可以放其一条生路。可王彦章却说："我是一个习武的粗人，不太懂得书中的那些道理，我只会用最直白的俗语去表达的我想法。豹子死了之后都还能留下一张豹皮给人取暖，人死了也要留下忠义的名声，我绝不可能投降变节。我与你已经血战了十几年，今天力竭兵败，我还等什么？况且，我所受的，是后梁朝廷的大恩，今生唯有死才可以报答。我怎么可能早上效忠后梁，晚上又归顺于你后唐？我这样有什么面目去面对天下百姓？"

后来，王彦章因为宁死不屈，最终被杀害了。

这便是所谓的"其人肉体虽死，但精神永生"。

054 留得青山在,不怕没柴烧——拥有资本,生活平稳

这则典故出自《初刻拍案惊奇》,比喻能保留最根本的条件,其他问题就可得到解决。

古时候,村子里住了一个烧木炭的老汉。这个老汉有两个儿子,哥哥叫青山,弟弟叫红山。在老汉快要去世的时候,这个老汉将自己全部的产业——一片树林分给了两个儿子。

树林一共有两个部分,东岗和西岗,区别是,东岗的树木繁茂,能够烧出很好的木炭,而东岗的树木却很稀少。老汉将东岗分给了青山,西岗分给了红山。就这样,老汉的两个儿子在继承了父亲不同区域的树林之后,开始了完全不一样的生活。

因为红山得到的是树木茂盛的西岗,所以他每天勤快地烧炭,日子过得也很富裕。可树木终有被烧光的一天,仅仅几年后,树木就已经完全被红山砍伐光了。没有了树木,红山就开始种庄稼,可好景不长,一场暴雨将庄稼都冲跑了。无奈之下的红山,只好去投奔哥哥青山。

要说这青山虽然继承的是树木稀少的东岗,但青山是一个很懂得规划的人。他先是将树林中那些不成材的树木砍了烧炭,然后种上新的树苗,又在岗下开荒种地,养些家畜。虽然青山最初的生活贫困辛苦,但几年后,他已经拥有了一片茂密的树林、一片庄稼,还有成群的牛马。虽然一样经历了暴雨,但是青山因为有山岗树林的保护,他的庄稼并没有受损。

红山来到哥哥的地方,见到富足的哥哥,于是就问其原因。青山看着弟弟,语重心长地说:"你只是顾着吃山却不养着它,那早晚会有山穷水尽的一天啊。你要学会先将山养起来,你的山才会变得越来越茂盛啊,你也会越来越富足的。"

后来人们听说了青山和红山的事迹之后,就纷纷夸赞青山说:"留得青山在,不怕没柴烧。"

我们生存在这个社会上,就要有生存下去的资本,有一个最起码的生存技能。这样才能长久地在这个社会上立足,并且生活得越来越好。

055 风吹草动——风稍一吹,草就摇晃

这则典故出自《敦煌变文集·伍子胥变文》:"偷踪窃道,饮气吐声。风吹草动,即便藏形。"意思是风稍一吹,草就摇晃。比喻微小的变动。

春秋的时候,楚国的国君楚平王是一个昏庸无道的君主,而且十分迷恋女色,后来竟然还霸占了自己的儿媳妇。楚平王因为听信了一个小人的谗言,所以楚平王决定要将太子建废掉,但又怕太子建的老师伍奢不同意,于是便召见伍奢,并让其说太子建企图谋反。要这样污蔑自己的学生,伍奢当然不同意,于是便被楚平王关进了监狱。

伍奢有两个儿子,为了斩草除根,楚平王就逼伍奢写信给他的两个儿子,把他们骗来京城,企图将他们一起除掉。伍奢的小儿子伍子胥在看过父亲的信之后便知道楚平王想加害他们,于是劝他的哥哥伍尚逃走。可伍尚不肯,最终被楚平王杀害了。

伍子胥逃掉了,楚平王自然不肯罢休,于是便派兵日夜追踪、四处捉拿他,并重金悬赏捉住伍子胥。伍子胥只好每天白天躲在草丛当中,晚上出来赶路。

有一天,伍子胥来到了江边,正焦急该如何渡江的时候,江面上自远处来了一个渔夫,他不仅帮伍子胥渡江,还弄了些吃的给已经在逃亡路上精疲力竭的伍子胥。伍子胥将自己的逃亡经历讲给了渔夫听,渔夫听后十分同情,于是便对伍子胥说:"你在岸边等我,我回家弄些吃的给你带在路上吧。"

伍子胥坐在岸边等候渔夫的回来。忽然一阵风刮过,芦苇和野草簌簌地响了起来,伍子胥吓了一跳,以为是楚兵追来了,于是慌忙地躲进了草丛当中。可仔细一听,原来只是"风吹草动"。

渔夫回来后,伍子胥便想将随身佩戴的那把价值千金的宝剑送给渔夫,但渔夫却拒绝,并说:"楚王重金悬赏捉拿你我都没有贪图,我怎么会要你这把宝剑?你还是带在身上防身用吧。"伍子胥说道:"你救我性命,请问你尊姓大名,日后我一定加以相报。"渔夫正色说:"我救你性命是因为仰慕你这位英雄,哪里是图回报,何必问我姓名,你快快逃命吧。"就这样,伍子胥又踏上了逃亡的路。

后来伍子胥在吴国受到了重用,并率军攻打楚国,为父兄报了仇。

精神太过紧张才会对微小的细节有所察觉。所以生活中的我

们，时不时地让自己的精神放松，不要让自己那么紧张。

056 梁上君子——生活窘迫也不能自甘堕落

这则典故出自《后汉书·陈寔传》，比喻小偷，现在有时也指脱离实际、脱离群众的人。

东汉时期有个人叫陈寔，他曾经做过太丘县令，是个正直、随和的人。

在家乡的时候，陈寔就因为正直而经常为家乡百姓们评判是非。百姓们有什么争执，也一定会去陈寔那里评理。陈寔会讲明道理，详细说明究竟是谁对谁错，让每个人都心服口服。在乡里，有人甚至这样评价陈寔："情愿被官府惩罚，也不想被陈先生说一句不是。"

有一年，家乡的收成不好，百姓们的生活逐渐变得贫困，经常是吃了上顿顾不上下顿。一个人因为家里实在无米下锅，便动了偷盗这样的歪心眼。

这天夜里，这个小偷夜间潜入了陈寔的家中，并偷偷躲在房梁之上。陈寔暗中发现了这个小偷，于是便假装起来整理衣物，还让子孙们聚拢过来，严肃地训诫他们说道："人不可以不自我勉励。之所以有人不善良，并不是因为他们的本性就是坏的。一个坏的习惯的形成，往往是因为这个人不注重自己的品性修养而形成的，最终到了很坏的地步，就像我们房梁上的这位小偷先生。"小偷听了陈寔这番话十分惊恐，慌忙地从房梁上跳到了地上，赶忙向陈寔叩头请罪。陈寔见此状，语重心长地同这个小偷说："我看你的样子，也不像是一个坏人，你一定是因为生活实在窘迫才出此下策。希望你赶快改点你的坏毛病，重新去做一个好人。"说完这番话，陈寔还特意送这个人两匹绢。

这件事情很快在县里传开了，大家对于陈寔这样的做法更是十分敬佩，而且从那以后，县里竟再也没有偷盗的人了。

人之初，性本善。没有天生的坏人，面对那些犯错的人，我们不该一味地责罚，要给予宽容，给他一次改过的机会。

057 橘化为枳——环境变了，品质也变了

这则典故出自《晏子春秋·杂下之十》："婴闻之：橘生淮南则为橘，生于淮北则为枳，叶徒相似，其实味不同。所以然者何？水土异也。"原指一种

植物生在淮河以南则为橘，生在淮河以北则为枳，后来人们常以此来借喻人受到环境的影响，品质发生变化。

春秋时期，齐国有一位大夫叫晏子，是一位重要的政治家、思想家、外交家。他富有政治远见，且外交才能出众，作风朴素，又敢于直谏，在诸侯和百姓中都享有极高的声誉。

有一次，晏子来到了楚国，楚王请他喝酒。正当喝酒喝得高兴的时候，有两名公差绑着一个人来到了楚王的面前。于是楚王问道："绑着的这个人是干什么的？"公差回答说："他是齐国人，犯了偷盗罪。"于是楚王将头转向晏子说："难道你们齐国人都是喜欢偷东西么？"晏子听了这话后，离开席位说道："楚王，不知您是否知道这样一件事情，如果橘树生长在淮河以南的地方那它就可以长成橘树，可如果生长在淮河以北的地方就变成了枳。这两种果实虽然外形十分相似，但其味道却是十分不同的。而造成这种情况的原因则是因为其生长的水土条件不同啊。同样的道理，被绑着的这个齐国人在齐国的时候不偷东西，而到了楚国就偷东西，难道是因为楚国的水土使他喜欢偷东西吗？"楚王听了晏子的一番话后笑道："跟圣人是不能开玩笑的啊，我反而自找倒霉。"

一样的树苗，因为生长环境的不同使果实的味道也不同，由此可见环境的影响之大。所以我们在学习、处事中，选择一个好的环境是首要的前提。

 058 侯门如海——门第悬殊，故友疏途

这则典故出自唐·崔郊《赠去婢》诗："公子王孙逐后尘，绿珠垂泪滴罗巾。侯门一入深如海，从此萧郎是路人。"意思是王公贵族的门庭像大海那样深邃。旧时豪门贵族、官府的门禁森严，一般人不能轻易进入。也比喻旧时相识的人，后因地位悬殊而疏远。

唐朝元和年间，有一个秀才叫崔郊。崔郊和他的姑姑一同住在汉水之上，他的姑姑有一个女仆，长相十分秀美，并且擅长音乐。崔郊对其逐渐产生了爱慕之情。后来因为生活贫困，崔郊的姑姑只好把这个女仆卖给了一个官员，换了些钱。在崔郊和这个女仆分别的时候，两人四目相望，难舍难分。后来因为过寒食节，这个女仆便借回老家探望亲戚为由出来与崔郊相会。因为太久未见，两人相见后泪流满面，并立下了海誓山盟。崔郊还特意写了一首诗给这个女仆:"公子王孙逐后尘,绿珠垂泪滴罗巾。侯门一入深如海,从此萧郎是路人。"这首诗后来被一个仇恨崔郊的人知道了,于是便把崔郊的这首诗写在了官员的座位上。官员读过诗之后,遂派人把崔郊找来。被派的手下不明官员的意图,以为是诗句得罪了官员,于是便将崔郊五花大绑带到了官员面前。官员见到崔郊后,赶紧让手下人将其松绑,并握住崔郊的手说道:"'侯门一入深如海,从此萧郎是路人'这首诗是你的大作吗?"崔郊疑惑地点头,原来,这个官员是个爱才之人,见到崔郊这样好的文笔,更是被这样的感情所感动,于是便让这个女仆跟着崔郊一起回去,并且还赠予了很多的首饰和衣物。

因为地位的不同,旧时的相识逐渐疏远。有时仅仅只是一门之隔,距离就仿佛是一海之深。

059 刻鹄类鹜——模仿也要分对象

这则典故出自《后汉书·马援传》:"效伯高不得,犹为谨敕之士,所谓刻鹄不成尚类鹜者也。效季良不成,陷为天下轻薄子,所谓画虎不成反类狗者也。"意思是画天鹅不成,仍有些像鸭子。比喻模仿得虽然不逼真,但还相似。

东汉时期有个著名的军事家名字叫马援,马援一生在战场上驰骋,为东汉王朝的建立和巩固立下了赫赫战功。马援有两个侄子,一个叫马严,一个叫马敦。这两个人非常喜欢在背后议论他人是非,这一点也是非常让马援担忧,于是便写了一封信给他们两个,信的内容是这样的:"我一生当中最痛恨别人在背后议论他人长短,也不想你们变成那个样子。对于听到有人背后议论他人过失的时候,你们该做到只听而不参与议论。我有两个好朋友,一个叫龙伯高,一个叫杜季良。龙伯高为人敦厚谨慎,出言皆善,谦和节俭,清廉无私,他虽然职位不高,但我很尊重他,同时也希望你们可以将他作为榜样去学习。杜季良是个侠肝义胆的人,能够与人同甘共苦,无论人的好坏他都能与他们交朋友。他的父亲去世,数郡都有朋友来吊唁。我一样很尊敬他,但我却不希望你们效仿他。要向龙伯高学习,即使你们最终不能变得和他一样,但这就像是做一只天鹅不成但尚可成为一只鸭子;可如果你们向杜季良学习,如果学不成,就会成为一个轻浮浪荡的人,就好比是画一只老虎画得不像,却画成了一只狗。"

两个侄子读完了信，犹如醍醐灌顶，此后不仅不再背后议论他人是非，还学会了反省自己，向龙伯高学习。

如果我们模仿谨慎的人，就算模仿不像，也还可以是本本分分的好人；但如果你去模仿豪侠，模仿不好，那可能就走上歪路成为坏人了。

 060 同仇敌忾——命运相通，结果相同

这则典故出自《诗经·秦风·无衣》"修我戈矛，与子同仇"和《左传·文公四年》"诸侯敌王所忾，而献其功"，指全体一致地仇恨敌人。

东周春秋时期，军中有一首歌曲广为流传，这首歌表现了士兵们慷慨从军、同心对敌的乐观精神，同时还表现出了保卫祖国的英雄气概。这首歌的歌词一共被分为三节，可以被反复咏唱，其中有一节是这样的："谁说我没有衣服？我的战袍就是你的。国王兴兵打仗，快把刀枪修好。我与你共同对付仇敌。"而同仇敌忾中的"同仇"就是源于这个歌谣里的歌词。

公元前623年，卫国有个叫宁俞的人出使鲁国，鲁文王设宴招待他。席间，鲁文王特意命乐工演唱《湛露》和《彤弓》，这是周朝天子对诸侯恩赐、褒奖时所用的宴乐，宁俞当然一听就知道。为此，宁俞在席间一句话都没有说，也不做任何的答谢之辞。鲁文王对于宁俞这样的沉默举动非常不理解，于是就在宴饮完毕之后派人私下去询问宁俞，问他席间为什么沉默。宁俞回答说："想当年周朝天子宴请诸侯并命人演唱这两首歌曲，是因为诸侯以周天子愤恨的人为敌人，并为其献上战功。但如今我们卫国派使者来到鲁国是表示友好，但大王您学天子赐诸侯的礼节，也命乐工演唱《湛露》和《彤弓》。这种情况下，我只好沉默不言了。"而同仇敌忾中的"敌忾"就是源于宁俞说的话。

共同的命运而导致了相同的结果，团结一致，对付共同的敌人。

 061 咄咄怪事——见怪不怪，其怪自败

这则典故出自《世说新语·黜免》："殷中军（殷浩）被废在信安，终日恒书空作字，扬州吏民寻义逐之，窃视，唯作'咄咄怪事'四字而已。"形容不合常理、难以理解的怪事。

桓温是东晋时期重要的将领及权臣、军事家，谯国桓氏的代表人物。官至大司马、录尚书事。宣城内史桓彝长子，因领兵消灭敌军而声名大振，立司马昱为帝，后来有意夺取帝位。司马昱看重扬州刺史殷浩在朝廷中有极高的名声，又受朝野推崇，于是便将其引为自己的心腹，用来抗衡桓温。就这样，桓温同殷浩产生了极大的嫌隙。王羲之当时为护军将军，就劝说殷浩应该以国事为重，不要内心总是想着私人的恩怨，可殷浩还是不听。

永和十年的时候，桓温见殷浩北伐失败而引起朝野怨恨，便借机上表列举殷浩的罪行。朝廷迫不得已，只好惩罚殷浩，将其废为平民，流放到东阳郡信安县。

被废的殷浩虽然没有说过半句怨言，家人并没看出他被流放的伤感，可殷浩的行为却开始变得古怪，每日读书吟诗，还总是在纸上写"咄咄怪事"这四个字。后来这个词被后人用来形容不合常理、难以理解的怪事。

世界之大，无奇不有，我们该做到见怪不怪。

062 一字千金——《吕氏春秋》一字值千金

这则典故出自《史记·吕不韦列传》，后用来比喻文辞精当，结构严谨。或用来形容价值极高的作品。亦可用以指书法上一字价值千金。

吕不韦是战国时代著名的商人，后来因为帮在赵国做人质的秦国王子异人当上了秦国国君，而被封为丞相。就这样，吕不韦从一个商人摇身一变而成了一个一人之下、万人之上的显赫人物。对于吕不韦，朝中文武百官虽然嘴上不说，但内心多多少少都有些不服气。而吕不韦也知道自己因为政治资望太浅，所以坐上丞相这个位置不能轻易就为人所信服。对此，吕不韦是大伤脑筋，并召集门客商议如何提高政治资望。

有人提议让吕不韦率兵出征，打胜仗，立下赫赫战功，从而在朝中树立威信。但这个办法很快就被否决，因为带兵打仗这个策略实在是百害而无一利，仗能不能打赢先不说，就算打了胜仗回来，也不能升官，因为丞相已经是最高的官位了。如果战争失利，结果更是适得其反。

还有人建议说："我们知道孔子的名声特别好，那是因为他写了一部《春秋》；孙武能当上吴国的大将，是因为吴王看了他写的《孙子兵法》。既然这样，那您为什么不写一本书呢？既能扬名当世，又能垂范后代，而且还可以在朝中树立威望。何乐而不为呢？"

第一部分 / 世间百态

这个建议得到了所有人的一致肯定，吕不韦本人也认为这是一个好的办法，于是就命令门客立即组织人员开始撰写书稿。当时吕不韦有门客三千，所以很快就写出了二十六卷，一百六十篇文章，并把书的名字题为《吕氏春秋》。书写成之后，吕不韦命人把全文抄写下来贴在咸阳城门上，并发出布告：“谁能把书中的文字增加一个或者减少一个，甚至改动一个，立即赏黄金万两。”

布告贴出不久后，立即引来百姓们的围观，因为大家都畏惧吕不韦的权势，所以无人来自讨没趣地改字，而这件事也是为后人留下了"一字千金"这样的佳话。

吕不韦贴出"一字千金"这样的告示本是想证明自己撰写的书稿完美至极，没有人可以改动，而迟迟没有人向其提出改字建议是因为大家都害怕他的权势。

 | 063 撕衣成书——创意书法，流传千古

这则典故是历史上的一则小故事，讲述唐代书法家裴休撕衣为寺庙题字的故事。

唐代的时候曾有一个有名的书法家，名字叫裴休。裴休不仅写得一手好字，而且文章写得也很好。裴休在年轻的时候家境很贫寒，但这并不耽误裴休努力读书。努力付出就总会有回报，裴休后来考中了进士，做了官，前途一片光明。

裴休在离开家乡的时候，特意将自己家乡的几间房屋扩建了一下，捐为僧舍，并取名为"成化寺"，而且一有机会，裴休就会回去看一看。

一年，裴休因公事路过了自己的家乡，特利用这个机会又回到了成化寺，准备看一看。方丈见裴休回来，非常热情地招待了他。裴休在寺庙里住了两天。第三天，在裴休正准备离开的时候，方丈和他说了一个要求——在寺庙的墙壁上题词。裴休想拒绝，可看到方丈诚恳的表情，就答应了下来。

站在准备题词的墙壁前，裴休想着该如何写。这时，裴休想起东晋时的一个书法家王献之。王献之小时候外出玩耍，看到泥水匠粉刷墙壁，于是就借来刷帚，蘸着泥浆在墙上写自一丈见方的大字。这个字一写完，引来了很多的人围观。他的父亲王羲之也在闻讯之后赶来观看，并为儿子的这个创新感到很骄傲。裴休想到这儿，自言自语说道："我为什么不来一次大胆的创新

39

呢?"说罢,裴休脱下衣服,蘸上浓墨,开始在墙上自由涂抹起来,并写了一首即兴的诗章。方丈见了这样的书法和字体之后,不禁拍手称好。

后来裴休回到家中,他的妻子见自己丈夫的衣服都撕破了,于是就问是怎么回事儿。裴休笑着回答说:"这是我用衣襟布当笔在寺庙墙壁上题词的杰作啊。"

大胆创新,名垂千古。

 064 人为财死,鸟为食亡——贪婪的代价

这则典故源于中国古代的一则寓言故事,意思是人或动物为了自己的所追求的欲望,连命都可以不要。

话说在很久很久之前,海边有一个小村子,村子里住着一个无赖名字叫做阿三。这个人好吃懒做,丝毫不求上进,更是每天幻想着可以不劳而获,四处打听着可以轻松发大财的地方。

这件事情说来也巧,就在阿三居住的那一带,有一只胃口很大且贪婪的大鸟,性情极其的凶恶,每天都会去抢周围居民的羊吃。时间久了,牧民们逐渐从那里搬走了,于是大鸟的食物来源就渐渐成了问题。

这天,阿三正在院子里边晒太阳,边做着轻松发财的白日梦,这时大鸟突然从天而降,阿三吓得急忙躲进了屋里。谁知大鸟在门外开口对阿三说道:"你不是想发财么?我可以帮你。"阿三一听"发财"这两个字,也顾不上对大鸟的害怕了,马上从屋里跳了出来,并两眼放光地问道:"怎么发?"大鸟回答:"在东海的深处有一个小岛,岛上遍地都是金子,我可以将你带到岛上,但作为平等交换的条件,回来后你必须每天给我一只羊吃。"可以发财,而且只是每天一只羊的代价,阿三很痛快地便答应了大鸟的要求。"不过……"大鸟补充道,"那个小岛在太阳出来后就会有很热的光芒,如果我们不尽快离开的话,就会被那万丈光芒烧死,所以我们必须在太阳升起之前离开。"阿三不以为然地答着:"知道,知道……"就这样,"达成共识"的大鸟和阿三约定第二天傍晚的时候出发去小岛。

第二天傍晚,大鸟背着阿三来到了那个小岛。只见遍地的黄金,阿三两眼放光,开始疯狂地捡起金子来。转眼,天就要亮了,可依旧沉浸在捡金子兴奋中的阿三哪里还顾得上大鸟之前"太阳升起之前离开"的警告。一旁的大鸟慌张地催促阿三赶快离开,可阿三总是说"再等等"。眼看太阳就要升起了，大鸟一看情形不妙，便丢下阿三自己飞走了。顷刻间，太阳升起，万丈光芒将阿三烤死在了小岛上。回到岛上，大鸟自己生着闷气，背着阿三飞了这么远，却什么也没有得到，真是倒霉。可转念一想，不对啊，虽然羊是没得吃了，可阿三的肉可以吃啊。于是傍晚的时候，大鸟又一次飞到了那个"金子岛"上，将阿三的肉当成了大餐，吃着吃着，也忘记了时间。就这样，太阳又一次升起，这只贪婪的大鸟成了和阿三一样的下场——被烤死在那个岛上了。

追求欲望固然是我们生命得到满足的一种方式，但只有活着才能去享受这种幸福。如果连命都没有了，那欲望满足了，又有什么用呢？

 065 金玉其外，败絮其中——表面光鲜，华而不实

这则典故出自《卖柑者言》，意思是外面像金像玉，里面却是破棉絮。比喻外表很华美，而里面一团糟。

很久很久以前，杭州有一个卖水果的小贩，这个人很善于贮藏柑橘一类的水果。无论是经过严冬还是盛夏，他保管的水果看起来都像是刚摘下来一样的新鲜。所以，他卖的水果自然也比别人卖的水果价钱高十倍。但不管多贵，还是有很多人排队买他的水果。

一天，一个人从他那里买了一个柑子回家，看起来十分诱人，可回家切开一看，发现里面的肉已经是变得跟一团棉絮一样了。这个人非常生气，于是怒气冲冲地回去找小贩，质问道："你这分明就是骗人，实在是太过分了。"

面对这个人的质问，这个小贩却不慌不忙地回答说："我卖水果已经很多年了，还从来没有人责问过我，怎么只有你不满意呢？这个世界上骗人的事情太多了，难道只有我一个？都是'金玉其外，败絮其中'，你为什么不去责问别人而单单只是责问我？"小贩又借着卖水果这件事将封建官僚讽刺了一通。买水果的那个人听后便不再做声了。

只有光鲜的外表，华而不实，又有什么用呢？

 066 舍本逐末——目光短浅

这则典故的意思是抛弃根本的、主要的，而去追求枝节的、次要的。比喻不抓根本环节，而只在枝节问题上下功夫。

战国时期，齐国为了加强与赵国之间的关系，于是就派使臣去赵国访问。赵惠文王的王后赵威后接待了使臣。赵威后接过使臣所献的礼物后，连信都没有打开便问道："贵国的情形怎么样了？庄稼好吗？人们安康吗？你们的君王可好？"这个使臣听了赵威后这样的问候顺序心里有些不高兴，于是便心直口快地说道："我是奉我们君王的命令来问候您的，可您不先问候我们君王的情形，反而先问候庄稼和人民，这样岂不是先贱后贵？"赵威后听了使臣的话后笑着说："你的观念错了，你想想看，如果没有庄稼哪里有人民？没有人民又哪里有国君呢？所以我先问候庄稼，再问候人民，最后问候国君。你难道要我先舍弃根本去问末节的事吗？"使臣听后便无言以对了。

无论做人还是做事，眼光都要放长远一些。

 067 鲁侯养鸟——想将鸟养好，就要用鸟最喜欢的方式

这则典故出自《庄子·至乐》，虽然心中有美好的愿望，但一定要符合事实，否则好事也会变坏事。

古时候，有一只很漂亮的海鸟。一天，这只海鸟飞到了鲁国，鲁国国君用很隆重的方式迎接了这只海鸟，并决定收养它。

为表示自己的喜爱，鲁王特意在宗庙中宴请这只海鸟，还为它演奏很多好听的音乐。食物是上等的牛、羊、猪肉，酒是陈酿的美酒。可这只海鸟面对鲁国君主这样的热情却一直是一脸的忧愁，肉也不吃一块，酒也不喝一口，没过多久就死掉了。

鲁王感觉很奇怪，于是就问身边的大臣，是因为自己对海鸟不够好吗，所以海鸟才死掉。其中一个大臣回答说，并不是君主您对海鸟不够好啊，而是您用自己的生活方式去养一只鸟，根本不是养鸟的适当方法啊。

做什么事情就要用什么样的方法，不然结果只会事与愿违。

 068 禽鸟钟情——禽兽尚知生离死别之苦

这则典故出自《聊斋志异》，寓意是宝贵的精神财富要远远大于物质财富。

古时候有个猎人，终日靠打猎为生。一天，这个猎人捕捉到一只大雁，回家的时候，只见一只雄雁一直在空中盘旋哀鸣，并跟随回到了猎人家中，到了傍晚才离开。猎人看看手中的雌雁，明白这两只大雁一定是一对，就想将那只雄雁也捉住。

第二天，猎人早早出门，刚推开门，就见到等候在院子里的雄雁，看样子应该了等了很久。猎人准备将其捉住，却不想雄雁从嘴中吐出了半锭黄金。猎人这才明白了这只雄鸟的意思。前一天的空中哀鸣，今天的口吐黄金，其实它不过是想赎回自己的妻子罢了。

猎人将雌雁放回到了雄雁的身边，看着空中悲喜交加的一对大雁，再看看手中雄雁吐出的金子，猎人不禁感叹：禽鸟都可以钟情到这个地步，看来最悲凉的事情也就莫过于生死了。

在生离死别之际，金钱又有什么价值呢？

 069 汉人煮箦——话听得一知半解，事做得一塌糊涂

这则典故是古时候的一则寓言故事，寓意我们在听别人讲话的时候不要听得一知半解就鲁莽行事。

从前，汉地有两个非常要好的朋友，后来因为其中一个搬家去了吴地，两个人就很少能见面了。

一次，汉地的人特意去吴地看望自己这个老朋友，吴地的人很热情地招待了他，并煮竹笋给他吃。汉地的人没有见过竹笋，觉着十分美味，就问吴地的人这是什么东西，吴地人回答他说是竹子。

汉地人回到家后，告诉自己的妻子说今天做竹子给她吃，并将床上的竹席拿去煮，可是煮了好久竹子也煮不烂。于是汉地人就很不开心地对自己妻子抱怨说："想不到吴地的这个人现在已经变成了这个样子，他竟然欺骗我。"

我们听话的时候不要听得一知半解就去按照自己的理解去做。要问清楚、想明白，不然只会闹大笑话。

 070 远水不救近火——水在千里，火在眼前

这则典故出自《韩非子·说林上》："失火而取水于海，海水虽多，火必不灭矣，远水不救近火也。"意思是远处的水救不了近的火。比喻慢的办法救不了急。

战国初期的时候，鲁国与齐国、晋国还有楚国相邻，鲁国的国君鲁穆公因为担心强大的齐国会侵略自己的国家，于是便想结交晋国和楚国这两个国家，希望如果一旦鲁国遭到齐国的侵略，结交的这两个国家可以援助自己的国家。为此，鲁穆公还特意派公子们到晋、楚两个国家去做官。但有一个大臣认为这种做法并不为上策，不能从根本上解决问题，于是便上谏对鲁穆公说："越国是有名的水乡之国，那里的人们都善于游泳。但如果我们国家有人掉进水里而去请越国的人来抢救，恐怕还没等那里来的人赶到我们这里，溺水的人就已经淹死了吧。又比如，一个地方着火了，唯一的水源就是千里之外的海水，海水虽然很多，但是大火也不一定能被扑灭，因为远水不救近火。同样的道理，晋国和楚国虽然强大，但是毕竟距离我们国家太远了，如果齐国真的侵略我们国家，那等晋、楚这两个国家来援助我们恐怕也为时已晚了。"鲁穆公听了这个大臣的劝谏之后觉得很有道理，于是就放弃了巴结晋、楚这两个国家的想法。

什么样的问题就要用什么样的方法去解决，找错了方法，非但不能解决问题，还会使问题越来越严重。

071 乡人藏虱——分清善恶，坚决铲除

这则典故是古时的一则寓言故事，寓意是告诉人们除恶务尽，不要对坏的事物怀有恻隐之心。

古时候，在村子的东面住了一个很感性的人。每当这个人见到一些可怜的事物时，就会心生恻隐。

一天，这个人来到树下乘凉，忽然觉着头上很痒，就去抓，结果抓到了一只小虱子。这个人见这个小虱子很小，于是就又动了恻隐之心，将小虱子用一个小纸片包了起来，并塞进一个树孔中离开了。

几年后，这个人再次来到这棵树下乘凉，忽然想起那年的小虱子，于是就找到那个树孔，发现里面的纸同那时包的还是一样。这个人将纸包拿出打开，发现里面的虱子薄如麸皮。这个人将虱子放在手掌中仔细观察，过了一会，忽然觉着手掌很痒，只见虱子的肚子渐渐鼓起。这个人也没多想，放了虱子自己就回家了。

回到家后，这个人的手掌越来越痒，而且渐渐肿起来。没出几天，这个人就死了。

虱子的本性就是咬人吸血，典故中的主人公不应该用一颗感

性之心去对待害虫，最终还因此丧命，实在是可惜。

 072 沧海桑田——世间变幻的神奇之处

这则典故出自《神仙传·麻姑》，意思是大海变成农田，农田变成大海，用来比喻世事变化很大。

一次，仙人王远来到一个凡人的家里，这人名叫蔡经，并召来了年轻美貌的女仙人麻姑前来会面。麻姑来到蔡经家里，同蔡经说，自从与其相识交往以来，自己曾看见东海三次变为桑田，就在前不久去蓬莱仙岛的时候又发觉，里面的海水比以前更浅了，大海或许就要变成平地。蔡经听过麻姑的一席话后笑着说道："圣人也都说大海将干涸成陆地，并且又要飞扬起尘土。"

后来，人们便用沧海桑田这个词语来形容世事的变化很大。

其实，"沧海桑田"只不过是因为气候的变化而形成的自然现象。如今我们用来形容世事的变化很大，随着时间的流逝，今时已不同往日，回看曾经，沧海已成桑田。

 073 一问三不知——到底知不知

这则典故出自《左传》，意思是对事情的发生、发展过程与结果都不知。不管怎样问，总说不知道。

公元前468年，晋国攻打郑国，齐国为了防止晋国强大起来，于是便派首领陈成子带兵去援助郑国。有个名叫荀寅的部将报告陈成子说："有一个从晋军来的人告诉我说，晋军打算出动一千辆战车来袭击我军的营门，要把齐军全部消灭。"陈成子听了之后非常生气，训斥他说："出发前国君命令我说，'不要追赶零星的士卒，不要害怕大批的人马'。晋军即使出动超过一千辆的战车，我也不能避而不战。你方才竟然讲出壮敌人威风灭自己志气的话，回国以后，我要把你的话报告国君。"荀寅知道自己说错了话，于是便感慨道："君子之谋也，始、中、终皆举之，而后入焉。今我三不知而入之，不亦难乎？"意思就是说：聪明的人筹划一件事情，无论是对事情的开始、发展还是结果他都会考虑周全，然后才上报，可我现在对这三方面都不知道，就急于向上报告，难怪会被骂。

荀寅上报的初衷其实是想讨好陈成子，却不想因为自己事先没有考虑周全，不仅讨好没有成功，反而还挨了一顿训斥，实在是拍马屁拍到了马蹄子上了。

 074 鲁国之儒——不可凭借表象去评判一个人

这则典故出自《庄子》，是一则很有讽刺意味的寓言。形容真才实学是不能根据穿着打扮来判断的。

战国时期著名的文学家庄子有一次去见鲁国国君鲁哀公。鲁哀公见到庄子之后说道："我们鲁国虽然有很多的儒士，但是学习先生道术的人却是很少的。"庄子说："其实，鲁国的儒士是很少的。"鲁哀公说道："鲁国的人民都穿着儒士的服装，你怎么能说鲁国的儒士少呢？"庄子说："我听说，凡是儒士都是头戴圆顶帽子，以表示懂得天文；脚穿方形鞋子，表示晓得地理；身上佩戴用五彩丝线系着的玉块表示遇事懂得果断。但有这样道术的儒士未必都穿着这样的服装，穿着这样服装的人未必真正有这样的道术。我想您一定不会相信我这样的言论，不如这样吧，您在国内发布一道命令，凡是没有什么道术却穿这样服装的人，要处以死刑。"听了庄子的这番话后，鲁哀公真的发布了这样一道命令。结果过了五天，鲁国便没有人敢穿儒士的服装了。唯独有一个男子，穿着儒士的服装站在宫殿门前。鲁哀公知道后立即召见他，并问其各种大事，该男子都对答如流。后来庄子说："鲁国这样大的国家，但真正的儒士不过只有一个罢了，这可以说得上是多吗？"

形式不能代表本质，越是夸夸其谈的人越是干不成什么事情。所以我们不要根据表面现象去对一个人做出任何评判。

 075 脍炙人口——人人赞颂

这则典故出自《孟子·尽心下》，原来指人人爱吃的美食，现比喻好的诗文受到人们的称赞，并被人传颂。

春秋的时候，有一对父子一同求教在圣人孔子的门下。父亲名叫曾皙，喜欢吃羊枣（一种野生的果子，俗名叫做牛奶柿）；儿子名叫曾参，是个孝子。在父亲去世后，儿子曾参竟开始不忍心吃羊枣。后来这件事情被儒家的弟子们大为传颂。

到了战国时期，孔子之孙孔伋的再传弟子孟子有一个学生，名字叫做公孙丑，他对曾参不吃羊枣这件事情特别不能理解，于是便去向老师孟子请教。公孙丑问孟子："老师，脍炙和羊枣哪一样好吃？"

孟子回答说："当然是脍炙好吃，没有哪一个人是不爱吃脍炙的。"公孙丑又问："既然脍炙好吃，那曾参和他的父亲也一定都爱吃脍炙了。可为什么曾参不戒脍炙，只戒吃羊枣？"孟子答："脍炙，是大家都爱吃的；羊枣的滋味虽然比不上脍炙，但它却是曾皙特别爱吃的东西。所以曾参只戒吃羊枣。这就好比对长辈只忌讳叫名字，不忌讳称呼姓名一样。姓有相同的，但名字却是自己独有的。"

听了孟子的解释之后，公孙丑明白了其中的道理。后人引申出脍炙人口这句成语，比喻好诗文会受到人们的赞美和传颂。

> 写得好，做得好，才会脍炙人口，人人称赞。

 076 怒发冲冠——怒到极限

这则典故出自《史记·廉颇蔺相如列传》："相如因持璧却立，倚柱，怒发上冲冠。"指愤怒得头发直竖，顶着帽子。形容极端愤怒。

战国时期，赵惠文王得到了一块稀世的玉璧。因为发现这块玉璧的人是春秋时期的楚国人卞和，所以称这块玉璧为和氏璧。

就在赵惠文王刚刚得到和氏璧不久，这件事情就被秦国国君秦昭王知道了，并企图想将和氏璧据为己有。于是他便假意写信给赵王，说愿用十五座城池来换这块玉璧。

赵王收到信之后，因为担心有诈，所以不想将玉璧送去，可另一面又担心秦王会以此事为借口而出兵赵国，同身边的大臣们商量了半天，也没商量出一个合适的对策。于是，赵王便想找一个可以随机应变的使者去秦国交涉这件事情，可该派谁去呢？这时，有人向赵王推荐了蔺相如，说他有勇有谋，是出使秦国的最佳人选。于是赵王立即召见蔺相如，并问其是否该同意秦王的要求——用和氏璧交换十五座城池。蔺相如答："秦国强、赵国弱，所以这件事情不能不答应。"赵王又将担心秦国得到和氏璧而不交换城池的顾虑告诉蔺相如，蔺相如回答说："秦王已经许了愿，如果赵国不答应的话，那就是我们理亏；而如果我们将玉璧送给秦王，他却不肯交城，那就是秦王的无理。相比这两方面，宁可答应秦王的要求，让他承担不讲道理的后果。"

就这样，蔺相如带着和氏璧出使到了秦国。秦王得知蔺相如到秦国之后，并没有按照正式的礼仪在朝廷上接见他，而是在临时居住的宫室里召见了蔺相如。当秦王接过和氏璧后，高兴地放在手里看了又看，递给左右的大臣姬妾们传看，就是丝毫不提交换城池的事情。蔺相如见如此情形，于是便上前说道："大王，这玉璧上有一点小的毛病，请让我指给大王看。"

当蔺相如将璧拿到手中后，遂向后退到一个柱子旁。他极其愤怒，以致头发直竖顶起了帽子，激昂地说道："赵国上下都认为秦国贪得无厌，想用空话来骗取和氏璧，而今天看来，果真如此。大王您不仅没有在朝堂上接见我，而且在拿到璧后还传递给姬妾们观看，这就如同当面戏弄我一样。如今，玉璧在我手中，大王如果您要威逼我，那我情愿把自己的头和玉璧一起在柱子上撞个粉碎。"面对这样的情景，秦王只好道歉，并说斋戒五天后受璧。但聪明的蔺相如知道秦王不会交城，于是私下就让人将璧玉送回了赵国。秦王得知后，只能无奈地按照礼仪将蔺相如送回赵国。

无论是面对秦王的藐视还是面对秦国的强大，蔺相如虽然"怒发冲冠"，但却一直保持冷静的头脑，最终凭借他的勇敢和机智将和氏璧完整地送回了赵国。蔺相如正是因为有这种魄力，最后才会成为千古流传的名臣。

077 杞人忧天——没有必要的担心

这则典故出自《列子·天瑞》，比喻没有必要或缺乏根据的忧虑和担心。

很久很久以前，杞国有一个人，每天都在担心天会塌下来，自己就没有了容身的地方，因此终日愁得睡不着觉，吃不下饭。

一天，有一个人看到他这样忧愁，于是便过去开导他说："天不过是很厚很厚的气积聚在一起罢了，没有一个地方是没有气的，我们每天生活在天的中间，怎么会担心天会塌下来呢？"那个忧天的人听了之后说："如果说天是很厚的气，那太阳和月亮不会掉下来吗？"开导他的人说道："太阳和月亮也是很厚的气，即使掉下来，也不会把人砸伤的。"忧天的人听到这里后又问："那如果地陷塌了怎么办？"开导他的人耐心地说道："大地是由土块积聚成的，充塞四野，无处不有，你在它上面随意地行走，跳跃，终日在上面生活，怎么会担心它的塌陷呢？"

那个忧天的杞人听了这个人的一番话之后，如释重负，终于开心起来了。

在日常生活中，我们没有必要为那么不切实际的事情而忧愁。

078 饮犊上流——假装清高才是真的俗

这则典故出自《高士传·许由》,指蔑视爵禄名位,风操高洁。

远古的时候,有个贤士名字叫许由,后来尧帝知道了这个人很有本事,于是就想让他当九州长,但许由坚决不从,并认为听到这些劝他做官的话是弄脏了自己的耳朵,于是就跑到河边去反复地冲洗耳朵。正在这时,他的一个好友巢父牵着牛到河边去饮水,见到反复冲洗耳朵的许由便问其缘由。许由将事情的经过告诉了巢父。巢父是一个很了解许由的人,在巢父的眼里,许由根本没有那么清高,不过是善于作秀、贪图虚名罢了。巢父听完许由的话,并没有说任何安慰的话,反而将牛牵到了上游去喝水,并说道:"我可不想让你洗过耳朵的水弄脏了我这牛的嘴巴。"

在我们现实生活中,也有许多这样的人,表面给人一种清高、不近世俗的感觉,其实不过是一种作秀表现自己的方式罢了。这种人简直是比俗人还要俗。

079 揠苗助长——欲速则不达

这则典故出自《孟子·公孙丑上》,意思是把苗拔起,帮助其生长。后用来比喻违反事物的发展规律,急于求成,反而坏事。

古时候,有个靠种田为生的宋国人。这个宋国人每天忙碌在田地里,终日看着这些禾苗,感觉禾苗生长的速度很慢,于是就想:怎么才能让这些禾苗快快地生长呢?想啊想,终于,这个宋国人想到了一个好办法。这天,这个宋国人像往常一样早早地来到田中,看着田地里的小禾苗,自言自语地说道:"今天你们就会长高了。"然后便开始逐一地将这些禾苗拔高。忙碌了一天,这个宋国人非常疲惫,但看到已经"长高"的禾苗内心却十分满足。回到家里,这个宋国人对他的家人说:"今天可把我累坏了,不过我帮助禾苗都长高了。"他的儿子听完父亲的这番话之后急忙赶到田地去看禾苗的情况,结果一看,禾苗都已经枯萎了。

在这个世界上,每一种生物的生长都有它的生长规律,我们盲目地去揠苗助长,最终只会毁了它。在日常生活中也是一样的道理,每一件事情都有它的逐步渐进的时间,一味地为了快速收获好的结果,最终只会一事无成。

080 后生可畏——新生力量的强大

这则典故出自《论语·子罕》，指青年势必超过前辈，令人敬畏。

春秋时期，圣人孔子很喜欢四处游历。一次，孔子在游历的过程中碰见了三个小孩，有两个正在玩耍，而另外一个却站在旁边，孔子觉着很奇怪，于是便过去问道："你为什么不和他们一起玩？"那个小孩很认真地回答说："激烈的打闹可能会伤害到人的性命，拉拉扯扯也可能会伤到人的身体，再退一步说，如果打闹的时候不小心撕坏了衣服也没有什么好处啊。所以我不愿意和他们一起玩，这有什么奇怪的呢？"

过了一会，小孩用泥土堆成了一座城堡，自己坐在里面，好久都不出来，也不给准备给离开的孔子让路。孔子又好奇问道："你就这样坐在里面，为什么不避让车子？"小孩回答说："我只听说车子要绕城走的，还没听说过城堡要避让车子。"孔子听了小孩的话之后非常惊讶，于是赞叹说："你这么小的年纪，懂得的道理可真不少啊。"谁知，小孩却说："我听说，鱼生下来，三天就会游泳，兔子生下来三天就能在地里跑，马生下来，三天就可以跟着母马行走，这些都是最自然的事情，有什么大小可言呢？"孔子听后不由得感叹说："好啊，现在的少年人实在是了不起啊。"

长江后浪推前浪，后辈们的能力逐渐超越长辈，因之进步的是国家。

081 危如累卵——形势的危险

这则典故出自《韩非子·十过》："其君之危，犹累卵也。"比喻形势非常危险，如同堆起来的蛋，随时都有坍塌下来被打碎的可能。

春秋时期，晋国国君晋文公终日只顾自己享乐，不理朝政，还派人为他修建一座九层高的琼台，并下令：如有进谏者，一律杀头。群臣皆不敢进谏。

有个叫荀息的大臣得知后，前来求见晋灵公。晋灵公想到荀息是来劝谏自己，于是命人弯弓搭箭站两旁，打算只要荀息开口劝谏，就立刻将其射死。

荀息见到晋灵公后，见到其身边的武士，明白了晋灵公的意思，于是故作轻松地说道："大王您何必这样，我今天前来，不过是想给大王表演一个特技。"晋灵公一听,瞬间降低了戒备,示意其身边的武士将弓箭放下,并问荀息:"是什么特技呢?"荀息回答说:"大王,我可以将十二颗棋子垒起来后,再在上面放九个鸡蛋,而不会倒塌。"晋灵公一听,很有兴趣地让其开始表演。只见荀息将棋子一颗一颗地叠加起来,垒够十二颗之后,拿出鸡蛋,开始小心翼翼地往上叠加。晋灵公见状,不自觉地喊道:"危险!"荀息故作不理,继续叠加鸡蛋,并说:"这有什么危险的呢?还有比这更危险的事情呢。"晋灵公问:"更危险的事情是什么呢?"荀息跪在晋灵公面前,说道:"大王,您叫人建造九层高的琼台,这让国中没有男人耕地,国库空虚,这个时候如果一旦有敌人入侵,我们的国家就是危在旦夕啊,您说这不是比我现在叠加鸡蛋还要危险吗?"晋灵公明白了荀息的用意,顿时醒悟,并立刻下令停止了筑琼台的工程。

  随时都有可能"坍塌"的危机,如不及时解决,后果不堪设想。

082 画饼充饥——怎能真"饱"

  这则典故出自《三国志·魏书·卢毓传》,意思是画个饼来解饿。比喻假借空想,来安慰自己。

  三国时期,魏国有个大臣名叫卢毓,为官清正廉洁,深得朝廷的重用,在他身上曾发生过这样一件事情。

  在卢毓被升为礼部尚书后,他原来所担任的中书郎一职就出现了空缺,所以朝廷需要选拔人才补上。于是魏文帝要卢毓一定要选好这个官员,并对他说:"选拔中书郎,能不能选到合适的人,关键就看你了。在挑选人才的时候,千万不能选那些只有名气而没有实际才干的人。名气就像是画出来的饼,根本不能用来充饥的。"

  卢毓听了魏文帝的话之后倒有些不同的见解,并说道:"陛下您说的对,选拔人才不能只看名气,但是臣认为,名气还是可以反映出一定的实际情况的,我们可以根据名气来选拔一般的人才,如果选到修养高、德行好而又有名气的人,我们不应该嫌弃。所以,臣建议,主要对他们进行考核,看看他们是否真才实学。"

  魏文帝觉得卢毓的话很有道理,于是接受了他的建议,下令制定官员的考核办法。

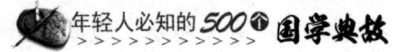

看待事情不能只观察表面，画饼充饥虽然可以在精神上得到暂时的满足，但终究不是长久之计，挺得过一时，挺不过一世。

083 造酒忘米——一步登天的痴心妄想

这则典故出自《江盈科集》，比喻不抓根本环节，而只在枝节问题上下功夫。形容轻重倒置。

古时候，有个人向一个做酒的人家请教酿酒的方法。酒家告诉他说："一斗的米加上一两的酒曲，再加上二斗的水，这三样相互掺和，酿制七天，就可以酿出好酒了。"这个人点点头，然后回到家中开始酿酒，加了酒曲和水，却忘记了家米。七天之后，尝了没有加米酿的酒，感觉味道和水差不多，于是就去责备那个酒家不教他真正的酿酒方法。这个酒家就问他："你有按照我的方法去酿酒吗？"这个人回答说："我就是按照你的方法酿造的啊，二斗的水，一两的酒曲，酿造七天。"酒家问："你没有加米吗？"这个人才恍然大悟地说道："哎呀，是我忘记加米了啊。"

酿酒忘记加米，是连酒的本质都忘记了，又怎么可以酿造出酒来呢？我们在日常生活中的学习，不去打好基础而就想着一步登天，结果只能是什么也学不到，就好像这个酿酒忘记加米的人，最终只是酿出和水的味道一样的"酒"。

084 吕某刺虎——谎言迟早会败露

这是一则古时候的寓言故事，讲述一个人爱吹牛而最终败露的讽刺笑话。

古时候有个姓吕的人，对外总是自称勇士，喜欢佩戴刀剑，并且扬言自己有万夫不当之勇。

一天，在南山出现了一只老虎，全村的百姓都十分恐慌，个个躲进家中不敢出门。而这时，这个吕某说道："不过是一只老虎罢了，有什么可怕的，交给我好了。"于是带上刀剑去找老虎。只见他快步往出现老虎的地方走去；越往后步伐越慢，直到后来在距离老虎几百步的距离，吕某停下了脚步。老虎见有人出现，大吼一声，怒目而视。吕某瞬间被吓得两腿发抖，看左右没人，拔腿往回跑，然后眼前一黑，不省人事了。

这个过程被一些村民看到了。晕过去的吕某被村民们抢救过来之后依旧假装镇定。一些村民问他:"老虎还在吗?"吕某回答说:"已经被我赶跑了。"村民们相互看了看,笑了起来。

喜欢吹牛的人在事实面前总是会暴露最真实的自己。

 085 不胫而走——传播速度的强大

这则典故出自《论盛孝章书》:"珠玉无胫而走自至者,以人好之也,况贤者之有足乎?"意思是没有腿却能跑。比喻事物无需推行,就已迅速地传播开去。

三国时期,吴国的孙策对有才华的人十分妒忌,经常无故地找些理由将一些有才能的人杀掉。

当时有一个叫做盛孝章的才人住在东吴,是大文学家孔融的好友,为人耿直、孤傲。因为他的才华让孙策十分妒忌,所以孔融每天都在担心好友盛孝章会被孙策杀掉。

一天,孔融给魏国的曹操写了一封信,介绍了盛孝章的情况,并劝曹操可以招纳盛孝章。孔融在信中写道:"如果想要光复汉室,就得求得贤人。而要想求得贤人,就一定要先学会尊重贤人。"在信中,孔融还打了这样一个比方:珠宝本身是没有脚的,但它之所以会落到人们手中,是因为人们喜欢它,没有脚也能走,何况是贤人呢?

后来便有了"不胫而走"这个词语。

孔融在用最贴近生活的道理告诉曹操,只要尊重贤人、喜爱贤人,贤人自然就会归到你的门下,国家自然就会强大起来。

 086 夜狸偷鸡——死守名利,最终丧命

这则典故出自《郁离子·虞孚》,讽刺了那些贪图名利的人。

古时候,一个人家里养了很多只鸡。一天夜里,一只野猫偷了这个人家的一只鸡,主人发现后赶忙起来追赶,但没有追上。

第二天,主人在昨天野猫钻出来的地方放置了一个捕兽的工具,还特意在旁边放了一只鸡当做诱饵。到了晚上,野猫果然再次出现,捉了鸡,可同时自己也被捕兽的工具夹住了。主人上前将野猫捆绑起来,可不管怎样打野猫,它都死死抓住手中的鸡。主人见此情形,感叹道:"这世上那些为钱财利禄而死的人们，大概就像这只野猫一样的吧？"

世上贪图名利之人有很多，可最终都因此丧命，未免有些太过可裴。

087 家喻户晓——众人皆知

这则典故出自《列女传》，意思是家家户户都清楚知道。

古时候，有个姓梁的女子，人们称其为梁姑。梁姑的丈夫不在了，她自己带着两个孩子和他的哥哥一家人住在一起。

一天，哥哥、嫂嫂下地干活，梁姑独自一人在家中照看着哥哥的一个儿子和自己的两个孩子。梁姑忙前忙后做家务，三个孩子在屋子里玩耍。正当梁姑在庭院里洗衣服的时候，屋里突然着起了熊熊大火。三个孩子在屋子里无助地哭喊，屋外的梁姑奋不顾身地冲进屋中，心里想着，一定要将哥哥的孩子先救出来。可因为屋子里的浓烟实在太大了，根本分不清哪个是哥哥的孩子、哪个是自己的孩子，所以当她把孩子抱出来的时候才发现，抱出来的是自己的孩子。而当梁姑想再次冲进屋里的时候，火势已经越来越猛了，再进去，不光救不出孩子，自己的命可能都搭进去。这时的梁姑急得直哭，心想："这怎么行啊，救了自己的孩子却没有救哥哥的孩子，那家家户户不就都知道我是个自私自利的小人了吗？那我以后可怎么面对我的哥哥嫂嫂啊？"想到这，梁姑冒着生命危险，再一次冲进了已成火海的茅草屋中。结果孩子没有救出来，自己也被火烧死了。

后来人们就用"家喻户晓"这个词去形容一些人或事物被每家每户都熟知。

因为害怕自己的名声被传为家喻户晓的小人，梁姑明知自己会死，还是冲进了火海，这样的做法实在是荒谬至极。

088 郑人惜鱼——爱的方式不对，好事最终变成了坏事

这则典故是古时候的一则寓言故事，如果我们只是按照自己的主观意愿去做事，违背了自然规律，这样就只会好心办坏事。

古时候，有个郑国人很喜欢鱼，每天都想着可以得到鱼的方法。一天，这个郑国人在河中钓到三条鱼，回到家中赶忙拿出三个盆摆放在厅堂之中，

装上水,将鱼放进水盆里。刚被钓上来的鱼很疲惫,浮在水面上喘息。一天后,鱼的鳍尾稍微摆动,郑国人赶忙将鱼捞出,心疼地看着鱼说:"鳞片没有受伤吧?"然后开始喂食鱼谷末和麦麸。一会儿,郑国人又将鱼拿出捧在手里,仔细地观察说:"应该已经喂饱你们了吧?"结果几天的时间,鱼就全被郑国人养死了。

典故中的郑国人的确是爱鱼的,但他爱鱼的方式却违背了自然规律,反而将鱼都养死了。所以,在我们日常生活中做事的时候,不要总是按照我们自己的主观意愿去办事,不然只会好心办了坏事。

 089 吴牛喘月——只看表象就已吓破胆

这则典故出自《世说新语·言语》,比喻人遇事过分惧怕,而失去了判断的能力。

我国的水牛大多生长在长江、淮河一带,古时候,这个地方叫做吴,所以那里的牛就叫做吴牛。吴牛十分怕热,喜欢泡在清凉的水中,只要一看到太阳就会全身发热,喘个不停。甚至有时见到月亮的时候都会误以为是太阳,吓得喘起气来。

晋武帝时期,有个叫做满奋的人,很害怕吹冷风,尤其是害怕那种寒冷刺骨的寒风。一天,风很大,满奋刚好进宫朝见武帝,看到宫里的屏风是透明琉璃做成的,以为是个空架子,又听到窗外的风声,于是就不自觉地发起抖来,脸色变得苍白。晋武帝觉着很奇怪,于是就问他原因。满奋照实回答,晋武帝听了之后笑着说道:"这琉璃窗是密不透风的啊。"满奋不好意思地说道:"臣犹吴牛见月而喘。"意思是说,我就好像吴地里的水牛一样,看到了月亮就被吓得喘起气来了。

我们不可能单从对事物的表面观察就得到真相,更不能因为过分地害怕而使自己失去了判断的能力。

 090 人言可畏——说人是非是最狠毒的攻击武器

这则典故出自《诗经·郑风·将仲子》:"人之多言,亦可畏也。"指流言蜚语很可怕。

古时候,有个名叫仲子的青年男子爱上了一个姑娘,但因为姑娘的父母并不看好仲子,于是就不同意自己的女儿嫁给仲子。仲子就经常偷偷去心爱的姑娘家找姑娘约会。姑娘因为害怕父母知道而责骂她,于是就要求仲子不要这样做,唱道:"请求你仲子呀,别爬我家的门楼,不要把我种的杞树给弄折了。并非我舍不得树,而是害怕父母说话。仲子,我也在思念你,只是怕父母要骂我呀。"

后来姑娘又想起了自己的哥哥如果知道她和仲子约会这件事情也一定会骂她,于是就又唱道:"请求你仲子呀,别爬我家的墙,不要把我种的桑树给弄折了。并非我舍不得树,而是害怕哥哥们说话。仲子,我也在思念你,只是怕哥哥要骂我呀。"

姑娘还担心如果邻居们知道了这件事情一定会风言风语地议论她,于是再次开口唱道:"请求你仲子呀,别爬我家的后园,不要把我种的檀树给弄折了。并非我舍不得树,而是害怕人家说话。仲子,我也在思念你,只是怕人家风言风语议论我呀。"

人嘴两张皮,轻易地开口去议论别人的是非,自己落得一时痛快,但却伤害了别人。

091 老生常谈——才更需警示

这则典故出自《三国志·魏书·管辂传》:"此老生之常谈。"意思是老书生经常发表的平凡的议论。比喻被人们听惯了的没有新意的老话。

三国的时候,有个叫管辂的人,自幼聪颖且勤奋好学,后熟读《周易》,通晓占卜术,逐渐小有名气,日子一久,名气就传到了吏部尚书何晏、侍中尚书邓飏的耳朵里。

一天,这两个大官聚在一起喝酒聊天。吃饱喝足之后,二人闲着无聊,就派人将管辂找来替他们占卜。管辂一早就听说这两个人的坏名声,依仗权势,胡作非为,便想趁着这个机会好好教训一下他们两个。

何晏一见到管辂就大声嚷道:"听说你很会占卜,那赶快替我算一卦,看看我能不能早日升官发财。还有,我这两天还梦到有苍蝇叮在我的鼻子上,这是什么预兆呀?"管辂想了下说道:"您的职位很高,自然有很多人对您感恩,但惧怕您的人也很多。至于您做的梦呢,按照卜术来测,也是凶相。如果您想逢凶化吉,那就要多做善事。"邓飏在一旁听了管辂的话之后很不以为然地说道:"这都是些老生常谈,没什么意思。"管辂听了哈哈大笑说道:"虽然老生常谈，但却也不能加以轻视啊。"

不久，就有消息传出，何晏与几个同党因谋反而被诛杀，管辂知道后说道："老生常谈的话他们却置之不理，难怪有此下场啊。"

越是老生常谈，才越应该多多注意。

 092 东食西宿——鱼和熊掌怎可兼得

这则典故出自《风俗通》，意思是贪婪的人各方面的好处都想要。

古时候，齐国有户人家，这户人家的女儿到了出嫁的年纪，同村有两家男子来求婚。东家的男子长相十分丑陋但家境富裕；西家的男子虽然英俊潇洒但家境却十分贫寒。父母在选女婿上犹豫不决，不知该选哪一家好，于是就询问他们的女儿，让她自己决定想要嫁的人家，并告诉女儿说："你如果要是羞于亲口指名，那就用两个胳膊作为暗示，伸出左胳膊代表选择东家人，伸出右胳膊代表选择西家人。"女儿听了父母的话之后将两只胳膊都伸了出来。父母感到奇怪，于是问其原因。女儿回答说："我是想在东家吃饭，西家住宿啊。"父母听了女儿的话之后都无奈地摇了摇头，最后，这个女儿既没有嫁给东家人，也没有嫁给西家的人。

故事讽刺了那些贪得无厌的人。世界上不会有东食西宿这样的好事，过分的贪婪最终只会让你一无所有。

 093 比肩接踵——人口稠密

这则典故出自《〈道墟图诗〉序》："其间名臣巨儒、魁奇俊伟豪杰不群之士，比肩接踵而出。"形容人很多或接连不断。

春秋时期，齐国的国相晏子身材矮小，但极具口才。一次晏子出使楚国，楚国国君知道晏子长得矮小，于是就和国中大臣们设计戏辱晏子。

晏子到了楚国的郢都，但城门紧闭。晏子刚要问其情况，一个楚国的卫兵就将晏子领到了一扇新开的小门前，请他从小门进城。晏子看了看"城门"，冷笑一声，说道："这是狗洞，出使狗国才从狗洞进呢。这是楚国，我怎么能从这里进？"没想到楚王反被戏辱，只好打开城门让晏子进城。

不甘心的楚王还想戏辱晏子，于是在接见时第一句话就问道："难道你们齐国没有人了吗？"晏子说道："我国京城行人比肩接踵，怎么能说没有人？"

楚王笑着说道："既然有人，那为什么叫你这种矮子出使我国？"晏子故作叹息地说道："我国那些体面能干的使臣都到有贤君的国家去了，像我这种无用的人只好来见您了。"

面对晏子的机智，楚王哑口无言。而"比肩接踵"这个成语也由此流传而来。

比肩接踵，人丁兴旺。

094 五十步笑百步——看不到自己的错

这则典故出自《孟子·梁惠王上》，意思是作战时后退了五十步的人讥笑后退了百步的人。比喻自己跟别人有同样的缺点错误，只是程度上轻一些，却毫无自知之明地去讥笑别人。

战国时期，魏国国君梁惠王对学者孟子说："我对于管理管家的大事，一向是尽心尽力的，对百姓的照顾也是十分的周到，可为什么我的国家的人们没有增多，邻国的人民也没有减少呢？"孟子说："那您是怎么照顾您的人民的呢？"梁惠王回答说："就像河内闹了灾荒，我就将河东的食物移到河内去。如果河东的收成不好，我也是一样的治理办法。放眼天下，哪一国的君主可以做到我这样呢？"孟子听了梁惠王的话，笑着说道："让我来为您举一个战争的例子吧。在打仗过程中，如果有一方战败，士兵们纷纷逃走了。有的逃走了五十步，有的逃走了一百步，那么，逃走五十步的人就会嘲笑逃走一百步的人贪生怕死，您认为这样的情形是如何的呢？"梁惠王回答说："这当然是不对的，那士兵不过只是因为自己跑得慢而落了五十步而已。"孟子接着说："大王，那这不是一样的道理吗？您虽然在小的地方照顾了百姓，可您喜欢打仗，而且一打起来，百姓就会成千上万地死去。这和邻国又有什么两样呢？不也是像五十步嘲笑百步那样的情形吗？"

一样的逃兵，仅仅五十步的差距，有何资格嘲笑他人呢？

095 一夜十起——内心的牵挂

这则典故出自《后汉书·第五伦传》，意思是心里惦记事情，一晚上起来十次，不得安睡。

东汉初期，会稽太守姓第五，名伦，字伯鱼。此人为官清廉，就连喂马这种事情都是自己亲自铡草亲自喂食。他的妻子也是很好的人，两个人在当地享有很好的名声。

一次，有人问第五伦："像你这样的好官，该算是毫无私心的吧？"第五伦谦虚地说道："我的侄子在生病的时候，我每天晚上要起来十次去看望，但每次看完之后都会再次入睡，并且入睡得很快、很安稳。然而我的儿子在生病的时候，我虽然一样是每晚起来十次去看望，但每次看完都会内心牵挂，彻夜都不能安睡好。这样看来，你说我怎么能算是毫无私心的呢？"

骨肉亲情，自然内心牵挂多一些，这是人之常情。但能够一样的态度一夜醒来十次去看望生病中的侄子，这就充分说明了第五伦的高尚品行。

 096 不禽不兽——两面派的伎俩

这则典故出自《笑府》，比喻一些卑鄙无耻的人没有明确的立场，常常根据自己的需要来改换身份。

凤凰是自然界中的百鸟之王，所以在飞禽界自然有着很高的地位。一次，凤凰做寿，百鸟们都争前恐后地过来给凤凰祝寿。可百鸟之中，唯独蝙蝠没有到场。后来凤凰见到蝙蝠后，责问地说道："你居我之下，怎么可以这样骄傲自大，连我的生日都不来祝贺？"蝙蝠看着凤凰冷着脸说道："我是有脚的，属于走兽，为什么要归于百鸟给你祝寿？"凤凰无奈地看了看蝙蝠，呼扇着美丽的翅膀飞走了。

多了一些时日，是神兽麒麟的诞辰。百兽们纷纷前来祝贺，可又是唯独缺少蝙蝠。后来，麒麟见到蝙蝠，也责问道："百兽之中，你的地位没我高，可为什么我生日的时候你没有到场呢？"蝙蝠依旧冷着一副面孔，冷冷地说道："你难道没有看到我的翅膀吗？我是属于飞禽的，为什么要归属于百兽给你祝寿？"麒麟看了看蝙蝠，无奈地离开了。

后来，麒麟和凤凰相聚，谈论到蝙蝠的事情之后，相互感叹地说道："世间百态，偏偏生出这样一个不禽不兽的家伙来，可真是没有办法。"

故事生动地讽刺了那些没有明确立场的人，两面派的结果最终只能是无处归属。

097 狐假虎威——借着强者的威严，抬高自己

这则典故出自《尹文子》，比喻借着有权者的威势欺压他人、作威作福。

在茂密的森林王国中，老虎是所有动物当中最为凶猛的，所以被小动物们推举为森林之王。为了使自己更加强壮，老虎每天都要吃掉森林中的一只小动物，所以每个动物见到老虎都十分害怕。

一天，老虎在觅食的过程中看到了一只狐狸。狐狸见到老虎，刚要逃跑，就被老虎给抓住了。狡猾的狐狸见自己已经没有希望逃走了，眼看就要成为了老虎的盘中餐，于是就和老虎耍了一个把戏。狐狸在老虎的虎掌下镇定坚决地说道："你怎么敢吃掉我？我可是上天派来管理所有野兽的。你如果将我吃掉，那就是违抗了上天的旨意。"老虎一听狐狸这话，先是一愣，然后一脸怀疑地看着狐狸。狡猾的狐狸怎么能看不出老虎的表情变化，于是又接着说道："你如果不信我说的话，那就跟在我的后面走一趟，看看森林中其他的野兽看到我是不是立马就逃走了。"老虎果真被狐狸坚决的态度迷惑了，于是答应跟在狐狸的后面走一趟。

狐狸就这样大摇大摆地走在森林中，因为后面跟着的是老虎，所以小动物们见了它们之后都纷纷逃开了。老虎见到这样的情况，并不知道小动物们是因为害怕自己而逃开了，以为真的是因为狐狸的威风，所以彻底相信了狐狸的话。更可笑的是，老虎因为害怕"管理百兽"的狐狸会对自己做出什么不利的举动，居然也慌忙地逃开了。就这样，狐狸的诡计得逞了。

狐狸虽然借由着老虎的威严彻底地让自己威风了一把，但这样的谎言终究会有被拆穿的一天，而谎言一旦被拆穿，它只会比原来死得更惨。

 098 画龙点睛——最绝妙的一笔

这则典故出自《历代名画记·张僧繇》，比喻写文章或讲话时，在关键词处用几句话点明实质，使内容生动有力。

张僧繇，南北朝时期梁朝的画家。他的绘画技术很高超，当朝的皇帝都请他作画。

相传，有一年，梁武帝要张僧繇为金陵的安乐寺作画——为寺庙的墙壁

画四条金龙。张僧繇答应了，用了三天时间就画好了四条金龙。栩栩如生的金龙才刚刚画好就引来了很多人的围观，并且对其交口称赞。而当人们更近一步地观察这四条金龙的时候才发现，这四条金龙居然都没有眼睛。于是大家就纷纷要求张僧繇为金龙点上眼睛，并说道："点上眼睛的金龙才更逼真啊。"张僧繇听了众人的要求之后回答说："我给金龙点上眼睛并不难，只是，如果点上眼睛，这四条金龙就会破壁而飞的啊。"众人听了他的话都觉着他在吹牛，就是在为自己忘记画眼睛而找借口。

张僧繇见到众人这样的态度，只好答应给龙"点睛"，但只答应给其中的两条点，因为要给寺庙留两条龙。于是，张僧繇当着众人的面，提起画笔，轻轻地给龙画上眼睛，一瞬间，只见天空乌云密布，金龙震破墙壁凌空而起，一跃飞到空中，转眼不见了踪影。

过了一会，天空才逐渐放晴，被吓得目瞪口呆的人们看着墙上那两条没有眼睛的金龙，纷纷夸赞起了张僧繇出神的画技。

生活中，往往一些事情就是缺少"画龙点睛"的一笔。

099 以讹传讹——传言的危害

这则典故出自《吕氏春秋·慎行览·察传》，意思是把本来就不正确的话又错误地传出去，越传越错。

古时候，宋国有户姓丁的家庭，因为家中的院子里没有井，所以只能每天出门到很远的地方去打水，然后再拎回到家中，供生活用。每一天，丁家都会有一个人是在外面打水的。日子久了，丁家逐渐疲惫于外出打水，于是决定在自家院中打一口井。

一段时间之后，丁家院子中的水井打好了。丁家人很开心，并对外人说："我家的水井打好了，就仿佛得到了一个人一般啊。"听到这话的人就相互转告说："丁家人在院子中打井，挖出来了一个人。"一传十，十传百，丁家挖水井挖出一个人这件事很快就传到了宋国国君那里。国君立马派人去丁家调查这件事情，面对眼前的差役，丁家人只好无奈地解释说道："我的意思是说，我挖了一口井，就好像得到了一个人的劳动力那样，并不是说我在井中挖出了一个人啊。"

我们在听传言的时候，一定要通过自己认真的调查再信从，不要不分是非地以讹传讹，这样只会将事情越弄越乱。

100 此地无银三百两——不要制造自欺欺人的借口

这则典故是一则古时候的民间故事,比喻想要隐瞒掩饰,结果反而暴露。

古时候,有个人叫张三,喜欢自作聪明。辛辛苦苦攒了三百两的银子,张三在高兴的同时内心却也很苦闷,心想:"这么多的银子,万一被人偷走了怎么办?放在哪里才安全呢?带在身上?太不方便了,还容易被小偷察觉;放在抽屉里?也不妥当,容易被小偷偷走。"总之,这三百两银子在张三看来放在哪里都是不安全的。就这样,张三捧着银子冥思苦想了半天,终于想出了一个好的办法。

一天夜里,张三趁着天黑在自家的房后挖了一个坑,将银子埋在了坑里。将银子埋好后,张三还是不放心,害怕别人可能会怀疑自己在这里埋了银子,想了想,又想出了一个办法。他回到屋中,在纸上写了"此地无银三百两"七个大字,明晃晃地贴在了坑边的墙上。这下张三可踏实了,觉着一定不会有人偷他的银子了,于是就安心地回家睡觉了。

张三每天因为银子心神不定的样子早就被隔壁的王二注意到了,晚上又听到张三在屋外挖坑的声音,感到很奇怪,于是出屋看终究怎么回事儿。借着月光,看到张三在墙上贴的那几个字之后,他便明白了,于是悄悄地将银子挖了出来,小心翼翼地又将土填好。王二回到自己的家中后,见到那白花花的银子,高兴极了。可高兴过后,王二又很快地害怕起来,担心张三发现银子丢了而怀疑自己。于是王二灵机一动,在纸上也写了几个大字——"隔壁王二不曾偷",然后将纸条贴到了坑边的墙角上。

世界之大,无奇不有,这样愚蠢的做法,最终只会暴露自己。

101 哄堂大笑——你说好笑不好笑

这则典故出自《因话录》,形容满屋子的人同时大笑。

宋朝的时候,有两个性格完全相反的人。这两个人一个性格急躁,另一个性格缓慢。可偏偏就是这样两个极端性格的人却被安排在了一起做事。

一天,慢性子穿了双新鞋去工作,就在他刚要开工的时候,急性子发现了他买的新鞋,于是说道:"你这鞋多少钱?和我的鞋一模一样呢。"慢性子看了看急性子,抬起脚,慢条斯理地回答说:"九百钱。"急性子一听这个价钱，顿时急了起来。喊道："什么？九百钱？我买的时候花了一千八百钱，为什么你的鞋会比我便宜那么多？这样你就有机会背着我藏钱了是不是？"其他工友们看着急性子脸红脖子粗的样子，也跟着着急了起来。谁知，这时慢性子却不慌不忙地抬起另一只脚，接着说道："这一只，也九百钱。"

满屋的工友们听了慢性子回答，再看急红了脸的急性子后，哄堂大笑起来。

生活中，我们还是少做那些让人哄堂大笑的事情。

 102 惊弓之鸟——因为伤过，所以才怕

这则典故出自《战国策·楚策四》，比喻受过惊吓，遇到一点动静就惶恐不安的人。

战国时期，有个叫更羸的魏国人。此人很擅长射箭，经常与魏王一同打猎。

一天更羸与魏王一同外出打猎，在去往郊外的路上，见到一只大雁从他们的头顶慢慢飞过，边飞边鸣叫。更羸抬头看了看大雁之后，转头对魏王说道："大王，我不用箭，只用弓就能将这个大雁射下来。"魏王很是好奇，说道："哦？你还有这样出神入化的本领？快演示下给我看看。"

只见更羸拉起没有上箭的弓，"嘣"的一声响过后，空中大雁仿佛中箭一般掉落了下来。魏王看后拍手叫好，问道："这是怎么回事呢？"更羸回答说："大王，其实我不过是看出这是一只受过箭伤的大雁罢了。它飞行缓慢，鸣叫得又很悲惨，孤孤单单地飞在空中，没有其他的同伴。在听到我的弓响之后，它心里害怕，于是它就拼命地扇动自己的翅膀，撕裂了才刚刚愈合的伤口，所以掉下来了。"

魏王听了更羸的解释之后拍手称赞。

因为受过箭伤，所以在听到弓响的时候才会害怕。如果这只受伤的大雁在听到弓响之后不急着扇动翅膀，而是匀速地飞在空中，也就不会发生跌落地面的惨剧。

 103 狼狈不堪——进退两难

这则典故出自《陈情表》："臣进退之难，实为狼狈。"意思是困顿、窘迫得不能忍受。形容疲惫、窘迫的样子。

晋朝时期，有个叫李密的人，无论是人品还是学识都很受当时的皇帝司马炎的青睐，几次想召他进朝做官，但都被李密拒绝了。

其实，李密也有他自己的难处。李密在很小的时候父亲就去世了，母亲被迫改嫁，他是被自己的祖母刘氏养育大的。祖母无微不至地照顾他，供他读书。如今他已成人，终于有能力供养自己的祖母，怎么可以丢弃自己的祖母而去朝中做官呢？

为了解释自己的情况，李密特意写了一封信给司马炎，信中说明了自己的情况及其对祖母的感激。信的最后是这样写的："如果我出去做官，家中年迈的祖母无人照顾；可如果我不出去做官，又违背了您的旨意，我现在的境地真的是进退两难，狼狈不堪啊。"

百善孝为先，在李密的身上，我们又看到了孝道的伟大。

104 吝公惜驴——金钱有数，健康无价

这则典故是古时候的一则寓言故事，意思是过度地吝啬，过度地珍惜自己的物品。

古时候，有个有钱的老汉，虽然家财万贯，但却十分吝啬。

老汉家里的钱都是他一辈子舍不得吃、舍不得穿节省出来的，所以老汉越是年岁大越是舍不得花钱。

老汉的年纪越来越大，身体也越来越差了，有时出去走一趟回到家中就要气喘吁吁的。老汉的儿子们见自己的父亲这样，都劝他买一头驴代步，可老汉就是一直都舍不得拿出钱为自己买一头驴。

一次，老汉外出，恰巧遇上大雨，老汉因为腿脚不方便而在外淋了雨，回到家中大病了一场。有了这样的教训，老汉终于舍得拿出钱为自己买一头驴了。可买了驴的老汉却总是不舍得骑它，每次都是牵着驴出门，累到不行的时候才骑。而驴也被老汉惯出了娇贵的毛病。

一个酷热的午后，太阳毒辣辣地挂在空中，老汉牵着驴出门去办事情。走了很久之后，已经气喘吁吁的老汉实在走不动了，于是就骑上了自己驴。可这头被惯得娇贵的驴在走了几步之后也开始气喘吁吁地走不动了。这让老汉十分心疼，赶忙下驴牵着它走。又走了一会，驴还是喘得厉害，老汉心疼地摸着驴，然后将它背上的鞍子也拿了下来自己背着。就这样，一身轻松的

驴子飞速地跑回了家中，而后面的老汉在毒辣的太阳下就这样背着驴的鞍子走回了家中。回到家中，老汉又因此大病了一场，好久才痊愈。

钱固然是我们生活中不可缺少甚至是很重要的一种东西，但是如果没有一个健康的身体，我们拿什么去享受金钱呢？所以，无论怎样，不应该像故事中的这个老汉一样，拿自己的身体同金钱画等号。毕竟，健康是无价的。

 105 无价之宝——金钱已经无法衡量

这则典故出自《赠邻女》："易求无价宝，难得有心郎。"意思是无法估价的宝物，指极珍贵的东西。

战国的时候，魏国有个本本分分的农民，他靠种地为生。

一天，这个农民在锄地的时候在地里发现了一块宝玉，这个农民没见过什么世面，于是就将这个东西拿回家让他的邻居帮忙鉴定。农民的邻居是个很狡猾的人，见到农民手中的宝玉时，一下就断定是一块上等的珍品，并对这块宝玉有了歪心。于是这个邻居就欺骗这个农民说："这可是一块不吉祥的东西啊，你快快扔掉吧。"老实的农民听信了邻居的话，于是就将宝玉扔了。

他的邻居在晚上的时候，偷偷将宝玉捡了回来，在微弱的烛光下反复地欣赏，并且越看越喜欢。可他转念一想，如果被皇帝知道了他有这样一块好东西，会不会怪罪于他？考虑再三，邻居决定将这块宝玉献给皇帝。

魏王得到宝玉之后，找人鉴定，发现这果然是一块无价之宝。龙颜大悦的魏王赏了农民的邻居很多珠宝。

无价之宝，岂能用金钱衡量？

 106 病入膏肓——无术可医

这则典故出自《左传·成公十年》，意思是病已经危重到了无法救治的地步，也比喻事情到了无可挽回的地步。

相传，春秋时期，有一次晋国国君晋景公得了重病，看遍了国中医生都没能治愈，于是他派人请来了秦国的名医缓。

在等待医生缓到来的过程中，晋景公恍惚间做了一个梦。他梦见有两个童子在他耳边说话。其中一个说："听说秦国那个医生缓是个医术很高超的人，我们这次可要找一个隐蔽点点的地方躲起来了。"另一个回答："哪里有那么可怕？我们就躲到膏脂下、肓之上，就算他医术再高超，再懂得用药，也是拿我们没办法的。"（在古代，膏指心尖脂肪，肓为心脏与隔膜之间，都是药力无法达到的地方。）

过了一会，医生缓来到了晋景公的身边，把脉片刻，缓开口说道："君王，恐怕您的病已经没有办法医治了。疾病的位置在膏之下、肓之上，药力无法达到啊。"

晋景公听了医生缓的话之后，明白刚才梦中的两个小孩就是自己身上的疾病，于是赏赐医生缓一份厚礼之后，就请他回去了。

面对无法医治的病痛，我们唯有坦然面对，用余下的时光去享受生命带给我们最后的美好。

107 鬼斧神工——雕塑作品的工艺精湛

这则典故出自《庄子·达生》："梓庆削木为鐻，鐻成，见者惊忧鬼神。"形容建筑、雕塑技术的精巧。

春秋初期，鲁国有个叫梓庆的木匠。这个木匠技艺高超，每当他将做出来的东西展示给别人看的时候，别人都会惊叹道："这简直就好像是出自鬼神之手啊。"

一次，梓庆用木头做了一个鐻，鲁国国君看到了这个鐻之后连连称赞，并召见梓庆问道："你一定是用法术制造出的这个鐻吧，不然怎么会这么逼真？"

梓庆笑着回答说："大王，我哪里会什么法术呢。我不过就是在制作的过程中将全部心思都投入进去罢了。无论是选材还是雕琢，我脑海中都完全没有杂念，不去想那些功名。因为专注，所以我做的东西才精致啊。"

鲁国国君听了梓庆的回答之后说道："这个鐻之所以如鬼斧神工制作的一般，是因为你的用心和专注啊。"

只要你专心致志，将全部心思都投入到你所做的事情，那就会将一件简单的事情做得完美。

108 雕虫小技——小小伎俩,微不足道

这则典故出自《与韩荆州书》:"至于制作,积成卷轴,则欲尘秽视听,恐雕虫小技,不合大人。"比喻微不足道的技能。

唐朝有个叫韩朝宗的人,这个人很有能力又热心,当时的很多年轻人都会找他帮自己找工作。一天,韩朝宗收到了一封文笔工整的信,内容是希望韩朝宗可以帮自己介绍一份工作。在信的结尾谦虚地写道:"恐雕虫小技,不合大人。"大概是意思就是说,恐怕我写的这封信只不过是一些小伎俩,根本不能够让大人欣赏。而这个自谦写信的年轻人就是我国著名的诗人——李白。

后来人们用雕虫小技来形容微不足道的技能。

才高八斗的李白依旧那样自谦,由此可见,越是优秀的人越是懂得自谦。

109 翠鸟移巢——亡于溺爱

这则典故出自《古今谭概》,讽刺那些过分溺爱自己孩子的人最终反而害了自己的孩子。

翠鸟,为了躲避祸患,总是将鸟巢筑在树上很高的地方。等到翠鸟生了小鸟之后,因为担心自己的孩子从树上掉下去摔死,就会将鸟巢筑得稍低一些。等到小鸟再大些,长出了羽毛,翠鸟对其就更加喜爱了,于是将鸟巢筑得更低了。就这样,人们很容易就捉住了它们。

那些过分溺爱孩子的父母,他们以为溺爱是在爱孩子,其实,那不仅害了孩子,最终还会害了自己。

110 驳象虎疑——看问题只看到表象

这则典故是古时候的一则寓言故事,寓意是,无论是人还是动物,都很容易被事物的表象所迷惑。

故事发生在春秋时期,一次,齐国国君齐桓公骑马出游,路上见到一只老虎在远处望着他。奇怪的是,老虎见了齐桓公之后居然急忙就趴在了地上。

齐桓公不解，回去便同很有学识的管仲讲起这件事情。

管仲听了齐桓公的描述之后问道："您今天是不是骑着一匹青白色的骏马，并且向着太阳奔跑？"齐桓公点头说是。管仲解释说："这匹青白色的骏马在阳光下奔跑的样子很像是一种叫做驳的动物。驳是一种可以吃掉老虎和豹子的动物，老虎今天是一定是将您骑的骏马误认成了驳，所以才会害怕地趴在地上的。"

人们很容易被事物的表象所迷惑，不要永远沉浸在表象当中，看待事情还要看清实质。

111 狮子与豺——助纣为虐，自食恶果

这则典故根据《天中记》改写，寓意是那些助纣为虐的人终有一天会自食恶果，害人终害己。

很久以前，森林里住了一只野兽之王——狮子。这只狮子非常霸道，每天都会捕捉森林中其他的动物们当做自己的美餐。

一天，这只狮子捉到了一条豺狼，豺狼为了保命，对狮子说道："大王，您就饶过我吧，我答应您，每个月都为您送来两只鹿，作为对您今天放过我的感谢。"狮子听了这话，很高兴，就放了豺狼。

豺狼很守信用，每个月都会给狮子送去两只鹿，同时自己也会捕捉一些狐狸、兔子等小动物。一年之后，森林中的鹿都被豺狼捕捉光了，豺狼再也没有什么东西可以送给狮子的了。一天，狮子遇到正在觅食的豺狼，张开血盆大口说道："你已经杀掉那么多的生命了，今天该轮到你了。"说完，便将豺狼吃掉了。

狮子对豺狼的宽纵，不过是想暂时地利用豺狼。可豺狼助纣为虐，天真地以为自己逃过了一劫。而当森林中的鹿被捕捉没之后，豺狼终究还是逃不过一死。这就告诉我们，在生活中，我们不要轻易地相信一些坏人的花言巧语而助纣为虐，要始终保持自己正义的立场。

112 青出于蓝，而胜于蓝——后人的超越，社会的进步

这则典故出自《荀子》，意思是青从蓝草中提炼出来，但颜色比蓝草更深。比喻学生超过老师，或后人胜过前人。

北魏的时候有个文人叫李谧。李谧是一个学习很努力的人,后来认文学博士孔璠做老师,在其门下学习。李谧对学习的态度虚心刻苦,而且人又聪明,所以成绩提升得也很快,没过几年,他就超过了自己的老师孔璠。有时对于一些知识,做老师的孔璠反而要向学生李谧求教。后来,李谧的同学们做诗赞扬道:"青成蓝,蓝谢青,师何常,在明经。"

学生超过老师,后人胜过前人,这样我们的社会才能不断地前进啊。

 113 飞鸟惊蛇——草书的最高境界

这则典故出自《法书苑》:"唐时一僧释亚楼善草书,曾自题一联:'飞鸟入林、惊蛇入草。'"意思是像飞鸟入林,受惊的蛇窜入草丛一样。形容草书自然流畅。

唐朝的时候有个和尚叫释亚楼,每日在寺庙当中烧香念经。

释亚楼有个爱好,就是写书法,尤其是草书。别的和尚在空闲的时间都会去下棋或者睡觉,只有释亚楼他买来笔墨纸砚刻苦地练习书法,有时练习甚至忘了时间,直到深夜还在苦练。

日复一日,年复一年,释亚楼的书法写得越来越好了,很多来寺庙烧香拜佛的人都请他题字。一次,一个来烧香的人问他:"您认为什么样子的草书才算写得好呢?"释亚楼想了想,提笔写了八个字:飞鸟出林,惊蛇入草。

释亚楼之所以可以将草书写得如飞鸟出林、惊蛇入草,这同他刻苦的练习是分不开的。一件普通的事情,如果你能够利用起别人都休息的时间去刻苦练习,那么你就会将这件事情做到出神入化的境界。

 114 余音绕梁——优美歌声永不绝

这则典故出自《列子·汤问》,意思是歌唱停止后,余音好像还在绕着屋梁回旋,形容歌声或音乐优美,耐人寻味。

韩娥是古时候一个很善于唱歌的女子。一次,韩娥在去齐国的路上,因为没有粮食,在经过雍门的时候用她的歌声换取粮食。她的歌声优美,甚至在她离开后余音还是在房梁间缭绕,几日都没有断绝,附近的人们都以为她还没有离开。

到了齐国，韩娥所住的旅店有人欺负她，韩娥难过地哭起来，哭声悲凉，街巷中的老人小孩都一起跟着难过地流眼泪，几天都吃不下一口饭。

后来韩娥回家，为街巷中的百姓们唱了一首歌，整个街巷的老人小孩都高兴得又蹦又跳，气氛欢愉，完全忘记了之前的悲伤。

优美的旋律可以带给人们一份好心情，悲伤的曲调也会引起人们的共鸣，由此可见音乐的魅力。

 115 鱼目混珠——怎能以假乱真

这则典故出自《参同契》，意思是拿鱼眼睛冒充珍珠。比喻用假的冒充真的。一般形容物，不形容人。

很久以前，在村中住了两个年轻人，一个叫满愿，另一个叫寿量。

满愿和寿量两个人从小一起长大，处处都喜欢相比较。一次，满愿得到了一颗大珍珠，在村中四处显摆。很多村民都过来围观，人们都很羡慕他。寿量听说了这件事，心生妒忌，便开始四处地寻找珍珠。

一天，寿量正在寻找珍珠的路上，一个卖鱼眼珠的小贩推着车经过他的身边。寿量不识珍珠，以为小贩车中的鱼眼珠就是珍珠，叫住小贩，花高价买了一颗"珍珠"。

后来，满愿和寿量两个人都得了一种奇怪的病，医生说需要用珍珠的粉末和药材搭配才能治好。一段时间之后，满愿的病渐渐好转，而寿量的病却久久不好。于是寿量拿着自己的"珍珠"跑去问医生，医生看了之后说道："你这哪里是珍珠啊，分明就是鱼的眼睛啊。真是鱼目混珠。"

真的就是真的，假的就是假的，事实面前，是没有办法鱼目混珠的。

 116 张用良不杀蜂——态度的转变

这则典故出自古时候的一个寓言故事，讲述一个叫张用良的人是如何从厌恶蜜蜂到不杀害蜜蜂。

古时候，有个叫张用良的人。这个人在很小的时候因为捅蜂窝而被蜜蜂蜇伤过，从那之后，张用良便十分地厌恶蜜蜂，每次见到蜜蜂都会千方百计地抓住并杀死。

一天傍晚，张用良外出散步，在角落见到一只飞虫被粘在了蜘蛛网上，无法逃脱。眼看这只蜘蛛就要将小飞虫作为自己的晚餐，这时，一只蜜蜂出现，用刺去刺蜘蛛，将蜘蛛赶跑了。蜜蜂见小飞虫在蛛网上无法挣脱，就多次含水湿润飞虫。一段时间之后，飞虫才得以逃脱。张用良在一旁看完了整件事情的经过，顿时被蜜蜂的义举所感动，所以以后便再也不杀害蜜蜂了。

这则典故可以从多个层面去理解，其中张用良从厌恶蜜蜂到不杀蜜蜂的转变，说明了人对任何事物的看法都不是绝对的，随着时间的推移，会慢慢改变。

117 兔死狐悲——同类的今日，自己的明天

这则典故出自《宋史·李全传》，比喻因为同类的死亡或者失败而感到悲伤。现用于贬义。

很久很久以前，森林中住着一只兔子和一只狐狸，因为它们两个终日受到猎人的围捕，所以狐狸和兔子达成共识，联合起来一同对付它们共同的敌人。

一天，兔子和狐狸正安逸地躺在草丛中，恰逢几个猎人来到森林里打猎，胡乱射杀着森林中的小动物，没等兔子反应过来，已经死于猎人射出的利箭之下，而狐狸也因此受伤。

猎人走后，狐狸看着身边死去的兔子，伤心地哭起来。一个老人经过，看到哭泣的狐狸，问道："你为什么哭啊？"狐狸擦了擦眼角的泪水，回答说："因为我的同伴死了啊。我和兔子都终日受到猎人捕杀的骚扰，所以我们联合在一起共同反抗。如今看到它的死亡，就想到我明天的死亡，我怎么能不伤心呢？"老人听了狐狸的话之后说："你说得很有道理啊。"

在同类身上看到自己不幸的明天，我们唯一可以做的，就是改变自己。

118 某恶鼠——扼杀在温室中的栋梁之才

这则典故出自《耳食录》，告诉我们，无论是对人还是对动物，太过迁就会适得其反。

古时候，有个人非常地讨厌老鼠，而又恰逢家中闹了鼠灾，于是这个人

花光了家中的积蓄，欲求得一只好猫。为了让这只猫可以有更好的体能去捕鼠，这个人每天都会给猫喂食大鱼大肉，还让猫在毯子上休息。时间久了，这只猫在安逸的生活下变得越来越肥，早就忘记了捕捉老鼠的技能，甚至有时还会和老鼠一起玩耍。这个人看了这样的情形之后，十分地生气，于是将猫丢出了家门，并发誓再也不养猫了，因为他认为天下根本就没有好猫。

无论是人还是动物，太过安逸的生活都会使其失去斗志，逐渐懒散，不思进取。所以溺爱这种养育的方式是不可取的，因为温室当中，是培育不出人才的。

 119 一琴一鹤——行囊简单，为官清廉

这则典故出自《梦溪笔谈》："赵阅道为成都转运史，出行部内，唯携一琴一鹤，坐则看鹤鼓琴。"形容行装简少，也比喻为官清廉。

赵抃，宋朝殿中侍御史，字阅道，号知非子。

赵抃是个有名的清官，因为肤色暗黑，所以被当时的人称作"铁面御史"，与包拯相齐名。

有一年，赵抃去蜀地上任，在出发的时候只带了一张古琴和一只白鹤（古时候，这两样东西都是古代文人学士高雅的象征。）赵抃将古琴装在一个布袋里，将白鹤放在一个竹篓里，两样东西分别驮在马的两侧。而这就是赵抃赶去上任所带的全部行李了。

后来，当时的皇帝宋神宗听说了赵抃带着一琴一鹤去上任这件事，对赵抃十分赞赏，并对其说道："你带这样简单的行囊上路，由此可见你是个清廉的官员，希望你以后可以继续保持你的清廉，就像你的行装一样的简单。"

无论做人还是为官，一身轻便总好过负担千斤。

 120 改弦易辙——彻底的改变

这则典故出自《野客丛书·张杜皆有后》："使其子孙改弦易辙，务从宽厚，亦足以盖其父之愆。"比喻改变原来的方向、计划、办法等。

西汉时期，有个著名的酷吏名字叫张汤。这个人虽然做官廉洁，但在处理案件的时候却很残酷，每次都会株连处死很多的人。张汤有个儿子，名叫张安世，也是朝中的重臣，为官清廉，得到了武帝、昭帝、宣帝三代皇帝的重用。张安世是个忠厚的人,在办案的过程中并不像他的父亲那样严苛。后来,宋朝文人王楸曾这样评价张安世:"他就像是乐器换了弦、车子改了行进的道路一样,救了他们全家。"

要改变,就要彻底地改变。

 121 罚人吃肉——你厌恶的,不一定也是别人厌恶的

这则典故出自《古今谭概》,寓意是每个人的好恶是不一样的,你所厌恶的东西并不一定就是别人也厌恶的。用自己讨厌的事情去惩罚别人,是愚蠢的行为。

唐朝的时候,有个叫李载仁的官员。这个人是皇族的后裔,后来因为躲避战乱才到一个小地方做了一个观察推官。李载仁生性迂腐,而且有个习惯,那就是不吃猪肉。

一天,李载仁接到上司的召见通知,还没等上马离开,就听见家中两个仆人打架的声音。这可把李载仁气坏了,立刻命人从厨房中取来猪肉和大饼,并对两个打架的仆人说:"你们把这些东西都给我吃下去,如果以后再敢打架,我一定叫人在上面放上酥油重重地惩罚你们。"

每个人都是一个独立的个体,有自己所喜欢和厌恶的东西,所以不要愚蠢地以为全世界的"口味"都同你一样。

 122 割肉相啖——"勇敢"的代价

这则典故出自《吕氏春秋·当务》,告诫人们不要盲目地去追求那些所谓的勇敢,要做一个有思想、有内涵的人。

古时候,齐国有两个莽夫。这两个莽夫总是对别人吹嘘自己的勇敢,但做事之前却从来不经过大脑的思考。

一天,这两个人在街上相遇。其中一个人提议说:"我们这两个勇敢的人难得见面,不如一起去喝酒吧。"另一个点头答应。到了酒馆,两人你一杯我一杯喝得尽兴。酒过三巡之后,一个人问另一个:"想不想吃肉?"另一个回答说:"你我本身就是肉,还要肉干什么?不如相互割吃,我们都是勇敢之人,难道还怕疼么?"于是这两个人要了些豆豉酱,就开始相互割对方的肉蘸着酱吃。不久后,两个人因伤口溃烂,就死掉了。

如果这样愚钝的勇敢也算是勇敢，那么我们宁愿不要勇敢。所以说，我们在做事的时候要经过仔细的考虑，不要盲目地就去"勇敢"，这样很容易就伤害到自己。

123 张五悔猎——母爱的伟大

这则典故是古时候的一则寓言故事，讲述一只母鹿为了保护自己的幼崽而自投猎网，说明母爱的伟大。

很久之前，村中住了一个叫张五的猎人。张五曾经是个四季靠打猎为生的猎人，但后来因为一件事情的发生，便再也没有打过猎。

一次，张五在打猎的时候追赶一只母鹿，这只母鹿因为还要带着两只小鹿，所以不能跑得太快。眼看就要被张五追到了，母鹿就引导小鹿进入土堆中，然后用土将其盖住。为了转移张五的注意力，母鹿就自己投向张五的猎网。

这一幕被张五的母亲看到了，她将这一切告诉了张五，还亲自割破了网，放走了母鹿。张五的母亲说："无论是人还是动物，都是有母子之情的，我实在是不忍心看到那些小鹿没有母亲，所以就将母鹿放走了。"张五听了之后心中很感动，于是就将所有的捕兽器具都烧了，发誓从此再也不捕猎了。

世界上最伟大的付出，莫过于母亲对子女的爱。

第二部分
正确处事

 124 越人阱鼠——策略做事，一网打尽

这则典故出自《燕书》，寓意做事要机智，讲究策略，就很容易达到目的。

古时候有个越国人，家里闹了鼠灾，每天夜里都会听见老鼠偷吃米的声音。越国人的妻子终日抱怨，而这个越国人却将米装进一个小口的罐中，任凭老鼠们偷吃。老鼠吃出了甜头，每天都会叫上同伴们来到越国人家中的米罐中饱餐一顿才肯回到鼠窝。

几天后，越国人将罐中的米倒干净，装上水，然后用一层糠浮盖在水面上。这天夜里，老鼠们往常一样来到越国人家中吃米，见到熟悉的米罐，不知已经被越国人设了陷阱，于是毫无戒备地跳进了罐中，结果都被淹死了。

我们在做事的时候要讲求方法，不能总是急于解决，要认真地思考，讲究策略，最终将"敌人"一网打尽。

 125 赵襄主学御——胜败置之度外，发挥最好状态

这则典故出自《韩非子·喻老》，寓意是我们无论做什么事情，如果不能够专心致志，只是考虑个人利害得失，那么就一定会事与愿违。

战国时期，赵襄主跟一个叫王子期的人学习驾车的技术。学习了一段时间之后，赵襄主和王子期一同比赛。在比赛的过程中，赵襄主不停地要求换马，可还是接连地失败。赵襄主生气地说道："你根本就没有将驾车的技术完全传授给我。"王子期回答说："我已经将我全部的本领都教给您了啊，只是您使用得不恰当罢了。在驾驭马车的时候，要使马套在马辕里很舒服，而人的精力一定要完全集中在马上，这样才可以很好地加快速度。可是您刚刚在与我比赛的过程中，跑在我前面就担心我追上你，落在我后面，又想着赶快追上我，心思完全放在了输赢上，根本没有在意马，所以您才一直落后啊。"

做事的时候要集中精神才能发挥出最好的水平。

126 坐山观虎斗——轻松获利的方法

这则典故出自《战国策·秦第二》，字面理解意思为坐在山上看老虎相斗。用来比喻对双方的斗争采取旁观的态度，等到双方都受到损伤，再从中获利。

故事发生在战国时期，有一年，韩、魏两国打仗，打了很长的时间，不分胜负。秦国国君秦惠王则打算在这个时候派兵援助，于是他便向大臣们征求意见。这时，有个叫陈轸的人便为秦惠王讲了这样一则故事。

很久以前，有个叫卞庄子的人，有一次他去野外，见到了一大一小两只老虎在吃一头牛，于是他就想捕杀这两只老虎。正要举剑，旁边的人却劝他说："你不要急着刺杀他们，你看这两只老虎正在吃一头牛，等一会这两只老虎把牛吃光了它们两个就一定会争夺，到时候你便可以毫不费力地得到两只老虎了。"这个卞庄子怀着一份好奇心，放下了已经举起的剑。等了一会，果不其然，这两只老虎在吃完了最后一块肉的时候开始厮咬争夺起来，最后稍大一点的老虎受伤，稍小一点的老虎死亡。于是卞庄子走过去，用剑刺死了受伤的老虎，轻轻松松就一举得到了两只老虎。

听了故事后，秦惠王恍然大悟，对陈轸说道："你的意思是想让韩、魏这两个国家打一阵子，等到一个打败、另外一个受损的时候，我们再出兵讨伐，就可以一次降服两个国家。"陈轸点头，秦惠王采纳了陈轸的意见，真的获得了胜利。

有时稍微等一等，可能就会为自己省下很多力气。

127 螳臂当车——力量渺小，勇气可嘉

这则典故出自《庄子·人间世》："汝不知夫螳螂乎，怒其臂以当车辙，不知其不胜任也。"意思是螳螂举起前肢企图阻挡车子前进。比喻做力所不能

及的事情，必然失败。

春秋时期，齐国国君齐庄公坐车外出打猎，在前进的过程中，忽然看见路边有一只小小的虫子伸出了两条前腿想要阻挡前进中的车轮。于是庄公便问驾车的人："这是一只什么虫子？"驾车的人回答说："这是一只螳螂，它看见车子来了，不知道赶快退避，却还要来阻挡，真是不自量力。"庄公听了之后笑道："好一个出色的勇士，我们不要去伤害它吧。"说完，便叫驾车的人从它旁边走过去了。

这件事情很快就被传开了，人们都说庄公敬爱勇士，于是便有很多的勇士投奔他。后来，也有人将"螳臂当车"这个成语引申成自不量力的可笑行径。

"螳臂当车"这个成语虽然是一个贬义词，但这则典故当中却是充满了无限的正能量。一只小小的螳螂并不认为自己的弱小，去阻拦行进的车轮，我们在做事过程中，也应该有这只小螳螂的执着与勇敢的精神。

 128 截竿入城——当不懂变通遇上了自作聪明，谁更愚钝

这则典故是古时的一则寓言故事，嘲笑了那些做事不懂变通的人，同时也讽刺了那些做事自作聪明的人。

古时候，鲁国有个人在城外买了一根很长很长的竹竿。当他拿着竹竿进城的时候却发现了一个问题：将这个竹竿横着拿，没办法进入城门；将这个竹竿竖着拿，还是没有办法进入城门。来来回回试了几次，这个鲁国人都没能拿着竹竿进入城门。

就在这个鲁国人惆怅该如何拿着竹竿进城门的时候，一个年长的男子走了过来，并对他说道："我并不是什么圣贤之辈，只不过见多识广罢了，你既然横竖都进不去城门，那为什么不将你的长竹竿截断成两半呢？"这个鲁国人听了年长男子的劝说之后，恍然大悟，然后将竹竿截断为两半，高兴地进城去了。

鲁国人横竖进不去城门是因为不懂得变通，所以才会在城门外惆怅。而那个年长的男子却自以为是地告诉人家他的想法，自作聪明地让鲁国人截断竹竿，完全不考虑人家买的长竹竿有什么作用。相比较而言，自作聪明的年长男子甚至比不懂变通的鲁国人还要愚钝。

129 千金买骨——坦诚的效应

这则典故出自《战国策·燕策一》，意指十分渴望和重视人才。

古时候，有个国君非常地爱马，并且愿意出一千两黄金去购买一匹千里马。可三年过去了，千里马还是没有买到。这时，国君身边的一个侍臣请求外出去寻求千里马。侍臣找了三个月，终于发现了线索，于是急忙赶到那有千里马的地方，可到了那里之后才发现，千里马已经死了。于是这个侍臣就拿出五百两的黄金将这匹千里马的骨头买了回来。

回到朝中，国君看到一堆马骨之后非常地生气，说道："我要的是活马，你怎么能将死马弄回来？而且还花了五百两的黄金。"侍臣回答说："您连死马都能花五百两黄金买下，更何况是活马呢？这样，天下人都会帮大王您找马的。"

果然，不到一年的时间，就有好几匹千里马送到了国君的手中。

在招录人才的时候，我们应该放下架子，让别人看到我们的态度，更要有诚信。这样，人才就会自然找上门了。

130 追女失妻——顾着"新欢"，丢了"旧爱"，前后两空

这则典故出自《说苑·正谏》，是一则古时候的寓言故事，告诉人们不要妄想得到不切实际的东西，眼前的东西才是最宝贵的。

战国时期，赵国国君赵简子准备出兵讨伐齐国，并下令军中如果敢有劝阻的人就治以死罪。军中有个武士名字叫公卢望，见赵简子想攻打齐国之后便大笑。赵简子一时没有明白怎么回事，便问其笑什么。公卢望回答说："我想起一桩搞笑的事情。"赵简子厉声说道："讲出道理，如果讲不出道理就杀了你。"公卢望不慌不忙说道："在我的老家，有一年，正值采桑的季节，我邻居家夫妇二人在一起下田。正在采桑，丈夫看到桑林的深处有一个女子，于是就追了过去，没有追上，就扫兴而归。而当他回到田里的时候，他的妻子也在盛怒之下离开了他。我刚刚就是笑他追女不得，反而失去了妻子，成了光棍。"

赵简子听了这个故事之后如梦初醒，说道："我明白你的用意了，就像如今，我讨伐别的国家，也会失去自己的国家，变成亡国之君。"于是下令收兵

回国。

我们在做事的过程中,要看清楚形势,不要捡了芝麻,而丢了西瓜。

 131 枭将东徙——问题要从根本上去解决

这则典故出自《说苑·谈丛》,寓意是解决问题要从根本上解决。

枭是一种靠鼠类为食的猛禽,因为叫声凄厉,所以总是给人一种恐怖的感觉。一天,一种叫做鸠的水鸟与枭相遇。鸠问枭:"你这是要到哪里去啊?"枭回答说:"我要搬到东方去住了。"鸠好奇地问其为什么,鸠回答说:"在这里,每个人都讨厌我的叫声,所以我只能离开这里,搬到东方去居住了。"鸠无奈地说道:"可你搬到东方又有什么用呢?如果你不改变自己的叫声,就算从这里搬到了东方,东方那里的人也会厌恶你的啊。"

在解决事情的事情,我们要认真看清楚问题的本质在哪里,从本质上去解决,而逃避是解决不了问题的。

 132 其父善游——解决问题要从实际出发

这则典故出自《吕氏春秋》,告诉我们在处理事情的时候要从实际出发,不要总是用老的方法去解决新的问题。

春秋时期,有个人要到江对岸去办事。正准备过江的时候,见到一个人正拉着一个孩子往江里扔。孩子哭得很厉害,这个正准备过江的人就问其原因。那个拉着孩子的人说:"我要将他扔进江里,因为他的父亲很擅长游泳。"那个正准备过江的人笑着说道:"他的父亲会游泳,那这个孩子就一定会游泳吗?"

不一样的问题就要用不同的方法去解决,不然,非但问题不会被解决,事情还会越变越糟。

 133 庸医治驼——只求主观目的,不顾客观影响

这则典故出自《雪涛小说·催科》,寓意是做事不能只讲究主观动机,而不择手段。

古时候,有个医生来到一个村庄,向那里的村民吹嘘自己的医术高明,尤其擅长治疗驼背。这个医生吹嘘说:"无论你的驼背是什么样子,多么严重不好治,只要经过我的治疗,保证早上驼着背进门,晚上笔挺挺地走出去。"

就这样,这个医生对自己的虚假宣传在村子中很快就传播开了。

村子中有个被驼背困扰多年的人,听说村中来了一个这样的人,不禁大喜,想都没想就找到了这个医生,请求其帮自己的治疗多年的驼背。

医生在治疗驼背那天,村子里来了很多人围观。只见那个医生在地上放了一块木板,并叫那个驼背者趴在上面,随后又拿出另一块木板压在驼背的上面。然后跳到板子上拼命地使劲儿地踩。驼背者在板子下不断地喊着疼,医生就告诉他:"就快好了,就快好了。"结果,驼背者的驼背的确被治疗好了,可人也被踩断气了。

驼背者的儿子见自己的父亲被这个医生活活踩死,于是抓着他来到官府,告其杀人之罪。在县官的质问下,这个医生却只是耸耸肩说道:"我的职业就是治疗驼背,又不管死活。"

很多时候,我们做事只是想着该怎么做这件事情,却往往忘记这件事会连带的后果。这样做,我们虽然解决了主观问题,却因此也引来了新的问题。

134 曹冲称象——学会转变思维方式

这则典故出自《三国志》,故事告诉人们,不要总是被牢固的思维定势所牵绊,要学会不一样的思维方式。

三国时期,魏国君主曹操得到一只大象。在大象被运到的那天,从没见过大象的曹操带领众人前去看象。

面对眼前这头又高又壮的大象,大家都很好奇,其中有一个人说道:"这头象如此高大,你们说它到底有多重?"这个问题一出,众人议论纷纷。有人说制造一台大秤,可要多大一顶秤才能称下这头大象呢?况且象是活的,就算称也不好称啊。还有人提议将大象切成块去称,这个方法一提出就被众人都否定了,活活一头大象,宰了多可惜啊。

就在众人议论激烈的时候,一个小孩的声音从人群中传出来,说道:"我有办法得知这个大象的重量。"众人朝着声音的方向望去,说话的正是曹操的小儿子——曹冲。曹操见是自己的儿子，忙上前问道："你有什么办法啊？"曹冲回答说："我们可以将大象牵到船上，等船稳定之后，在船舷齐水面的地方做一个标记。然后将大象牵下船，在刚才的船上装石头，直到船沉到刚才标记的那个地方。这样，石头的重量就是大象的重量了。我们分别称重船中的石头，不就得知大象的重量了么？"

众人听了曹冲的办法之后拍手称赞，而曹操更是因为小儿子的聪明而十分得意。

遇事的时候，换种思维方式，才能更好地解决问题。

 135 杯水车薪——以杯水去救整车薪火，不自量力

这则典故出自《孟子·告子上》："今之为仁者，犹以一杯水救一车薪之火也。"意思是用一杯水去救一车着了火的柴草。比喻无济于事，徒劳无功。

古时，一个樵夫上山砍柴，当他载着满满一车的柴草下山回家时，已是中午时分，天气十分炎热。于是这个樵夫推着装有柴草的车来到了一个茶馆前，想喝杯凉茶休息休息再回家。

茶馆中，樵夫刚坐下喝了一会凉茶，就听外面有人大声喊道："不好了，着火了，快来救火啊。"这个樵夫立马反应是自己的柴草车着火，于是慌忙地端着茶杯冲出去。见到自己着火的柴草车，樵夫将茶水杯中的水向烧着的柴车泼去，然后又匆忙回到屋里，再装满一杯水，跑出屋泼向自己的车。如此循环，不过三杯水的工夫，他的柴草车连草带车已经被烧成了灰烬。

虽然说积少成多，聚沙成塔，可面对正在发生且要紧的事情，我们就要讲求做事的方式方法，不然只会做无用功，最终落得失败的下场。

 136 赵伯公肥大——被表象吓昏了头

这则典故出自《太平御览》，寓意是在我们没有弄清楚事实真相的时候，不要胡乱地猜测，吓唬自己。

很久之前，有个身材高大且肥胖的人，大家都称他为赵伯公。

一次，赵伯公喝醉了酒，没有意识地躺在床上睡觉。他几岁大的小孙子淘气地爬到他的肚子上去玩耍，并将李子塞进他的肚脐里。

几天后，塞在赵伯公肚脐里的李子已经腐烂了，流淌出汁液来。恰巧这时赵伯公肚子痛，他便以为自己得了什么不治之症，哭着让他的妻子为他安排后事，说道："如今，我的肠子已经开始腐烂了，流出了这样的汁液，我一定是要死了，你们快帮我准备后事吧。"

就在全家人都沉浸在悲伤之中时，李子核从肚脐中掉了出来，众人不明白怎么回事儿，后来问过赵伯公的小孙子之后才明白，原来只是小孙子塞进肚脐里的李子烂了而已。

遇事的时候不要盲目地下结论，要经过仔细的调查分析。许多事情其实并不是你想象的那个样子。

137 农夫耕田——事事都有大学问

这则典故出自《浑然子》，寓意是做事要找到好的方法，才能将事情做得更好。

古时候，有个以种田为生的农民。一天，这个农民在田地里耕种，路过一个年轻人见到农民耕地时的样子讥笑着说："你看你耕田的样子，可真是笨拙又懒惰。你总是要喘几口气才挥一次锄头，你这样的速度，想必几个月也耕种不完吧？"农民仰头看了看这个年轻人，笑着说："那你认为该用怎样聪明又勤快的方式去耕地呢？"年轻人走到田中，拿过农民手中的锄头，说："让我来给你示范一下吧。"只见这个年轻人深吸一口气，用尽全力地去挥锄头。没过多久，他就累坐在田里，话都说不出来。年轻人看了看笑呵呵的农民，感慨道："耕地可真不是一件容易的事情啊。"农民说："耕地并不是一件困难的事情，你会感觉困难是因为你用错了方法。就像我们做事情的时候，总是想要刻意地去追求速度，这样反而会达不到目的啊。"

欲速则不达，做事的时候不要急于求成，这样不仅不能提高做事的效率，反而还会降低做事的质量。

138 涸泽之蛇——透过表象看本质

这则典故出自《韩非子·说林上》，告诉人们，在做事的时候一定要透过现象看本质，不要轻易就被诡计迷惑。

从前，在一个池塘里生活着一大一小两条水蛇。

后来，池塘中的水开始逐渐干涸，两条水蛇便准备搬家。在离开池塘的那天，小水蛇对大水蛇说道："我们在游走的时候相互衔着走吧。"大水蛇不明白，疑惑地看着小水蛇。小水蛇解释说："如果我们两个一前一后那样游走，别人看我们会以为不过是普通的水蛇在游走罢了，一定会有人拿石头来砸死我们的。如果像我说的那样我们相互衔着走，别人见到不光不会砸我们，说不定还会把我们当做神君呢。"

于是大水蛇听了小水蛇的话，两条水蛇相互衔着走，大摇大摆地从人们的眼前爬过。果然，不仅没有人砸它们，还有人在喊："快看啊，神君来了。"

我们在处事过程中也往往会被一些表面的现象所迷惑，从而导致我们在判断上出现错误。其实遇到事情的时候，我们只要稍微地想一想，仔细地看一看，就会避免很多的错误发生。

 139 暴虎冯河——有勇无谋

这则典故出自《论语·述而》："暴虎冯河，死而无悔者，吾不与也。"意思是空手和老虎搏斗，徒步涉水过河。比喻有勇无谋，鲁莽冒险。

春秋时期，圣人孔子弟子三千，其中一个叫子路的人，他是孔子的得意门生。

当初孔子遇见子路的时候是在一次外出讲学，当时的子路佩剑前往接近孔子。孔子有意收子路为徒，但子路说自己用剑不需要读书，孔子说如果读书的话可以让他变得有勇有谋。于是子路拜了孔子为老师。

一次，子路问孔子："如果您有统帅三军的机会，那么你愿意和谁共事呢？"孔子回答说："我不会同那种可以空手打死老虎、徒步趟过河水的人一起共事，因为他们有勇气，但却没有谋略。"

单有勇气却无谋略，不过莽夫一个，做任何事都不会有什么大作为。

 140 有备无患——居安思危

这则典故出自《左传·襄公十一年》，意思是事先有准备，就可以避免祸患。

春秋时期，晋悼公当上了晋国国君之后，想像他的祖先晋文公一样，让晋国称霸诸侯。

那个时期，郑国还只是一个小国，一会儿和晋国结盟，一会儿又归顺楚国。这使晋悼公非常的生气。公元562年，晋国集合了宋、鲁、卫、刘等11国的部队出兵伐郑。郑国不敌，最终兵败投降，并给晋国送去了大批的礼物。晋悼公收到礼物十分高兴，并将这些礼物的一半赏赐给大夫魏绛。魏绛见晋悼公如此开心，提醒说道："大王，您真的是很有才能的，但我希望大王您能在安享快乐的时候还可以多多考虑些国家的未来。《尚书》里说，在安定的时候要想到未来可能会发生的危险，你想到了，就会有准备，有所准备，就不会发生祸患。我愿意用这些话来提醒大王您。"后来，人们就用"有备无患"去形容做事要有准备。

做人做事千万不可以因为一点小事就得意忘形，要学会居安思危，才会有备无患。

 141 骑马顶包——做事首先要搞清楚事物间的关系

这则典故出自《嘻谈续录》："恐马负太沉，顶在头上，可省马力。"比喻分不清事物之间的关系。

古时候，有个办事死板的人。一天，这个人要去外地，收拾好行李之后，将背包顶在了头上，骑马出发了。

路上，马因为这个人顶着包袱而没有平衡，左右摇晃，跑起来十分吃力。这时，有个路人见到这个情形，就上前问道："你为什么要用头顶着包呢？为什么不将你的包袱放在马背上？"这个人却回答说："我是爱护我的马啊，我怕它负担太重，所以将包袱顶在了我自己的头上。"路人听了他的回答之后，无奈地笑着走了。

无论是将包袱放在马背上还是顶着自己的头上，重量都是负担在马身上的。而这个人却愚钝地以为自己为马分担了压力，实在是可笑之极。

 142 宋人酤酒——事物之间都有相互的联系

这则典故出自《韩非子·外储说右上》，寓意是在解决问题的时候要找出事物之间必然的联系，这样才能对症下药，将问题解决。

很久以前，宋国有个靠卖酒为生的人。这个卖酒人酿造的酒很好喝，而且在卖酒的时候也很讲究良心,不会少给客人一滴酒,对待客人的态度也十分友善。为了招揽生意,他特意将卖酒的标帜挂得很高、很显眼。可奇怪的是,这个卖酒人家的生意一直都不好,酒总是卖不出去。卖酒人很纳闷,于是就去问他的一个邻居。

听了卖酒人的叙述之后,他的邻居问:"你们家的狗一定很凶猛吧?"卖酒人回答:"是有些凶猛,但这和我卖不出去酒有什么关系呢?"他的邻居告诉他说:"正是因为你家的狗凶猛,所以酒卖得才不好啊。一些人让小孩子带着钱、提着酒壶来买酒,结果你的狗就迎面扑上前去咬他,小孩害怕,就不再来买酒,所以你的酒就卖不出去啊。"

卖酒人听了自后,若有所思地点了点头。

事物与事物之间都是有关连的,我们在解决问题的时候,要善于找出事物之间的必然联系,这样才能很好地将问题解决。处理问题的时候,不要太过死板。

 | 143 移花接木——为达目的不择手段

意思是把一种花木的枝条或嫩芽嫁接在另一种花木上。比喻暗中用手段更换人或事物来欺骗别人。

公元前648年,黄国被楚国灭亡后,有一部分遗民留在了自己残破不堪的家园,还有一部分人沦为了亡国奴,但这些人并没有因此绝望,而是经过变法获得新生,并以征战、做官和讲学的形式去想重振黄姓家族的声威。

战国晚期,曾经的黄国人黄歇公在楚烈王的门下做官,被封为春申君,黄歇公一心想获得楚王的信任,好伺机报亡国之恨。黄歇公想掌握楚国的实权,于是便想送楚王美女生太子,可荒淫过度的楚王却没有生养的能力,这样一来让黄歇公非常着急。这个心事让赵国来的门客李园发现了。李园原是想将自己的妹妹嫣嫣献给楚王,但又担心照样不能生养,于是就将嫣嫣先送给了黄歇公。后来嫣嫣有了身孕,黄歇公将嫣嫣又送给了楚王,仿佛嫣嫣怀了龙种。后来,人们将这个典故称为"移花接木"。

移花接木,更换事物欺骗别人的做事手段。

144 察言观色——从细微的言语表情中察觉别人的心理

这则典故出自《论语·颜渊》:"质直而好义,察言而观色,虑以下人。在邦必达,在家必达。"意思是仔细地观察别人的言语表情,见机行事。

春秋时期,圣人孔子的一个学生名叫子张,他去向孔子请教问题。子张问:"请问老师,读书人要怎么做才能做到'达'呢?"孔子没有清楚子张的真正意图,于是就问道:"那你所谓的'达'到底是什么意思呢?"子张解释说:"无论是在做官还是在居家的时候,都需要有名望。"孔子摇了摇头说道:"这不叫'达',叫'闻'。所谓的'达',就是要'质直而好义,察言而观色,考虑思及别人的感受。在邦必达,在家必达'。"意思就是说品质好,遇事讲道理,擅长辨别别人的言语,观察别人的脸色,在遇到事情的时候,也愿意对别人让步,这种人无论是在做官还是在居家的时候,都是可以得通的。子张听了老师的话之后,明白地点了点头。

善于观察别人的言语和脸色,不仅有益于自己谨慎做事,而且在思想和行动上还可以尊重别人。察言观色,是我们处事的一条重要的法则。

 145 天马行空——享受思维的凌空跳跃

这则典故出自《萨天锡诗集序》:"其所以神化而超出于众表者,殆犹天马行空而步骤不凡。"意思是天马奔腾神速,像是腾起在空中飞行一样。比喻诗文书法等气势豪放,不拘一格,流畅自然,指思维的不同寻常的跳跃,也指不切实际的想法。

汉武帝时期,在西域有一匹马,四肢健壮,腿脚灵敏,跑起来更是没有人可以抓得住它,当地的人们称其为天马。为了让这只绝有的天马有后代,人们特意在山脚下放了一匹五彩马。不久之后,天马果真和这匹五彩马生出了许多的小马。这些小马完全是新的物种,流出的汗水都是赭石色的,将马蹄踏在石头上,就可以形成很深的坑。

后来汉武帝得知了这个消息,很希望得到一匹,就派人送去了百匹的绸缎想要换一批小马。但西域人非但不同意送马,还将汉朝的使者赶了出来。这让汉武帝十分生气,于是发兵攻打西域,最终得到了一匹小马。后来,人们也将天马称作西极天马。

在我们做事的时候，偶尔多些天马行空的想法，也会为我们的生活带来很多不一样的感受。

 146 扬汤止沸——解决问题不能做无用功

这则典故出自《上书谏吴王》，原本的意思是指扬锅里的滚汤，使其稍微地冷却，暂不沸腾，比喻宽缓急难。后来在人们不断的运用中，这个词语的意思也逐渐发生了变化，现用来比喻临时采取紧急的措施，但却不能从根本上解决问题，形容办法不够彻底。

三国时期有个魏国人名叫刘廙，刘廙很有才华，在曹操的手下做官，并深受曹操的器重。

在当时，有一名叫魏讽的人反对曹操，并策划阴谋袭击曹操，刘廙的胞弟也是同党之一。后来这件事情被人揭发，曹操将魏讽等人全部诛杀。按照当时的法律，刘廙的弟弟所犯之罪该是抄斩全家的，但曹操爱惜人才，并且很肯定刘廙的为人与其胞弟完全不同，就宽恕了刘廙。得到宽恕的刘廙深受感动，特意写了封信给曹操，信中有一段的内容大概是这样的：因为我胞弟的罪，我本也理应处斩的，但承蒙您"扬汤止沸"给了我一次活下来的机会，这样的大恩大德我无以为报，只有拼命为您效劳。

解决事情的时候一定要从根本上解决，不然，就是扬汤止沸，永远不能将问题解决。

 147 事半功倍——小力气，大收获

这则典故出自《孟子·公孙丑上》："故事半古之人，功必倍之，惟此时为然。"意思是花费的气力小，但收到的成效很大。

孟子是我国战国时期伟大的思想家，儒家学派的代表人物。孟子有很多的弟子，他经常用谈话的形式去教育自己的弟子。一次，孟子同他的一个学生公孙丑谈到了天下统一的问题，孟子说起了周文王。孟子说："周文王当时只有方圆一百里的小国，因为他实施仁政，最终创立了丰功伟业。如今齐国是一个地广人多的大国，如果可以推行仁政的话，那么在统一天下的问题上就会比周文王还要容易。百姓们喜欢齐国这样的大国实施仁政，这就好像在为他们解除痛苦,所以,那个时候的国君给百姓的恩惠只需及古人的一半,那么获得的效果一定是可以加倍的。而现在,正是实施仁政的好时机。"

付出一半的辛苦而收获两倍的好处,这告诉我们在做事的过程中只要讲求技巧和方法,就会达到事半功倍的效果。

148 一孔之见——目光狭隘

这则典故出自《盐铁论·相刺》,意思是从一个小窟窿里所看到的事物。比喻狭隘片面的见解。

古时候,有个自作聪明的农夫。一天,这个农夫上山去砍柴。到了山上,看到一个正在散网捕鸟的人,不懂捕鸟之道的农夫好奇地在一旁观看。看了一会儿,这个农夫发现,捕到的鸟每只鸟头钻一个网眼。于是这个农夫想,既然一个鸟头钻一个网眼,那为什么还要浪费时间去结网呢?这个捕鸟的人可真是太愚蠢了。

农夫回到家中,将一条长绳剪断成一节一节,将每一节的短绳做成一个个小圈。邻居路过农夫家,看到院子中农夫怪异的举动,于是就问他在干什么,农夫怕别人也学习去了他的这种高明的方法,就笑而不答。

做好绳圈的农夫找到了一个没有人的地方,将这些绳圈放好,然后静静等着小鸟的到来。可结果等啊等,一天,两天,三天……农夫没有捕到一只鸟。

看待事情不要只是目光狭隘地去理解,要放宽眼界。一孔之见是愚钝的。

149 余勇可贾——勇气无限

这则典故出自《左传·成公二年》:"齐高固入晋师,桀石以投人,禽之而乘其车,系桑本焉,以徇齐垒,曰'欲勇者贾余余勇'。"意思是我还有余力可卖,谁要就可以来买。比喻剩下的勇气和力量很足,还有勇气可以使出来。

春秋时期,鲁国和卫国受到齐国的进攻,晋国前来援助,联合鲁军、卫军进入齐国境内。就这样,原本只是齐国同鲁、卫两国的交战,一下又多了晋国,这让战争形势发生了改变。

高固是齐国的一员猛将，此人作战英勇，是齐军中的重要人物。在两军交战的时候，高固曾自己独自驾着一辆战车冲进敌方营地，拿着大石头，见到敌人就砸。一个晋国的将官因为来不及躲避高固的石头，被砸中而受了重伤，昏倒在车上。高固见势，直接跳到对方的车上，将车驾回了自己的营地去领功。

立了战功的高固情绪高涨，更是兴奋地想要在众将士面前显示自己的威风，于是将一棵桑树系在战车后面，在自己的营地中转着圈跑，还不断地说道："有谁还需要勇气吗？我这里还有很多呢，可以卖给别人。"

当你充满勇气去做一件事情的时候，一定会收获你意想不到的成功。

 150 千里之堤，毁于蚁穴——无视小小蚁穴，毁掉千里堤坝

这则典故出自《韩非子·喻老》，意思是千里之堤，仅仅由于小小的蚂蚁洞而溃决。比喻不注意小事会酿成大祸。

很久以前，黄河的边上有一个村庄，村里面住着朴实的村民。因为村庄临近黄河，村民们为了防止水患，就筑起了长堤。

一天，一个老农民在傍晚回家的时候路过长堤，偶然发现，在这个长堤的下面多了很多的蚁窝。这个老农就想：这么多的蚂蚁窝会不会影响到长堤的安全呢？于是他快步走回村子，想将这个事情告诉给村长。就在快要到村长家里的时候，老农碰见了自己儿子，就先将蚂蚁窝的事情告诉给了儿子听。儿子听了之后哈哈大笑，说道："父亲，您可真是老糊涂了，区区的小蚂蚁怎么会影响到那坚固的长堤？"说完就拉着老农快步往家走去。

就在当天晚上，狂风四起，瓢泼的大雨袭击着整个村庄，黄河水猛涨，渗进长堤旁的蚂蚁窝。终于，千里之堤，毁于蚁穴。而村子也因为这次的水患而毁灭了。

很多大危害都是因为对小问题的不在意，很多大过错都是缘于小毛病的不改正，所以我们在做事的过程中，一定要牢记，千里之堤，毁于蚁穴。

151 千里之行，始于足下——踏实地走好"每一步"

这则典故出自《道德经》，意思是走一千里路，是从迈第一步开始的。比喻事情都是从头做起、逐步进行的。

老子是我国春秋时期著名的思想家、哲学家。道家学派的创始人。在老子的《道德经》一书中，老子根据事物的发展规律提出了这样的主张：处理任何问题都要赶在它还没有发生之前，因为一切事情都是从头开始、逐步进行的。就像是九层高的高台要一筐一筐地用泥土垒成，就算是行至千里，也是从脚下的第一步开始的。

任何事情都是从无到有、从小到大的，这是事物发展的规律。所以我们在做事情的时候，不要急于求成，一步一步地来，脚踏实地，每一步都走稳，不知不觉，就会达至千里之外。

152 临渊羡鱼，不如退而结网——与其垂涎羡慕，不如着手去做

这则典故出自《汉书·礼乐志》，意思是站在河边看着河中肥美的鱼儿游来游去，流着口水地羡慕，还不如回到家中编织渔网过来捕鱼。形容与其羡慕，不如踏实地着手去干。

古时候，有个人家住在河边。这个人每天到中午的时候都会来到河边，看着河中肥美的鱼儿们在水中游来游去，咽着口水，想象着将鱼烹制好之后的味道。日复一日，每天都是如此。

一天中午，这个人又像往常一样来到了河边，看着河中的鱼儿游来游去。正在他咽口水的时候，他的一个邻居也来到了河边，问道："你为什么每天中午都来河边呢？""看着河中的鱼，想象着它们的味道，很满足啊。"这个人回答说。邻居看了看他，说道："你与其这样每天站在这里羡慕鱼，不如回到家中编织渔网，然后过来将它们捕回家啊。"

永远对所喜欢的事物充满羡慕之情，那你就永远只能去羡慕、去幻想，永远不可能拥有。如果想要拥有，就要勇敢的、及时的着手去做，这样才会得到你真正想得到的东西。

153 盲人骑瞎马，夜半临深池——盲目行动，后果不堪设想

这则典故出自《世说新语》，比喻盲目行动，后果十分危险。

东晋时期，朝中大权掌握在恒玄的手中，有很多人都主动去巴结他，所以恒玄的家中经常是宾客满座，有时深夜还有人喝酒畅谈。

一天，恒玄家中又来了许多人。酒过三巡，有人提议接龙讲诗，表达危险的境界。大家纷纷展露自己的才华，有人说："月黑杀人夜，风高放火天。"还有人讲："大虫口中夺脆骨，骊龙项下夺明珠。"大家纷纷称好，等轮到一个参军的时候，他想都没想，脱口说道："盲人骑瞎马，夜半临深池。"这句诗一说，再无人称好，每个人都默不作声。原来，恒玄有一只眼睛是瞎的，最忌讳别人说"瞎子、盲人"之类的话。一阵沉默之后，恒玄开口说道："你怎么可以当众讥笑我是盲人呢？"就这样，这天的酒宴不欢而散。而第二天，这个参军也被借故免除了职务。

做事的时候千万不能盲目行动，不然就像是"盲人骑瞎马，夜半临深池"，后果不堪设想。

 154 骑虎难下——克服困难，奋勇向前

这则典故出自《明史·袁化中传》，意思是骑在老虎背上不能下来，比喻事情进行到中途而遇到困难，但迫于形势又无法中止，只能无奈地硬着头皮做下去。

东晋时期，晋成帝在位的时候。国家边界发生了叛乱，为了降服叛乱之徒，晋成帝派大臣温峤前去讨伐。因为叛乱军力量庞大，温峤特意联合了陶侃等人组织了联军。

虽然联军兵强马壮，但在战争初期还是连连败给叛军。眼看粮食就要用完，陶侃对温峤生气地说道："我本是好心来帮你忙，可如今却连军粮都供应不求，这样的形势，我只能撤军了。"温峤说："如果想要打胜仗，首先就要内部团结，这也是自古以来的定律。我们虽然目前的形势没有处在上风，但这种情势就好像是骑在了老虎的身上，要么被老虎咬死，要么奋力打死老虎，终究下不来，只能坚持到底。"

陶侃听了温峤的比喻之后，感觉说得很有道理，于是再也没有撤军的想法。就这样,联军最终打败了叛军。

当事情处在一个上也不行、下也下不去的情势下,我们只能奋勇向前,坚持下去,最终克服重重困难,收获胜利。

 155 鲁相嗜鱼——不收人礼物,不受人牵绊

这则典故出自《韩非子》,寓意做人要清白,为官要清廉。

战国时期,鲁国有个宰相叫做公孙仪。这个人为人正直,做官清廉。

公孙仪非常地喜欢吃鱼,这件事情全国上下没有人不知道。为了讨好他,国中有很多人争抢着给他买鱼吃,但公孙仪却从来没收过任何人送的鱼。他的弟子看到这种情况之后,不解地问他说:"您这样喜欢吃鱼,为什么别人买给您鱼您却又不吃呢?"公孙仪对他的弟子讲:"正是因为我爱吃鱼,所以才不能接受这些人送我的鱼啊。如果我收了别人给我的鱼,那我在做事的时候就必须要迁就这些送鱼人的想法。甚至在这些人犯错的时候,我也要因为他们曾经送过我的鱼而原谅他们。这样一来,我怎么能公正地做官呢?"他的弟子明白地点了点头。

不接受别人的好处,做事的时候自然也不会被别人的想法所牵绊。

 156 焚庐灭鼠——要时刻保持冷静的态度去做事

这则典故出自《龙门子凝道记》,寓意做事一定要冷静。

古时候,在越国有一个单身的男子,这个男子上无老人需养,下无妻儿要供,他自己独自居住在一个自建的茅草房中。这个男子本来没有什么家产,从房子到田地,都是他自己一点一点辛苦置下的。经过了几年的辛苦,这个男子总算可以过上了自给自足的安乐生活。可好景不长,就在这个男子享受生活之时,家里却闹起了鼠灾。成群的老鼠没日没夜地在他耳边吱吱地叫唤,还咬坏了他家中的很多物品。这让这个陷在鼠灾中的男子苦不堪言,终日连觉都睡不好。

一天,这个男子外出喝酒,喝到很晚才醉醺醺地回家。才回到家中,就听到了屋中老鼠吱吱的叫声,这让这个男子非常恼火。趁着酒意,男子拿起火把开始烧那些老鼠,老鼠四处逃窜,他就四处追着烧。老鼠最后虽然都被他烧死了，但他的房子也被烧成了灰烬。

第二天，这个男子酒醒过后，看到自己辛苦建起的家已经被烧成灰烬，十分懊悔地说道："我本只是想烧死老鼠，却不想最后把家都烧了，看来人真的不可以在愤怒的时候冲动做事啊。"

愤怒的时候也是人最容易冲动的时候，所以无论何时，我们都要保持冷静，不然只会做那些让自己后悔莫及的事情。

157 常羊学射——做事不可三心二意

这则典故出自《郁离子》。寓意是做事不能三心二意，要集中精力做一件事。

从前，有一个叫常羊的人向一个叫屠龙子朱的人学射箭。学习之前，屠龙子朱问常羊："你知道射箭的道理是什么吗?"常羊摇头，屠龙子朱接着说："给你举个例子吧。有一次，楚国的君王外出打猎，他命令他的手下帮他哄赶禽兽出来好供他射杀。等到禽兽们跑出来了，正准备拉弓的时候，他却犯了难。只见左边跑出来一只鹿，右面跑出来一只麋鹿，空中又飞过一只天鹅。楚王已经将箭搭在弓上的楚王完全不知道要射哪一个。这时，神射手养由基上前对楚王说：'大王，在我射箭的时候也是一样的，如果将一片叶子放在百步之外让我去射，我一定会百发百中。可如果将十片叶子放在百步之外，我能不能射中，那就不好说了啊。'"听完了屠龙子朱讲的故事之后，常羊明白地点了点头。

做事过程中，我们要坚定自己的目标，不要三心二意。当我们有了明确的目标之后，才更容易去实现自己的理想。

158 齐人有好猎者——准备充足才能成功

这则典故出自《吕氏春秋》，寓意是如果想要做好一件事情，就一定要做充足的准备。

很久以前，有个齐国人非常热爱打猎。虽然他很热爱打猎，但却总是很少能猎到野兽，这让他感到十分沮丧，并认为自己这样是对不起家人的，因为无力去养活他们。

后来这个齐国人反思自己为什么打猎总是失败，是因为没有一条好的猎狗。可怎么才能得到一条好的猎狗呢？自己又没有那么多钱去买。这时，他的一个邻居跟他说："你应该去种庄稼啊。"这个齐国人不明白邻居的意思，问邻居，邻居也没有回答。

之后的几天，齐国人依旧因为没有一条好的猎狗而沮丧，他看着自己的猎狗，忽然想到那天邻居对自己说的话。去种庄稼，赚到钱不就可以去买一条好的猎犬了吗？于是这个齐国人便开始种庄稼。因为他的努力，他很快就使家中富裕了起来。家里有了钱，这个齐国人首先就去买了一条好的猎狗。后来，这个齐国人就能打到很多野兽。

齐国人后来打到野兽是因为他买了一条猎狗，说明他在做打猎这件事情的时候找到了对的方法。而这个齐国人之所以能买得起猎狗，是因为他努力种庄稼赚到了钱，这说明他做事的认真努力。由此可见，做事认真努力的人，无论经历过怎样的失败，经过挫折之后，只要找对了方法，就一定会成功的。

159 空中楼阁——不切实际的幻想

这则典故出自《百喻经·三重楼喻》，比喻虚幻的事物或脱离实际的空想、不合实际的计划。

很久之前，村子里住了一位傻财主。这个人虽然有钱，但却非常的愚钝，总是做一些常人不能理解的事情，所以经常遭到同村人的嘲笑。

一天，这个傻财主去隔壁村子做客，在去的路上，看到一幢三层高的房屋。这让这个没见过什么世面的财主感到非常的新鲜，同时也十分羡慕和嫉妒，心想："我这么有钱，也要拥有一个这样的房屋。"

后来傻财主回到自己的村子里，马上叫来了村子里几个有名的工匠，问道："隔壁村子的那个三层高房屋你们见到了么，是谁建造的？"几个工匠相互看了看说道："正是我们几个建造的。"傻财主笑着说道："好极了，我现在也要你们给我建造一个一模一样的三层房屋。"几个工匠答应了。傻财主亲自选好了建造房子的土地，并告诉工匠们说几天后再来察看。

几天后，傻财主来到了建造房子的地方，见几个工匠正努力地为他建造第一层，这个傻财主一看急了，赶上上前说道："你们这是干什么？完全弄错了。"几个工匠莫名其妙，说："我们这就是在按照您的吩咐来建造的啊，哪里不对？"这个傻财主大声地强调说："我让你们帮我建造，只要建造第三层，你们怎么建造前两层？快给我拆掉。"几个工匠听了傻财主的话后，哈哈大笑起来，收拾起各自的工具纷纷走掉了，留下傻财主自己一个人面对着建了一半的房屋。

房屋不可能没有一层二层就凭空出来第三层，我们做事的道理也是一样的，循序渐进，一步一步走得踏实，才能最终成功。

 160 赵人乞猫——做事有失必有得

这则典故出自《郁离子》，寓意任何事情都是具有两面性的，有失必有得。

古时候，赵国有户人家闹了鼠灾，于是这户人家的男人去中山找可以捕捉老鼠的猫。向中山人说明了自己的情况之后，中山人给了男人一只猫。

一个月之后，这户人家的鼠灾情况的确有所好转，老鼠不见了，可随着老鼠一同消失的，还有这户人家养的鸡。儿子心疼家里的鸡，就对父亲说道："您看我们家的鸡，都被这只猫给吃了，我们为什么不把它赶走？"父亲说："可是这只猫会捕捉老鼠啊。我们虽然失去了鸡，但老鼠也完全被消灭了啊。"儿子不太明白地看着父亲，父亲接着说道："如果家里有老鼠，它不仅会将我们的粮食吃光，还会将我们所穿的衣服都咬坏。更过分的是，可能还会啃咬我们的房屋和一些用具。而猫来了，将老鼠吃了，虽然同时也吃光了我们的鸡，但大不了我们就不吃鸡肉了而已。相对于被老鼠损坏粮食衣物，哪一个损失更大呢？"儿子听了父亲的话，终于明白了家里为什么不将猫撵走了。

这个世界很公平，你得到些什么的同时一定也会失去些什么，这就说明了凡事都有的两面性。所以我们在做事的过程中，一定要分清楚事情的主次，不要犯因小失大这样的错误。

 161 声东击西——清楚自己的目标，迷惑敌人的方向

这则典故出自《通典·兵六》："声言击东，其实击西。"意思是造成要攻打东边的声势，实际上却攻打西边，是使对方产生错觉，以出奇制胜的一种战术。

东汉时期，班超出使西域，目的是团结西域各国，然后共同对抗匈奴。可那时地处大漠西缘的莎车国想归附匈奴，并且煽动周边的小国一同归附，

反对汉朝。班超决定先平定莎车。于是莎车国向西域大国龟兹国求援，龟兹王立即率五万人马援救莎车。班超虽然联合了于阗等国，可兵力依旧只有二万五千人，敌众我寡，因此只能智取。班超用声东击西之计，迷惑敌人。他派人在军中散布将士对班超不满的言论，制造出一种"打不赢龟兹就撤退"的假象，并且这个传言让莎车的俘虏听得一清二楚。

一天黄昏，班超命于阗大军向东撤退，自己率部队向西撤退，表面上显得慌乱，其实是在故意放莎车俘虏逃跑。莎车俘虏逃回自己营中后，急忙向莎车王和龟兹王报告汉军慌忙撤退的消息。两王听后大喜，以为班超是因惧怕而慌忙逃窜，于是便想趁此机会追杀班超。龟兹王立即下令兵分两路，追击逃敌，并亲自率一万精兵向西追杀班超。此时的班超已经是胸有成竹，趁着夜幕笼罩大漠，仅撤退十里地，部队即就地隐蔽。龟兹王求胜心切，没有看到班超部队隐蔽的地方，率领部队继续往前追去。见龟兹王的部队走远，班超立即集合部队，与事先约定的东路于阗人马迅速杀回莎车。莎车面对忽然而至的汉军，猝不及防，很快就被打败。莎车王来不及逃走，最后只有请降。而另一面，气势汹汹的龟兹王沙漠中追走了一夜，也没看到班超部队的踪影，后来又听闻了莎车被平定的消息，见大势已去，只好返回龟兹。

处于劣势的班超军最终还是凭借计谋赢得了胜利，其实这也告诉了我们一个很简单的道理，这个世界上，几乎没有什么是不可能的，只看你能不能认真去思考、去琢磨。任何难题，最终一定会有解决的办法。

162 不遗余力——全力以赴

这则典故出自《战国策·赵策三》："秦不遗余力矣，必以倦而归也。"意思是把全部力量都使出来，一点不保留。

战国时期，秦国起兵攻打赵国。赵国调集全部兵力迎战，但最后还是不敌。秦军迫使赵国屈从求和，赵国决定派赵国身份最高的使者郑朱去秦国谈判。大臣虞卿极力劝阻赵王派郑朱去秦国谈判，认为这样做是抬高了秦国而疏远了其他邻国。赵王不听，仍派郑朱前往秦国，秦国变得更加猖狂。

秦国围困赵国国都邯郸，逼迫赵国割让六座城市。虞卿问赵王："大王，您听说过秦军撤退时的军容吗？"赵王答说："进攻的时候不遗余力，撤退时疲劳不堪。"虞卿说："是啊，这样我们就不要轻易割让城市了。"于是赵国奋力反击，最终保住了自己的城池。

无论做什么事，拼尽全力才会见到奇迹。

 163 以逸待劳——养精蓄锐

这则典故出自《孙子·军争》："以近待远，以逸待劳，以饱待饥，此治力者也。"指在战争中做好充分准备，养精蓄锐，等疲乏的敌人来犯时给以迎头痛击。

西汉末年，陇甘军阀隗嚣脱离刘秀（东汉开国皇帝）去投靠在四川称帝的公孙述。刘秀非常生气，于是派兵去攻打隗嚣，结果却反而被隗嚣打败。

后来刘秀又派征西大将军冯异前去占领枸邑。隗嚣知道这个消息之后也命令部将行巡去枸邑占领有利地形。于是冯异的一些部将就劝冯异不要同行巡大军作战。但冯异却斩钉截铁地说道："我们必须抢占枸异，以逸待劳！"随后，冯异命令部队急行军，抢在行巡之前占领了枸邑，并在到了枸邑之后严密封锁消息，紧闭城门，偃旗息鼓，让将士们好好休整。行巡的部队急匆匆地赶到城下之后，城楼上突然鼓声大作，亮出了冯异的帅旗。毫无防备的行巡军队见此状吓得四下逃窜。此时冯异大开城门，领兵冲出城来，将敌军打败。

抢占先机，养精蓄锐，这在我们如今的生活中，也是一种竞争的谋略。

 164 打草惊蛇——切勿轻举妄动

这则典故出自《南唐近事》："王鲁为当涂宰，颇以资产为务，会部民连状诉主簿贪贿于县尹。鲁乃判曰：'汝虽打草，吾已惊蛇。'"意思是打草时惊了草里的蛇。原比喻惩罚了甲，却使乙有所警觉。后多比喻做法不谨慎，反使对方有所戒备。

南唐的时候，当涂县有一个县令名叫王鲁。这个县令是一个很贪财且不干实事的县令，他干过很多不利百姓的坏事。不仅王鲁这样，他的下属也都做尽了很多压榨老百姓的坏事。百姓们苦不堪言，心里恨透了这些官吏，却一直没有机会去揭发他们，只能无声地去忍受。

有一次，朝廷派官员下来巡查，百姓们等来了一次上告的好机会。于是大家联名写了状子，将衙门里主簿等人平时的罪行写了下来。状子首先递送到了县令王鲁的手中，王鲁将手中的状子从头到尾地看了一遍，这一看不要紧，一看实在是把他吓得心惊肉跳。原来，百姓们在状子中列举的那些罪状全部都与王鲁曾经干过的坏事相似，并且其中有很多坏事都同自己有关联。虽然状子是在告主簿几个人，但王鲁觉着那就仿佛是在状告自己一样。他越想越感到事态的严重，越想越害怕，惊恐的心情怎么也平静不下来，发抖的手不自觉地拿笔在案卷上写下了他此刻内心的真实感受："汝虽打草，吾已惊蛇。"写完后就瘫坐在椅子上了，笔也随之滑落到了地上。

做了坏事的人常常是做贼心虚，虽然还没有受到什么真正惩罚的威胁，但只要有一点声响，也会使这些人吓破胆。

165 百闻不如一见——眼见为实，耳听为虚

这则典故出自《汉书·赵充国传》，意思是听到一百次也不如见到一次，表示亲眼看到的远比听人家说的更为确切可靠。

西汉宣帝时，羌人侵入边界，肆无忌惮地抢掠。宣帝召集群臣商议反抗计策，并问谁愿带兵前去抗敌。这时一个叫赵充国的老将主动请命。那时的赵充国已经是七十六岁了，但因为他曾在边界和羌人打过几十年的交道，所以对这次抗敌依旧自信满满。

确定好抗敌人选，宣帝开始和赵充国商议抗战对策，当商议到用兵的问题，宣帝问赵充国要派多少兵马，赵充国答道："听别人讲一百次不如亲眼见一次，用兵这种事情在远的地方是很难计算好的，我愿意亲自去那里看看，然后确定攻守计划，画好作战地图，再向陛下上奏。"宣帝同意，赵充国遂带一队人马出发。就在队伍刚刚渡过黄河的时候，遇到了羌人的一小股军队。赵充国下令出击，一下子捉到了不少的俘虏。士兵们准备乘胜追击，赵充国阻拦说："我军长途跋涉来到这个地方，不可远追，如果遭到敌兵的伏击那将会吃大亏的。"其部下听后不得不佩服赵充国的见识。后来赵充国观察了地形，又在俘虏口中得知了敌军的内部情况，从而制定出了一套整治边境的策略，并很快安定了西北边疆。

对待事情，我们要经过调查和研究才能下结论。不能别人说什么就是什么。这个世界的任何事都不是别人口中所描绘的那个样子，而是需要我们亲自去感受、去认知。

第二部分／正确处事

 166 明哲保身——做一个明智的人

这则典故出自《诗·大雅·烝民》："既明且哲，以保其身，夙夜匪懈，以事一人。"明智的人善于保全自己。现指因怕连累自己而回避原则斗争的处世态度。

西周王周宣王在位期间，朝廷中有两位重臣，尹吉甫、仲山甫。这两个人为辅佐周宣王而立下了汗马功劳。

仲山甫是一个很有见识的人，而且敢于直谏，很受到大家的尊重。当时，鲁国诸侯鲁武公有两个儿子，长子为姬括，小儿子叫姬戏。于是周宣王就想立姬戏为鲁国的太子。这种做法是废长立幼，违背了当时的规矩，容易酿成内部的动乱。于是仲山甫就极力谏阻，并坚持该立姬括为太子。可周宣王不听，依旧坚持立姬戏为太子，后来姬戏继位为戴公，鲁国人不服，不久就杀了他。经过这件事，周宣王更是对仲山甫高看一眼了。

一次，周宣王为了防御西北各部族的进攻，于是就命令仲山甫到齐地去筑城。这时尹吉甫便写了一首诗给仲山甫，赞美其品德和才能。这首诗就是《诗经·大雅》里的《烝民》，全诗一共八章，其中在第四章有这样两句："既明且哲，以保其身。"赞美了仲山甫的优秀品德和超凡才能。

在所处的环境当中，处事要学会明智，则可以保全自己。

 167 舍旧谋新——时代不同，处事方式也需改变

这则典故出自《左传·僖公二十八年》："原田每每，舍其旧而新是谋。"比喻抛弃旧的计划或人事，重新规划，建立一个新的事业。

春秋时期，晋国国君晋文公曾在国外流亡了十九年之久，后来在楚国的帮助下才有机会回到自己的国家做了君王。

楚国在当时很有势力，许多小国都向楚国称臣。晋文公在回国当上国君之后，为了改善国家状况，决定从立威诸侯开始做起，因为曹、魏、宋这三个小国而与楚国反目成仇。

楚、晋两国交战，楚国派大将子玉同晋国作战，而另一面的晋文公将自己的军队撤退到九十里以外，从而报答楚王曾经对他的优待。但楚将子玉仍然坚持要和晋国开战。后来晋国完全没有后退的余地时，有大臣劝晋文公说：

"君王德行高超，但应该舍弃对楚国的旧恩，建立新的功劳。"晋文公听了这样的话之后，恍然大悟，于是重整军队，最终将楚军打败，成了诸侯。

后来人们将晋文公部下将所说的那段话简化成了"舍旧谋新"。

无论我们做任何事情，都应该要追求进步，不能总是沉浸在过去的想法和事物当中。一旦发现旧的方法不适用的时候，我们就应该立刻采取新的方法去解决问题。这样才能够在解决事情上达到很好的效果，也就是我们所说的"舍旧谋新"。

 168 羿射不中——心存杂念，是使目标偏离的根本原因

这则典故出自《太平御览·符子》，寓意是一个人如果总是背负着很沉重的心理包袱，那么在做事的时候就很难达到目的。

夏朝的时候，有个神射手名叫后羿。一次，夏王召见后羿，指着不远处的一个箭靶说："如果你能将箭射到靶心，我就赏赐你黄金万两；如果你射不中，我就要收回你的千户封邑。"

其实射中夏王所指的靶心原本是一件很容易的事情，但因为后羿内心被赏罚之事所牵绊，所以连续两箭都没有射中。事后，夏王问身边的付弥仁："后羿这样的箭神，向来都是百发百中，为什么今天会如此失常？"付弥仁回答说："那是因为您定的赏罚制度给他造成了心理负担，如果他可以将这些赏罚置之度外，那么他今天就还会是那个百发百中的后羿了。"

做事的时候要专心致志，将赏罚得失置之度外，不要让自己背负过重的心理包袱，这样才更容易达到目的。

 169 郑人买履——不要墨守成规

这则典故出自《韩非子·外储说左上》，用来讽刺只信教条、不顾实际的人。

春秋时期，有个郑国人想买鞋子，但不知该买多大的鞋子。于是他就事先度量好了自己脚的尺寸，然后将量好的尺码搁放在了自己的座位上，便直接去集市了。到了集市，到了卖鞋的地方，这个郑国人才发现，自己忘记拿已经量好的尺码，于是就返回家中去取尺码。等到他再返回到集市上的时候，集市已经打烊了，这个没有买到鞋的郑国人只好悻悻而归。于是，便有人好奇地问他:"你为什么不直接用脚试呢?"结果这个郑国人却回答说:"我宁可相信自己度量好的尺码,也不要相信自己的脚。"

这则典故告诉我们,做事要懂得变通,按照实际情况去解决问题,不要墨守成规。

 170 鹦鹉救火——不忘滴水之恩

这则典故出自《宣记》,寓意是人不可以忘恩负义,在看到以前帮助过自己的人有困难时,应给予其帮助。

很久很久以前,一只鹦鹉飞到一座山上,在与山中的飞禽走兽相处一段时间之后,与它们成为了很好的朋友。而且,山中的飞禽走兽们在鹦鹉有困难的时候也给予了鹦鹉很大的帮助。过了一段时间,鹦鹉虽然在这里生活得很快乐,但它依旧觉着这座山不是自己长久居住的地方,于是同山中的飞禽走兽依依不舍告别之后,就飞离了那座山。

几个月后,山中忽然燃起了大火,鹦鹉远远地看到了,于是就飞入水中,沾湿自己的羽毛,再飞到山的上空,想用羽毛点滴落下的水扑灭山中的大火。天神见到了鹦鹉的这个举动,说道:"你虽然有志气灭火,但你的力量微不足道,怎么能将火扑灭呢?"鹦鹉回答说:"虽然只有很小的可能扑灭大火,但我必须尽力,因为在我居住在山中的这段时间,这里的飞禽走兽对我都很好。它们是我的兄弟,我不忍心看到它们就这样遭受火灾。"天神听了鹦鹉的话之后很受感动,于是立即降雨,帮鹦鹉扑灭了大火。

这则小故事告诉了我们一个最简单的道理,做人一定不可以忘恩负义,对于那些曾经帮助过我们的人,在他们有困难的时候,我们要尽自己最大的努力去帮助他们、回报他们,这样才是一个有道义的人。

 171 狼心狗肺——不识人善

这则典故形容心肠像狼和狗一样凶恶狠毒的人。

相传,战国时期,民间有位神医,姓秦名越人,号扁鹊。

扁鹊医术非常高明,而且心肠很好,总是帮助一些没钱的村民治病。一天,扁鹊外出的时候在草丛间见到一具尸体,看样子应该是才死不久,于是扁鹊便想将这个人救活。认真检查过后,扁鹊发现这个人的心肺都已经坏了,正想该如何救治,一只狼路过这里,扁鹊灵机一动,将手术刀投向狼,狼被扎死了。扁鹊掏出狼的心,替换了尸体坏掉的心。这时又见到一条野狗,扁鹊将其杀死,取出狗的肺,替换了尸体坏掉的肺。就这样,死去的人被救活了。

却不想,活过来的人并没有对扁鹊表示感谢,反而抓住扁鹊说:"你这个盗贼,快将我的钱财还给我。"扁鹊说:"是我救了你的性命,你非但没有感谢我,反而还污蔑我是盗贼,实在是太过分了。"可无论扁鹊说什么,那个人就是抓住扁鹊不放手,两个人因此事闹到了官府。

公堂之上,那个被扁鹊救活的人说道:"他趁我熟睡的时候将我的财物拿走,刚要离开,却被我发现,而如今他却不承认。"扁鹊说:"这个人实乃狼心狗肺,不信我们可以当场查看,或者看看我给他缝的刀口。"县令命人解开那人衣服,一看,果真有刚缝好的刀口在那人身上。后来县令又命人去扁鹊为那人治疗的地点,果真发现了死狼和死狗,一个没有心,一个没有肺,县令感叹道:"此人果真是狼心狗肺啊。"

做人要懂得感恩,不要像典故中的那个人一样,狼心狗肺,非但对扁鹊没有感谢,还反咬一口。

172 迂儒救火——死板讲求礼仪的后果不堪设想

这则典故出自《燕书》,形容在非常规的情况下依旧坚持一些礼节,是可笑的行为。

古时赵国有个叫做成阳堪的人,一天,他的家里失火了,想要扑灭,可家中却没有梯子,于是成阳堪便让他的儿子成阳朒赶快去奔水氏的家里去借梯子。成阳朒是一个注重礼节的人,他在听到父亲的支唤之后,先是穿戴整齐,然后很从容地向奔水氏的家里走去。到了奔水氏的家中,成阳朒并没有说出家中着火的事情,而是先向奔水氏连连作了三个揖,后登堂入室,规规矩矩地坐了下来。奔水氏不明成阳朒来访原因,见其这般礼貌,以为是登门拜访叙旧,于是赶忙叫人摆设酒宴,请他吃酒。吃过酒席,奔水氏问道:"你今天到我家来,是不是有什么事情啊?"成阳朒听到奔水氏这样问才说道:"是这样的,天降大火于家中,想要登高扑灭大火,可是家中没有梯子,于是父亲特让我来向您借梯子,用来登高灭火。"奔水氏听了成阳朒这样慢条斯理的形容之后,急得直跺脚,连连骂其迂腐,然后急忙拿着梯子跟成阳朒回其家中灭火。可惜，到了成阳胸的家中时，房子早已化为了灰烬。

做事一定不要太过循规蹈矩，不然就会像成阳胸一样，为了讲求礼仪，最终连家都被火烧尽了。

 173 先声夺人——在气势上压倒对手

这则典故出自《左传·宣公十二年》，意思是先张扬自己的声势以压倒对方，也比喻做事抢先一步。

春秋时期，宋国有一个司马叫华费遂，他有三个儿子：华驱、华多僚和华登。其中华多僚深受宋国国君宋元公的信任，经常在宋元公面前讲自己那两个兄弟的坏话。后来华登被逼迫逃亡出国后，宋元公又派人通知华费遂驱逐华驱。华费遂虽然不想这样做，可又不得不执行宋元公的命令。而华驱也知道这是华多僚背后的使坏，本想杀了他，可又怕自己的父亲伤心，于是只好也选择逃亡。

临行那天，华驱本打算去向父亲告别，却在路上遇见了华多僚。华驱一时血热便与侍从杀死了华多僚，并召集了那些逃亡的人一同反叛宋国。宋元公赶忙请来了齐国的大夫乌枝鸣来帮助守卫城池。这年冬天，一样逃亡在外的华登带领了吴国的一支军队来支援华驱攻打宋国。眼看着华登的军队就要到来了，这时有名叫做淄的大夫对乌枝鸣说："兵书《军志》上有这样一句话，'先向敌人进攻可以摧毁敌人的士气；后向敌人进攻要等待他们士气衰竭'。何不乘华登的军队很疲劳和还没有安定时再进攻。如果敌人已经来到而且稳住，他们的人就多了，到那时我们就后悔不及了。"乌枝鸣听从了他的建议，就这样，宋国和齐国的联军打败了华氏率领的吴军。

先声夺人，自信的同时也压倒了别人的气势。

 174 孔子马逸——摆事实讲道理

这则典故出自《吕氏春秋》，告诉我们，在我们说话的时候，只有讲对方可以接受的事实，才能真正地把道理讲清楚，才能说服别人接受自己的意见。

春秋的时候，圣人孔子和弟子们出游，走累了便在路上休息，却不想在这时，他们的马挣脱了束缚，吃了别人的庄稼。被吃了庄稼的农民很生气，便将马牵走了。

孔子派能言善辩的弟子子贡去说服那个农民。可子贡将什么话都说了，那农民也没听他的。这时，有个刚刚跟着孔子学习的粗人说："让我去说服他吧。"于是上前对那个农民说："您在东海种地，我在西海种地，我的马怎么可能会不吃你的庄稼呢？"那个农民听了这句话之后很开心，说道："说话就要这样，明白了当，怎么可以像刚才那个人说话那样。"于是将马还给了孔子一行人。

在不同的文化层次、不同的种族，甚至不同地域的人，在思维上都会有着大大小小的不同，我们在交流上可能会有一些分歧，一定要讲究方法，才能让对方接受我们的观点。

 175 一鼓作气——情绪最高亢的时候最容易达到成功

这则典故出自《左传·庄公十年》："夫战，勇气也。一鼓作气，再而衰，三而竭。"原指作战时擂第一通鼓，勇气振作起来了。比喻在劲头正盛时，一下子完成。

春秋的时候，齐国和鲁国交战。齐国对着鲁国擂起战鼓，并准备进兵，这是鲁国国君鲁庄公也准备擂鼓迎战，却不想被大将曹刿阻拦住了。过了一会儿，齐军又擂战鼓，鲁庄公准备迎战，又被曹刿给阻拦了。一直到第三通鼓，曹刿才让鲁庄公击鼓迎战。后来鲁军取得了胜利，事后鲁庄公问曹刿其中的道理，曹刿解释道："打仗靠的是勇气，第一次击鼓的时候，士兵的勇气大大振作，等到第二次的时候就会稍稍差了些，等到了第三次再击鼓，士兵几乎已经没有了勇气。当敌人没有了勇气，而我军勇气正高涨，正是取得胜利的最好时机。"听了这样的解释，鲁庄公恍然大悟，并连连点头称赞。

做任何事情的时候，我们都要趁着一开始情绪高涨的时候全力以赴，将目标攻下。再往后，原有的勇气和力量就会逐渐衰退，就不容易成功了。

 176 急流勇退——勇者的智慧

这则典故出自《闻见前录》，意思是在急流中勇敢地立即退却。旧时比喻仕途顺利的时候毅然退出官场，现在也比喻在复杂的斗争中及早抽身。

宋代的时候，有一个修道的人名字叫陈希夷，有一天他遇到了一个书生，他的名字叫钱若水。修道之人觉着钱若水仙风道骨,很适合修行,但却不能决定是否要收他为弟子,于是便约他第二天再到华山来,请一名道行更高的老僧——麻衣道者帮忙看看。

第二天,钱若水相约而至,麻衣道者仔细看过这个书生之后,沉默不语,过了一阵才用灰烬在地上写下"做不得"三个字,并缓缓说出一句话:"他是个能在激流中勇退的人。"

因为听了老僧这样的话,所以陈希夷便打消了收钱若水的念头。不久,钱若水科举高中,官至枢密院副使,一路官途平步青云,仕途顺意。而他却在四十岁的时候就辞官归隐,这应验了当年那个老僧的话。

在一个复杂的社会中,能学会急流勇退,也是一件需要勇气的事情。

 177 弄巧成拙——做人不可自作聪明

这则典故出自《拙轩颂》:"弄巧成拙,为蛇画足。"意思是本想耍聪明,做得好些,结果做了蠢事或把事情弄得不可收拾。

北宋的时候有一个画家,名字叫孙知微。孙知微非常擅长画人物,有一次,他受到成都寿宁寺的委托,画一幅《水曜星君图》。孙知微很用心地将图用画笔勾好,栩栩如生的人物,就差最后一道工序——着色。而恰好这个时候,有个朋友请他去饮酒,于是他放下画笔,自己看了看画,觉着很满意,并叫来了他的弟子们,说道:"这幅画我已经全部画好了,就剩下最后一道工序——着色了,由你们来完成,着色的时候小心些,不要弄错了颜色。我现在去朋友家饮酒,希望回来的时候你们已经将画画好。"

孙知微走后,众弟子们将画围住,反复观看老师的大作,并且相互交流心得。而在众多的议论当中,只有一个叫黄仁益的弟子装模作样地默不出声。这个人从小就喜欢卖弄聪明、哗众取宠。这时有人问他为何不出声,难道是老师的这幅画有何欠缺?黄仁益故作高深地点了点头说道:"这幅画水曜星君身边的童子虽然神态很传神,但他手中的花瓶却好像少了点什么东西。"众弟子说:"没发现少了什么啊。"黄仁益说:"老师每次画瓶子的时候,总要在瓶子中画一枝鲜花,可这次却没有,想必是着急出门而忘记了。我们还是先将花瓶画好然后再着色吧。"黄仁益说着,在瓶口画了一只艳丽的红莲花。

不多时,孙知微从朋友家回来了,并发现了画的异样——童子的手中生出一朵莲花，于是便又气又笑地说道："这是谁干的蠢事？若仅仅是画蛇添足就罢了，这简直是弄巧成拙。童子手中的瓶子是水曜星君用来降服水怪的镇妖瓶，添上了莲花，把宝瓶变成了普通的花瓶，这岂不是天大的笑话？"说着，便将画撕了。这时众弟子纷纷望向黄仁益，只见其涨红了脸，在那默默地低头不语。

每件事的完美都会有一个度，超过了那个度不仅不会更加完美，反而还会弄巧成拙。

178 欲速则不达——做事不要过于心急

这则典故出自《论语·子路》："无欲速，无见小利。欲速则不达，见小利则大事不成。"意思是过于性急反而不能达到目的。想要求速度就达不到目的。

春秋时期，圣人孔子在年轻的时候曾经当过赶马的车夫。就在他当车夫的那段时间，善于思考的孔子在御术中的"起承转合"也悟出了很多人生的道理。如"无欲速，无见小利。欲速则不达，见小利则大事不成"。孔子在周游列国的途中经常将这些道理讲述给他的弟子们听，其中一个叫子路的弟子笑孔子在政治上到处碰壁，于是孔子便用"欲速则不达"这个道理来解释。

在我们日常生活中，人们对一些事情总是急于求成，恨不得一日千里，而这样所收获的结果往往是事与愿违。欲速则不达，无论是做人还是做事，我们都应该将眼光放长远，注重知识的积累，厚积薄发，自然会水到渠成，达到自己的目标。

179 有志者事竟成——梦想的力量

这则典故出自《后汉书·耿弇传》，意思是有志向的人，做事一定会成功。

东汉开国名将耿弇自小就聪颖好学，尤其对兵事更是喜爱。后来耿弇成为了汉光武帝刘秀手下的一员名将。

一次，刘秀派耿弇去攻打地方豪强张步，战斗过程中，形势非常激烈。后来耿弇的大腿被一只飞箭射中，他毫无畏惧地抽出佩剑将箭砍断，之后便继续战斗。

最终，耿弇带领军队将敌军打败。汉光武帝十分高兴，表扬了耿弇之后更是感慨地说道："将军在南阳的时候曾提出要攻打张步，平定山东一带，当初还觉着计划太大，担心很难实现。如今我才知道，有志气的人，事情终归是能成功的啊。"

后来汉光武帝讲的那句"有志者事竟成"变成了常被人们使用的成语。

人生是一个不断拼搏、不断奋斗的过程，我们要敢于在一段又一段的路程当中留下一段又一段勇敢且不悔的回忆。坚持理想，执着追求，有志者事竟成。

 180 以卵击石——不自量力

这则典故出自《墨子·贵义》，意思是拿鸡蛋去碰石头。比喻不估计自己的力量，自取灭亡。

墨子是战国时期著名的思想家。有一年，墨子在去往齐国的途中，遇见了一个算卦的人，这个人对墨子说："今天天帝在北边杀黑龙，你皮肤很黑，所以你不要去北方了，很不吉利了。"墨子看了看这个算卦的，根本不相信，接着往前走。但不久之后墨子就回来了，因为北边的淄水泛滥，没有办法渡河。这个算卦的看到墨子回来了，于是得意地说道："怎么样？告诉过你不能往北走，遇到麻烦了吧。"墨子笑了笑说道："淄水泛滥，南北两方的行人全都受阻，这其中有皮肤白的，还有皮肤黑的，都一样过不去啊。"那个算卦的听了墨子的话之后一时说不出话来，墨子又说道："假如天帝在东方杀青龙，南方杀赤龙，西方杀白龙，中央杀黄龙，那岂不是天下的人都动弹不得了吗？所以你的谎言是抵挡不过我的。这就好像是拿着鸡蛋去撞石头，就算将普天下的鸡蛋都碰光了，石头还是毁坏不了的啊。"

那个算卦的听了墨子的一番话之后，只好羞愧地走掉了。

我们在做一件事情的时候，要估量好自己的分量，不要做以卵击石这样注定会失败的事情。

 181 疑邻盗斧——走出思维定势，做出理智的判断

这则典故出自《吕氏春秋》，寓意是做事的时候不能总是凭借自己的主观想象而去判断事情。

古时候，有个乡下人，这个乡下人没读过什么书，每天靠种地砍柴来填饱自己的肚子。一天，这个乡下人正准备去山上砍柴，却在出发的时候发现自己的斧子不见了，找遍了家里也没有找到。他想，斧子明明就放在家中，怎么会不见了呢？这个人开始怀疑自己的斧子是邻居的儿子偷的，并连续几天对邻居的儿子观察。无论邻居的儿子做什么、说什么，这个乡下人总是觉着他就是那个偷斧子的人。几天后，这个乡下人上山，意外地找到了那把丢失斧子，然后才想起，是自己上次上山砍柴的时候因为疏忽而落在了山上。

找回斧子的乡下人知道自己错怪了邻居的儿子。后来，当这个乡下人再碰见邻居的儿子之后，无论怎么看他，都觉着他不像是偷斧子的人。

对一件未知事情，我们总是会不自觉地去首先根据自己的主观想法去判断，根本不从客观上的事实去考虑，这样就会误导了自己的思维，从而做出了错误的判断。这不是理智的行为。

182 杀鸡取卵——做事不能只图眼前利益

这是古时候的一则寓言故事，意思是为了要得到鸡蛋，不惜把鸡杀掉。比喻贪图眼前的好处而不顾长远利益。

古时候，一个人家里养了很多的母鸡，母鸡们每天都勤勤恳恳提供给主人最新鲜的鸡蛋。这个人隔一段时间就会将积攒的鸡蛋拿到集市上去卖，卖了钱之后买吃的、买穿的。生活就是这样简单地过着，虽不富足，但也吃得饱、穿得暖。

一天，这个人像往常一样地在鸡窝中捡拾鸡蛋。在捡蛋的过程中，这个人看着走来走去的母鸡想："一只鸡每天只可以下一个蛋，养十只鸡不过每天收获10个鸡蛋而已，这样赚钱实在是太慢了，我不如将这些鸡全都杀了，然后将里面的蛋取出来卖钱，这样我不一下就发达了吗？"这个人越想越高兴，越想越对生活充满希望，于是拿起菜刀，抓起一只鸡就杀掉了。其他母鸡见到这一幕，纷纷呼扇着翅膀四处跑走了。这时邻居有个老妇人路过他家门口，见到这个人杀鸡，就问他在干什么，这个人将自己的想法说了出来，老妇慌忙地制止说道："你这样杀鸡取卵，最终只能一无所得啊。年轻人，还是踏踏实实地等着你的母鸡下蛋吧。"

做事不能急于求成，如果我们希望期盼中的结果可以快些到来，那就在努力的过程中再下些功夫。杀鸡取卵这种事情，实在做不得。

183 披荆斩棘——心中有梦,何惧沿途荆棘丛生

这则典故出自《后汉书·冯异传》,指在前进道路上清除障碍,克服困难。

冯异是东汉初期时一位重要的军事将领,是东汉光武帝刘秀手下的一员重要大将,曾为其立下不少的战功,是东汉的开国功臣之一。

公元25年的时候,汉光武帝刘秀建立了东汉政权,登上了皇帝的宝座,他派冯异大将军平定了关中,之后封冯异为阳夏侯,任征西大将军。

公元30年,冯异回到了京都洛阳,在朝中参拜汉光武帝。汉光武帝郑重地接待了他,并向文武百官这样介绍道:"他是我当年起兵时的主将,为我在创业的道路上劈开了丛生中的荆棘,扫除了重重障碍,平定了关中广大地区,是个有功之臣啊。"后来,"披荆斩棘"便流传了下来,成为了人们比喻在前进道路上扫除障碍的词。

在我们人生前进的道路上,难免会遇到大大小小的困难,而当我们面对这些困难的时候,不要退缩,一路"披荆斩棘",最终会获得成功。

 184 不入虎穴,焉得虎子——可贵的冒险精神

这则典故出自《后汉书·班超传》:"班超曰:'不入虎穴,不得虎子。当今之计,独有因夜以火攻虏,使彼不知我多少,必大震怖,可殄尽也。'"意思是不进老虎洞,怎么能捉到小老虎。比喻不进行认真实践就不能得到真知。

东汉的时候,汉明帝召见外交家班超,派他出使新疆。于是班超就带着一队人马千里迢迢地来到了新疆。鄯善王因为听说过班超曾经出使西域,于是便亲自出城迎候,将班超一行人当做上宾款待。当班超向主人说明来意的时候,鄯善王更是十分地高兴。

就在班超才来新疆没几天后,匈奴也派来了使者同鄯善王联络感情。鄯善王一样很热情地款待了他们。匈奴人很阴险,在鄯善王面前说了东汉的很多坏话,鄯善王听完时候顿时有些失落,于是在第二天的时候便拒绝接见班超,并且态度也是十分冷淡。后来鄯善王甚至派人开始监视起班超。班超立刻召集大家商量对策。班超提议:"只有除掉匈奴使者才能消除主人的疑虑,使我们两国和好。"可班超带的人马不多，匈奴那面又是兵强马壮，防守严密。正在大家想对策的时候，班超愤然起身说道："不入虎穴，焉得虎子！"于是，当天深夜就带着士兵潜到了匈奴的营地。班超等人兵分两路，一路拿着战鼓躲在营地后面，另一路手执弓箭刀枪埋伏在营地两旁。他们一面放火烧帐篷，一面击鼓呐喊，杀了个匈奴人措手不及，阵势大乱，结果全被大火烧死，乱箭射死。

后来鄯善王也得知了匈奴人谗言的真相，对班超十分愧疚，遂与其言归于好。

做事的时候要勇往直前，坚定目标，勇敢向前，这样才能收获最理想的结果。

185 三折其肱——在挫折中积累经验

这是一个古代的寓言故事，意思是几次断臂，就能懂得医治断臂的方法。后比喻对某事阅历多，自能造诣精深。

晋国的时候，有范氏和中行氏两个集团的几人想要起兵攻打晋定公。但晋定公对叛乱却很轻松地平定了。因为晋定公自己曾经伐君失败，落得流居异国的地步，可以说是经历过失败的过来人。就像是一个经过三次断臂的人，他已经尝透了骨折的滋味。在几次的折臂和治疗的经历中，他已经深刻了解到了折臂的原因，以及治疗的经过和方法。也就是说，面对叛乱，晋定公已经是个老手了，所以很轻松就平定了。

生活中，无论何人，只要经历过多次的挫折，就会经过艰苦的奋斗，从而获得成功。

186 破釜沉舟——心除杂念，奋勇向前

这则典故出自《史记·项羽本纪》："项羽乃悉引兵渡河，皆沉船，破釜甑，烧庐舍，持三日粮，以示士卒必死，无一还心"。意思是打破饭锅，凿沉渡船。比喻决一死战。

西楚霸王项羽在年少的时候就开始习武，并能将百斤重的鼎高举过头，后来长大随着叔父参加了推翻秦朝的起义。

一次，赵王因秦军攻打赵国而向楚军求救。楚军接收到求救信息之后，

立即派二十万楚军前往营救赵国。项羽先是派英、蒲两个大将军率领两万人做先锋，然后他自己率主力渡河。渡过河后，项羽命令所有的将士，每人带三天的干粮，然后将军队中的饭锅全部砸碎了，再把渡河的船只全部凿沉。项羽对将士们说道："我们今日'破釜沉舟'，有进无退，三天之内，必将秦国击退，否则只能饿死在这里。"

项羽的决心和勇气对将士们起了很大的鼓舞作用。于是楚军各个士气振奋，越战越勇，最终将秦军攻退。

在我们做一件事情之前，下定决心、鼓足勇气、坚定目标，就一定会获得成功。

 187 穷当益坚，老当益壮——找出不足，改善自我

这则典故出自《后汉书·马援传》："丈夫为志，穷当益坚，老当益壮。"意思是处境越穷困，意志应当越坚定，年纪虽老而志气却更旺盛，干劲更足。

东汉著名军事家马援有三个哥哥：马况、马余、马员。他的这三个兄弟都很有才能。在马援十二岁的时候，他的父母就去世了。马援虽然年纪很小，但却很有志向，他的哥哥们都认为马援一定会成为杰出的人。

后来马援担任了郡中督邮。一次，马援在押送一重犯到司命府的途中，因为可怜囚犯即将被处死，便私自将他放跑了，结果马援自己也逃亡到了北地郡。再后来遇到大赦，马援就留在了当地放牧牲畜。有很多宾客过来归附他，于是马援能调遣的人家就忽然有了几百名之多。在陇、汉之间辗转游牧，他常常对宾客们说："大丈夫立志，处困窘应当更加坚强，年老了应当更加气壮。"

在漫漫人生路上，很多事情是我们必须面对的，比如说贫穷和衰老。面对这些，我们不应该选择逃避，而是应该学会改变，让一切变得越来越好。

 188 白龙鱼服——太过低调也会有代价

这则典故出自《说苑》，意思是白龙化为鱼在渊中游。比喻贵人微服出行，恐有不测之虞。

据说在很久很久以前，东海里有一条白龙，因为从出生就一直在东海里待着，也从不知道人间是什么样子，所以便萌生了去人间看看的想法。可又不能就这样龙形龙身地直接去人间，万一吓到人间的百姓怎么办？于是他就想变成一条鱼在水里遨游就可以看到世间了。

于是白龙就变成了一条鱼，从东海游到江河之中，又从江河游到湖里。白龙享受在四处都让它感到新鲜的人间。为了看得清楚，它还经常从水里跃出，而就是这一跃，跃出了问题。

湖岸边有一个常年打鱼的渔夫，这个渔夫打鱼的方法很特别，不像其他渔夫那样用捕鱼的工具，而是用箭射。他眼睛好使，鱼在水下一尺多深都看得清楚，只要看见，他就能射中。这天，他看到了化成鱼形的白龙从湖中跃到空中，一下就被吸引，于是抽出弓箭，瞄着它就是一箭，射伤了白龙的尾巴。白龙疼得厉害，扎到水底现出了龙身跑了。

逃跑之后，白龙越想这件事越生气，心想："这个射箭的人射伤了我，我一定要惩罚他。"于是他便去找天帝说理。天帝听了它的遭遇，好奇道："你是东海的白龙，怎么会在湖中被人射伤？"白龙说："因为我当时变成了鱼啊。"天帝说："人家那是打鱼的人，每天都在那里射鱼，那天你变成了鱼，他又不知道你是龙，拿箭射你也是理所当然。我看，惩罚人家是不合理的。这件事还是算了吧。你自己以后多注意点。"

就这样，白龙白白地挨了一箭，以后再也不敢变成鱼形出入人间了。

低调是好事，可有时过分地低调，隐藏了自己的身份，可能就会为自己带来了不必要的麻烦。

189 盗割牛舌——处理事情的技巧

这则典故出自《宋史·包拯传》，形容官吏善于断案。

包拯是我国北宋的官员，以廉洁公正闻名于世，并且非常地擅长断案。

在包拯刚刚到扬州天长县做知县的时候，就遇见了一个案子。

一天，一个农民的小孩到河边放牛，他将牛放在河滩上吃草，然后自己就去一旁玩了。等到天色渐晚，小孩想牵牛回家的时候，发现牛舌不知什么时候被人割了，于是哭着回家告诉他的父亲。这个父亲看到被割了舌头的牛之后，非常地生气，于是赶去衙门告状。包拯听了这个农民的叙述之后，想了想，然后不慌不忙地说道："牛舌割了，那就宰了卖肉吧。"因为当时的官府规定是不允许百姓私自杀牛的，这个牛的主人不光被允许杀牛，还被允许卖牛肉，也算是因祸得福了，于是便回去了。

第二天，一个农民的同村过来告状，说那个农民违犯了法令，私自宰牛。包拯看了看那个人问道："那他为什么要杀牛啊？"那个人回答说："因为那头牛的牛舌被割了。"于是包拯立即正色说道："你怎么知道那头牛的牛舌被割了？我看你就是割牛舌的人。"那人听后大惊失色，慌忙跪下磕头认罪。

后来因为巧断割牛舌案，包拯的善断案的名声很快就传开了。

生活中，我们做事往往要讲求技巧，就像包拯断割牛舌案一样。

 190 抛砖引玉——处事该有的谦虚态度

这则典故出自《原德传灯录·卷十·赵州东院从稔禅师》，意思是抛出砖头，引来白玉。比喻用粗浅、不成熟的意见引出别人高明、成熟的见解。

唐朝的时候，有一个叫赵嘏的人，诗写得非常好。同一时期，还有一个叫常建的人，诗写得也很好，但他总是认为自己没有赵嘏写得好。

一次，常建听说赵嘏要去苏州游玩，于是便想，这是一次向他学习的好机会，不可错过。可又一想，要用什么方法才能使赵嘏留下诗句呢？想啊想，常建想到了一个好办法。他先来到了一个赵嘏肯定会去的地方——灵岩寺，并在那里留下了半首诗，并想，赵嘏看到一定会补全。

后来，赵嘏真的到了灵岩寺，并在墙上看到那半首诗之后提笔在后面补了两句。就这样，常建达到了自己的目的，用自己一般的诗换来了赵嘏的精彩诗句。

后人说常建这个方法是"抛砖引玉"，于是便引申了这样一个词语。

抛砖引玉是一种自谦的说法，在我们日常生活中，无论是学习还是处事，都应该有一种谦虚的态度，这样才能进步得更快。

 191 田忌赛马——简单策略下的稳操胜券

这则典故出自《孙子吴起列传第五》，讲述齐威王和田忌赛马，后来经过孙膑的帮助，灵活运用战术，田忌最终赢了齐威王的故事。

战国初期，齐国有一员大将名字叫田忌，这个人很喜欢赛马。有一次，他和齐威王约定，要进行一场比赛。结果赛了几次，田忌都失败了。

正在田忌垂头丧气地准备离开的时候，他的好朋友孙膑叫住了他，说道："刚才你们赛马我都看到了，你的马并没有比齐威王的马慢多少，为什么不换种出场方式呢，那样可能就会赢啊。"田忌一听这话，好奇地问道："怎么换？"孙膑说："用你的下等马对齐威王的上等马，用你的上等马对齐威王的中等马，用你的中等马对齐威王的下等马，这样你就会赢了。"

后来田忌听从孙膑的策略，然后真的三局两胜赢得了比赛的胜利。

同样的马匹，只不过是调换了出场的顺序，就轻松地赢得了比赛。在我们处事过程中也应该学习这样灵活多变的处事方法，懂得变通，只有这样才能赢得更多的胜利。

192 运筹帷幄——王者风范

这则典故出自《汉书·张良传》，意思是在军帐内对战略做全面计划。常指在后方决定作战方案。也泛指主持大计，考虑决策。

楚汉相争的时期，汉高祖刘邦身边有一个足智多谋的人，名字叫张良。张良精通《太公兵法》，经常为刘邦出谋划策，在刘邦与项羽争夺天下的过程中起了很大的作用。

后来，刘邦当上了皇帝，在洛阳大摆酒席，宴请各位大臣。酒席上，刘邦同大臣们分析自己为什么成功、项羽为何失败的时候，特别赞扬张良说道："在帷幕后面出谋划策，能够决定千里以外的战斗取得胜利，这一点，我是比不上张良的啊。"

后来运筹帷幄这个词语便引申为主持大计，考虑决策。

出谋划策，指挥千军万马，虽然决战千里之外，但不过是两个王者的智慧决斗。

193 请君入瓮——不要搬石头砸自己的脚

这则典故出自《资治通鉴·唐纪则天皇后天授二年》，比喻用某人整人的办法来整治他自己，让始作俑者自作自受。

唐朝女皇武则天为了镇压反对她的人，任用了一批酷吏（古代酷吏泛指使用残酷的方法进行统治的官吏），而这些酷吏当中有两个人最为有名，一个叫周兴，另一个叫来俊臣。这两个人曾利用诬陷和告控的方式，惨无人道地用刑罚杀害了许多正直的官员和百姓。

有一次,女皇武则天得到一封告密信,内容是告发周兴要与人联合谋反。武则天看完信之后大怒,遂叫来俊臣调查此事。来俊臣接到武则天的命令之后心想,周兴是个奸诈狡猾的人,一封简单的告密信他是一定不会承认自己的罪名的。如果查不出结果,女皇又要怪罪下来,这怎么担当得起?于是他苦苦想了好久之后,终于想到了一条妙计。

一天,来俊臣在家中摆了一桌丰盛的酒席,宴请周兴到自己家来。两个人边喝酒边聊天,酒过三巡的时候,来俊臣假装叹了一口气,说道:"唉,我平时办案的时候,总是会遇到一些犯人死不认罪,不知老兄有没有什么办法呢?"周兴看了看来俊臣,得意地说道:"这还不好办,你找一个大瓮,四周用炭火烤热,再让犯人进到瓮里,然后拷问,不招供不让出。你想想,犯人又怎么会不招供呢?"来俊臣听了之后,连连点头称赞,随即派人抬来一口大瓮,按周兴所说,在四周点上炭火,然后回头对周兴说:"宫内有人告你谋反,上面命我严查,请君入瓮吧。"周兴一听,慌忙地跪在地上,连连磕头招供了。

周兴本想是为来俊臣说了条妙计,却不想最后把自己请进了瓮里。

 | 194 望梅止渴——心理暗示的神奇功效

这则典故出自《世说新语·假谲》,意思是人想到可以吃梅子就会流出口水,这样能解渴。后来比喻愿望无法实现,便用空想来安慰自己或他人。

曹操是东汉末年著名的政治家、军事家、文学家、书法家,三国中曹魏政权的缔造者。

曹操是一个很聪明的人,一次,他带兵出外讨伐的时候,一路行军,走得非常辛苦。又正好是盛夏,走了很多天的士兵们已经是十分疲乏了,而这一路走来又是没有人烟的荒山秃岭,方圆数十里都没有水源。很多将士都因为太久不喝水而晕倒了。眼看着将士们这样的情景,曹操非常焦急,于是策马奔向旁边的一个山岗,在山岗上往远处眺望,想找到一个有水的地方。可龟裂的土地一望无际,根本看不到一点有水的地方。这可怎么办呢?于是曹操想啊想,想到了好点子。他就在山岗上,抽出指令旗向前方,大声地对将士们喊道:"前面不远的地方有一大片梅林,满是又大又酸又甜的梅子。大家再坚持一下，马上就可以走到那里吃梅子解渴了。"

将士们听到了曹操的话，想到了那酸甜的梅子，顿时生出了不少的口水，精神也变得振作起来了，鼓足了力气加紧向前面赶去。最终，曹操的军队凭着对梅子的幻想，终于走到了一个有水的地方。

曹操对将士们的谎言是利用了人们对梅子酸味的条件反射，然后成功地克服了干渴的困难。从这个典故当中，我们也学习到了一个道理，人在遇到困难的时候不要畏惧不前，有时应该利用对成功的渴望来鼓励自己，这样就会有足够的勇气去战胜困难，从而到达成功的彼岸。

 195 一鸣惊人——沉默，是为了更好地出击

这则典故出自《史记·滑稽列传》："此鸟不飞则已，一飞冲天；不鸣则已，一鸣惊人。"意思是一声鸣叫使人震惊。比喻平时没有突出的表现，一下子做出惊人的成绩。

春秋时期，楚国国君楚庄王在登基之后，为了观察朝野的动态，同时也是为了让别的国家对他放松警惕，于是从当政开始的三年，没有发布一项政令，在处理朝政方面也没有任何的作为。每天不是外出打猎就是和后宫的妃子们一同玩乐。为此，朝中的文武百官对楚国的前途非常担忧。而楚庄王又通令全国："有敢于劝谏的人，就处以死罪。"这样一来，更没人敢上前劝谏楚庄王。

楚国主管军政的官职是右司马，当时，有一个担任右司马官职的人，看到了各大国争霸天下的形势对楚国非常的不利，于是就想劝谏楚庄王觉醒，可又不敢触犯楚庄王的禁令去直接劝谏，于是这个人就想了一个可以让楚庄王觉醒过来的办法。

一天上朝，楚庄王像往常一样的一言不发，就在即将宣布退朝的时候，这个右司马给楚庄王出了一个谜语，他说道："大王，臣在南方的时候，见到过一种鸟，它落在南方的土岗上，三年不展翅、不飞翔，也不鸣叫，一直沉默无声，您知道这种鸟叫什么名字吗？"楚庄王知道右司马是在暗示自己，于是就回答说："三年不展翅是在生长羽翼；不飞翔、不鸣叫，是在观察民众的态度。这只鸟虽然不飞，但一飞必定冲天；虽然不鸣，但一鸣必然惊人。你退下吧，我知道你的意思了。"

楚庄王明白大臣们要求富国强兵的心情十分的迫切，而这时，重振军威

的时机已经到来，于是楚庄王开始整顿朝纲，亲自处理政务，实施了一系列强国的政策，将楚国治理得非常好，后来又讨伐齐国、晋国，并都取得了胜利，最后使楚国成为了天下诸侯的霸主。

有时候不一定要将自己的本事显露出来，不露声色地观察问题，储蓄力量，不光能够正确地预见未来，而且还可以很好地把握时机。

 196 抱薪救火——处事要讲求方法

这则典故出自"且夫以地事秦，譬犹抱薪救火，薪不尽，火不灭"，意思是抱着柴草去救火。比喻用错误的方法去消除灾祸，结果使灾祸反而扩大。

战国末年，秦国采用远交近攻的政策，不断地将邻国吞并，扩大自己的领土。其中魏国就遭到了秦国不断的攻打，军民伤亡惨重，并割让了许多的土地。

一次，秦国又派兵攻打魏国，魏国虽然请了韩、赵两国援助，可惜兵力还是太弱，最终败给了秦国。大将段干崇提议将南阳割让给秦国，但战略家苏代强烈反对他的意见，并说："秦国最终的目的是想吞并魏国，只是不断地割让土地是不会满足秦国的野心的，就好像是抱着柴火去救火，柴没有烧完，火是不会灭的。"但魏王最后还是没有听从苏代的劝阻，将南阳割让给了秦国。最终，一切同苏代说的一样，秦国的野心根本得不到满足，对魏国仍然是不断地攻打，并掠夺了更多的城池。最后，弱小的魏国被秦国彻底消灭了。

在我们日常生活中，处理事情的时候，一定要看清楚事情的本质，用正确的方法去处理，否则只会让问题越来越严重，灾祸不断地扩大。

 197 先斩后奏——时机不等人，该出手时就出手

这则典故比喻未经请示就先做了某事，造成既定事实，然后再向上级报告。

很久很久以前，有一个叫窦娥的女子。她的母亲在她三岁的时候就去世了。她的父亲是个穷书生，为了还债和换取上京赶考的路费，便将窦娥卖给了别人当童养媳。十年后，窦娥的丈夫不幸去世了，于是她和她的婆婆就过着相依为命的日子。后来，当地的一个地痞张驴儿看上了窦娥，于是就想毒死窦娥的婆婆，然后占有窦娥，却不想将自己的父亲毒死了。后来张驴儿反过来诬陷窦娥，说是窦娥毒死了自己的父亲，将她告上官府，而官府也是断案不明，将窦娥斩杀。

后来窦娥的父亲窦天章在朝中当上了大官，奉命考察民情，回到了自己的家乡。将断案不明的官吏斩杀，并说道："老夫我为官清廉，皇帝对我信任，允许我先斩后奏。"

做事的时候听从上级命令固然是好，但在一些特殊的情况下，我们应该学会先斩后奏，争取时机。

 198 一箭双雕——精湛技艺与完美时机配合下的巨大收获

这则典故出自《北史·长孙晟传》，原形容箭术高超，后比喻做一件事情达到了两种目的。

长孙晟是南北朝周时洛阳人，聪明且有军事学识和本领，特别擅长射箭。

那时北周的皇帝为了安定北方少数民族突厥人，于是将一位公主嫁给了突厥王摄图。为了安全起见，皇帝派长孙晟率领一批将士护送公主去突厥。历经千辛万苦，终于到了突厥，突厥国王摄图大摆酒席宴请长孙晟一行人。酒过三巡，按照突厥人的习惯要比武助兴，于是突厥国王命人拿来一张硬弓，要长孙晟射百步之外的铜钱。只见长孙晟拉弓搭箭，轻松地将箭射进了铜钱的小方孔中。经过这件事情，摄图对长孙晟非常敬重，留他在突厥住了一年，并经常让他陪着自己一块去打猎。

一次，摄图和长孙晟正在打猎，猛然抬头看到空中两只大雕正在争夺一块肉。于是摄图赶快递给长孙晟两支箭说道："能把这两只雕射下来吗？"谁知，长孙晟自信地接过一支箭说道："一支箭就够了。"说完，策马驰去，搭上弓箭，对准两只大雕射去。只听"嗖"的一声，两只大雕便串在一起掉落了下来。

长孙晟一箭双雕，除了自己高超的箭术，与他在射雕过程中所找的射箭角度和时机是分不开的。我们做事也是一样的，除了将一项本领练习熟练，还要找准做事的实际和角度，运用正确的方法，这样才更容易成功。

199 奇货可居——用不一样的方法看问题，收获不一样的成功

这则典故出自《史记·吕不韦列传》，意思是把少有的货物囤积起来，等待时机高价出售。比喻拿某种专长或独占的东西作为资本，等待时机，以捞取名利地位。

战国时期，卫国有个很会做生意的商人他的名字叫吕不韦。吕不韦经常来往于各地做生意，一次，他去赵国的都城邯郸，恰巧遇到在赵国做人质的秦国公子异人。异人是秦国太子安国君的儿子，被送到赵国当人质。

异人、吕不韦，本来是毫无关系的两个人，但会做生意的吕不韦却从中看到了异人身上的价值，认为此人奇货可居，是很值得投资的"货物"。

回到家中，吕不韦问他的父亲说："农民种地，一年能得几倍的利益？"父亲答："十倍。"吕不韦又问："那贩卖珠宝呢？"父亲答："几十倍。"吕不韦接着问："如果说要是去扶持一个人当上国君，那会是几倍的利益？"父亲叹了口气，意味深长地说道："那真是无法算清楚的啊。"于是，吕不韦便向父亲说起了秦国公子异人的事情，并表示想设法将其弄到秦国做国君，这样一个一本万利的大买卖，实在是百年难遇。

仔细地思考过后，吕不韦找到了异人，并告诉异人愿帮助他回到秦国做太子。异人听了之后非常地高兴，并表示如果有朝一日成为国君，一定与吕不韦共享天下。

后来在吕不韦的帮助下，异人真的回到了秦国当了太子，最后又做了秦王，而吕不韦也当上了丞相。就这样，吕不韦当初买下的"奇货"，最终给他带来了无法估量的名利。

"出奇制胜"永远是自古不变的定论。吕不韦之所以最终获得了巨大的名利，是因为他当初在看待问题的时候用了与别人不一样的眼光。生活中，我们在看待问题的时候，也应该学习吕不韦这种用不一样角度看问题的方法，最终一定会收获意想不到的成功。

 200 假痴不癫——伺机反击

这则典故出自《三十六计》："当其机未发时，静屯似痴；若假癫，则不但露机，且乱动而群疑；故假痴者胜，假癫者败。"意思是装傻，假装糊涂，其实精神没有错乱，言语行动都很正常。

秦朝末年的时候，匈奴内部发生了政变，人心不稳，邻国东胡便借机向匈奴勒索。东胡是存心挑衅，于是便让匈奴献上国宝千里马。匈奴的将领们得知了这个消息之后都说东胡实在是欺人太甚，坚决不能将国宝给他们。而这时匈奴的首领冒顿却说："给他们吧，不能因为一匹马而与邻国失和啊。"这个决定让匈奴的将领都非常气愤，可面对若无其事的冒顿又不能说什么。东胡见匈奴如此软弱，于是便又提出要求，问匈奴要一名妻妾。将领们见东胡如此得寸进尺，于是更加地气愤了。可这时冒顿却又开说说道："给他们吧，不能因为一个女人而与邻国失和嘛。"连连得手的东胡料定了匈奴的软弱，于是不再把匈奴放在眼里，而这样的态度正是冒顿求之不得的。

不久之后，东胡看中了与匈奴交界处的一片荒原，于是便派使臣去东胡，要东胡以此地相赠。匈奴将领们见冒顿每次都是忍让，而这片荒原又是杳无人烟之地，便以为冒顿一定会同意割让。却不想，这次冒顿的态度却和前两次不一样，气愤地说道："千里荒原，杳无人烟，但那也是我匈奴的国土，怎么可以随便让人？"于是就下令集合部队，进攻东胡。此时的匈奴将士们早就受够了东胡的气，有这样的机会进攻东胡，人人都是奋勇争先，锐不可当。而东胡也是没有想到冒顿会如此突然地发兵攻打自己，所以毫无准备，只好仓促应战。结果被匈奴打败，东胡王也被杀于乱军之中。

冒顿之所以在前两次故作忍让，是因为想让东胡对自己放松戒备，同时也激发出将士们最坚决的战斗决心，所以才获得了最终的胜利。

 201 关门捉贼——一举歼灭

这则典故出自《三十六计》，是一种围困并歼灭敌人的计策，特别是针对小股敌人的计谋。

战国后期，秦国攻打赵国，在长平的时候受到阻碍。守卫长平的是赵国名将廉颇，他见秦军势力强大，不能硬拼，于是就命令部队坚壁固守，不与秦国交战。就这样，秦国和赵国在长平相持了四个多月的时间，秦国还是不能拿下长平。后来秦王采纳了军事家范雎的建议，用离间法让赵王怀疑廉颇，赵王因此中计，于是将廉颇调回，派赵括为大将到长平与秦军作战。赵括到达长平之后，完全改变了廉颇坚守不战的策略，与秦军当面决战。在作战过程中，秦军故意让赵军尝到一点甜头，让赵括率领的军队取得了几次小小的胜利。赵括因此得意忘形，就派人到秦营下战书，而这正是中了秦军的计。秦军兵分几路，指挥部下形成对赵军的包围圈。第二天，赵括亲自率领四十万大军与秦军交战。秦军在几次的交战中，都故意输掉，这更是让赵括得意忘形，却想不到这其实是秦军的又一计策。赵括乘势而上，率军追赶被打败的秦军，一直追到秦壁，攻打了几日，秦军依旧坚守不出。而就在此时，赵括得知了后营被秦军攻占的消息，这才知道中了秦军的计，于是赶忙掉头，可这时后路已经被秦军截断，粮道也被截断。被包围起来的四十万赵军在短短四十几日就全军覆没，赵国从此就一蹶不振了。

赵军之所以最后败得凄惨，是因为赵括的自以为是和看不清形势。这对我们也是一个警示，做事一定要看清楚形势，不要太过自以为是，这样最终只是败得很惨。

 202 塞翁失马，焉知非福——事物的多面性

这则典故出自《淮南子·人间训》，比喻一时虽然受到损失，也许反而因此能得到好处。

古时候，在靠近边塞的地方住着一个老汉。一天，这个老汉家的马无缘无故地跑到了胡人那里去了，邻居们知道这件事后都纷纷过来安慰他。而这个老汉却说："丢了一匹马，又怎么知道不是福气呢？"几个月后，老汉家的马回来了，而且还带回了一匹胡人的骏马。这一次大家都来祝贺，可老汉却说道："这又怎么知道不是祸患呢？"因为家里多了一匹良马，老汉的儿子开始爱上了骑马，一次，竟从马背上摔了下来，折断了大腿。邻居们又纷纷过来安慰，老汉又开口说道："这怎么就不是福气呢？"一年后，胡人入侵边塞，所有壮年男子都要应征参军。住在边塞附近的很多男子都因为战争而死去了，但老汉的儿子因为腿瘸的缘故而没有参军，得以保全了性命。

每当一件事情发生，一定会有它的多面性，我们不可以只单纯地看到好的一面或者坏的一面。好事出现的时候不要太过高兴，坏事发生的时候也不要太过悲伤，平淡地去看待一切，生活一定会给我们最意想不到的结果。

203 鹬蚌相争，渔翁得利——要看清真正的敌人

这则典故出自《战国策·燕策二》，比喻双方争执不下，两败俱伤，让第三者占了便宜。

战国的时候，赵国要攻打燕国，纵横家苏代为燕国去劝赵惠王。见到赵王后，苏代说："大王，我这次来的时候经过易水，看见一只河蚌正张着壳晒太阳。这时一只鹬鸟看到它便伸嘴去啄河蚌的肉。河蚌连忙把壳合上，并紧紧地钳住了鹬鸟的嘴。它们两个哪一个都不肯先松开对方。恰巧此时，一个渔夫看到了，就将它们两个一起捉了。大王，如今赵国要攻打燕国，两国相持不下，日子久了，双方的力量一定会彼此消耗得厉害，我担心强大的秦国会成为鹬蚌相争中的渔夫，所以我希望大王可以仔细地将这件事情考虑清楚。"赵王听了苏代的话之后，深思良久，决定放弃攻打燕国的行动。

在错综复杂的矛盾斗争中，要警惕真正的敌人。

 204 螳螂捕蝉，黄雀在后——做事不可只顾眼前的利益

这则典故出自《说苑·正谏》，意思是螳螂想要捕捉蝉，却不知道黄雀在它后面正要吃它。指人只顾追求眼前的利益，而不顾身后隐藏的祸患和后果。

春秋时期，吴王想要攻打楚国，并警告身边的大臣们，如果有人敢劝阻就将其处死。朝中上下无人敢劝谏吴王。一个年轻的侍从官员想要劝阻吴王，但又害怕吴王将其处死，于是就想了一个办法。他每天拿着弹弓、弹丸在后花园里转来转去，连续三天都是如此。吴王见了觉着很奇怪，于是便问："你为什么每天都要这样呢？"这个官员回答说："园里有一棵树，树上有一只蝉，蝉悠然地停在高高的树上放声叫，却不知道自己身后有一只螳螂想将它吃掉。而螳螂弯着身子在树上，想捕取鸣叫的蝉，却不知道一只黄雀正在自己的身后想吃了它。而这只黄雀只顾着抻着脖子想吃螳螂，却不知道我正在树下举着弹弓要将它射下。这三个家伙都极力想着自己眼前的利益，却不知道背后所隐藏的祸患。"吴王听了这个年轻官员的话之后，明白了他想说明的道理，于是便撤销了攻打楚国的计划。

我们在看待一件事情的时候，一定要看清楚这件事情的本质和多方面的利弊，不要只顾眼前的利益而不顾背后所隐藏的危机。

205 借尸还魂——换新颜，走老路

这则典故出自《铁拐李·楔子》："岳寿，谁想你浑家将你尸骸烧化了，我如今着你借尸还魂，尸骸是小李屠，魂灵是岳寿。"比喻陈腐的旧事物改头换面，在冠冕堂皇的口号下再一次冒出来。

铁拐李是八仙之中年代最久、资历最深的神仙。相传，铁拐李的原名叫李玄，曾因为遇到太上老君而得道。

一次，李玄的灵魂离开自己的躯体，并告诉自己的弟子们看好自己的躯体，然后自己到三山五岳游玩。但因为李玄的灵魂四处游山玩水了忘记了回来，他的弟子们因为等了太久，见自己师傅的身体僵在那里，就以为自己的师傅死去了，于是就将其火化了。等到李玄神游回来的时候，自己的躯体已经被火化，魂魄没有了归依。恰好这个时候在附近的路旁有一个饿死的乞丐，才刚刚死去不久，于是李玄慌忙之中便将自己的灵魂附在了这具乞丐的尸体上。借尸还魂之后的李玄就变成了一个跛脚、蓬头垢面、坦腹露胸的乞丐形象。为了支撑身体行走，李玄对着原乞丐所用的一根竹竿喷了一口仙水，竹竿立即变成了铁杖。于是，李玄就是这样成为了铁拐李。

单纯地改变外表，内心还是老样子，这同没有改变是一样的。

206 欲擒故纵——智取"猎物"

意思是故意先将目标放开，使其放松戒备，充分暴露，然后将其捉住。

两晋末年，幽州都督王浚企图谋反篡位。晋朝名将石勒得知这一消息的时候便打算将王浚的部队消灭。可王浚的势力强大，石勒一时难以取胜，于是便采取"欲擒故纵"的计策。

石勒先是派门客带了大量的珠宝给王浚，并写信告诉王浚说自己想拥戴他为天子。王浚见状，心里非常高兴，并信以为真。就在这时，王浚的部下有个想谋反的人去投奔石勒，石勒见到这个部下之后就将他杀了，并将其首级送给王浚。这样一来，王浚对石勒更是放心了。

公元314年4月，石勒的部队到了幽州城，王浚还不知情况，以为石勒是来拥戴他当皇帝的，所以根本也没准备应战。等到他突然被石勒的将士捉到的时候，才明白过来，原来石勒是"欲擒故纵"啊。

如果无论怎样的强攻都不能夺取，不如就松缓一步，让其完全放松，等其不备的时候毫不费力地将其捕获。

 207 围魏救赵——换种方式去思考

这则典故出自《史记·孙子吴起列传》，是三十六计中相当精彩的一种智谋，是以逆向思维的方式，绕开问题的表面现象，从事物的本源上去解决问题，从而取得一招致胜的神奇效果。

公元前354年，魏国军队攻打赵国城都邯郸，双方交战数年，赵国兵力明显疲惫，于是便向齐国求救。齐国遂派大将田忌和军事专家孙膑率八万人救赵。可攻击的方向应该选在哪里？田忌最初认为应该直接进往邯郸，而孙膑则认为不妥。他认为，要解开纷乱的丝线，就不能用手强硬地拉扯；要解开两个厮打在一起的人，就不应该直接去参与打架。派兵解围，就要避实就虚，击中要害。于是孙膑向田忌建议说："现在魏国的主要兵力都集中在包围赵国上，内部十分空虚，那么我们就带兵向魏国的都城大梁猛插进去，占据它的交通要道，袭击它最空虚的地方。这样一来，魏国一定会回师自救，我们就可以趁其疲惫，在预先选好的作战地区迎敌归途，将其大败。"

后来，齐军成功地解决了赵国，而孙膑这种用围攻魏国的方法去解救赵国的危困，也成为了历史上一个很有名的战例，被后来的军事家们列为三十六计中重要的一计。

这个典故告诉我们，做事一定不要死脑筋，要学会用广泛的思维去思考问题。

 208 笑里藏刀——隐藏在微笑背后的杀机

这则典故出自《旧唐书·李义府传》："义府貌状温恭，与人语必嬉怡微笑，而褊忌阴贼。既处要权，欲人附己，微忤意者，辄加倾陷。故时人言义府笑中有刀。"形容对人外表和气，内心却阴险毒辣。

唐太宗时期，有一个叫李义府的人，这个人因为善于写文章而被推荐当了监察御史。李义府还是一个很善于奉承的人，在写文章的时候曾赞扬过唐太宗，因此也博得了唐太宗的赏识。到了唐高宗的时候，李义府又因懂得奉承而得到了高宗的赏识，并被任命为中书令，此后的李义府更是飞黄腾达。

李义府这个人外表温和谦恭，同别人讲话的时候总是面带微笑，但大臣们知道其心地的阴险，于是便说他是笑里藏刀。

因为凭借高宗对自己的喜欢，李义府经常在朝中为所欲为，做一些违法的事情。高宗知道后曾警告过他，但他却不放在眼里，最终被忍无可忍的高宗发配边境，其子也受到了牵连。

微笑是人类最美好的表情，微笑背后隐藏的计谋，最后自然会让人打败。

 209 兵不厌诈——计谋的策划，胜利的法则

这则典故出自《韩非子·难一》，指作战时尽可能地用假象迷惑敌人以取得胜利。

公元前633年，楚国攻打宋国，宋国向晋国求救。为了帮助宋国，晋国在第二年春天的时候攻占了楚国的两个盟国——曹国和卫国，并要求这两个国家同楚国绝交，才让他们复国。楚国得知后非常生气，于是从宋国撤兵，与晋国交战于城濮（今山东鄄城西南）。

当年在晋文公重耳还是公子的时候，曾受到母后的迫害而逃到了楚国，并受到当时国君楚成王的款待。楚成王问重耳以后如何报答，重耳说，如果两国发生战争，就撤退三舍（一舍三十里）。如果楚国还不能谅解，那双方再交手。

如今，两国楚、晋两国交战，为了实现当年的诺言，晋文公下令撤退九十里，楚国大将子玉率领楚军还是紧逼不舍。

当时楚国的军队实力要大于晋国的实力，该如何作战？晋文公的舅舅这样说道："我听说过这样的说法，对于注重礼仪的君子，我们应该多讲忠诚和信用，取得对方的信任。在你死我活的战阵之间，不妨多用欺诈的手段去迷惑对方，你可以采取欺骗敌人的办法。"

后来晋文公听从了舅舅的策略，并获得了巨大的胜利。这场战争也就是历史上著名的城濮之战。晋国在获胜后，与齐、鲁、宋、郑、蔡、莒、卫等国联盟，并成为诸侯霸主。

两军交战，学会使用计谋可以赢取更大的胜算。

210 坐观成败——随主不可怀二心

这则典故出自《史记·田叔列传》："见兵事起，欲坐观成败；见胜者，欲合从之。"意思是冷眼旁观人家的成功或失败。

汉武帝在晚年的时候身体变得很不好，整个人也变得昏庸起来，随意地相信奸臣，其中一个叫江充的奸臣特别受到汉武帝的宠爱。而江充见汉武帝对自己这样的宠爱，于是便想利用汉武帝把与他对立的那些官吏都铲除掉。

因为汉武帝常常生病，江充就说这是因为有人在背地里埋下了木头人诅咒他的结果。于是汉武帝便让江充去调查这件事情，心狠手辣的江充便将平时与自己作对的人全都杀害了。当时太子刘据和江充也是死对头，江充便向汉武帝诬告太子宫中有大量的木头人，想置太子于死地。太子对其实在是忍无可忍，于是就发兵将江充杀了。江充的同党见状急忙向汉武帝禀告，并欺骗汉武帝说是太子要起兵造反。汉武帝信以为真，于是就派人去捉拿太子。太子被逼无奈，只好率军抵抗，最终败兵在湖县被杀。

当时太子刘据是以"皇上病重，奸臣作乱，特来肃清权奸"的名义去发兵抵抗的。他曾亲自来到当时负责守卫京城的北军任安的营寨中，并授他兵符，让他发兵支持自己。其实任安只是假装接受了兵符，却没有发兵。当时任安军队里有一个管理钱粮的小官，因为曾受过任安的鞭打，所以怀恨在心，就向汉武帝写信告发说任安听从太子的命令，答应出兵，是太子的支持者。汉武帝看了这封信之后非常生气，说道："任安是个资格很老的大臣了，老奸巨猾，眼看着战事的发生却脚踏两只船，坐观成败，准备哪一方打赢以后就投靠哪一方，这样一个怀有二心的人怎么还能留着？"于是遂下令将任安逮捕，并将其杀害了。

从古至今，心怀二心的人肯定不会被领导者所重用。

211 调虎离山——小变通，大胜利

这则典故出自《三十六计》，意思是设法使老虎离开原来的山冈。比喻用计使对方离开原来的地方，以便乘机行事。

东汉末年的时候，东吴孙坚的儿子孙策想要夺取江北卢江郡。那时占据卢江的军阀刘勋势力很强大，孙策心里清楚，自己不是他的对手，于是便与

众将商议，用计取胜。

孙策派人拿着厚礼和自己的一封信去看望刘勋，并在信中将刘勋夸赞了一番，表示想与其交好。信中孙策还以弱者的身份向刘勋求助，说上缭经常侵扰自己，希望刘勋可以发兵降服上缭。信中还写了很多讨好的话，这让看过信后的刘勋非常开心且十分得意，于是便决定发兵上缭。虽然有部将劝阻，但刘勋早已被信中的甜言迷惑住了，根本没有心思去考虑。

另一面的孙策时刻监视刘勋的行动，见刘勋亲自率几万兵马去进攻上缭，城内空虚，大喜道："老虎已经被我调出山了，我们赶快去占据它的老窝吧。"于是遂率领人马顺利地控制了卢江。而刘勋那面，猛攻上缭却一直不能得胜，突然得探马的报告，说孙策已经占据了卢江，才明自己中计，可后悔已经来不及了，于是他只好投奔了曹操。

无论是生活还是作战中，我们都要学会变通之策，当敌方占据了有利地势且兵力还比自己强大的时候，就要将敌人引出坚固的据点或者引入对我们有利的地方，简单的变通，就会使胜算大很多。

212 未雨绸缪——小鸟筑巢的哲学

这则典故出自《诗经·豳风·鸱鸮》，内容是趁着天没下雨，先把门窗绑牢，比喻事先做准备。

《诗经》是我国最早的诗歌总集，在《诗经》中有一首标题为《鸱鸮》的诗，诗的内容是描写一只失去幼崽的母鸟却依旧辛勤地筑巢，大概的意思是趁着天还没有下雨的时候，赶快用桑根把鸟巢的空隙缠紧，只有把鸟巢筑坚固了，才不怕人的侵害。

后来人们就将这几句诗引申为"未雨绸缪"。

做任何事情都应该事先准备，以免临时应对而手忙脚乱。

213 先发制人——先机的重要性

这则典故出自《汉书·项籍传》："先发制人，后发制于人。"意思是指先行动则可以处于主动地位，控制对方。

公元前209年，陈胜吴广带领农民在大泽乡起义之后，项梁和侄子项羽为了躲避仇人跑到了吴中。会稽郡的郡守叫殷通，对项梁一直很敬重，于是派人叫项梁来共同商讨当时的形势和自己的出路。项梁见了殷通说道:"现在江西地区都已经开始起义,这是上天要灭了秦朝啊。先行动可以制服别人,行动推迟就要被别人制服。"殷通听后表明响应起义军,但项梁却不愿做殷通的部署,于是找了个借口把项羽叫进来同项羽一起把殷通杀了。项羽提着殷通的人头,带着郡守的大印,走在街上大声地呼喊。百姓本来就很痛恨官吏,看到项梁把郡守杀了,都很拥戴项梁做郡守,项羽为偏将。后来项羽又在乡里亲友中招了号称"八千子弟兵"的八千名青年,组成了一只很有战斗力的队伍,一起参加灭秦的起义。

取得先机才是制胜的关键。

214 偷梁换柱——蒙混过关

这则典故出自《三十六计》,意思是玩弄手法、暗中改换内容,以达到蒙混欺骗的目的。

秦始皇称帝之后,自以为自己的身体还不错,于是就一直没有去立太子。当时朝中有两个实力强大的政治集团,一个是长子扶苏、蒙恬集团,另一个是幼子胡亥、赵高集团。扶苏是一个正派的人,在全国都有很好的声誉。秦始皇本意也是要立扶苏为太子的,为了锻炼扶苏,派他到著名将领蒙恬驻守的北线为监军。而幼子胡亥则被娇宠,后来又在宦官赵高的教唆下,每天只知道吃喝玩乐,无所事事。

公元210年后,秦始皇突然一病不起,自己也知道可能大限将至,于是就连忙召丞相李斯传达密诏,立扶苏为太子。当时掌管玉玺和起草诏书的人是赵高,因为赵高早就有野心,并看准了这是一次难得的机会,于是故意扣押密诏,等待时机。

不久,秦始皇驾崩,李斯怕太子回来之前政局动荡,所以秘不发丧。赵高特此去找李斯,告诉他说:"皇帝赐扶苏的信还在我这里,现在,我们两个人就可以决定立谁为太子。如果立扶苏为皇帝,他一定会重用蒙恬,那个时候,你的宰相位置还坐得稳吗?"这一席话让李斯听得心中泛起了犹豫,于是与赵高两人合谋制造了假诏书,刺死扶苏,杀了蒙恬,将昏庸无能的胡亥扶为秦二世。

赵高没用一兵一卒,就扶持胡亥上位,同时为自己今后的专权打下了基础。

215 乘人之危——小人作为

这则典故出自《后汉书·盖勋传》:"谋事杀良,非忠也;乘人之危,非仁也。"意思是趁人家危难的时候加以要挟或陷害不是仁义之举。

东汉的时候有个人叫盖勋,他很有才干,而且为人正直,被举为孝廉,当上了郡太守的主要属官——长史。盖勋有个好友叫梁鹄,是凉州刺史。

当时,受凉州刺史管辖的威武太守横行霸道,坏事做绝,百姓们对他是恨之入骨可又没什么办法。梁鹄的属官苏正和是个不畏强权的人,于是对威武太守的罪行依法查办。梁鹄因为担心追查威武太守的罪行会涉及高层的权贵而连累自己,所以对苏正和是十分痛恨,甚至想杀了他灭口,可又不知道这样做是否妥当,于是就找到了好友盖勋商量究竟该怎么办。

说来也巧,盖勋与苏正和也正好是一对冤家,于是便有人建议说,借着梁鹄与他商量如何处置苏正和的机会劝梁鹄杀了苏正和,来个公报私仇。盖勋听了之后断然拒绝道:"我为个人的私事伤害良臣,是不忠的表现;趁着别人为难的时候去害人家,是不仁的行为。"

后来梁鹄找盖勋商议如何处置苏正和,盖勋还劝梁鹄不要处置苏正和,由此可见盖勋的为人怎样。

君子做事就要光明磊落,乘人之危只能算是小人的作为。

216 开诚布公——人与人之间相处的学问

这则典故出自《三国志·蜀志·诸葛亮评论》:"诸葛亮之为相国也,抚百姓,示仪轨,约官职,从权制,开诚心,布公道。"指以诚心待人,坦白无私。

三国时,蜀汉的丞相诸葛亮深得皇帝刘备的信任。刘备在临终前,曾将自己的儿子刘禅托付给诸葛亮,并请他帮助刘禅治理天下。刘备对诸葛亮说:"如果刘禅不听你的话,干出什么危害国家的事情,那你就取代他吧。"

刘备死后,诸葛亮尽全力地帮刘禅治理国家。这时,有人劝诸葛亮进爵成王,他严词拒绝,并说自己是受了先帝的委托,而且已经担任很高的官职,如今国家讨伐曹魏还没有什么成效,自己却要加官进爵,这样做实在是不义的。

公元234年，诸葛亮病死于军中，一生清贫，没有什么产业留给后代。

人与人之间的相处就该开诚布公，真心才能换来实意。

 217 金针度人——毫不吝啬的教导

这则典故出自《论诗》，比喻把高明的方法传授给别人。

从前有个少女叫采娘，心灵手巧，但采娘对自己并不是很满足，于是便在家中书房摆上香炉，烧香祈祷织女能够显灵。七天七夜之后，这天晚上，一辆云霞托起的彩车来了，车上面坐着织女。车停下来之后，织女问采娘："你在祈祷什么呢？"采娘回答说："我希望自己能够更加的心灵手巧。"织女听后，便拿出了一根一寸长的金针，扎在纸上，放在采娘的衣裙中，对她说："三天不要讲话，然后你就会变得特别灵巧了。"就这样，采娘三天都没有讲话，三天之后，果然比以前变得更加灵巧了，什么都会做，远近都知道了她的名字。

在现实生活中，我们将自己所会高明方法传授给别人，其实也是自己得益的一个过程，所以人该学会无私。

 218 夜郎自大——肤浅却又自以为是

这则典故出自《史记·西南夷列传》，比喻骄傲无知、肤浅自负或盲目自大的行为。

汉朝的时候，西南方有一个叫夜郎的小国，土地很少，百姓也很少，物产更是少得可怜。但临近夜郎的都是更小的国家，所以从来没有离开过自己国家的夜郎国国王就以为自己在统治着天下最大的国家。

一天，夜郎国国王与部下在国境巡视，巡视过程中，国王问部下："天下哪个国家最大啊？"部下们迎合着国王说道："当然是我们夜郎国。"走着走着，国王抬手指着前方的高山问道："天下还有比这更高的山吗？"部下回答说："天下当然没有比这更高的山了。"又巡查了一会，国王一行人来到了河边，国王指着河水说道："这应该是天下最长的河川了。"部下们仍然异口同声地表示赞同。经过这次巡查之后，这个国王更是认为夜郎国是天下最大的国家了。

一次，汉朝派使者来到夜郎，当夜郎国国王见到使者的时候，居然骄傲又无知地问道:"汉朝和我的国家哪个更大啊?"使者听了哑然失笑,其实夜郎国国王不知,自己的国家不过汉朝的一个县那么大罢了。

无论是做人还是做事,我们都应该学会谦虚,人外有人,天外有天,自以为是的结果只会招致更多的人嘲笑你。

 219 南柯一梦——美梦终究会醒

这则典故出自《南柯太守传》,形容一场大梦,比喻一场空欢喜。

从前有个叫淳于棼的人,平时无所事事,就是很喜欢喝酒。

在淳于棼生日那天,亲朋好友来给他祝寿,他一时高兴,就多喝了几杯。晚间,亲友们都回家了,还有几分醉意的淳于棼就靠着一颗大槐树下乘凉,不知不觉间就睡着了。

熟睡的淳于棼做了一个梦,梦中他被两个使臣邀请进入到一个树洞中去。进入洞中,碧水蓝天,原来,淳于棼来到了一个叫做大槐国的国家。此时正逢大槐国举行选拔官员的考试,于是淳于棼也报名参加,并且高中了第一名。接着皇帝招他进殿面试,见其长得一表人才,十分喜爱,就钦点为状元郎,并将公主许配给他。就这样,状元郎成了驸马,一时传为了国中的佳话。

婚后,淳于棼与公主的感情十分要好。不久,他又被皇帝派到南柯郡任太守,勤政爱民的淳于棼深受当地百姓的喜爱和尊重。不知不觉,三十年的时间过去了,淳于棼的政绩已经是全国有名,并且自己也已经是五个儿子和两个女儿的父亲了,生活非常美满。皇帝本是想几次将淳于棼调回京城升迁,可当地百姓知道后纷纷涌上街头,求淳于棼在南柯郡继任。淳于棼被百姓的爱戴所感动,于是决定留下来,并向皇帝说明情况。皇帝得知后非常欣赏他的政绩,于是就赏给了他很多的金银财宝。

一年,擅萝国派兵侵犯大槐国,大槐国将士们奋勇抵御,却不想几次都被敌兵打败。皇帝得知后,十分生气,召集文武百官商议对策却无一人有办法。就在大家都不知该怎么办的时候,一个宰相想起了淳于棼,并向皇帝推荐。皇帝立刻下令,调淳于棼率领全国的精锐兵力去与敌军作战。

接到命令的淳于棼立即率兵迎战,可他对兵法是一无所知,刚与敌军交战,就被打得一败涂地,手下的兵马更是损失惨重,自己都险些被俘。皇帝得知前线的消息之后,非常失望,于是撤掉了淳于棼的一切职务,还将其贬为平民,送回老家。想到自己的一世英名就这样毁于一旦,淳于棼非常愤怒,并大叫一声，从梦中惊醒。醒后的淳于棼遂按梦境寻找大槐国，结果发现，原来那大槐国就是自己倚靠的那棵大槐树，树下有一个蚂蚁洞，一群蚂蚁居住在那里。

想要过上自己理想中的那种生活，就要付出实际的努力。南柯一梦，我们终还会有醒来的时候。

220 老马识途——事物都各有所长

这则典故出自《韩非子·说林上》，意思是老马认识曾经走过的道路。比喻有经验的人对事情比较熟悉。

战国时期，齐国国君齐桓公和丞相管仲率兵讨伐竹国，春季出征，冬季返回，却不想在返回的途中迷失了道路。眼看天色越来越暗了，一行人焦急地找寻着出路，可却始终没能找到，这时，管仲说道："老马识途，我们可以利用下老马的智慧。"于是便放开老马前行，大家跟随其后，并最终找到了出路。

一行人走啊走，走到了山里没有水喝，将士们饥渴难耐，这时大夫隰朋说道："蚂蚁冬天住在山的南面，夏天住在山的北面，如果地上的蚁峰有一寸高的话，那么地下八尺的地方就会有水。"于是众人听从隰朋的话，找到了蚁峰并开始挖掘地，终于得到了水。

对于不懂的事情就要向有经验的人学习，不要去介意对方是什么身份，更不要把向别人求教当做一件羞耻的事情。

221 三人成虎——谣言的危害

这则典故出自《战国策·魏策二》，意思是三个人都说街市上有老虎在吃人，别人便以为真有老虎。比喻谣言一再反复，就会使人信以为真。

战国时期，各国之间相互攻伐，为了使大家可以真正地遵守信约，国与国之间通常都将太子相互交换给对方做人质。

一次，魏国的大臣庞恭要陪同魏国的太子去赵国做人质，在临行前，他对魏王说："现在有一个人在街市上说出现了老虎，大王您会相信吗？"魏王回答说："当然不会相信。"庞恭又说："如果有第二个人说街上有老虎了，大王您会相信吗？"魏王答："我一定会有些怀疑了。"庞恭接着说："如果这时有第三个人说街上出现了老虎,那么大王您会相信吗?"魏王答:"我会相信。"庞恭听了魏王的回答说道:"其实街上根本就不会出现老虎,这是很明显的事情,但经过三个人一说,就好像街上真的有老虎了一样。现在赵国国都邯郸距离魏国国都大梁远大于这里的街市,而且想必议论我的人肯定不止三个,所以大王,希望我不在的日子,大王可以明察秋毫啊。"

在我们处事的过程中,经常会犯这样的错误:一个很简单的事实经过别人的捏造之后,我们往往会信以为真。其实在对待事物方面,我们应该从客观的事实去分析去判别,不要轻易地就相信别人嘴里的胡话。

222 楚人贻笑——追求目标不要太过偏执

这则典故出自《笑林》,讲述一个楚人过分地追求自己的目标而最后产生了心理障碍所闹出的笑话。

古时候,楚国有个人,家境贫寒,这个人每天都在想自己轻松赚钱的方法。后来,这个人读了《淮南子》,得知螳螂在捕蝉的时候通过树叶可以隐没身形,于是这个人便去寻找这样的树叶。他跑到一棵树下抬头仰望,真的发现了一片隐蔽着螳螂的树叶,于是就伸手去摘,结果却不小心失手,树叶飘落到了地上,和许许多多的树叶混在了一起,无法辨认。这个人找了半天之后,索性将所有的树叶都扫起来,将足足有几筐树叶抱回家中,然后一片一片地拿出来遮住自己的眼睛,并问自己的妻子是否还能见到自己。妻子一直回答说能看见,这个人就一直在找树叶试验。后来他的妻子实在累了,于是就骗他说:"看不见了。"这个人听到这样的回答,十分高兴,赶忙将树叶揣进自己的怀里,来到了街上。到了闹市区,他高举着树叶,以为所有人都看不到他了,于是就开始旁若无人地拿着别人的东西,结果被官府的差役当场抓获。被押送到衙门后,县官审问他为何偷窃,这个人就从头到尾讲了自己找树叶隐身的经过。县官听了之后哈哈大笑,释放了他,也没有治他的罪。

其实,县官没有治这个楚人的罪是因为听了他偷窃的经过之后知道了他在精神上有了问题,而非作案的暴徒。这个人之所以这样,是因为每天幻想着发财而最终心理成疾。我们做事完成目标的过程中,一定要讲求方式方法,否则就会像这个楚国人一样,因为偏执而最终闹出了笑话。

223 画蛇添足——何必多此一举

这则典故出自《战国策·齐二》:"蛇固无足,子安能为之足?"意思是画蛇画得好好的,又凭空给蛇添上脚。比喻做了多余的事,反而有害无益,徒劳无功。

古时候,楚国有户人家要祭奠祖宗,于是请了很多人来帮忙。为了表示感谢,这户人家准备了一壶酒给帮忙的人喝。但帮忙的人很多,一壶酒分给大家实在太少了,如果只给一个人喝,那个人倒能喝得痛快。那么,这壶酒给谁喝呢?于是就有人建议说:"我们来比赛吧,每个人在地上画一条蛇,谁先画完,这壶酒就给谁喝。"大家一致认为这是个公平的好办法,于是就都同意这样做,蹲在地上开始比赛画蛇。

有个人画得很快,转眼就将一条蛇画好了,他刚要拿过酒壶,见别人还没画好,于是就想趁此机会显示下自己的本领。只见这个人,左手提着酒壶,右手拿着树枝,开始在地上给蛇画起脚来,嘴里还洋洋得意地说道:"你们画得可真是慢,我现在给蛇画几只脚都不算晚呢。"

就在这个人洋洋自得的给蛇画脚的时候,另一个画好的人将酒壶从他的手中夺走,说道:"你难道不知道吗?蛇是没有脚的,你为什么还要给他添上脚呢?所以第一个画好蛇的人是我,而不是你。"说罢,便仰头将酒壶里的酒痛快地喝光了。

在做事的时候不要多此一举,这样不仅不会让你得到什么,反而还会失去些什么,弄巧成拙。

224 为盗之道——听话切勿只听表面

这是古时候的一则寓言故事,用来告诫人们,理解问题不能只从表面的意义去理解。

古时候,有个姓国的齐国人和一个姓向的宋国人。齐国人很有钱,宋国人很穷,两个人在两个不同的国家过着各不相同的生活。后来,宋国人得知这个很有钱的齐国人之后,便特意去齐国向其请教发财致富的诀窍。

齐国人告诉宋国人说道:"我不过是很会偷盗罢了啊。当年刚开始做盗贼的时候,第一年只能养活我自己,第二年的时候就开始有了些盈余,等到第三年的时候,我已经非常富裕了。从那之后,我不光自己衣食无忧,还有能力去接济周围的邻居呢。"

宋国人听了这个齐国人的话之后非常开心,但说了那么多,齐国人却只记住了"做强盗"这句话,并没有领会怎样去"盗"的道理。等到这个宋国人回家之后,开始掘墙打洞,但凡能摸到的、眼睛看到的,通通偷到自己的口袋中。日子就这样一天天地过着,很快,官府就以盗窃的罪名将这个宋国人抓进了衙门,将其所有的财产都没收了。

这个宋国人以为是齐国人欺骗了自己,于是就又找到齐国人开始抱怨。齐国人问道:"你是怎样偷的啊?"宋国人将自己的偷盗经历坦诚地告诉了齐国人,齐国人听后,说道:"哎呀,你是因为违反了做贼的道理才落得如此的境地啊。现在我来告诉你道理吧。我知道春夏秋冬的时序,地有稻粱菽黍之出产。我偷的是天地的时利啊。云雨滋润庄稼,山林沼泽植树养鱼,捕猎飞禽走兽,水中有鱼、鳖、水产。这些东西都属于大自然,而我偷自然界的东西却不会惹来祸殃。可金银珠宝这些东西都是人们辛苦积聚起来的,哪里是自然界赐予的呢,你偷这些东西而获罪被捕,那怪谁呢?"

宋国人听了齐国人的一席话,垂头丧气地走掉了。

宋国人被抓是因为没有深刻地理解齐国人所说的话。我们在日常生活中听取别人意见的和话语的时候也应该注意,不能只肤浅地理解表面,而是要深刻地理解其中的内涵。

 225 愚人食盐——盐虽美味,却不可多食

这则典故出自《百喻经》,是一则古代的寓言故事,描述了一个愚钝的人是怎样把盐当做人间美味的故事。

从前有个愚钝的人,有一次,他到一个朋友家里去作客。主人很热情地招待了他,并煮了很多的饭菜给他。但由于做菜的过程中有些匆忙,就忘记了放盐,在吃饭的时候,每道菜都是清淡无味。于是这个愚钝的人就对他的朋友说:"你今天烧的菜都很名贵啊,可就是味道太淡了,不是很可口。"这个主人才恍然大悟地说道:"哎呀,是我忘记放盐了啊。"然后赶忙去厨房拿了些盐,放进菜中,搅拌了一下,让客人再次品尝,每道菜都变得美味可口了。这个愚钝的人不明,就问主人在里面放了些什么,菜忽然变得那么好吃。主人回答说:"放盐啊,盐是百味之源,可以让每样菜都变得好吃了。"听了主人这样的回答，这个愚钝的人想：盐既然可以让所有的东西都变得好吃，那为什么不直接买些盐吃呢？还省得煮菜了。于是在回家的路上买了一大包的盐，回到家中，急忙打开，抓了一大把放进嘴里，却尝到苦涩不堪的味道，愚人就以为是他的朋友欺骗了他。

在我们处事的过程中，做任何一件事情都要有它的限度，恰到好处才会完美无比，一旦超过了那个限度，事情不仅不会变好，反而还会往反方向走，使事情变得更糟糕。

226 模棱两可——决定不明的处事态度

这则典故出自《旧唐书·苏味道传》："处事不欲决断明白，若有错误，必贻咎谴，但模棱以持两端可矣。"意思是不表明明确态度，或没有一定主张，形容对事情双方不置可否。

唐代的时候，有个叫苏味道的人。这个人自幼就很聪明，九岁的时候就可以写文章。后来，天资的聪颖加上后天的努力，苏味道在二十岁的时候考取了进士，还曾做到吏部侍郎的职位。后来女皇武则天当皇帝的时候，他做了宰相。

苏味道自从做了宰相之后，为了保证个人的地位和安全，在处理事情的时候总是保持这样办也行、那样办也可以的状态，从不发表自己的意见，更谈不上什么创建和改革了。他不仅自己做事这样，还常常对别人说："在处理事情的时候，不能做明确的判断，因为一旦发生了错误，那就要负责任，我们只要保持'模棱'两端就可以了。"因为他的这一番言论，当时的人称他为"苏模棱"或者"模棱手"。

在我们处事的过程中，一定要很明确自己的态度，不能总是模棱两可。那样，什么事情都做不好。

227 刻舟求剑——不懂变通的大笑话

这则典故出自《吕氏春秋·察今》，意思是不懂变通、墨守成规。

战国时期，楚国有个人坐船渡江。在船行进至江中心的时候，这个楚国人携带的佩剑不小心掉落到了江中。一同乘船的人们都对此感到非常惋惜。而这个楚国人却丝毫没有心痛宝剑掉落江中，反而从身上掏出了一把小刀，在船上刻了个记号。这个举动让船上的人都很奇怪,于是问其原因。楚国人胸有成竹地说道:"我标记的这个记号就是我宝剑落水的地方,所以我要在这儿刻一个标记。"船上的人虽然还是不理解这个楚国人为什么这样做,但也没有再追问下去。

过了一会,船渐渐靠岸。这个楚国人立即在船上刻记号的地方下水,开始努力地捞取自己掉落在水中的宝剑,可捞了半天,还是不见宝剑的影子。这个人觉得很奇怪,就自言自语地说道:"我的宝剑不就是在这个地方掉下去的吗?我特意在这里刻了记号,为什么现在会找不到呢?"一同乘船的人们听到这个人的话之后,纷纷大笑起来,说:"船一直在行进,但你的宝剑却是沉入到江中没动,你怎么可能在船上标记的地方找到你的宝剑呢?"这个人听了众人的嘲笑之后,红着脸慌忙地离开了。

在我们日常生活中,做事不要太过死板,要懂得变通,不要像这个刻舟求剑的人一样,闹出笑话,被人嘲笑。

228 宋襄之仁——对敌人不能仁慈

这则典故出自《左传·僖公二十二年》,指对敌人讲仁慈的可笑行为。

春秋时期,郑国国君郑文公去楚国访问,并向楚国表示友好。这个举动让早就想称霸天下的宋襄公很不满意,于是宋国出兵讨伐郑国。楚国听闻,出兵援助郑国,共同抵御宋军。

两军交战于泓水边上。此时宋军已经摆好作战阵势,而前来援助郑国的楚军还正在泓水渡江。一个叫子鱼的司马劝宋襄公借此机会袭击郑军,说:"敌人兵多,我们兵少,趁着这个时候进攻,我们才有机会取胜啊。"宋襄公不赞成地说道:"我是一向主张仁义的,怎么可以选择这样不择手段的取胜方法呢?"

不久之后,楚军全部渡过河来,在布置阵势的时候,子鱼又劝道:"我们现在进攻还有取胜的把握,如果错过这样的机会,我们就很危险了。"可宋襄公还是以满口的"仁义"拒绝了子鱼的劝说。

楚军摆好阵势,擂起战鼓。这时的宋襄公才下令抵抗,可哪里抵抗得住兵强马壮的楚军。宋军死的死,逃的逃,最终大败,宋襄公自己的大腿也受了伤。后来,宋国人纷纷议论这场因宋襄公错误指挥的战略而失败的战争。宋襄公听说之后,还解释说道:"君子作战,不杀挂彩的敌人,不俘虏上了年岁的敌人,也从不依靠地势赢取机会。对方还没有摆好阵势,我们就开始袭击,就算是胜利了,我们也不会光彩。"子鱼听了宋襄公的解释后,说:"大王,您可真是不懂得作战的道理啊。敌人虽然强大,但幸好他们处在不利的地势,在还没有摆好阵势的时候,是我们最好的进攻机会,怎么可以轻易错过?而且,就算是趁此机会进攻,我们也不是有百分之百的胜利把握。所谓打仗,就是要消灭敌人,你不杀他,他就要过来杀你。他虽然挂了彩,又或者是年纪老了,但只要他还没有放下武器,他就是我们的敌人,我们就不可以对他空讲仁义。对敌人,还讲求什么仁义呢?"

宋襄公听了子鱼的话后,意味深长地叹了口气,迟迟没有讲话。

作战就是作战,怎么可以在这样的时刻讲求仁义呢?在我们处事的过程中,一定要清楚自己正在做什么事情,要用什么样的态度去对待。不然不仅会大败而归,还会闹出被人耻笑的尴尬。

 229 妄语误人——兜兜转转一大圈,害人终究害自己

这则典故出自《阅微草堂笔记》,寓意是害人者终究会害到自己。

古时候,有个姓张的人,品性十分的低劣,为人阴险狡诈,就算是他的至亲骨肉,也不一定能从他的嘴里讨出一句实话。而且这个人伶牙俐齿、思维敏捷,同乡的很多人都被他欺骗过。所以,大家给这个人起了一个外号,叫"秃项马"。因为马秃了就没有鬃毛,"鬃"和"踪"同音,形容这个人的"虚实"难辨,总是突然就没有了踪影,不可再寻。

一天,张某和他的父亲夜间走路,不慎迷失了方向,隔着田垄,见几个人围坐在一起,于是上前打招呼问方向。几个人看了看张某说道:"一路向北,就可以找到出路。"张某和父亲听信了这几个路人的话,便开始一直向北走,结果却深陷泥沼之中。他们遥遥地再呼问方向,几个路人听到呼喊后,说道:"转向东走。"张某和父亲小心翼翼转向东面,却陷入更深的泥沼之中,险些遭到灭顶之灾。在父子二人拼命在泥沼中挣扎的时候,几个路人拍掌大笑地说道:"秃项马,今天你总算知道说话假话是多么地害人了吧?"说完,几个人扬长而去,留下在泥沼中挣扎的张氏父子。

害人终害己,这是一条客观规律。所以我们做人做事,一定要心存善念,更不可有害人、骗人之心。

230 趋炎附势——权势之人的傀儡

这则典故出自《宋史·李垂传》："今已老大，见大臣不公，常欲面折之。焉能趋炎附热，看人眉睫，以冀推挽乎？"意思是奉承和依附有权有势的人。

宋真宗时期，有个叫李垂的官，这个人很有才华，并且为人正直，但就是因为反感官场中奉承拍马的作风而迟迟得不到重用

当时有个叫丁谓的宰相，因擅长溜须拍马而深得宋真宗的喜爱。丁谓这个人玩弄权术，独揽朝政，当时很多想升官的人都对他进行吹捧。那时，有人奇怪为什么李垂不去依附丁谓，李垂回答说："丁谓身为宰相，不但对事务不能公正地处理，反而还仗势欺人，实在是有负朝廷和百姓对他的期望。这样的人，我为什么要去拜谒？"

后来，李垂的这番话传到了丁谓那里，这让丁谓十分恼火，找了个理由就把李垂贬到了外地去当官。

后来宋仁宗即位，丁谓倒台，李垂重新被召回了京都。很多关心他的朋友跟他说："朝廷中的一些大臣知道你很有才学，所以想推举你当如制诰（为皇帝起草诏书等官员）。但当朝的宰相还不认识你啊，你应该去拜见一下他吧。"李垂听了之后回答说："如果我三十年前就去拜见丁谓，如今可能已经是翰林学士了。我现在年岁已经很大了，见到一些大臣处事不公正，就常常当面指责他。我怎么可能趋炎附势，看别人的眼色行事，然后换取他们的引荐和提拔？"

李垂的这番话又传到了宰相的耳朵里，结果再次被排挤出京都，成了一个小小的州官。

依仗别人的权势过而生活，人怎么可以活得如此没有自我呢？

231 一意孤行——固执的处事方法

这则典故出自《史记·酷吏列传》："禹为人廉倨。为吏以来，舍无食客。公卿相造请禹，禹终不报谢，务在绝知友宾客之请，孤立行一意而已。"意思是不接受别人的劝告，顽固地按照自己的主观想法去做。

西汉时期，有个叫赵禹的人，他的文章很有文采。一次偶然的机会，汉武帝刘彻看到了赵禹写的文章，文笔犀利，寓意深刻，当时很少有人能超越

他的水平。汉武帝看过文章之后对赵禹十分赏识,于是让他担任御史,后来又升至太中大夫,并与同样是太中大夫的张汤一同负责制定国家的法律。

为了严密法律条文,很好地约束办事的官吏,赵禹和张汤两个人根据汉武帝的旨意,对原有的法律条文进行了补充和修订。

当时有很多的官员希望赵禹可以将国家的法律修订得宽松些,有回旋的余地,于是就纷纷请他和张汤一起做客赴宴。但赵禹对于这种宴请从来不答应。拒绝几次之后,就被不少人说他官架子大,看不起人。

经过一段时间的仔细的研究和考虑过后,赵禹和张汤两个人决定制定"知罪不举发"和"官吏犯罪上下连坐"等法律,用这样的条例去限制在职的官吏们,不让他们胡作非为。

这个消息一传出来,在职的官员们纷纷请公卿们去劝说赵禹,不要将法律修订得太过苛刻了。公卿们来到赵禹的家中,准备劝其将法律稍微制定得宽松些。可谁知道,赵禹见了公卿,只是天南海北地闲聊,根本没有理会公卿们想让他修改律法的暗示。聊了一段时间之后,公卿们见实在没有办法说下去了,于是就起身告辞,离开了赵禹的家。

经历过这件事情之后,人们才真正地认识到了赵禹是个极为廉洁正直的人。曾经有人这样问过赵禹:"你难道就不考虑下周围的人对你有什么看法吗?"赵禹回答说:"我之所以这样坚决地断绝好友或者宾客的请托,其实不过是为了自己能够更好、更独立地去决定、处理事情,完全按照自己的意志办事,不受到别人的干扰。"

为人公正、独立是对的,但有时,做人也该尊重别人的意见和想法,不要一意孤行。

 232 智子疑邻——一样的劝告,不一样的回报

这则典故出自《韩非子·说难》,寓意是要听取正确意见,不能因亲疏而偏废。

古时候,宋国有户很有钱的人家。一次,因为下大雨,房屋有一部分墙倒塌了。这户有钱人家的小孩见到自己家的墙坏了,于是就说:"如果我们不赶紧修补这面墙的话,就一定会有盗贼进来偷东西。"后来,住在旁边的老人见到有钱人家的坏墙之后,也好心过来告诉他,如果不及时修补,可能就会丢失很多的钱财。

但富人没有听从自己孩子和隔壁老人的话,就让坏墙露在那里。结果到了晚上的时候,富人家里真的丢失了很多的钱财。面对自己孩子和老人的预言,富人认为自己的孩子很聪明,却怀疑是隔壁的老人偷了他们家的财产。

在处事过程中,我们对待别人给我们的意见的时候,一定要公平地听取,并不能因为亲疏远近而持有不一样的态度。

 233 养虎为患——不要被事物的表面所迷惑

这则典故出自《史记·项羽本纪》,比喻纵容敌人,留下后患,自己反受其害。

远古的时候,那时候的人们生活很单纯,春种秋收、捕猎打鱼,没有太多的欲望,只是能填饱自己的肚子就已经很满足了。住在同一村落的人们也都团结互助,经常一起打猎,然后平分猎物。

一天,村里的男丁们一同进山打猎,他们一同挖好陷阱,成功地捕获了一雄一雌两只老虎。合力将老虎捆绑好之后,一个猎人循着老虎的踪迹在深山的洞穴里找到了一只小虎崽。刚刚睁开眼睛的小老虎还没有断奶,睁着眼睛看着猎人,样子十分可爱。这个猎人见到这样可爱的小老虎,便生了收养它的想法,于是将这个小老虎带回了家中。回到家中,妻子和儿子见到这样可爱的小老虎,也十分喜欢,一家人决定收养这只小老虎。

小老虎在这家人的精心饲养下,慢慢长大,变成了一只强壮却不凶猛的大老虎。这只老虎每天在村子里闲逛,饿了就回到家里吃点主人准备好的食物,困了就在树荫下趴着睡一会。村子里的人们见到这只老虎也一点不害怕,偶尔还上前去抚摸它,喂些食物给它。

很快,又是一年春天,冰雪融化,冰河解冻,村子里的人们收起了打猎的工具,开始下河捕鱼。养虎的这家男人也准备好了渔具,要离开家一段时间,沿河去捕鱼。十几天后,这个男人带着捕上来的鱼高兴地回到家中,却不想,在打开家门的那一瞬间,见到自己饲养的那只老虎面露凶光地看着自己,嘴角是残留的血渍,而自己的妻子和孩子已经不见了。一股巨大的恐惧笼罩着这个男子,刚准备逃走,老虎已经扑上来,咬断了他的喉咙……

养虎的一家人之所以最后落得被老虎吃掉的下场,是因为他们只是被小老虎的可爱所吸引,完全忘记了老虎本身的兽性。就像我们日常生活中,常常会被一些表面"可爱"的事物所蒙蔽,而忘记了它们本身会带

给我们的危害,最终深受其害,甚至丢了性命。

234 农夫杀牛——好心没好报

这则典故出自《陶朱新录》,寓意好心却没有好报。

古时候,在华州有一个农夫,一天,这个农夫因为耕种了一整天,所以在傍晚的时候就疲惫地枕着农具睡着了。就在这个农夫睡着的时候,一只老虎从树林中跑了出来,看到熟睡的农夫,便想吃了他。农夫的牛见到老虎想吃自己的主人,于是就上前阻止,跨开双腿站立在农夫身上。每当老虎上前,这头牛就用自己的角拼命抵抗老虎。周旋了半天,老虎也没能够靠近农夫。无奈之下,老虎只能离开。

过了许久,一直在熟睡中的农夫醒了过来,那时老虎已经走远,农夫并不知道刚刚发生了什么事情,只见到自己的这头牛跨立在自己的身上,感到非常厌恶,于是就用棒子打牛。牛因为不能开口说话去解释,所以只能拼命地逃跑,牛越跑,农夫越追,农夫越追越生气,最后抓住牛,将其杀掉,吃了牛头,并且没有丝毫的悔恨之意。

牛拼命地保护主人而最终的结果却是被杀,典型的好心没好报。在我们日常生活中,好心没好报的事情也时有发生。这就告诉我们,在我们处事的过程中,如果没有弄清楚一件事情,就不要妄下断言,不然,就会错怪了别人,枉"杀"无辜。

235 二叟钓鱼——钓鱼小哲学,生活大道理

这是一则古时候的寓言故事,通过讲述两个老人钓鱼的故事,从而引申出生活中处事的哲学。

古时候,有两个老人蹲在溪边钓鱼。其中一个老人钓到了许多鱼,并且钓起每一条鱼似乎都很轻松,而另一个人老人却一条鱼都没有钓到。一整天的一无所获之后,没钓到鱼的老人生气地丢下钓竿,并问钓到鱼的老人说:"我们用的是一样的鱼饵,也是在同一条溪里钓鱼,为什么你就可以那么轻松地就钓到鱼,而我却一整天一条都没有钓到?"钓到鱼的老人看了看他这个着急的伙伴,笑着回答说:"是因为我们的心态不同啊。我在开始下钩的时候,心中想到的并不是鱼,而是我自己。我眼睛不眨,神色也不会变化,仿佛不

存在一样。鱼忘了坐在这儿的我，所以就很容易就上了我的钩。而你呢，一心想着钓到鱼，总是看着溪中的鱼，神态不断地变换。鱼见到你这样，自然就逃开了，怎么还会上你的钩呢？"

没钓到鱼的老人听了这番话之后觉着很有道理，于是就试着这样的方法重新开始钓鱼，结果真的也钓到了许多鱼。

钓鱼有钓鱼的方法，做事有做事的哲学，我们在做每一件事情的时候都应该用一颗平常心，并且在解决过程中讲求方式方法，这样才能取得理想中的成效。

236 功亏一篑——没能坚持到最后的遗憾

这则典故出自《尚书·旅獒》，比喻做事情只差最后一点而没能完成。

古时候，有个人想要筑一座很高很高的山，并为此制订了周密的计划。一切都准备就绪之后，这个人便开始了漫长的"堆山"之路。

堆山人每天天不亮就起床去堆山，饿了就吃点自己带的干粮，吃饱了继续堆山。日复一日，年复一年，无论天气怎样的恶劣，这个人都从来没有休息过。终于，到了完工的那一天。

这天清晨，堆山人像往常一样早早起床，中午饿的时候吃了些自己带的干粮后继续堆山，一筐一筐地运着土。傍晚的时候，眼看这座山只差一筐土就堆好了，可偏偏就在这个时候，天上飘起了雪花。堆山人看了看天气，又摸了摸自己早已咕咕叫的肚子，就想："反正就差一筐土了，不如回家吃饱肚子等雪停了再回来堆。"就这样，这个堆山人回家去了，可一连几天，这个人都想，不过就差一筐土，明天再去吧，所以直到最后，他也没将这最后的一筐土堆到山上。而这座堆了很久的高山，也只是因为差这一筐土而没有完成。

只是因为最后的松懈而浪费了整个努力的过程，以旁观者的角度看来，的确是一件很可惜的事情。可在日常生活中，就是有这样可惜的事情常有发生。所以，我们要以这个典故为戒，告诉自己坚持到最后才能获得最终的成功。

237 当机立断——危急关头，果断处事

这则典故出自《答东阿王笺》，意思是事情已经到了紧要关头，要毫不犹

豫地、果断地去处理。

古时候的某一天，一条狭窄的道路因为一辆装载瓦罐的车而被堵塞。那时又正逢寒冷的冬季，路面覆盖着冰雪，将原本就拥挤的窄路变得更加险峻。

天色渐渐暗了下来，路上的官员行客们成群结队，车马上千。正当这个时候，一个叫刘颇的人快马赶上前来，找到运载瓦罐的车主，问道："你这车上的瓦罐值多少钱？"车主回答说："大约有七八千吧。"刘颇打开自己的包囊，从中取出丝制品，交给车主，意思是作为赔偿，然后叫跟在身边的童仆登上车子，将瓦罐全部推下山崖。就这样，狭窄的道路逐渐通顺，大家都可以顺利前进了。

紧急关头，处理事情要果断，不然只会将事情越拖越糟。

238 盲人摸象——做事不要只求片面

这则典故出自《涅槃经》、《长阿含经》，用来比喻看问题总是不够全面，以偏概全。

很久以前，同一个村子里住着四个盲人。因为是天生的眼疾，所以这四个盲人都没有真正地看见过大象是什么样子的。

一天，一个盲人提出了对大象的幻想，另外三个随即附和，称都想知道大象到底是什么样子的，可因为看不见，所以四个人决定用手去摸、去感受。

在同村一个青年的带领下，四个盲人找到了一头大象。来到大象旁，第一个人盲人伸手去摸了大象，他先摸到的是大象的牙齿，于是就说："我知道了，原来大象就像是一个又大、又粗、又光滑的大萝卜。"轮到第二个盲人去摸象，他抬起手，摸到的是大象的耳朵，于是便说道："不对，不对，大象分明就是一大把蒲扇的样子。"这时，第三个盲人也伸出手去摸大象，他摸到的是大象的腿，于是嚷道："你们说的都不对，大象是一根大柱子样的动物。"最后，第四个盲人在前三个盲人的争论声中抬手去摸大象，他摸到的是大象尾巴，于是便吵着说："你们说的都不对，大象分明就是一根草绳样的东西。"

就这样，四个人开始为大象究竟长什么样子而喋喋不休地争吵了起来，谁也不服输谁，可谁也没说出大象的真正长相。

在认知事物的时候，一定要从多个角度去分析、考察才能得到最全面的了解。片面地去看待一件事情，难免会闹出"盲人摸象"这样的笑话。

239 华佗巧治病——做事要讲求技巧

这是古时候的一则寓言故事,讲述神医华佗巧妙的治病方法。

东汉末期有一位擅长外科的医学家叫华佗,华佗在医学方面很有成就,其治疗的方法通常也很特别。

一次,一个郡守生病了,请来华佗为其医治。华佗经过诊断之后,认为这个人的病只要大怒一场就好了,于是就想了一个治疗的好办法。华佗先是收了这个郡守很多的钱后不给他看病,后来干脆直接丢下病人就走了,还留下了一封骂人的信。郡守花了钱,病没被治好反而还被侮辱,气到了极点,就吩咐人将华佗抓回来,要将其处死。

郡守的儿子知道华佗的用意,就让人不要去捉华佗。郡守在家等了好久见都没有捉住华佗,更加生气,吐出了几口黑血,他的病就这样痊愈了。

做事的时候不一定非要用古板、传统的方法,稍微变通一下,就会有不一样的效果。

240 缘木求鱼——方法不对,就永远不会达到目的

这则典故出自《孟子·梁惠王上》,从字面理解它的意思是爬到树上去找鱼。用来比喻做事的方向或办法不对,不可能达到目的。

战国的时候有个叫孟子的人,他是中国历史上有名的思想家,也是儒家的创始人之一。

有一次,齐国国君齐宣王想要称霸天下,孟子听说这件事情之后便想劝其放弃武力,用仁政征服天下,于是前去求见齐宣王。

见到齐宣王,孟子问齐宣王:"大王您动员全国军队攻打别的国家,这是为什么?"齐宣王答:"为了满足我最大的欲望。"孟子又问:"那您最大的欲望是什么呢?"面对这个问题,齐宣王却只是笑而不答。于是孟子又接着问:"东西不好吃?好看的衣服不够穿?没有好看的艺术品?还是因为侍候您的人不够多?"齐宣王连忙否定:"不不不,我并不是为了这些。"孟子若有所思,说道:"那么,我明白了,您是想征服天下是不是?如果是这样的,那我看您这就好比是爬到树上去捉鱼,怎么会达到目的?"齐宣王一脸疑惑地问道:"后果会是这样的严重?"孟子语重心长地说道:"爬上树去捉鱼,最多就是捉

不到,倒不至于有什么祸害,可如果您将用武力去独霸天下而满足自己的欲望,恐怕,这不仅达不到最初的目的,其后果也将会是不堪设想啊。"

于是,在孟子的劝说下,齐宣王就放弃了攻打别国的想法。

我们每做一件事情,如果最初的方向和方法都是错误的,那么最终我们不可能达到理想中的目的。

  241 过河拆桥——忘恩负义的事情做不得

这则典故出自《元史·彻里帖木耳传》,形容自己过了河,便把桥拆掉。比喻达到目的后,就把曾经帮助自己的人一脚踢开。

元代的时候有一个文学家叫许有壬。他当年通过科举考试进入了官场,后来因为能力出众而被逐渐提升。

有一次,有人奏告元顺帝想要废除科举制度,于是元顺帝叫来大臣们共同商讨,其中包括许有壬。对于废除科举,许有壬表示强烈的反对,甚至和赞同废除科举制度的官员吵了起来。但最终,科举制度还是被废除了。就在诏令下达的时候,元顺帝故意让许有壬跪在里头听。许有壬虽然不情愿,但还是得照做。后来散朝,一个叫普化的官员走到许有壬面前对他说:"你是通过科举当上官的,现在宣读废除科举的诏令,你又跪在第一个,似乎是废除科举制度的领头人,这就好像一个人过了桥后就把桥拆掉一样。可真是'过河拆桥'啊。"

无论是做人还是做事,我们都该怀揣着一颗感恩的心。时刻铭记那些曾经帮助过你的人。过河拆桥这种事情,实在做不得。

第三部分／自我修身

第三部分
自我修身

 242 好逸恶劳——身心的堕落

这则典故出自《后汉书·郭玉传》，意思是喜欢安逸，厌恶劳动。

东汉时期，在汉和帝在位的时候，有一个精通医术的太医名字叫郭玉。经过他治疗过的病，都很快痊愈了。

汉和帝对郭玉的医术十分赞叹，同时更是特别惊讶。一次，汉和帝为了试探郭玉的医术，故意让一个手长得像女人一样的侍臣和一名宫女躲在帷幕后面各伸出一只手，假装是一个人，郭玉把过脉之后说道："这个人左阳右阴，脉有男女。"汉和帝听了之后哈哈大笑。

郭玉是一个很有爱心的人，为人医治的时候从来不看这个人是否有钱、有地位，哪怕十分的贫贱，郭玉都会为其用心地治疗。不过有个奇怪的现象，往往越是地位高的人，郭玉越是医治不好他们的病。汉和帝对此也很纳闷，于是就让一个原来郭玉没有医治好的贵人换上破衣服，假装成穷人，让郭玉为其医治。奇怪的是，郭玉为其针灸过后，居然很快就痊愈了。这让汉和帝非常地疑惑，于是就问郭玉原因。

郭玉听了汉和帝的疑惑之后回答说："因为贵人的地位高，所以我在为他们看病的时候总是心存恐惧，在医治的过程中，自然效果就很差。给地位高的人医治有四个难处，第一是贵人自己心中就有主意，不愿听从我的建议；第二是他们总是不能谨慎地调养自己的身体；第三是贵人的筋骨不够强健；第四是贵人往往好逸恶劳。所以这些原因往往是他们的病不能被治愈的原因。"

汉和帝听了之后连连点头，认为郭玉讲的很有道理。

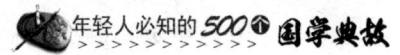

好逸恶劳,不仅是郭玉医治不好贵人的其中一个原因,同时也是贵人生病的原因。这个典故也告诉我们,做人不要好逸恶劳,否则不仅身体会生病,人也会慢慢失去斗志,变得堕落。

 243 多言何益——话在精不在多

这则典故出自《墨子·墨子后语》,意思是多说话并没有好处。

墨子是战国时期著名的思想家、教育家、科学家、军事家、社会活动家,是墨家学派的创始人,创立了墨家学说,并有《墨子》一书传世。

墨子对自己的弟子也是经常地予以教导。一次,他的弟子子禽问他说:"老师,多说话有好处吗?"墨子回答说:"蛤蟆、青蛙,不分白天黑夜地叫不停,叫得口干舌燥,却没有人听它们的叫声,反而引起人们的厌恶。可你再看那些雄鸡,每天只是在黎明的时候啼叫,它的啼鸣却可以让人们早早地起身。所以你说,多说话有什么好处呢?我们只有在契合时机的情况下说话才有用啊。"

关于说话的学问,我们不一定要长篇大论地说得多,抓住时机,讲扣题重点的话,不然说再多也不过是不被人听的废话,甚至还得遭到别人的厌恶。

 244 偷鸭求骂——面对犯过的错,要选择勇敢地去面对

这是古时候的一则寓言故事,它告诉人们,一个人如果做了坏事或者有了缺点,就要勇敢地将它揭露出来,并加以批评,这样才能真正地改正缺点和错误。

很久很久以前,有个地方叫做白家庄,村里住着一个居民,终日游手好闲,小偷小摸。这天白天,这个人因为饥饿,就偷了邻居家的一只鸭子吃,饱餐一顿之后,便昏昏睡去。到了夜里,这个人觉着浑身刺痒难耐,一直等到天亮,才发现,原来浑身长出了毛茸茸的鸭毛,一碰就疼。这个人一下被自己这一身的鸭毛吓到了,四处求医,却也没找到办法医治。

一天夜里,他做了一个梦,梦里有个人告诉他:"你的病是上天给你的惩罚,只有让失主痛骂你一顿,你身上的鸭毛才能脱落。"于是这个人醒来之后赶忙穿好衣服,掩饰好身上的鸭毛,去隔壁找到了被偷鸭子的邻居,承认自己偷了他家的鸭子，邻居可以责骂他一顿。但邻居是个气量很大的老人，就算是平时损失了什么东西也不会表露出来，对于一只鸭子，老人更是没有责骂的意思。这让偷鸭子的人感到十分的尴尬，只好将实情告诉了这个老人，这老人才责骂了他一通，而这个人的病也因为老人的一通骂而痊愈了。

面对自己的缺点和犯下的错误，我们往往是不够勇敢的。其实只要有一颗想改正的心，且勇于改正，我们就会越来越进步。

245 大器晚成——时间磨炼人才

这则典故出自《老子》："大方无隅，大器晚成。"意思是铸造越是大件的物品，冷却凝固的时间就越长，因为冷却时间够长，才能成器。比喻担当重任的人物都是需要较长时间的锻炼，所起成器较晚。

东汉末年，有个叫崔琰的人，从小就喜欢舞枪弄剑，但不爱读书，后来到了二十几岁的时候才开始拜师学习。崔琰很聪明，外加他学习的刻苦，所以很快就成为了一个能文能武的人。崔琰有个弟弟名叫崔林，他平时呆头呆脑，为人又死板，所以被很多人看不起，断定他将来不会有什么大的出息。而崔琰对自己的弟弟却十分有信心，说道："一般才能大的人都是需要很长时间才能显露出自己的才能呢，等崔林年纪再长一些，一定会成为大器的。"后来，果然如崔琰所说，崔林经过努力，成为了魏文帝时期的司空，并被封为安阳侯。

真正的强者都是要经过漫长时间的磨炼才成器，这同时也是自我修身的一个过程。

246 甘拜下风——正确面对失败

这则典故出自《左传·僖公十五年》："皇天后土，实闻君之言，群臣敢在下风。"意思是真心佩服别人，承认自己不如别人。

春秋时期，秦国发生粮荒，因为秦国曾经给予过晋国帮助，所以秦国向晋国求助，但晋国国君晋惠公不肯卖粮食给秦国。秦穆公大怒，遂与晋国发生战争。几番交战，晋国大败，国君晋惠公也成为了秦国的俘虏。

在秦军押着晋惠公返秦的途中，晋国的大夫们垂头丧气地跟在后面。秦穆公见状，对其一行人说道："晋惠公虽然忘恩负义，但我们秦国也不会将你们当做俘虏带回秦国。"晋国大夫们一听，纷纷跪下磕头拜谢说道："群臣在下风，听到了您在上风头说的话，希望您可以说话算数。"后来秦穆公果真说话算数，将晋国大夫们都放了。

当不如别人的时候，我们就该虚心承认别人的优点，然后不断地学习，不断地自我改进，这样才能有进步。甘拜下风，自我修身。

247 鸲鹆噪虎——将自己活成别人的模样，实在可悲

这是古时候的一则寓言故事，讽刺了那些做事没有主见、总是盲目模仿别人的人。

一座山林中住了许多喜鹊。一天，一只老虎出没在丛林之中，喜鹊们见了之后向它大叫。树洞中的八哥见了也跟喜鹊一样冲着老虎大叫。寒鸦见了，于是问喜鹊："你们为什么要冲着老虎大叫呢？它在地上行走，你们在树上筑巢，两者没有任何的瓜葛啊。"喜鹊回答说："每当老虎吼叫的时候都会刮起很大的风，就会将我们的窝从树上揭下来，所以我们才要大叫赶跑它啊。"寒鸦听了之后转头对八哥说道："喜鹊对着老虎叫是因为巢筑在树上，容易被老虎吼叫产生的风揭掉。可你住在树洞之中，怎么也跟着喜鹊一样去对着老虎叫呢？"八哥听了之后无言以对。

从古至今，总是有这样一种人：他们从来没有自己的主见，没有自己的目标，所做的一切都是在不断地模仿别人。这种人永远都是活在别人的影子中，没有真我，与其说可怜，不如说是可悲。

248 河豚之死——小小打击，自暴自弃

这是古时候的一则寓言故事，讲述一条不能经受打击的河豚，最终自暴自弃。

在河中有这样一种生物，名字叫做豚。一天，一只豚在水中快速地游动，不小心撞到了桥的柱子上。这只豚不仅没有反省自己，下次游走的时候要离桥柱子远一点，反而还很愤怒那根桥柱子撞到了自己。于是这个豚越想越生气，吸了一肚子的气浮在水面，很久都没有动一下。一只老鹰从空中飞过，见到久久不动的豚，就冲下去将它吃掉了。可怜的河豚居然是因为同一根桥柱子生气而丧了命。

河豚之死就好像我们生活中的一些人，因为经历些小小的打击就变得自暴自弃，无端地发泄情绪，最终一蹶不振。其实面对打击，应该自我反省，找到错误的根源，这样才会进步，我们才会不断变得强大。

 249 月攘一鸡——改错岂能拖延

这则典故出自《孟子·滕文公下》，寓意是只要清楚了自己的缺点，就要及时改正，不要往后拖延。

古时候，村子里住着一个无赖，这个无赖每天都会偷邻居家的一只鸡。一次，有个好心人告诉这个无赖，偷鸡是不好的行为，不是品德高尚人的做法。这个无赖听了好心人的劝告之后，说："那我就慢慢改正吧。从今天开始，不每天都偷鸡，改成一个月偷一只。等到明年的时候，我就停止偷鸡了。"好心人听了这个无赖的话之后，摇摇头，无奈地走掉了。

一旦我们清楚自己的缺点后，就要及时地改正，不能纵容缺点。拖泥带水的改错方式，只会给自己带来更多的麻烦。

 250 亡羊补牢——为时不晚

这则典故出自《战国策·楚策四》："见兔而顾犬，未为晚也；亡羊而补牢，未为迟也。"比喻出了问题以后想办法补救，可以防止继续受损失。

战国时期，楚国国君楚襄王荒淫无度。大臣庄辛多次劝谏，他都执迷不悟，最后还将庄辛赶出了楚国。不久之后，秦国趁机讨伐楚国，并很快就占领了郢都。楚襄王为此后悔不已，于是派人将被撵到赵国的庄辛请回楚国，并为此前的行为表示了歉意。庄辛说道："见兔而顾犬，未为晚也；亡羊则补牢，未为迟也。"并鼓励楚襄王励精图治，重整旗鼓，从而解除了秦国对楚国的危机。

做错事并不可怕，可怕的是明知道自己做错了事而不及时地改正，反而不断地错上加错，这样，或许最后连补救的机会都没有了。所以人在自我修身的过程中，应该及时改掉自身的毛病。

251 钱货入瓶——永远不会满足的欲望

这是古时候的一则寓言故事，寓意是那些贪婪的人永远都不会得到满足。

古时候，扬州城内有一个乞丐。这个乞丐有一个神奇的瓶子，就是无论如何都不能被装满。这个乞丐每天都会对人说："如果谁能够将这个瓶子装满，谁就可以得到永远的幸福。"可这个瓶子无论是被放进十文钱还是百文钱，都从来没有被装满过。人们对此也很奇怪。

一天，一个有钱人路过乞丐的摊钱，听到乞丐对自己那个瓶子的吆喝。有钱人好奇，放了一千文钱进去，瓶子居然都没有满。这时一个人牵着一头驴路过，问道："一头驴能不能放进去。"乞丐回答可以，于是，只见驴子变得像绳子一样细，它也进入到了瓶子中，而瓶子还是没有满。围观的人都感到很惊讶。一个有几辆货车的人经过，开玩笑说："那让我的货车都装进去，看看能不能满。"乞丐将瓶子倾斜，货车全都进入到了瓶子中。这下货车的主人可傻眼了，刚要抓住乞丐，乞丐已经躲进了瓶子当中。货车主人将瓶子打碎，结果却是一无所有。

典故中，瓶子就像是那些贪婪人们的欲望，永远都不会得到满足。最终瓶子被打碎，贪婪的人一无所有。学会控制欲望，是人生的一门大学问。

 252 井底之蛙——市井小民

这则典故出自《庄子·秋水》，意思是井底的蛙只能看到井口那么大的一块天，比喻见识短浅、思路狭窄的人。

古时候，有一只长年居住在枯井里的青蛙，这只青蛙每天在枯井里生活，并且对自己的这一片小天地满意极了，一有机会便要当众吹嘘一番。

一天，这只青蛙像往常一样吃饱喝足后蹲在井栏上乘凉，忽然见到远处有一只海龟在散步。于是青蛙赶忙喊海龟到自己的井边做客。海龟缓缓爬到青蛙的井边，青蛙开口说道："今天你可真是有运气啊，可以开开眼界参观一下我的居室。那简直就是一座天堂，你大概从来没有见过这样的居所吧？"海龟顺着青蛙所指引的方向往井下看去，只见浅浅的井底积了一摊长满青苔的泥水，还混合着一种扑鼻的霉味。海龟皱起眉头，但青蛙却没有注意到海龟的表情，继续说道："住在这里，简直舒服极了，傍晚可以在井栏边乘凉，深夜可以在井壁的窟窿里睡觉，还可以在水里游泳……"青蛙将自己的住所吹嘘成皇宫，还邀请海龟进去做客。海龟本想拒绝，却又盛情难却，只要硬着头皮往井下走，可才伸出一只脚，就被井栏卡住了。海龟缓缓地退了回来，问青蛙："你听说过大海么？"青蛙天真地摇了摇头，海龟接着说："大海无边无际，甚至用千里都不能形容它的辽阔，用万丈不能表明它的深度。大海就是这样的大，无论时间长短、旱涝变化，都不能让它的水量发生明显的变化。青蛙兄弟，我就生活在大海之中。你看，相比你这一眼枯井，哪个天地更加开阔，哪个住所乐趣更大呢？"青蛙听了海龟的话之后，瞪着眼睛，半天说不出一句话来。

井底的青蛙常年居住在井底，没有见识过更好的地方，所以在他眼中的世界，最好的地方就是它的井底。现实生活中，也有很多这样的人，没见过太大的世面，总以为自己是最好的。所以我们做人，一定要多走、多看、多学，这样才能不断地提高自我，完善自我。

 253 闭门思过——犯错就给自己一个反省的空间

这则典故出自《汉书·韩延寿传》，意思是关起门来思考自己的过错，比喻自我反省，改过自新。

西汉昭帝时，燕国人韩延寿在左冯翊担任太守。一次，他去高陵县巡视，正好碰到两个兄弟在争执，于是便上前询问情况。

其中一个人说道："我的弟弟占了我的耕地。"另一个争辩道："那地本来就是父母在世的时候分给我的，是我的哥哥不讲道理，非说是分给他的。"

韩延寿听了两兄弟的争执原因之后，十分惭愧地说道："我作为太守，一郡之长，不能好好地教化我的百姓，反而让骨肉之间发生这样的争执，既伤风化，又使贤人孝子受耻。这些责任都在我的身上，我该退职让贤啊。"

从那之后，韩延寿便以身体不适为由，不再处理公务，独自一人待在房间，关上门，思考自己的过错。

后来发生争执的两兄弟听说了韩延寿的举动之后，深受感化，他们流着泪来到韩延寿的居所请罪。韩延寿见兄弟二人已经觉醒，并决心痛改前非，才面露喜色。但韩延寿因为从这件事情看到了自己当太守的不足，因不能尽到自己的责任而引发的过失，也不仅仰天垂泪。

无论为人如何,也无论你身居何职,只要在犯错后懂得反思并改正,就一定会有更大的进步空间。

254 呆若木鸡——以永恒的淡定,面对一世的喧嚣

这则典故出自《庄子·达生》,形容因恐惧或惊异而发愣的样子。

战国时,斗鸡是贵族间寻欢作乐的一项活动。齐王也是当时的一位斗鸡迷,且好胜心极强。为了在斗鸡场上取胜,齐王特地请了专家纪渻子帮他训鸡。

将鸡送到纪渻子那里后,求胜心切的齐王几天便来催问鸡有没有被训练好。纪渻子回答:"还没有训练好,这只鸡现在一见到对手就跃跃欲试,沉不住气。"过了几天,齐王又派人来问鸡有没有被训练好,纪渻子说:"现在还是不行,虽然现在鸡不乱动了,但是还不够沉稳。"又过了几天,当齐王的人再次来到纪渻子家中的时候,纪渻子终于回答说:"请你回去告诉齐王,我已经将鸡训练好了。现在这只鸡即使听到其他的鸡打鸣,也不会有什么变化了,看上去就像是一只木鸡一样。因为他的精神已经全部都凝聚在内,不会有别的鸡敢于和它对战了。"

齐王带着这只纪渻子训练好的鸡来到斗鸡场后,只见对手的鸡又叫又跳,而纪渻子训练的这只鸡就像是一只木鸡一样,一点反应也没有。别的鸡见到它那副呆样,竟然被吓跑了。而从那之后,齐王带着这只"呆鸡"和别人斗,场场获胜。

庄子认为,其实呆若木鸡并不是真的呆,而只是表象的"呆",实乃隐藏锋芒,淡定自若,用气势将群鸡吓退。在我们修身养性的过程中,也应该学会沉着,这才是真正有智慧人的表现。

255 津人操舟——心无杂念,操事自如

这则典故出自《庄子·达生》,寓意是无论我们做任何事情都必须要认真地投入,抛开得失之心。

春秋时期,圣人孔子有一位得意弟子,名叫颜回,他聪明且虚心好学。

一次,颜回向一位驾船技术很高的船夫请教:"我可以学会驾船的技巧吗?"船夫回答:"当然可以啊,会游泳的人只要多多练习几次驾船的技术就

可以学会，而如果会潜水的人只要见到船就已经会操作了。"

请教过船夫后，颜回不明白船夫的意思，于是找到了老师孔子。孔子听了颜回的疑惑，想了想说道："会游泳的人熟悉水性，所以对水没有恐惧感，因此多加几次练习就可以很好地学会驾船的技术。而那些懂得潜水的人已经看过太多次翻船的危险，认为这是很平常的事情，根本不会将它放在心上，所以见到船就可以很轻松地掌握驾船的要领了啊。"

颜回听了老师的话之后恍然大悟，说道："看来，凡是重视外物的人，他的心一定是笨拙的，只要将一切危险的事情当做平常，那么做事就一定会成功的。"

之所以有人总是失败，是因为心存杂念，害怕危险，如果我们可以将内心的所有顾虑和杂念都放下，那么做事的时候又怎么会不成功呢？

 256 越工操舟——人不要高估自己的能力

这则典故出自《郁离子》，寓意是人一定要有自知之明。

古时候，越国有个很善于造船的人，很多人都用他造船，逐渐地，这个人在当地就小有了名气了。后来越国国君知道了这个善于造船的越国人，就让他为国家造船，并供给他上等的食物和丰厚的俸禄。这个人就这样成为了越国无人不知、无人不晓的造船宗师。

因为总是能听到那些奉承的话，这个善于造船的越国人慢慢开始自我膨胀，变成了一个喜欢表现自己、追名逐利的人。一年多之后。他对国君说："大王，我不仅善于造船，而且还很会驾船。"因为越国人都很熟悉水性，而且他还是造船的高手，所以越国国君丝毫没有怀疑地就相信了他。

一次水上任务，越国国君让这个善于造船的人驾船。结果当天刮起大风，这个善于造船的人跌入水中被淹死了。

这个善于造船的越国人，因为不断地听着大家的夸奖而逐渐自我膨胀，最终无限贪婪地想再听到更多的夸奖，最终丧命水中，实在令人惋惜。如果这个越国人可以稍微地懂得满足，就不会发生后来的悲剧，所以，人在追求名利的同时，也要适当地懂得满足。

257 姜从树生——有错就认错，何必在乎面子

这则典故出自《雪涛小说》，讽刺了那些因死要面子而固执己见的人。

古时候，楚国有个书生，这个书生因为不认识姜，于是就对别人说："姜这种东西，一定是从树上结出来的。"一些见过姜的人听他这样说，就好心告诉他说，姜是长在土地里的。可这个固执的书生却不相信，还是认为自己说的对，于是说道："姜就是长在树上的，不信我们找十个人来问，如果大家认为你说的对，那么我就输给你一头毛驴；如果大家都觉着我说的对，那你就要给我一头毛驴。"

于是两个人在城中问了十个人姜是从哪里长出来的，结果十个人都说是从土地中长出来的。这个书生被气得面色苍白，说道："好吧，我给你一头毛驴，但是告诉你，姜还是从树上长出来的。"

明知道自己已经错了，就要虚心低下头去承认，死要着面子只会让自己觉着难受，而且还不能进步。

258 一狙搏矢——骄傲的代价

这则典故出自《庄子·徐无鬼》，寓意是做人不要太过骄傲自大。

战国时期，吴王渡过长江，来到了一个猕猴聚居的山岭。猴群们见到吴王打猎的队伍，都惊惶地四处逃走，躲了起来。有一个猴子留在原地没有逃走，从容不迫地抓住树枝在吴王面前晃来晃去，显示它的灵巧。吴王见状，就用箭射它。只见这只猴子敏捷地躲开了吴王射过来的飞箭，面带得意的表情蹲在树上。吴王遂下令让左右随从一同发箭，树上的猴子来不及躲避，就这样被射死了。

这时，吴王转身同他的朋友颜不疑说道："这只猴子刚才用它的灵活向我显摆，还很蔑视我，最终受到了这样的惩罚而死。我们要以此为戒，不要用傲气对待其他人。"

一个人本领再大，也不要心怀骄傲地去蔑视任何事物，这是一种品质，更是一种人生的修行。

259 许金不酬——承诺怎可不兑现

这是一则古代的寓言故事,告诉我们做人一定要言而有信。

古时候,在济阴(今山西省荣河县境)有个商人,说话总是言而无信。一次,这个商人在乘船渡河的时候,不小心从船上跌落到了水里,他抓着水中的浮草上拼命求救。这时,有一个渔夫划船过来,还没有靠近商人,商人就着急地对渔夫喊道:"我是济水一带的大富翁,如果你能救了我,我就给你一百两银子作为感谢。"于是渔夫将这个商人救到了自己的船上,却不想,到了岸上,这个商人只给了渔夫十两银子,渔夫问:"你当初承诺说如果我救了你,你就给我一百两,可现在为什么只有十两?"商人不屑地看着渔夫说道:"你不过就是一个打鱼的吗?你一天的收入又能有多少呢?你就这样突然得到了十两银子,你难道还不满足吗?"渔夫看了看骄傲的商人,没说什么,就走了。

几天后,这个商人再次乘船渡河,船触礁沉没,落入水中的商人再次大声求救。而那个曾救过他的渔夫就在不远的地方看着他,无动于衷。有人问渔夫:"你为什么不去救他啊?"渔夫说:"因为他是一个言而无信的人。"说完便撑船上岸了,而那个商人很快就沉到了水底淹死了。

信任就像一张白纸,皱了一次就再也没办法抚平。所以,在生活中,我们不要随便地去承诺,一旦有所承诺,就一定要去兑现。

 260 孔融让梨——良好的品行应该从小养成

这则典故出自《世说新语笺疏》,教育人们凡事应该懂得谦让。

很久很久之前,有个小孩名叫孔融,是家中六个兄弟里最年幼的一个,大家都叫他小六儿。孔融性格活泼、随和,家里的每个人都很喜欢他。虽然家中的兄弟众多,但是他爸爸妈妈对他们每个人的要求都很严格,告诉他们对人要讲礼貌,说话要和气,无论做什么事情,兄弟之间一定要懂得礼让,不可以光想着自己,在别人有困难的时候要给予帮助。孔融虽然年纪小,但爸爸妈妈告诉他的话他都会铭记在心中,并且总是抢着做事情,帮别人分担劳动,非常讨人喜欢。

在孔融四岁那年,他爸爸的一个学生来看望老师和师母,并且带来了一大筐梨。客人让孔融将梨分给大家吃，爸爸点头同意，小孔融站起来开始为大家分梨。他先是拿了一个最大的梨给客人，然后又挑了两个最大的梨给父母，再将大的一个一个地分给了哥哥们，最后才在一大堆的梨中拿了最小的一个留给自己。

客人对小孔融能有这样的举动感到很奇怪，于是问道："你为什么要选一个最小的梨给自己呢？"孔融回答说："因为我年纪最小，当然要吃最小的了。"客人听了孔融的回答之后连连夸赞，爸爸也满意地点了点头。

后来，爸爸的学生将孔融让梨的事情写成了文章，被大家传诵到今天。

谦虚礼让是中华民族的传统美德，我们在修炼自我的同时，还要将这种美德传颂，并发扬光大。

261 防微杜渐——将祸患扼杀在萌芽之中

这则典故出自《后汉书·丁鸿列传》，意思是在坏思想、坏事或错误刚冒头时，就加以防止、杜绝，不让其发展下去。又作"杜渐防萌"。

东汉时期，汉和帝即位的时候年仅十四岁，因为年幼，所以由窦太后执政，而窦太后的哥哥窦宪又是朝中大将军。所以，朝中的大权就这样落到了窦氏兄妹的手中。他们在朝中为所欲为，密谋夺权。眼看这种现象，朝中的大臣们都十分着急，为汉室捏了一把汗。有一个叫司徒丁鸿的大臣十分有学问，对经书也极有研究。面对窦太后的专权，司徒丁鸿十分气愤，决心要为国家铲除这一祸根。

一天，天上发生了日蚀，于是司徒丁鸿就借此因由，说这是一个不好的预兆，上书和帝，建议他趁着窦氏兄妹权势尚不大的时候赶紧制止，以防后患，这样国家才能安定下来。司徒丁鸿在奏章里说道："任何事情在刚开始萌芽的时候都很容易制止，等到其发展壮大之后再去消除，那就十分困难了。"和帝本来也早就有这种打算，于是就采纳了司徒丁鸿的意见，并任命其为太尉兼卫尉，进驻南北二宫，同时罢掉窦宪的官。后来窦氏兄妹知道罪责难逃，于是就都自杀了，从而避免了一场可能发生的宫廷政变。

任何事情都是从细微处一点一点发展起来的，所以我们在发现问题的时候一定要及时地处理，将祸患扼杀在摇篮当中，避免事情发展到不可收拾的地步。

262 分庭抗礼——平起平坐

这则典故出自《庄子·渔父》:"万乘之主,千乘之君,见夫子未尝不分庭抗礼。"原指宾主相见,分站在庭的两边,相对行礼。现比喻平起平坐,彼此对等的关系。

春秋时期,圣人孔子在探求知识的时候,从不在乎求教对象的尊卑贵贱。一次,孔子领着他的弟子们在河边游玩,碰见了一个渔翁。上前攀谈几句后,孔子发现这个渔翁对知识的见解很深刻,于是孔子就虔诚地向这个渔翁求教。孔子说道:"我从读书到现在,已经六十九岁了,还没有听过像您这样高深的教诲。今天能有幸碰到您这样的圣人,我怎么能不虚心求教呢?"渔翁被孔子的诚心感动,就讲了一大套有关政治哲学及人生修养方面的道理。孔子深深地佩服,就要求渔翁收自己为徒。可几番请求,渔翁还是拒绝了孔子的要求。

渔翁走后,孔子呆呆地望向渔翁渐渐远去的船,一动不动地站在那里。这时,弟子子路为老师不平地说道:"我跟从老师学习这么多年,还没见过一个老头这么傲慢。以往老师您同天子诸侯见面都是分庭抗礼,今天居然对一个渔夫如此谦卑恭敬,实在是不可理解。"孔子听了很不高兴地回答说:"你这样可真是愚钝啊。遇到长者不敬是失礼,遇到贤者不尊是不仁,失礼不仁是祸患之源。这位老者是精通事理的贤士高人,我怎么能与他分庭抗礼呢?"

孔子同天子诸侯都是分庭抗礼,如今面对一个老渔翁居然毕恭毕敬、虚心求教,由此可见孔子对求知的态度,而这种态度也是他可以成为我国伟大圣人的原因。

263 不为五斗米折腰——无论何种境地,都不要丢失自己的尊严

这则典故出自《晋书·陶潜传》:"潜叹曰:'吾不能为五斗米折腰,拳拳事乡里小人邪!'"比喻为人清高,有骨气,不为利禄所动。

晋代诗人陶渊明是我国著名的田园诗人,极有才华。陶渊明曾经为了养家糊口去离家不远的彭泽当县令。一年冬天,郡太守派出一名督邮去彭泽县视察。这个督邮是个粗俗而有傲慢的人,有权有势,但品位很低,在太守面前很会拍马屁。他一到达彭泽,就让人把县令陶渊明叫来。陶渊明虽然不喜欢这种人,但又不得不即刻起身去见。却不料,刚动身的时候就被县吏拦住

了，说道："大人，参见督邮要穿上官服，并且束上大带，不然是有失体统的。如果督邮趁机借此大做文章，那么对大人一定会很不利的。"

这一番话让陶渊明实在忍受不下去了，长叹一声说道："吾不能为五斗米折腰，拳拳事乡里小人邪！"说罢，取出官印，写了一封辞职信，随即离开了只当了八十多天县令的彭泽县。

陶渊明做官虽然是为了养家糊口，但在权贵面前，他不趋炎附势，不为五斗米折腰，这种清高的品行值得我们学习。

264 宰相肚里能撑船——宽容的哲学

这是古时候的一则寓言故事，用来形容一个人宽宏大量。

古时候有个宰相，在年近古稀的时候娶了一个名叫彩玉的小媳妇。彩玉年方二九，长得如花似玉。老宰相娶了彩玉是十分开心，可彩玉嫁给了这个老宰相却是闷闷不乐。母亲将自己嫁给这个老宰相，虽然是有享不尽的荣华富贵，但这老宰相毕竟已经是个老头子了啊。

一天，彩玉独自到后花园里去赏花散步，正巧遇到了住在后花园旁边厨师。这位赵姓家厨做得一手好吃的祖传骨酥鱼，人长得也是年轻帅气。彩玉和这个赵家厨师交谈过后便由此一见钟情。从那之后，两个人就开始偷偷地到后花园里约会。可见面的时间总是太短，这让两个人十分沮丧。

一天，彩玉把厨师约到后花园，说道："我们在一起的时间总是太短，现在我有一个计策，可以让我们两个每天在一起的时间多一点。"厨师好奇地看着彩玉。原来，老宰相怕耽误每天的上朝时间，特意养了一只朝鸟。这只鸟每天五更就开始叫，老宰相听到鸟叫之后就起身去上朝。彩玉于是在这只鸟身上打起了主意。厨师每天四更就用竹竿儿去捅朝鸟，这样鸟就会提前叫，等老宰相一走，两个人就可以在一起偷偷约会了。

这天，老宰相听到了朝鸟的叫声，连忙起身去上朝，却不想才走到朝房门外，刚好鼓打四更。老宰相纳闷，这个鸟怎么叫得不准了，就转身回家。刚回到家中，就发现了真相，但老宰相并没有声张，直接又去上朝了。

转眼到了中秋，老宰相把彩玉和厨师两个人叫到了一起，作诗道："中秋之夜月当空，朝鸟不叫竹竿捅。花枝落到粉团上，老姜躲在门外听。"这厨师一听，知道自己和彩玉的事情露馅儿了，慌忙跪在地上说道："八月中秋月儿圆，小厨知罪跪桌前。大人莫把小人怪，宰相肚里能撑船。"彩玉见这两个人已经将事情挑明了，于是也连忙跪在地上说道："中秋良霄月偏西，十八妙龄伴古稀。相爷若肯抬贵手，粉团刚好配花枝。"老宰相一听哈哈大笑，说道："花枝粉团既相宜，远离相府成夫妻。两情若是久长时，莫忘圣旨骨酥鱼。"彩玉和厨师两个人听了老宰相的这番话之后，连忙跪在地上谢恩。从此，宰相肚里能撑船的故事也慢慢在民间流传开了。

宽容是一本我们一生都在学习的大书，面对别人的伤害，面对别人侵害到自己的过错，我们懂得宽容、懂得放手，在饶恕别人的同时，其实也是对自己的慈爱。

 265 齐人攫金——利欲熏心后的荒谬行为

这则典故出自《列子·说符》，形容因贪利而失去了理智，利欲熏心，不顾一切。

古时候，齐国有个非常想得到金子的人。这个人每天都在幻想自己可以无缘由地得到好多好多的金子。想得太久了，于是这个人就想走到外面去寻找金子。

一天早上，这个齐国人穿戴好衣帽来到了集市上，走了一大圈，到了一个卖金子的地方。于是这个人走上前去拿起金子便离开了。此时恰巧巡官经过，就将这个人抓住扭送到了衙门。到了衙门后，县官问他："人都在那里，你为什么要抢别人家的金子呢？"这个齐国人却回答说："我在拿金子的时候根本就没有看到人，只看到了金子。"

追求财富可以使我们的生活提高，享受更好的物质生活，这是人之常情，但一个人要是因为过分地想要追求物质生活，而做出那些出格的事情，那就实在是不应该了。无论面对怎样的物质生活条件，我们始终都应该保持一份平常心。

 266 蜘蛛与蚕——一样吐丝，两种境界

这是古时的一则寓言故事，寓言生动地将自私自利和大公忘私的两种人进行了对比。

很久很久之前，有一只蜘蛛和一只蚕在一户人家里生存。蜘蛛和蚕每天都会见面，久而久之，便熟络起来。

一天，蜘蛛爬到蚕的旁边说道："我们两个虽然都会吐丝，但是我的丝可以帮我建立王国，让我纵横在天地之间，而你呢，作茧自缚，丝尽而死。相比较，我的丝可比你的丝有价值多了。"蚕看了一眼骄傲的蜘蛛，回答说："我的丝虽然不能帮我建立王国，让我纵横在天地之间，但我的丝能给帮助人们织绸缎，上至文武百官，下至平民百姓，让每个人都能有衣服穿。我是牺牲了自己，让大家获益。你的丝呢？网捉蚊蝇小虫，为了自己的吃饱而捕杀它命。简直就是损人利己的行为，这样说，你的丝价值何在呢？"

蜘蛛听了蚕的话，灰溜溜地走掉了。

寓言中的蜘蛛和蚕代表了两种人。一种像蜘蛛那样，为了自己的私欲而损害他人；另一种则是不断地在牺牲自己，而服务了他人。两相比较，我们该学习蚕吐丝的精神，这样我们的社会大家庭才会越来越好。

267 北人食菱——不懂装懂的大笑话

这是古时的一则寓言故事，寓意讽刺那些本来不知道但是故意表现自己知道的人。

古时候，有一个在南方做官的北方人。这个人因为从小就一直在北方生活，所以不认识南方的菱角。一次，这个人在酒席上见到菱角，因为不知道该怎么食用，于是连菱角壳都一起放进了嘴里吃。旁边有人见到他这样，就说道："菱角是必须要去掉壳子才能吃的啊。"那个人为了掩饰自己不认识菱角的事实，就说道："这个我是知道的，我之所以将壳一起放进嘴里吃，是因为想要清热解毒。"然后别人又问："在北方也有这种东西的吗？"那个人回答说："当然有的，前面的山，后面的山，哪块地没有菱角呢？"说完这句话，全桌的人都哄笑了起来。原来，菱角是生长在水中的，而这个人却说菱角是生长在土地当中的。硬将自己不知道的东西说成是知道，结果闹出了这样一个大笑话。

知识的学习是无穷无尽的，再有能力的人也一定会有他不知道的东西，所以，面对自己不懂的东西时，我们不要掩饰，这样只会让自己的见识停滞不前。要学会虚心求教，才会有进步。

268 死而不朽——精神不死才是真正的永垂不朽

这则典故出自《国语·晋语八》："鲁先大夫臧文仲，其身殁矣，其言立于后世，此之谓死而不朽。"指身虽死而声名、事业长存。

公元前549年，鲁国的大夫穆叔奉命到晋国去访问。晋国的卿范宣子接待了他，并且与他交谈起来。范宣子问穆叔："您知道古人的那句'死而不朽'是什么意思吗？"穆叔不知道范宣子提出这个问题的用意是什么，所以并没有马上就回答。范宣子以为是穆叔回答不上来，就得意地说道："我的祖先，虞舜前是陶唐氏，在商朗是象韦氏，在周朝则是唐社氏。周王室衰败以后，由晋国主持中原的盟会，执政的是范氏。所谓'死而不朽'，恐怕说的就是这个吧。"穆叔听到范宣子这样说，觉着很不入耳，于是就说道："根据我所听到的，这叫做世禄，也就是世世代代享受禄位，而不是'不朽'。鲁国有一位已经去世的大夫，名字叫臧文种，在他死了之后，他的话世世代代都没有被人们废弃。所谓的'不朽'，大概说的就是这个吧。"穆叔看了看范宣子继续说道，"我听说，最高的是树立功行，其次是树立创业，再其次是树立言论。如果有人可以做到这样的话，那么虽然死了也是久久不会被人们所遗忘，这叫做不朽。如果只是保存和接受姓氏，用来守住宗庙，让世世代代不断祭祀，那是每个国家都有的，根本不能说是不朽。"范宣子被穆叔的一番话说得哑口无言。

人生在世，短短百年，精神永存，才是真正的死而不朽。

269 洁身自好——何惧世道污浊

这则典故出自《楚辞·渔父》："又安能以皎皎之白，而蒙世俗之尘埃乎？"指保持自己的清白。

屈原是战国时期楚国的大夫，我国伟大的政治家和爱国诗人，后来因为不与同朝贪官同流合污而最终遭人陷害流放。

屈原喜欢一边走一边吟唱着楚国的诗歌，心中牵挂国家大事。一天，屈原边走边吟唱诗歌，不知不觉就走到了湘江边。一个渔夫见到已经落魄的屈原，惊讶地问道："你不就是屈原大夫么？您怎么落到这般地步？"屈原叹了口气回答说："如今的世道，就好像这泛滥的江水一样的浑浊，而我却像山泉一样的清澈。"渔夫故意问："既然世道浑浊，那你为什么不搅动泥沙，推波助澜？这样辛苦地洁身自好，却遭到了这样的下场。"屈原说："一个人在洗过头发之后戴帽，总是要先弹去帽子上的灰尘；在洗过澡后穿衣服，总是要先抖直衣服。我怎么能使我自己洁净的身躯被肮脏的东西污染呢？"渔夫听了屈原的一番话之后，对屈原高尚的品格十分再佩服，于是唱着歌，划船离开了。

哪怕世道污浊，我们自己就是最好的"清洁剂"，如果每个人都能做到洁身自好，那么这个社会、这个国家怎会不繁荣昌盛、安乐祥和呢？

270 安贫乐道——坚持信念，何苦抱怨

这则典故本是中国古代的一个成语，意思是安于贫穷，以坚持自己的信念为乐，乃旧时大夫们所主张的处事之道。

相传，圣人孔子共有学生三千，最出名的有七十二个人，其中有一个叫颜回的学生，是孔子最得意的门生之一。

颜回，字子渊，所以也叫颜渊。在孔子看来，颜回的一举一动都是特别符合他的心意的。所以孔子常常用颜回的事例去教育他的其他学生。一次，鲁国国君问孔子三千弟子中谁最好学，孔子回答说："只有颜回啊。而且他在遇到发怒的时候也能做到随发随化，从来不将自己的愤怒情绪转移到其他的事情上去。遇到错误就一定会改正，从来不犯第二次错。"

然而，好学的颜回因为经历了太过痛苦，在二十九岁的时候头发就已经全都白了，年仅四十岁就辞世了。孔子对这个弟子的离去十分悲痛。

西汉时期，有个著名的经学家叫孔安国，研究儒家经学研究得很透彻。一次，孔安国对颜回的品德进行评价，说道："这是安于贫而乐于道。"

颜回之所以这样优秀，让孔子喜欢，是因为他从来不去抱怨自己的生活，反而很享受坚持自己信念的过程。要做到安贫乐道很不容易，坚持自己的信念，不去抱怨身处的环境和情绪，不停歇脚步地去努力，最终，你就一定会成为你想成为的那种人。

271 纸上谈兵——不怕经验尚浅，就怕自以为是

这则典故出自《史记·廉颇蔺相如列传》，意思是只在文字上谈用兵策略，比喻不联系实际情况，空谈理论，根本不能解决实际问题。

战国时期，名将赵奢为赵国屡建战功，深受赵王的重用。赵奢有个儿子，名叫赵括，虽然从小就读了很多的兵书，在谈论起用兵之道的时候滔滔不绝，可却从来没有带兵出战过。赵括这个人很自以为是，总是觉着自己饱读兵书，是个了不起的军事家，甚至他的父亲都不如他，狂妄地认为自己天下无敌。父亲赵奢在对自己儿子的评价中，不仅没有半点的赞扬，反而总是担忧地说道："日后一定不可以让赵括带兵打仗，如果他带兵打仗，那么一定会断送赵国的前程。"

在赵奢死后，一次秦国大举进攻赵国，且兵强马壮，赵王派很有经验的名将廉颇迎敌，但因为迟迟没有突破进展，再加秦军派人在赵国散播谣言说："秦军只怕赵括担任大将军。"糊涂的赵王头脑一热，真的让赵括取代廉颇当上了大将军。

赵括遂赶赴前线，开始胡乱地指挥起来。在敌强我弱的情况下，赵括完全改变了廉颇的作战策略，大批地撤换将官。一时间，赵军人心惶惶，军心涣散。

秦军得知赵王中了自己的计策之后，遂趁热打铁，在一天深夜偷袭赵营，假装战败逃窜，同时暗中切断了赵军的粮道。毫无作战经验的赵括根本看不出秦军的这个计策，沉浸在"胜利"的喜悦之中，想乘胜追击，紧追秦军的逃跑路线。结果在追击了一段时间之后被秦军的伏兵拦腰截断，赵军首尾不能相顾，就这样被秦军包围，而粮道又被秦军截断。一面是强大的敌人，另一面是早已丧失了战斗力的军队，四十万赵军就在这样的境地中最终全军覆没，而自以为是的赵括也被乱箭射死。赵国也是从那之后，没了往日的辉煌，一蹶不振。

赵括虽然饱读兵书，但却毫无实战经验，最终中计大败，还断送了自己的性命，这同他的经验不足自然有很大的关系，同时与他自以为是的性格也是分不开的。人外有人，天外有天，你以为自己是天下无敌，其实不过是别人眼中的一个毫无战斗力的小人物罢了。

272 方士大言——吹牛的代价

这则典故出自《艾子后语》，寓意是我们不要只贪图嘴上的一时痛快，肆无忌惮地吹牛说谎，这样的后果弄不好会把自己的性命断送。

古时候，赵国有个方士，他说话特别的离谱，每当别人问他多大年岁的时候，他都会摇头说自己记不清了，只记得自己在很小的时候，远古的伏羲曾给他看过病。（伏羲，在《史记》中被称为伏牺，传说中的古代君主，华夏太古三皇之天皇，与女娲共同被人尊称为人类的始祖。龙身人首，因而被后人称之为龙祖。）女娲时，天地变迁，正是因为他站在中间，天下才得以平安，无论是尝百草的神农还是黄帝之后的尧舜禹，都与他有着不浅的交情。

这个方士还说，一次，天神西王母请他喝酒，他大醉了一场，直到今天还没有完全醒酒，所以根本不知道如今是何年何月了。就在这个方士的事迹被众人传说的时候，恰巧赵王从马上跌下，摔伤了筋骨。赵王听信别人说要用千岁以上的血粉才能完全治愈，于是遂派人捉来了这个经过古今的方士，准备杀头取血。这方士见到锋利的砍头铡刀的时候才吓得说了实话，说自己不过是几十岁的人而已，那些走过古今的事情都是自己吹牛编造的，只是为了图嘴上一时的痛快。

从古至今，喜欢吹牛的人都不胜其数，就好像是人的一种先天的本领，无需修炼，更不需要去钻研学习，随便一说，就掌握了吹牛的技巧和精华。然而这种先天的本领却是一种致命的恶习，吹出去的话，不过是一时的嘴巴过瘾，等到善后的时候，前言不搭后语，小则尴尬无地自容，重则像这个方士一样，差点断送了自己的性命。

273 宠辱不惊——永远的平常心

这则典故出自《新唐书·卢承庆传》，意思是受宠受辱都不在乎。指不因个人得失而动心。

唐朝的时候，有个叫卢承庆的人，为官清廉，做事认真。卢承庆的职责主要是负责考核官员。当时的官员是有级别标准的，在大体上分为上中下三等，然后在每一级别上再分上中下。就比如，最好的是上上，最差的是下下。

一次，卢承庆考核一个监督运粮的官员，这个人在运粮食的过程中，因为船翻，而导致很多的粮食掉进了河里。所以，卢承庆给这个运粮的官员一个中下的评判。但这个官员并没有因为这个中下的评价而生气，依旧像往常一样地谈笑自若。这个态度让卢承庆觉着这个官员是认识到了自己错误，是个不错的人，就这个角度来说，还算是有责任心，于是就将评价改成了中中。这个运粮的官员见到自己的评价上升了一个级别，也没有因此而高兴。卢承庆心想："这个人可真绝，无论怎样，都能坦然地面对，可谓宠辱不惊。"

后来，卢承庆调查得知，那次的翻船并不是因为那个运粮官员的管理不善而造成，是因为突然遇到的大风将粮船吹翻，并非人为。于是卢承庆特意又将那个官员的评价改成了中上。而这个官员依旧保持坦然的态度，这让卢承庆对他的印象非常好，并在日后吏部考核的时候注意提拔了他。

在我们修心的过程中，如果能将一切荣辱置之度外，那么在做事的过程中，就一定会尽全心，收获自己满意的结果。宠辱不惊，是做人的高超境界。

 274 扁鹊换心——长短互补才能更加完美

这则典故出自《列子·汤问》，寓意人要取长补短才能变得完美。

扁鹊是战国时期的医学家，因为精通医术，所以被尊称为医祖。

鲁公扈和赵齐婴是扁鹊的两个病人，这两个人都患有轻微的病痛，一齐向扁鹊请医。一番诊断之后，扁鹊说："公扈的病主要是意志很强但身体却很弱，拥有计谋但并不果断。而齐婴，你的病和公扈的病恰恰相反，你志气薄弱身体却很好，没有谋虑，过于执着。如果能将你们二人的心脏互换，那么就可以平衡二位的病症，两位的病也就治愈了。"

扁鹊让鲁公扈和赵齐婴喝下了毒酒，在二人昏死三天的过程中，剖开胸腔，将二人心脏互换，后又给他们吃了神药，不多时二人便醒了过来。就这样，两个健康的人向扁鹊谢过之后就高兴地告辞回家了。

现实生活中，互换过心脏之后就可以将缺点变成优点的事情是不存在的，哪怕是医祖扁鹊也是做不到这一点的。这只不过是一则寓言故事，用换心打了个比方，告诉我们，每个人都会有自己的长处和短处，而将自己变得更加完美的方法就是取人之长补己之短。

275 不欺暗室——君子的坦荡

这则典故出自《列女传·卫灵夫人》，意思是在没有人看见的地方，也不做见不得人的事。

周朝时期，卫国有个贤人名叫蘧伯玉。这个人十分注重自己的一言一行。一次，国君卫灵公和夫人南子正坐在宫里聊天，忽然听见外面有一辆车子过来的声音，声音渐行渐近，而到了门口了，车子的声音就不响了。过了一会儿，辚辚的车声又响了起来。南子说："这辆车上坐着的人，一定是蘧伯玉。"卫灵公问："你怎么知道就一定是他呢？"南子解释说："从礼节上来说，做臣子的，在路过君王之门的时候是一定要下车的，在看见君主使用的车马应该行礼表示尊敬之心。是君子，就不会在没有人看见的地方放纵他的品行。蘧伯玉是个贤人君子，肯定不会在无人看见的地方就失去了礼仪。"听了南子的一番话，卫灵公遂派人去问刚才路过是不是蘧伯玉的车子，结果不出所料，刚刚路过的，的确是蘧伯玉的车子。

我们做人，不应该在有人的时候表现出一份完美的状态，而没有人的时候又露出了另一番姿态。有人没人都应该做到一个样子，这才是真正的君子。

 276 宁为玉碎，不为瓦全——宁可骄傲地死去，也不卑微地活着

这则典故出自《北齐书·元景安传》："大丈夫宁可玉碎，不能瓦全。"意思是宁愿作为玉器被打碎，也不愿作为瓦片而被保全下来。比喻宁愿为正义守大节而死，也不愿苟且偷生。

公元550年，北朝魏国的丞相高洋谋朝篡位，逼迫皇帝孝敬帝退位，自己当上了皇帝，建立了北齐。高洋这个人做事心狠手辣，为了不留后患，他将孝敬帝和他的三个儿子全都杀死了。

因为做了坏事，所以高洋的心里一直很害怕。一天，天空出现了日食，高洋就担心这是一个不祥的兆头，于是就问身边的亲信："西汉末年的时候，王莽篡夺刘家天下，而最后却又被光武帝刘秀重新夺回天下，原因是什么呢？"被问的这个亲信因为说不清楚，于是就应付地说是因为没有斩草除根，没将刘氏宗室的人杀干净。高洋信以为真，于是开始肆意残杀魏国的宗室，甚至小孩也不放过。高洋这样残忍的行为让魏国宗室的远房宗族感到十分的害怕，担心他们自己也会有一天突然被高洋杀掉，于是聚在一起商议对策。

宗室中有个叫元景安的人，是个县令。他提议，让宗室里的人改掉姓氏，不再姓元，而姓高。这个建议一提出，立马被他的堂兄元景皓断然拒绝，并说："改变姓氏是绝对不可以的，大丈夫宁愿作为玉器被打碎，也不能作为瓦片保存下来。宁愿高贵地死去，也不愿意屈辱地活着。"

后来，元景皓因为元景安的告密而被处死。三个月后，高洋病死，而他建立的北齐也在十八年后宣告灭亡。

人既然活在这是世上就要活得有骨气，与其屈辱地活着，不如骄傲地死去。

 277 田父遗产——勤劳和勤俭是人生中最宝贵的财富

这是古时候的一则寓言故事，讲述一个农夫在临终前对自己子孙的告诫。

很久很久之前，村子里有一个农夫，自幼丧父，因为生活贫困，他三十岁了才娶妻。

农夫很勤劳，每天太阳刚刚升起他就外出耕作，直到晚上很晚才回家。家中的生活逐渐有些好转，于是农夫就拿出些钱来救济那些生活贫困的人。

在农夫八十岁的时候，他的身体开始一天不如一天。临终前，农夫将他的儿子和孙子叫到自己的床前，说："我就要离开人世了，但我并没有什么金银财宝留给你们，只有两样东西留给你们。"说着，农夫叫大儿子去打开一个木盒，只见木盒里装了一个锄头和一件很普通的衣服。农夫说："这两样东西是我一辈子的财富，现在送给你们。锄头，是想让你们懂得勤劳；这件衣服，是希望你们可以一生都过得勤俭。"

后来农夫去世了，他的子孙们牢记他的话，一生都过得勤劳朴素。

一个人如果不懂得勤劳和勤俭，那么就算他有万贯家产，终有一天也会被挥霍光的。

 278 悔过自新——改掉缺点，从头再来

这则典故出自《史记·吴王濞列传》，意思是悔恨以前的过失，决心重新做人。

汉朝初期,有位著名的医学家叫淳于意。淳于意从小就爱好医学,长大后更是医术高超,但后来因为得罪了权贵,而仕途不顺,后来被判处肉刑(在脸上刺字、割鼻子、断手足等)。

淳于意一共有五个孩子,但却没有一个儿子,这也是他所遗憾的地方。在押解他去长安行刑的路上,淳于意感慨说道:"我这一生,只有五个女儿,没有一个儿子,在这样紧要的关头,没有人能派上用场,实在是遗憾啊。"

这话被淳于意的小女儿缇萦听到了,这让她很伤心,于是决定与父亲一同去长安。在去长安的路上,缇萦给当朝皇帝汉文帝写了一封信。信是这样写的:"我的父亲在做官的时候是一个廉洁奉公的人,当地的老百姓对他没有不称赞的。如今,他犯了罪,受到处罚是理所应当。但我悲痛地感到,人死了就不能复生,同样,人受到肉刑,割断手足后也不能复原,即使到时候想要改过自新,也是不可能的了。我情愿给官府为奴为婢,替我的父亲赎罪。所以希望皇帝您可以给我父亲一次改正错误的机会,让他重新做人。"

汉文帝看了这封真诚的信之后,十分感动,不仅真的赦免了淳于意的罪名,同时,也将十分残忍的肉刑废除了。

只要是人就一定会犯错误,只要我们有改正错误的决心,我们的人生依旧还是不断前进的。

279 百尺竿头——人生还需更进一步

这则典故出自《景德传灯录·招贤大师》,比喻道行达到很高境界。

宋朝时,有个著名的高僧叫景岑,号招贤大师。

招贤大师造诣高深,经常到各地去讲经。一次,招贤大师受邀来到一座佛寺的法堂上讲经。当天,来听讲的僧人有很多。招贤大师讲得娓娓动听,听讲的人也是深受感染。法堂之内,除了大师的声音外,再无其他声音。

招贤大师讲经结束之后,一个僧人站起,恭恭敬敬地向他行了一个礼,然后问了大师几个问题。大师礼貌还礼,慢慢为这个提问的僧人作答。两人一问一答,气氛十分亲切自然。

最后,这个僧人问招贤大师,人的最高境界是什么呢,大师回答说:"百尺的竹竿并不算高,尚需更进一步啊。"

后来,百尺竿头被后人引申为成语。

人生就是一个不断进步的过程,永远没有终点,应该活到老学到老。

 280 盲子失坠——不信劝言，自讨苦吃

这是一则古时候的寓言故事，寓意是人们该正确听取别人的意见，勇敢地向前探索，不断地去创新。

很久很久以前，有两个离得很近的村庄，这两个村庄中间有一条小溪，溪流的上面是一座桥。随着时光的流逝，溪流逐渐变得干涸。一天，一个盲人路过这条干涸的小溪，在过桥的时候，不小心失足跌落。在跌落的瞬间，这个盲人死死地抓住了桥栏，用尽全力地抱在上面。时间一点一滴地走过，悬挂在桥上的这个盲人开始在脑海中不断地胡思乱想起来。他担心自己一旦松手就会跌落到有万丈深的水中。这时，一些路过小溪的好心村民告诉这个盲人,："只管放开手，下面就是坚实的土地了。"可这个盲人不信，不停地抱着桥栏哭嚎，以为自己就要死了。过了很久，这个盲人没有力气再抱住桥栏了，失手掉到了地上。在双脚踩到坚实土地的瞬间，这个盲人自嘲地说道："呵，早知道下面真的是坚实的土地，我为什么还心惊胆战地死死把住桥栏这么久呢？真是自讨苦吃啊。"说完，又摸索着向前走了。

生活中，我们往往也会身陷盲子失坠的这种尴尬境地，不知该如何前进，更不愿意去听信别人所给予的意见。其实，如果我们可以选择性地去听取一下别人的意见，那么我们在前进的道路上，就会少吃很多的苦头。所以，学会听取别人的好心建议，也是漫漫成长道路上的一种修行。

 281 乌鸦喜谀——不要在花言巧语中迷失自我

这是古时候的一则寓言故事，讲述一只狗骗树上乌鸦嘴里肉的故事。讽刺那些喜欢听奉承话的人，最终都不会有什么好果子吃。

很久之前，在广西桂林附近有一座荒村，荒村里有许多干枯的树。因为长时间没人居住，久而久之，这些枯树就成了乌鸦们的栖息地。

一天，一只乌鸦停歇在树上享受美味的肉，一只野狗路过，抬头看到了嘴里叼着肉的乌鸦，它也很想吃那块肉。可乌鸦在树上，野狗又爬不上去，只能流着口水，眼睁睁地看着美味的肉叼在乌鸦的嘴里。

野狗一直抬着头，看着树上的乌鸦，想着骗肉的方法，最后终于被他想到了一个可以骗到肉的好办法。野狗大声地叫着树上的乌鸦，对着它歌颂道："乌鸦啊，长久以来，我都十分仰慕你那高尚的风格，希望可以听一听你亲自对我的教导。而且，我还想可以听一次你美妙的歌声，如果你能专门为我唱一曲，那么我这一生也无憾了啊。"

乌鸦听了树下野狗的夸赞，内心十分高兴，也根本没有听出野狗话中的虚伪，于是呼扇了几下翅膀，准备唱歌给野狗听。可乌鸦才张开嘴，嘴里的肉就掉到了树下，野狗赶忙上前将肉吃了，并对乌鸦说道："你的歌声的确很美妙，吃到了你嘴边的肉，我的内心也十分地满足了。谢谢你，我会终身记得你的美德的。"乌鸦后悔地看着野狗说道："原来你根本就不是想听我唱歌啊，只不过是想要我口中的食物罢了。"

喜欢听奉承的好话是人的天性，但我们也不要在花言巧语中迷失了自我，这样最终只会让自己什么都得不到。所以，人在自我修行中，要改掉这种喜欢听奉承话的坏习惯。

282 杨布打狗——学会换位思考

这则典故出自《列子·说符》，寓意是凡遇是非，务必先内求诸己，切莫忙于责人。

杨朱，战国时期的魏国人。他是我国先秦的思想家、哲学家。

杨朱有一个弟弟，名字叫杨布。一天，杨布穿了一件白色的衣服外出办事。在半路遇上了大雨，于是杨布就将白色的衣服脱下，换了一件黑色的衣服。办好事情之后，杨布返回家中，却不想，在回家的时候，家中养的狗竟没有认出来他，上前拼命地冲他叫唤，甚至还要开口咬他。这让杨布非常生气，想动手打狗。这时杨朱走出院子说道："你干吗要打狗呢？如果换做是你，你也会这样做的啊。假如刚才离开的狗是白色的，回来变成了黑的，你怎么会感到不奇怪？"杨布听了哥哥的话之后就不打狗了。

当被人误会的时候，我们首先不要头脑发热地去冲动地解决问题，要学会换位思考，将心比心地去理解别人。

283 一屋不扫,何以扫天下——细节决定成败

这则典故出自《习惯说》,原文是:"一室之不治,何以天下家国为?"意思是要想成就大事,就应该从一点一滴的小事做起。

东汉的时候有一名少年名字叫陈蕃。这个人总是自命不凡,认为自己应该干一番大事业。有一天,陈蕃的朋友薛勤来到他的家中拜访他,见到陈蕃家中的庭院十分脏乱,于是就说:"你院子都不清扫一下,怎么接待宾客?"陈蕃回答说:"大丈夫处世,当扫天下,安事一屋?"薛勤听到陈蕃这样说话之后笑了笑,反驳道:"一室之不治,何以天下家国为"。陈蕃对此无言以对,随后将屋院打扫干净。

每一样东西的成长都是由小到大,同样的道理,我们所做的每一件事都是从细微到伟大。所以,不要将一些细微的小事不看在眼里,因为那就是你在成功的道路上所需要的好习惯。

 284 心坚石穿——信念的力量

这则典故出自《真诰》,意思是意志坚决,能将石头穿透。比喻只要意志坚定,事情就能成功。

相传在很久很久以前,有个从小就爱好道术的傅先生,在焦山石室中潜心修炼。到了第七年的时候,太上老君去拜访了他,送给他一个木钻,并告诉他,如果用这个木钻钻穿厚五尺的石盘便可以得道。于是傅先生便开始对着石盘日夜地钻磨。春天万物复苏,夏日碧海蓝天,秋天果实累累,冬日白雪皑皑,但傅先生却从不在意外界的一切变化,全身心地投入在钻磨修道的世界中。日子就这样一天又一点地单调过去了,终于,到了第四十七个年头的时候,傅先生钻穿了石盘,得到了神丹,得道升天,后来被玉帝封为南岳真人。

只要内心有信念,肯坚持,就一定会成功。

285 反求诸己——自我反省，争取进步

这是古时候的一则小故事，意思是遇到挫折时切莫责怪他人，而应先反过来从自己身上找出问题的症结，并努力加以改正。

夏朝的时候，扈氏起兵入侵，大禹派大将伯启前去迎战，可结果却意外地失败了。这样他手下的将士们都很不服气，并一致要求再战。而伯启面对将士们的要求却说道："已经完全没有必要了，我们不论从兵马的实力，还是从土地的大小，每一样都是强于扈氏的，如今打了败仗，原因只有一个，那就是我自身的修行不够。所以我应该先检讨我自己，改正自己然后再战。"

从那之后，伯启真的开始奋发图强了起来，每天天不亮就起床读书，热爱自己的百姓，在生活上也开始变得俭朴起来。

伯启就是这样认真检讨着自己、充实着自己，日子转眼过了一年。后来扈氏听说了伯启这样检讨自己、提高自己之后，不仅再也不敢入侵，反而还归顺于他了。

我们在生活中往往也会有这样的经历，每当做错事情的时候首先不去看自己的主观原因，而是先从客观上找理由，永远在为自己的错误找着各种各样的理由。久而久之，恶性循环，我们不仅在一个又一个的错误中没能找到经验，提高自己，反而养成了遇到错误就推卸责任、找客观理由的坏习惯。

 286 不可救药——没有再做教导的必要

这则典故出自《诗·大雅·板》："多将熇熇，不可救药。"比喻人或事物坏到无法挽救的地步。

周朝的时候，有位耿直的大臣叫凡伯。这个凡伯不但为人耿直，而且很有才华，善于治理国家。

当朝的皇帝周厉王是位昏庸无道、张扬跋扈的君主。虽然身边有凡伯的辅佐，但周厉王偏偏喜欢就去听信那些奸臣的谗言，经常冤枉好人，枉法断事。对于周厉王听信奸臣的事情，凡伯不止一次好言相劝，告诉他这样做对国家的危害。可周厉王就是不听，依旧听信小人，而且对凡伯的态度也是越来越厌恶。

后来的朝廷，奸臣当道，凡伯看了之后十分气愤，写了一首诗，后被收入到《诗经》中，诗中有一句是这样抨击的："作恶多端，不可救药。"

人，不怕犯错，最怕的是执迷不悔，不知道自己做的究竟是对还是错，所以在我们做事的过程中，一定要搞清楚自己所做的事情，究竟是对还是错，如果是错，一定要及时改正。

 287 生不逢时——要学会改变自己，以适应时代的需求

这则典故出自《诗经》，指生下来没遇到好时候，形容时运不济。

古时候，有个人着急去洛阳办事情，在快进洛阳城门的时候，见到一个两鬓斑白的人蹲在地上，他哭得很伤心，这个人好奇，于是就上前问这个老人哭什么。老人抬头看了看他，说道："我哭是因为我这一辈子求官都没有得到晋升的机会。"这个人问："这是为什么呢？是因为您不够有才华么？"老人擦了擦眼泪，回答说："我在年少的时候是个很用功读书的年轻人，本想谋个官职，但那时的君王却喜欢任用老年人，无奈之下，我只能眼看着自己的才华被埋没。后来新的君王登位，他是一个喜欢武士的人，于是我弃文从武，开始努力地学习武艺，几年后，已经有些年迈的我终于学成武功，可这个君王却去世了。现在的新王登位后，我本想我是个识文又懂武的人，一定会谋得官职，却不想，新君王只喜欢任用年轻人，却不喜欢我这样的老人啊。就这样，我的一生都没能有遇到一次好机会。"

老人说完这一番话，又开始伤心地哭了起来。

生不逢时的确是我们无法改变的命运，我们唯一可以做的就是去改变自己，让自己适应一个时代，这样才不会像故事中的老人一样，一辈子努力，却最终只能收获一辈子的失望。

 288 迂公修屋——做人不要鼠目寸光

这是古时候的一则寓言故事，讽刺了那些吝啬而缺乏远见的人。

古时候，有个姓迂的人，大家都叫他迂公。迂公很有钱，但却十分吝啬。与他同住一个村子的人都知道他的吝啬，所以很少与他往来。

迂公家的房子因为年久失修，而逐渐变得残破起来，篱笆是破的，围墙是破的，几场大风雨过后，他家的房顶也变得破旧不堪了。

这天夜里,外面忽然狂风四起,一会的工夫,瓢泼大雨从天而降,仿佛要将这个村子淹没了一样。村民们都躲在家中不出来,看着外面的大雨,感慨大自然的神奇。此时,迂公一家人,因为房顶的两个大洞而在屋中被雨水浇得狼狈不堪。迂公的妻子一面忙着躲雨,一面大骂着迂公,说道:"我嫁给你是因为你有钱,可你的钱却从来都舍不得花、我一天好日子都没有过上,跟着你受尽了苦,你凭什么做我的丈夫?"迂公第二天找来了工匠将房子修理好了。此后的两个月,村子依旧像平日一样地和谐安静,村民们都享受着夏天的阳光和温暖,唯有迂公,整天皱着眉头。他的妻子以为是那天自己骂的话有些重,于是就想上前安慰他一些,却不想迂公这时自言自语地说道:"唉,这么好的天气,连个雨也不下,我这刚刚修好的屋顶,可真是浪费钱财啊。"妻子听后,无奈地走开了。

我们做人应该将眼光放长远,这样才会有备无患,在未来的道路上前进得更自信、踏实。

289 鸲鹆学舌——人要勇敢做自己

这则典故出自《叔苴子》,寓意不要总是去模仿别人,要自信地去做自己。

南方有一种叫鸲鹆的鸟,经过训练可以模仿人说话。

一个南方人抓到了一只鸲鹆,并带回家中教它说话。一段时间之后,鸲鹆果真可以讲一些简单的话语,虽然只有短短的几句,但这也让它的主人十分满足。

一天,这只鸲鹆站在窗前满意地说着它主人教授它的那几句话,这时,听到了一只蝉在院中树上欢快地鸣叫。鸲鹆友善地向蝉问好,并说:"我可以模仿人类说话。你羡慕我吗?"谁知,蝉听了鸲鹆的话之后非但没有羡慕反而用嘲笑的语气说道:"你虽然可以模仿别人说话,但你终日所说的都是别人的话,根本没有一句是出自自己的内心,我虽然不会模仿,但我每天都可以随着我自己的心意鸣叫、唱歌,你说,我们两个谁更该羡慕谁呢?"

鸲鹆听了蝉的一番话之后,不知道该说什么了。

每个人存活在这个世界上都是一个独一无二的个体,我们没有必要失去自我地去模仿别人。自信地做自己,你就是最与众不同的那一个。

290 卖蒜老叟——做人要懂得谦虚

这则典故出自《子不语正编》，告诫人们，无论你收获多少的荣誉和赞扬，都不要自以为天下无敌了。毕竟人外有人，天外有天，做人要懂得谦虚。

很久之前，在南阳县有一个叫杨二的人，这个人拳脚功夫十分了得，而且力大如牛，肩膀能扛起装满粮食的船只。正因为这样，杨二在当地的名声十分响亮，每当他在练武场传授学生武艺的时候，都会有很多人来围观。

一天，杨二像往常一样在练武场传授学生武艺，正练得兴起，人群中突然传来了喝倒彩的声音。众人吃惊地朝声音的方向望去，只见一个卖蒜的老者安静地站在那里，身体还因咳嗽而不停地颤抖。老人缓缓走到杨二面前，说道："你这样的功夫是不中用的。"杨二听老人这样讲，十分生气，当着老人的面挥起拳头向砖墙打去，拳头陷入砖墙一尺多深，然后骄傲地对老人说："我的功夫不中用？那你能像我这样打穿墙壁吗？"老人摇了摇头说："你这样的功夫只打墙壁，但是不能打人啊。"杨二听了这样的话更加生气，说："有本事你让我打你一拳，看你能不能经受得住。"老人回答："反正我已经是这个年岁了，如果真的可以用我的性命去成全你的名声，那我也算是死而无憾了。"就这样，杨二和卖蒜的老人叫来了许多人当证人，并且立了字据。一切定妥之后，老人让杨二先回家休息三天，三天之后，一决生死。

三天后，杨二和老人约定在一棵大树下见面。老人将自己捆绑在树上，脱掉衣服露出肚皮，示意杨二可以出手了。杨二从十步之外冲向老人，奋力挥拳打向老人肚皮。奇怪的是，老人居然一点疼痛的声音都没有发出，反而是杨二忽然跪在老人的面前，对老人磕头说道："晚辈有眼不识泰山，我知道错了，请您原谅我的狂妄自大。"原来，杨二想拔出打在老人肚子上的拳头，却已经拔不出来了，不能动弹。哀求好久之后，老人才将肚皮一挺，放开杨二。还没等摔出好远的杨二起身，老人已经穿好衣服，拿起他大蒜默默离开了。

人外有人，天外有天，无论何时，人都不要狂妄自大，可笑地以为自己就是天下无敌。

291 讳疾忌医——勇敢面对自己的缺点

这则典故出自《周子通书·过》:"今人有过,不喜人规,如护疾而忌医,宁灭其身而无悟也。"意思是隐瞒疾病,不愿医治。比喻怕人批评而掩饰自己的缺点和错误。

扁鹊是战国时期有名的医学家,医法精湛,被尊为医祖。

有一次,扁鹊去见蔡桓公,在其身旁站了一会便对桓公说:"您有病了,不过好在病还在皮肤纹理间,很好医治,但如果不赶快医治的话,病情会加重。"蔡桓公听了后笑笑说:"我怎么可能有病呢?我自己身体没有任何异样的感觉。"后来等到扁鹊离开的时候,蔡桓公对身边的人说:"这些医生,就是喜欢医治那些没有病的人,然后假装把这个当做自己的功劳。"

十天之后,扁鹊又来见蔡桓公,并告诉他,他的病情已经发展到肌肉里面去了,如果不治疗的话,病情会越来越严重的。蔡桓公听了这番话没有理睬扁鹊。扁鹊走了之后,蔡桓公很不高兴。

又过了十天,扁鹊又去见了蔡桓公,又讲起了他看到的病情,说蔡桓公的病已经转移到了肠胃里面去了,再不从速医治的话,就会更加严重的。蔡桓公又听到扁鹊说他的病,于是非常不高兴,根本没有理睬扁鹊。

又十天,扁鹊再次去见蔡桓公,但只是望了一望便转身离开,这使蔡桓公很奇怪:扁鹊不仅没有说自己有病的问题,还直接转身离开了。这是怎么回事儿呢?于是他便派人去问扁鹊。扁鹊见有使者来找他,便对使者说:"如果病情在皮肤的纹理之间,熨烫的疗法就可以治疗的;如果病情在肌肤,那就要用针石的疗法;如果病在肠胃中,就需要用火剂来医治;如果病已经到了骨髓里,那就是司命(神名,掌管生命的神)所掌管的事情了,我是没有办法了。现在桓公的病已经深入到了骨髓里,我也不再请求他治病了。"结果五天之后,蔡桓公真的开始浑身酸痛,便连忙派人去找扁鹊。可那时扁鹊人在秦国,没办法赶回。就这样,桓公不久之后就去世了。

犯错同生病的道理是一样的。每个人都会生病,同样,每个人都会犯错。有病不治最终就会一命呜呼,而如果自身有错而不改正,那么这个人最终也将不可救药。

292 玄石好酒——知错不改,最终丧命

这则典故出自《搜神记》,讽刺了那些犯了错而不能吸取教训的人。

古时候,有个叫玄石的人。这个人很爱喝酒,几乎每天都要喝得烂醉。

一次,玄石因为饮酒过量烧坏了内脏,肌肤和骨头疼痛得就好像要被烧断一样。没有药可以缓解,煎熬了三天之后,玄石才脱离了生命危险。有了这样痛苦的教训之后,玄石发誓再也不喝酒了。

一个月后,玄石的酒友来到玄石家中,聊了一会,便提议喝酒。玄石原本拒绝,但那个酒友劝他说:"少喝一点没关系的。"于是,玄石喝了三杯。第二天,酒友又来,玄石喝了五杯。又几天,改喝十杯。再后来,干脆用改用大杯,并且完全忘记了之前因喝酒和差点醉死的教训。

最后,玄石还是因为饮酒过量而死。

每一次的犯错我们都要牢记在心中,告诫自己下次不要再犯。这样才会慢慢进步。如果总是不能吸取前一次的教训,终有一天,我们会因同一个错误而毁掉自己。

293 望洋兴叹——面对强者的感叹

这则典故出自《庄子·秋水》,原指在伟大事物面前感叹自己的渺小,现多比喻做事时因为不胜任或没有条件而感到无可奈何。

相传在古时候,黄河里住着一位河神,管理着黄河中的一切,人们都叫他河伯。一天,河伯站在黄河的岸上,望着滚滚波涛由西奔腾向东,于是很兴奋地说道:"黄河可真是大啊,这个世上没有哪条河是能同它相比的了,我是最大的水神了。"

这时大海告诉河伯说:"你说的不对,在黄河的东面,有个地方叫北海,那才是真正的大呢。"

河伯说:"北海再大,还能大得过黄河?"

大海说:"别说是一条黄河,就算是几条黄河的水汇进北海,也不能将它装满。"

河伯依旧固执地不相信,大海只好无奈地告诉他:"有机会你去北海,就会明白我今天所说的话了。"

秋天到了,连日的暴雨,让黄河的河面更加宽阔了,隔岸相望,甚至看不清对岸的牛马。这下使河伯更加的得意了,并认为天下最壮丽的景色都在自己这里了。就在河伯骄傲自满地沉浸在自己的世界里的时候,忽然想起那天大海对他说的那个北海,于是便决定去那里看一看。

河伯顺流来到了黄河的入海口,海神北海若正满面笑容地欢迎他的到来。河伯望着眼前的北海,放眼望去,只见无边无涯的汪洋一片,一眼都望不到尽头。河伯呆呆地望了一会之后,深有感触地对北海若说:"俗话说,只懂得一些道理就以为谁都比不上自己,这话说的就是我吧。今天要不是亲眼见到这浩瀚无边的北海,我还一直沉浸在黄河是天下无比的幻想当中呢。如果那样的话,我岂不是会被有见识的人永远笑话了?"

做人不要狂妄自大,更不能好高骛远。毕竟,人外有人,天外有天。

294 毛遂自荐——你是你自己最好的推荐者

这则典故出自《史记·平原君虞卿列传》,意思是毛遂自我推荐自己。比喻自告奋勇,自己推荐自己担任某项工作。

战国的时候,赵国与秦国交战,赵国的都城邯郸被包围,眼看形势越来越危急。赵王遂派平原君赵胜去楚国求兵解围。

平原君接到命令之后,遂将家中门客召集起来,打算挑选二十个文武全才的门客一同前去。经过精心挑选,最后还差一个人。当平原君正在犹豫该挑选谁的时候,这时门外有一个叫毛遂的人走上前来,对平原君自我推荐说道:"听说先生要到楚国去签订'合纵'盟约,约定二十人一同前往,现在缺少一人,希望先生带上毛遂一起出发吧。"平原君上下打量了下这个叫毛遂的人,问道:"你来我门下几年了?"毛遂答:"三年了。"平原君说:"贤能的人在世上,就好比是锥子在囊中,它的尖梢立即就会显现出来。但如今,你处在我的门下已经三年了,却没有一个人对你称道,是因为你没有才能的缘故,所以不能带你一同前往。"毛遂说:"我不过是今天才请求进到囊中罢了,如果我早在囊中的话,不仅会露出尖梢,是整个锋芒都会露出来。"平原君听了这番话,遂带其一同前往。

到了楚国之后,楚王让平原君一个人来见他。两个人坐在殿上,聊了很久,却依旧没有结果。这时,毛遂突然大步跨上台阶,大声说道:"关于出兵这件事情，对于楚国来说不是利就是害，这么简单的事情，怎么这么久还没有决定？"楚王生气地问平原君："这个人是谁？"平原君回答："他叫毛遂，我的一个门客。"楚王喝道："赶紧退下，我与你主人讲话，你来干吗？"毛遂见楚王生气，便又走上了几个台阶，手中拿着宝剑，说："短短十步之内，大王的性命就把握在我的手中。"楚王见毛遂如此勇敢，便示意让毛遂讲话，于是，毛遂将出兵援救赵国有利楚国的道理，做了精辟的分析，一番话将楚王说得心悦诚服，并立马答应出兵。不出几天时间，楚、魏等国联合出兵援赵。秦军撤退。平原君回到赵国后，待毛遂为上宾，并感叹地说道："因为毛先生在楚国的一番话，楚王已经不敢小看赵国了。"

在人才济济的社会，有时像毛遂一样自我推荐，光芒才不会被掩盖。

 295 趾高气扬——自满的悲剧

这则典故出自《左传·桓公十三年》："举趾高，心不固矣。"意思是走路时脚抬得很高，神气十足。形容骄傲自满、得意忘形的样子。

春秋时期，有个不学无术却骄傲的将军叫屈瑕。这个人肚子里没什么本事，做事情总是只重视表面，如果有一点点的成就，就会骄傲得不得了，谁都看不起。一次，这个将军因为打了胜仗，整个人都骄傲得不得了，朝中的大臣没有一个是他看得起的。

后来朝中又下命令，要这个将军去攻打罗国，并让一个叫斗伯比的将军去给他送行。送走了屈瑕，斗伯比紧锁着眉头坐上了回朝的马车。车夫见他担忧的表情，便好奇地问道："您是在担心屈瑕大将军不能打胜仗么？"斗伯比回答说："是啊，他这场战争是一定会失败的。你看他刚才走路的样子，趾高气昂，心思根本就没有用在打仗上，只不过是装装样子去吓唬敌人罢了，这样怎么可能会打胜仗呢？"

回到朝中，斗伯比来不及休息就进宫去见楚王，将屈瑕的情况同楚王说。楚王听了并没有相信，反而是楚王的一个叫邓曼的宠妃，认为斗伯比的见解很对，应该立刻出兵去救援，以防战败。楚王认真地想了想之后，派兵前去救援，并希望可以将战势挽回。可一切已经晚了，屈瑕因为轻敌，而最终大败。他也只好以自杀谢罪。

后来，人们就用趾高气昂这个词语形容一个人骄傲，不把任何人放在眼中。

屈瑕之所以失败是因为他不将任何人放在眼里，如果他能够稍微谦虚一点，最终也不会败得那么惨。所以，人生还有一门大学问，叫做"谦虚"。

第四部分
学习与进步

 296 拾人牙慧——毫无己见

这则典故出自《世说新语·文学》:"殷中军云:'康伯未得我牙后慧。'"比喻拾取别人的一言半语当做自己的话。

东晋时期,有个名叫殷浩的人,因为曾经当过"中军"这个官职,所以被人称为"殷中军"。殷浩还曾被任命为"建武将军",统领扬州、豫州、徐州、兖州、青州的兵马,但后来因为作战失败而被罢官,流放到信安(今浙江省境内)。

殷浩是一个很有学问的人,通读古今,爱好《老子》、《易经》,并能引据经典,谈得头头是道。殷浩有个外甥名叫韩康伯,他十分聪明,又善于谈吐,殷浩非常地喜欢他,并希望他可以成才,所以对他的要求也是十分严格。在殷浩被流放的时候,康伯也随之前往。一次,殷浩见康伯正在对别人发表言论,于是就感兴趣地凑上前去,可仔细一听才发现,康伯所讲的,都是完全抄袭自己的只言片语,套用自己说过的话,完全没有他自己的个人创见,可却一副自鸣得意的样子。这使殷浩非常不高兴,说道:"康伯连我牙齿后面的污垢还没有得到,就这样自以为是,实在是不应该啊。"

多读书并不代表要完全抄袭别人的看法见解去当做自己的观点,我们要将知识学活,将其化成自己的东西,而不是一味地抄袭和模仿。有自己独到的见解才是学习知识的真谛。

297 铁杵磨针——想要成功，先下苦功

这则典故出自《方舆胜览·眉州·磨针溪》，意思是只要肯下功夫，铁杵也能磨成针。

李白是我国唐朝著名的诗人，博学多才。但李白小的时候却十分贪玩，还经常逃学去街上闲逛。

一天，李白又没有去上学，他在街上四处闲逛，东走走，西看看，不知不觉就来到了城外。天气非常晴朗，和风伴着花香，鸟儿在空中鸣叫，李白不禁感慨，这样好的天气在屋里读书多没意思啊。

走着走着，李白看到了一个满头白发的老婆婆正坐在破茅屋门口磨着一根棍子一样粗的铁杵。于是李白走上前去问道："老婆婆，您在做什么啊？"

老婆婆回答说："我要把这根铁杵磨成一根绣花针啊。"

听了老婆婆的回答，李白不禁好奇，这样粗的铁杵怎么能磨成绣花针呢？于是将心中的疑问讲给了老婆婆听，于是老婆婆语重心长地说道："愚公可以移山，滴水可以穿石，那铁杵为什么就不能磨成绣花针呢？"

"可您的年纪已经很大了啊。"李白疑惑地说道。

"但我下的功夫比别人深，就不会有做不到的事情。"

老婆婆的一番话，让李白很惭愧，于是回去之后开始努力地读书，再也没有逃过学，最终成为了名垂千古的诗仙。

无论做什么事情，只要有恒心，一定会成功的，功夫不负有心人。

 298 四方之志——远大志向是你成功的顺风帆

这则典故出自《左传·僖公二十三年》，意思是志向远大。

春秋时期，晋国发生内乱，晋公子重耳为避难而游走于多个国家，后来到了齐国，深受当时国君齐桓公的优待，而且齐桓公还将自己的女儿嫁给了他。就这样，重耳开始在齐国安逸地生活了起来，也逐渐地丧失了自己的远大理想。当时跟随重耳逃亡的大臣们看到重耳这样很不满意，于是就私下在桑园里谋划起来，想让重耳离开齐国。结果这件事情正好被采桑的女仆听到了，于是这个女仆就将这个情况告诉了重耳的妻子姜氏。姜氏得知这件事情之后当即杀掉了那个女仆,然后对重耳说:"我知道你有远大的志向,知道这件事情的女仆已经被我杀了。"重耳说:"没有啊,我并没有离开齐国的打算。"姜氏说:"你应该去各国游说,帮助你回到晋国,如果只是这样贪图安逸的生活,最终会害了你的。"但重耳依旧不肯听取姜氏的意见。于是姜氏就找来了重耳的舅舅子犯商量,趁着重耳喝醉酒的时候带着他离开了齐国。

后来重耳在外漂泊了十九年后重新回到了晋国,并且当上国君,就是继齐桓公之后第二个称霸春秋的晋文公。

人该有远大的志向,这样才能走得远。

 299 目不窥园——专注学习

这则典故出自《汉书·董仲舒传》,形容专心致志,埋头苦读。

董仲舒是我国西汉时期著名的哲学家、经学家。

董仲舒在年少的时候,读书十分刻苦,经常废寝忘食。在董仲舒的书房旁边,是一个花园,春天的时候,花园中开满了各种各样的花朵,姹紫嫣红。而董仲舒对于眼前的美景却从来没有看过一眼,甚至三年都没有进入过那个花园。

经过刻苦的努力,董仲舒后来被征为了博士,四处传经讲学,他的弟子也是遍布四方。

将全部的心思都投入到读书当中,这也是董仲舒最终能有如此成就的根本原因。

 300 悬梁刺股——下苦功,获成功

《汉书》:"孙敬,字文宝,好学,晨夕不休。及至眠睡疲寝,以绳系头,悬屋梁。"《战国策·秦策一》:"(苏秦)读书欲睡,引锥自刺其股,血流至足。"悬梁刺股的意思是只要付出时间和精力,就会有收获;只要下功夫,就会有收获,用以激励人发愤读书学习。

古时候有个人名字叫孙敬,他去洛阳求学的时候每天从早到晚都在读书,经常废寝忘食。读书读的时间久了,他就会疲倦地直打瞌睡,于是他便想了一个办法,找一根绳子,一头绑在房梁上,一头束在头发上。每当他读书打盹的时候,头一低,绳子就会扯住头发,弄疼头皮,人自然会就不犯困了,然后接着好好读书。从此，每天晚上读书的时候，他都用这种方法。日复一日，年复一年，饱读诗书的孙敬终于成为了一名通晓古今的大文学家。

苏秦是战国时著名的纵横家，他在很小的时候便有大志，跟随纵横家鼻祖鬼谷子学习多年。为了求取功名，苏秦变卖家产，置办华丽行装，去秦国游说秦惠王，欲以连横之术逐步统一中国，却未被采纳。

因为在秦国待了太久，身上带的盘缠都用光了，他只能衣衫褴褛地回到老家，亲人见到他如此落魄，所以对他十分冷淡。苏秦因此受了很大的打击，决心努力学习，将师父送给他的《阴符》拿出来昼夜攻读。读书的时候他在身边准备了一把锥子，每当打瞌睡的时候，他就用锥子往自己的大腿上刺，强迫自己清醒过来，专心读书。因为如此执着的坚持，他终于说服齐、楚、燕、韩、赵、魏"合纵"抗秦，并手握六国相印。苏秦缔约六国，联合抗秦，投纵约书予秦，使秦王不敢窥函谷关达15年之久。

只要你肯努力，就一定会获得成功。

301 造父学御——基本功的重要性

这则典故出自《列子》，讲述驾车能手造父学习驾车的故事。

古代时候，有个驾车的能手叫造父，他的老师叫泰豆氏。学习初期，造父对老师谦虚有礼，但泰豆氏却没传授造父什么知识。三年过去了，泰豆氏依旧什么也没传授给造父，可造父依旧毕恭毕敬地对待自己的老师。

一天，泰豆氏对造父说："古语说，擅长造弓箭的人就要先学会编织簸箕；擅长冶金炼铁的人，就一定要先学会缝接皮袄。如果你想将驾车的技术学好，那你首先要学会的就是快步走。你什么时候走路能像我这样快了，你才可以手执六根缰绳，驾驭六匹马拉的车。"造父说："我一定按照老师的教导去做。"

为了练习走路，泰豆氏在地上竖起了一个个的木桩，铺成一条很窄、仅可立足的道路。他先示范踩在上面来回地疾走，快步如飞，从不失足跌下。于是造父开始按照老师的示范练习。仅过了三天，造父就掌握了全部快步走路的技巧。这使泰豆氏不仅感慨造父的机敏与灵活，于是便将自己全部的驾车技术传授给了造父，并特意强调说："要学会一门高超的技术，必须先掌握好过硬的基本功，然后才能得心应手、运用自如。不管是学习驾车还是其他事情，都是这样的道理啊。"

于是造父按照老师所教授的知识，勤加练习，最终成为了驾车的高手。

无论做什么事情，掌握好基本功才能深入学习，基本功扎实了，提高得也就快了。

302 中山窃糟——学习抓不住精髓的愚钝之人

这是古时候的一则寓言故事，寓意是在学习的时候一定要抓住精髓去学习，不要只是去学习一些皮毛。

很久以前，鲁国人并不懂得该如何制酒，而中山国的人却很擅长制酒。鲁国人虚心求教中山国人制酒方法，却最终没有收获。

一次，一个鲁国人去中山国当官，住宿在客栈当中，品尝了中山国的美酒之后十分喜欢，向其求教制酒方法，失败，并在夜深人静的时候偷走了店家的酒糟。回到鲁国后，这个鲁国人用水浸泡酒糟，并对鲁国的人民说："这就是中山国的美酒了。"鲁国人喝了之后便都以为中山国的酒就是这个味道了。

过了一段时间，中山国那个客栈的主人来到鲁国，听说有自己国家的美酒，就买了一壶。而这个客栈主人才刚刚喝了一口之后就忍不住吐了出来，笑着说道："这哪里我国的美酒啊，只不过是我家酒糟泡出来的糟汁啊。"

学习学不到精髓，只能欺骗那些比你更无知的人。

303 梧鼠学技——学习的根本在于质量而非数量

这是古时候的一则寓言故事，形容在学习的时候要注重质量而不是只在意数量。

田野里有一种叫五技鼠的梧鼠。之所以称它为五技鼠，是因为它有五种本领：第一种是飞翔，第二种是游泳，第三种是爬树，第四种是行走，第五种是掘土打洞。虽然这五技鼠看起来是会很多技能的样子，但其实这五种技能它都不精通，不过学个表面罢了。说它会飞，其实飞的高度还达不到屋顶；说它会游泳，其实连一条小河都不能渡过；说它会爬树，其实连树顶他都爬不到；说它会走路，其实还不如人走得快；说它会打洞，其实挖出的洞都不能将自己的身体掩盖。虽然在名义上它好像拥有了五种技能，而事实上，它一种技能都不会。

很多人在学习的时候总是在追求自己学了多少，看了多少书，了解了多少典故，却从来不注重真正学到自己脑袋里的东西有多少。所以我们在学习的过程中，不要总是虚荣地注重数量，而不在意质量。

 304 奴子傅显——死板读书，愚钝处事

这则典故出自《阅微草堂笔记》，讽刺了那些读死书、做事不懂变通的人。

古时候，有个叫傅显的人，是个死板的读书人，虽说读了不少书，可做事却一点也不懂得变通。

一天，傅显拖着慢腾腾的步子走在集市上，每遇到一个熟人就向人打听他的邻居魏三在哪里。后来有人告诉了他魏三所在的地方，傅显依旧拖着慢腾腾的步子前进。找到魏三，魏三问他找自己有什么事，傅显不慌不忙地将气喘匀后方才开口说道："我刚才在回家的路上，见到你的妻子在一棵树下打盹，可能是因为做针线活做累了。但树的旁边是一口枯井，你的小孩子就在旁边玩耍，离得很近，这样子是很危险的。我本想叫醒你的妻子，告诉她看管孩子，可毕竟男女有别，不太方便，所以就只好过来找您了。"魏三听了傅显慢吞吞的叙述之后大惊，急忙跑向井边，可等他到了的时候，他的妻子已经蹲在井边哭儿子了。

我们读书的目的就是让自己明白更多的道理，可如果只是死读书，而不懂得将书本中的知识变通运用，那么，这同没读过书又有什么区别呢？

 305 眇者识日——亲身体验才能将知识学透彻

这则典故出自《东坡纪年录》，在探求知识的过程中，不能只靠别人去说，要自己亲身地去感受。

古时候有个天生有眼疾的人。这个人从来没有看见过太阳，他很好奇，就向别人打听，太阳是什么样子的。有个人告诉他说："太阳的样子就好像是铜盘一样的。"于是这个人敲了敲铜盘，以为这就是太阳的声音。

一天，这个人正坐在亭子里乘凉，远处传来了铜钟的声音，这个人便说道："这是太阳的声音啊。"后来，又有人告诉这个人说，太阳是有光的，它的光就像是蜡烛一样的。这个人又很认真地用手摸了摸蜡烛。

一次偶然的机会，这个盲人得到了一只形状像蜡烛的乐器——龠。这个人又说道："这就是太阳的形状啊。"

其实，太阳无论同敲响的铜钟还是和吹奏的龠，都是有很大差别的，但这个盲人却不知道，那是因为他没有亲眼见过，只是单纯地听别人去说。

在探求知识的过程中，我们不能只是单纯去听信别人的说法，要自己亲自去体验、去感受。不然我们所学到的东西只能是片面的，甚至是错误的。

306 熟能生巧——勤加练习，才能怀绝技

这则典故出自《欧阳文忠公文集·归田录》，意思是熟练了，就能找到窍门，形容熟能生巧。

宋朝有一个擅长射箭的人，他的名字叫做陈尧咨，他认为世上没有人可以和他的箭术相比较，于是也是凭借这一点而自夸。

一次，陈尧咨在自家的园圃里射箭，一个卖油的老翁放下了手中挑着的担子站在一旁，很不在意地斜眼看着他，久久不离去，脸上也没有丝毫的敬佩神色。就算看到了陈尧咨十支能中八九支，他也只不多是微微地点头赞许而已。

陈尧咨见到了老翁的神色，于是跑过来问道："您也会射箭吗？难道我射箭的本领不是很精湛吗？"老翁淡淡地回答说："这只不过是熟能生巧罢了。有什么值得敬佩的呢？"陈尧咨听到这个评价之后很不开心地说道："您又不会射箭，凭什么这样藐视我射箭的技术？"老翁说："就凭借我倒油的经验就可知道这个道理。"说着，老翁取了一个葫芦放在地上，用一枚铜钱盖在它的口上，慢慢地用勺子把油倒进了葫芦里。油从铜钱的孔中注了进去，却一点没有沾湿铜钱。倒完，老翁说道："我的这个手艺也没什么别的奥秘，只不过也是熟能生巧罢了。"陈尧咨见此情形，只好尴尬地笑了笑，将老翁打发走了。

无论做什么事情，只要我们肯下功夫，不断地练习、实践，都能达到出神入化的境界。熟能生巧，过硬的本领都是练出来的。

307 文征明习字——江南才子的成功诀窍

这则典故出自《书林记事》，告诉我们做事要脚踏实地，坚持不懈，这样才能成功。

文征明，初名璧，字征明，后更字征仲，号衡山居士、停云生，中国明代著名画家、书法家，江南四大才子之一。

文征明为了练习自己的书法，每天都会临帖写十本《千字文》。因为这样勤奋地练习，所以他书法进步的速度也是非常快。不仅如此，文征明在一些生活细节方面也非常注意，每当他给朋友回书信的时候，只要稍微有一点不满意，他就会不断去地修改，直到满意为止。

文征明的书法，越是到了老年写得就越好，这与他的勤奋和注重细节是分不开的。

想要将一件事情做得精，想要获得成功，刻苦是唯一的选择。

 308 韦编三绝——勤奋刻苦的读书精神

这则典故出自《史记·孔子世家》："读《易》，韦编三绝。"意思是编连竹简的皮绳断了多次。比喻读书勤奋。

春秋的时候，书是竹子做成的竹简，一根竹简上面，多则能写下几十个字，少则只能写下八九个字。所以一部书的完成要用许多竹简，然后通过牢固的绳子按次序将这些竹简编连起来，就成了书，供人们阅读。通常，人们将用丝编连的叫做"丝编"，将用绳子编连的叫做"绳编"，将用牛皮编连的叫做"韦编"。像《易》这种厚重的书，就是由许许多多根竹简通过牛皮绳编连起来的。

孔子在晚年的时候非常喜欢《易》这本书，反反复复将其读了好多遍，又在上面附注了许多的内容，翻开来、卷回去地不知道阅读了多少遍。因为孔子这样地读来读去，所以编连竹简的牛皮带子也给磨断了几次，不得不多次换上新的再使用。可即使读书已经读到了这样的地步，孔子还是谦虚地说："如果我可以多活几年，那么我就可以完全地掌握《易》的文与质了。"

韦编三绝是我们提倡的一种读书精神，而同时，我们更是提倡学以致用，理论与实际相结合，这样才会将知识琢磨得透彻、扎实。

309 圆木警枕——警醒自己要勤奋

这则典故出自《司马温公布衾铭记》:"以圆木为警枕,小睡则枕转而觉,乃起读书。"意思是用圆木做枕头,睡着时容易惊醒,形容刻苦自勉。

司马光是我国北宋时期著名的政治家、文学家、史学家,主持编纂了中国历史上第一部编年体通史——《资治通鉴》。司马光之所以一生能有这么高的成就,主要是因为他读书刻苦。

司马光睡觉的时候有个习惯,那就是一定要枕着用圆木做的枕头。这是为什么呢?原来,司马光每当读书太困倦的时候,总是会睡得很久,这让他觉着很浪费时间,于是用圆木做成枕头。圆木放在硬邦邦的板床上,很容易滚动。人躺在上面,只要稍微动一下,圆木就会滚走。圆木一滚走,人的头就会跌在板床上,然后瞬间惊醒。每当司马光惊醒之后,都会立刻爬起来读书。司马光给这个圆木枕头起了个名字——警枕。

多给自己些时间读书,刻苦总是没有错的。

310 屠龙之技——出奇技艺,无施展之地

这则典故出自《庄子·列御寇》:"朱泙漫学屠龙于支离益,殚千金之家,三年技成,而无所用其巧。"意思是宰杀蛟龙的技能。比喻技术虽高,但无实际用处。

很久之前,村子里住了一个年轻人,这个年轻人总想学会一种出奇的本领,于是他就找啊找。一天,他听说一个叫支离的人会宰龙,这个年轻人想:"这一定是世上最出奇的本领了。于是他找到了支离,并拜其为师学习宰龙的技艺。"

时光飞逝,不知不觉三年过去了,这个学习宰龙技艺的年轻人在把家产都花光的同时,也终于学会了宰龙的绝技。学会宰龙的年轻人才高兴了两天,便又惆怅起来,想:"就算我学会了宰龙的技艺有什么用呢?这天下根本就没有龙,我的技艺该如何施展呢?"

我们学习要从实际出发,如果脱离了实际,那么就算学会再大的本领也是没什么用的。

311 金石为开——全神贯注的神奇力量

这则典故出自《新序·杂事四》，形容一个人心诚志坚，力量无穷。

李广是西汉时期著名的将领，善于骑马射箭，因为骁勇善战，所以被人们称之为"飞将军"。

一次，李广去冥山南麓打猎，正在找寻猎物的时候，忽然发现一只猛虎蹲在草丛中。李广赶忙拿出弓箭，全神贯注，用尽力气拉开弓将箭射出。李广的箭法很好，而且他对自己也很自信，认为中箭的老虎肯定已经身亡，于是便走近前去。可仔细一看，却不想，中箭的哪里是老虎，只不过是一块形状很像老虎的大石头罢了。再一看，李广射的箭不仅箭头深深地射入了石头当中，而且箭尾也几乎全部射入到石头当中去了。这让李广很惊讶，他不相信自己竟会有这么大的力气，于是走回刚刚射老虎的那个位置，重新弯弓搭箭，用力向石头射去，可却一连几箭都没有射进去，有的甚至箭头都破碎了，大石头也一点没有受到损害。

后来这件事情在民间流传开了，人们对这件事情感到很好奇，疑惑不解，于是就有人去请教学者扬雄。扬雄回答说："做事的时候，如果我们诚心实意，就算是像金子一样坚硬的东西也会被我们感动的。"后来，便有了"精诚所至，金石为开"这个成语。

李广之所以第一次能将石头射穿，是因为他全神贯注，将全部的思想与力气都集中在箭头那一点上，所以石头最终被射穿，而并不是说石头被他的诚心感动。我们在做事的时候也应该这样，将思想集中，专注于一点，这样，无论做什么事情，就都会成功的。

 312 鹤立鸡群——学会与众不同

这则典故出自《竹林七贤论》："嵇绍入洛，或谓王戎曰：'昨于稠人中始见嵇绍，昂昂然若野鹤之在鸡群。'"意思是像鹤站在鸡群中一样。比喻一个人的仪表或才能在周围一群人里显得很突出。

嵇康是我国魏晋之际著名的文学家、思想家、音乐家，"竹林七贤"之一。嵇康有一个儿子，名字叫嵇绍，体态魁梧、聪明英俊，在同伴当中显得非常突出。晋惠帝时期，嵇绍官为侍中。当时的皇族之间相互争夺权力，但嵇绍对上帝却一直是忠心耿耿。

一次,都城发生变乱,形势十分的严重,嵇绍奋不顾身地奔进宫去。守卫在宫门的侍卫张弓搭箭,准备射他。侍卫官望见嵇绍正义凛然的身影,于是赶忙阻止侍卫并夺下弓箭。后来,京城又发生了变乱,嵇绍跟着晋惠帝一同出兵迎战汤阳,却不幸战败,将士们是死的死伤的伤,逃亡无数,但只有嵇绍始终保护着晋惠帝,不离左右。这时敌方的飞箭雨点般射过来,嵇绍为保护晋惠帝不幸身中数箭阵亡,鲜血滴在了晋惠帝的御袍上。

后来,晋惠帝回到宫中,侍从要洗去御袍上的血迹,晋惠帝说道:"别洗别洗,那可是嵇侍中的血啊。"可见晋惠帝对嵇绍的怀念。

嵇绍在世的时候,一次有人对王戎("竹林七贤"中年龄最小的一位)说:"我昨天在人群中看到了嵇绍,他器宇轩昂,就如同野鹤立在鸡群之中。"

做个与众不同的人,被人一眼注意,好过做一个平庸之人。

 313 囊萤映雪——抓紧一切机会学习

这则典故分别出自《晋书·卷八十三·车胤传》(囊萤)和《孙氏世录》(映雪),指晋朝车胤和孙康利用萤火虫的光和雪的反光刻苦读书的故事。

晋代的时候,有一个叫车胤的人,从小就非常地喜欢读书,而且非常聪明。但因为家境十分的贫寒,父亲没有办法给他提供良好学习环境,更没有多余的钱为他买灯油供他晚上读书。所以,车胤只能每日利用白天的时间背诵诗文。

一个夏日的夜晚,车胤在院中读书,忽然看见许多的萤火虫在空中飞舞,黑暗中显得十分耀眼。于是车胤突发奇想,如果将很多的荧火虫聚集起来,那不就形成了一盏"灯"了吗?说做就做,车胤找来了一只白绢口袋,抓了些荧虫放在里面,将袋口扎紧,并将其吊起来,于是,一盏小"灯"就这样形成了。虽然不是很耀眼,但却可以勉强用来看书。从此,只要车胤发现有萤火虫,他就会去抓一把装起来当做"灯"。由于他的刻苦和不断努力,后来终于出人头地。

晋代的孙康也是一位爱读书的人,但白天要下地去干活,而晚上因为没有油灯,所以只能早早睡觉。他眼看着时间就这样白白地浪费掉,感觉非常可惜。

一天半夜,孙康从睡梦中醒来,忽然发现窗缝中有一丝光亮,孙康遂起身出门去看什么情况，打开门发现，原来，是外面的大雪映出来的。孙康忽然想到，这样的亮光可以用来看书啊。于是他顿时没有了睡意，立即穿好衣服，拿出书籍，来到了屋外，对着大雪映出来的光开始读书。看起书的孙康，根本不嫌冷，手脚冻僵了就搓一搓。从那之后，每逢有雪的晚上，孙康都会出去读书。因为这样刻苦的学习精神，使孙康的学识突飞猛进，后来也得到了朝廷的重用。

抓紧一切时间和机会去读书，这是车胤和孙康最终成功的主要原因。

314 洛阳纸贵——顽童变才子，作品用光洛阳纸

这则典故出自《晋书·文苑·左思传》："于是豪贵之家竞相传写，洛阳为之纸贵。"比喻作品风行一时，广为流传。

左思是晋代时候的文学家，博学多识，但在左思小时候却不是这样子的。在左思很小的时候，他并不喜欢读书，他的父亲也是经常因为这件事情而对他发脾气。但无论父亲怎样的"软硬兼施"小左思就是不肯好好学习，依旧很淘气。

一天，左思的父亲和朋友们聊天，朋友们纷纷说夸赞小左思的聪明可爱。可左思的父亲却叹了口气说道："小儿左思从不知学习，还不如我小的时候，我看他以后也不会有什么太大的出息了。"说完，脸上流露出了一丝失望的神色。这段话被小左思听到了，于是他便暗下决心，一定要刻苦学习。

从那之后，小左思便开始发奋学习，年复一年，左思渐渐长大了，成为了一个学识渊博的人，文章写得也非常好。他用一年的时间写成了《齐都赋》，这本书充分地体现出了他在文学方面的才华，而且也为他日后成为杰出文学家奠定了基础。后来，左思又想以三国时魏、蜀、吴、的风土、人情、物产为内容，撰写一部《三都赋》。为了使这部书达到完美，他潜心研究，精心撰写，经常是废寝忘食，用了整整十年的时间完成了《三都赋》这部文学巨作。

后来《三都赋》也受到了至高的评价。因为当时还没有印刷术，所以当时喜欢这部书的人们争相地抄阅。因为抄写的人多，所以京都洛阳的纸张都供不应求了，一时间全城纸价大幅度上升。

左思并不是从小就喜爱学习，而是因为看到了父亲的失望才

奋发图强。但左思最终完成了《三都赋》这部文学巨作，这与他的废寝忘食的努力是分不开关系的。这则典故告诉我们，只要你想要开始努力、用心，就一定能到达成功的彼岸。

315 开卷有益——读书的益处

这则典故出自《渑水燕谈录》，意思是打开书本，总有益处。常用来勉励人们勤奋好学，多读书就会有得益。

宋朝初年，皇帝宋太宗令文臣为他编写一部规模宏大的分类百科全书。这部书于太平兴国年间编成，故定其名为《太平总类》，后改名为《太平御览》。此书共五十五个门类，共一千卷，字数多达四百七十八万之多。对于这样一部巨著，宋太宗规定自己每天至少要看两三卷，如果当日因为事物繁忙而未完成阅读计划，次日一定要挤些时间补上。于是便有大臣劝宋太宗说："陛下既要处理国事，又要读这本大书，实在是太辛苦了。"宋太宗则回答说："开卷有益，朕不以为劳苦。"当时的大臣们见到皇帝都如此勤奋的读书，于是也纷纷开始努力读书，所以当时读书的风气很盛。

后来"开卷有益"便成为了广为流传的成语。

只要是打开书本开始阅读，一段时间之后，多多少少总会有些进步。

316 百步穿杨——箭术的出神入化

这则典故出自《史记·周本纪》，形容箭法或枪法非常高明。

古时候，楚国有一个叫养由基的人，非常擅长射箭。他的箭法精准，出神入化，甚至在距离柳树一百步的地方放箭，每箭都能射到柳叶的中心，百发百中，从不失手。看过他这一绝技的人都对其赞不绝口。

所有出神入化的绝技靠的都是勤加练习。

317 愚公移山——执着精神改变后世命运

这则典故出自《列子·汤问》，比喻有毅力，有恒心，做事坚持不懈，不怕困难，迎难而上，不退缩。

古时候有个叫愚公的人，年近九十岁了，面对着山居住，每天出来进出都要绕路行走，于是他便聚集全家来商量说："我们尽力将家门前面这座大山铲除，这样道路就可以一直通向豫州的南部，到达汉水南岸。可以吗？"大家纷纷表示赞同。于是愚公便率领他的子孙当中最能挑担子的三个人开始上山凿石掘土，用箕畚装了土石运到渤海的边上。冬夏换季，他们才往返一次。

有一个处事精明的老头叫智叟，当他知道愚公移山这件事情之后嘲笑并阻止愚公，说："你太不聪明了，就凭借你残余的年岁，又怎么可能将一座山移走呢？"愚公听了智叟的话之后长叹一声说道："是你的思想太过顽固。就算以后我死了，我还有我的儿子，儿子又生孙子，孙子又生儿子，儿子又有儿子，子子孙孙没有穷尽，然而山却不会增加高度，何必担忧移不平？"

后来山神听说了这件事情，担心愚公不停地干下去，于是向天帝报告了这件事情。天帝被愚公的诚心所感动，遂命令两个大力神夸娥氏的两个儿子背负着两座山，一座放在朔东，一座放在雍南。从此，冀州的南部到汉水南岸再没有高山阻隔了。

要克服困难就必须要下定决心，持之以恒，坚持不懈。

318 飞黄腾达——不懈努力的最好回报

这则典故出自《符读书城南》诗："飞黄腾踏去，不能顾蟾蜍。"形容骏马奔腾飞驰。比喻骤然得志，官职地位很快高升。

唐朝文学家韩愈的儿子在少年的时候十分贪玩，不喜欢读书。韩愈为了好好教育他，专门写了一首题为《符读书城南》的诗。诗中的内容是这样的：有两个邻居的小男孩，容貌十分相像，又都很乖巧可爱。但一个男孩好学，另一个则不爱读书，渐渐地，这两个男孩儿就分出了高低。到了二十多岁的时候，他们的区别就像是清水沟和污水渠一样明显了。再到了三十岁的时候，他们一个就像龙一样飞黄腾达，连连升迁，而另一个则还像癞蛤蟆一样在地上爬。

不懈努力，才能飞黄腾达。

319 胸有成竹——反复练习的神奇效果

这则典故出自《文与可画筼筜谷偃竹记》:"故画竹,必先得成竹于胸中。"原指画竹子要在心里有一幅竹子的形象。后比喻已经非常熟练、很有把握了。

北宋的时候有个著名的画家名字叫文同,字与可。此人尤其擅长画竹子,画出来的竹子远近闻名,很多人都特意去他家求画。

要说这文同为什么会画竹子画得这么传神呢?他可是在其中下了不少的功夫。文同在自己家的房前屋后种上了各种各样的竹子,无论春夏秋冬,不管刮风下雨,文同总是喜欢去观察竹子的生长变化情况,不断地琢磨竹子的长短粗细,叶子形态、颜色,一旦有新的感受他就回到书房,将心中琢磨好的竹子的印象画在纸上。久而久之,竹子的各种形象就都深深地印在了他的心中。所以每次画竹子的时候,他都会非常从容,而且画出的竹子无一不传神逼真。当别人夸赞他的时候,他总是谦虚地说:"我只是把心中琢磨成熟的竹子画下来罢了。"这便是所谓的胸有成竹。

因为总是在琢磨,反复地练习,所以文同画竹才会那样从容。日常生活中,我们无论是学习还是做事,也应该有文同这样的精神,不断地琢磨,反复地推敲,最终达到胸有成竹。

320 投笔从戎——向最适合自己的方向努力,收获最满意的成功

这则典故出自《后汉书·班超传》,指弃文从军。

班超是东汉时期很有名气的将军。班超很小的时候学习很用功,并对未来立下了志向。汉明帝永平五年的时候,班固被汉明帝召到了洛阳,做了一名校书郎,他的母亲也随其一同去了。因为班超当时的家庭并不富裕,于是他就又找了一份替官家抄书的差事挣钱养家。班超是个志向远大的人,这样的日子他自然会觉着不甘心。一天,班超正在抄写文件,写着写着,忽然觉得很闷,忍不住站起来将笔丢下说道:"大丈夫就该像傅介子、张骞(生在西汉,曾经出使西域,替西汉立下无数功劳)那样,在战场上立下功劳,怎么可以每天在这种抄抄写写的小事中浪费生命呢?"

后来,班超出使西域,立下了战功并被封了侯。再后来,班超当上了一

名军官,并在对匈奴的战争当中取得了胜利。接着,他建议和西域各国来往,以便共同对付匈奴。公元73年的时候,朝廷采取班超的建议,并派他带着数十人出使西域。最后,班超凭借自己的机智和勇敢,通过联络西域几十个国家,终于断了匈奴的右臂,使汉朝的社会经济保持了相对的稳定,同时也促进了西域同内地的经济文化交流,为朝廷做出了卓越的贡献。

我们在一个不适合自己的领域或许永远得不到一份好成绩,但如果转换到一个适合自己的领域,或许会收获一份更大的成功。

321 闻一知十——一点就通

这则典故出自《论语·公冶长》:"赐也何敢望回?回也闻一以知十,赐也闻一以知二。"意思是听到一点就能理解很多。形容善于类推。

圣人孔子有两个得意的学生,一个叫子贡,另一个叫颜回。

一次,孔子的子弟们听说齐国想要攻打楚国,于是纷纷想前去劝阻,但孔子最终只同意了子贡的请求。子贡不但去了齐国,还到了南方的吴国、越国,还有北方的晋国。在子贡的"挑唆"下,引起了这几个大国间的混战,于是小小的鲁国就免去了一场浩劫。

虽然子贡很能干,但是孔子还是认为其要比颜回差一些。

一天,孔子故意问子贡:"你和颜回相比较,谁更强一些呢?"子贡回答说:"我怎么敢和他相比呢?他是闻一知十,而我却只是闻一知二。"孔子点了点头说道:"你不如他,我也不如他啊。"

这则典故不仅说明了颜回的聪慧,而且也让我们看到了子贡的谦虚与不自满。面对与比自己强的人相比较,实事求是,毫不遮掩。这种精神才是最难得的。

322 生吞活剥——文章怎能这样写

这则典故出自《唐诗纪事》,原指生硬搬用别人诗文的词句,现比喻生硬地接受或机械地搬用经验、理论等。

唐朝的时候,有个县的武官叫张怀庆,他为了追求名利,常常弄虚作假,写不出什么作品,就将别人的作品改动几个字然后当做自己的作品。如当时有名的诗人有王昌龄、郭正一等人,他都抄袭过于是张怀庆便常常抄袭他们的作品。

一次,有一个叫李义的大臣写了一首五言诗,其实两句是这样的"镂月为歌扇,裁云作舞衣",意思是要把天上的明月雕刻成歌舞时用的扇子,把空中的彩云剪裁成跳舞时穿的衣服,想象奇特,喻法特别。后来这首诗被张怀庆看到了,于是便抄袭了下来,并在每句诗的开头加上了两个字,就当成了自己的诗句:生情镂月为歌扇,出性裁云作舞衣。这首五言变成七言的诗句经过他这样的改动,变得连诗句都不通了,也没有人知道是什么意思。

就这样,张怀庆的这首诗一传出,人们便开始纷纷议论起来。于是就有人根据他常常王昌龄、郭正一作品的行为编了顺口溜:"活剥王昌龄,生吞郭正一。"后来就简化成了"生吞活剥"。

有求学之心是好事,可在学习的过程中如果不讲求学习的方式方法,那不仅不会学习到东西,反而还会被人所耻笑。

 323 歧路亡羊——学习不要在歧路中迷失

这则典故出自《列子·说符》:"大道以多歧亡羊,学者以多方丧生。"意思是因岔路太多无法追寻而丢失了羊,比喻因情况复杂多变而迷失方向,误入歧途。

古时候有个人叫杨白,是个知识很渊博的人。有一天,杨白的邻居丢失了一只羊,于是周围的朋友邻居一起帮忙找羊,还找了杨白的一个童仆帮忙追赶。杨白不明白,便问这个邻居:"只不过是丢了一只羊,为什么要这么多人一起追赶啊?",邻居解释说:"因为路上有很多的岔路,所以人多一点帮忙会容易抓到。"

不久,杨白的小童仆回来了。于是杨白问道:"找到羊了吗?"小童仆回答说:"羊逃跑了。"杨白不解:"这么多人去追怎么还会逃跑?"童仆回答说:"因为路上有很多岔路,岔路之中还有岔路,我们不知道该往那边去追,所以就只好回来了。"杨子听了童仆这番话突然脸色变得忧郁起来,不讲话,脸上一整天都没有笑容。见到杨白这样,他的学生就觉着很奇怪,便问杨白:"羊,不过是最常见的畜生,而且丢的那只还不是老师您的,您为什么要闷闷不乐呢?"杨子面对学生这样的疑问并没有做出回答,而他的学生最终也没有得到答案。

这个故事引申为学习的方法,学习就像是各种岔路,如果我们没有找到

好的学习方法，那最终可能就会迷失方向，而丧失本性。而杨白闷闷不乐的原因就是因为觉着他的学生并没有找到一个好的学习方法。

做事也好，学习也好，我们都不应该慌张，要静下心来去分析，理清思路，最后才会做出最正确的判断。

324 纪昌学射——刻苦，是学有所成的唯一条径

这则典故出自《列子·汤问》，形容学习的刻苦。

古时候，有个叫甘蝇的人，非常善于射箭。只要他拉开弓箭，就没有他射不到的东西。甘蝇有一个徒弟，名字叫飞卫。飞卫学习射箭的悟性很高，又很有天赋。学成之后，他的本领甚至已经超过了他的师傅甘蝇。

后来，有一个叫纪昌的人，他想拜飞卫为师学习箭术，但飞卫却对他说："你既然想学习射箭，还是先学会看东西不眨眼睛再说吧。"纪昌听从了飞卫的话，便回到家里仰面躺在妻子的织布机下，用眼睛由下向上注视着织布机上提综的踏脚板，用这样的方法来练习不眨眼睛。就这样练习了三年，后来，就算有人用针刺他的眼皮，他也不会眨一下眼睛。

纪昌将自己练习的情况告诉了飞卫，飞卫又对他说："学会看东西不眨眼睛还不够，还要学会视物才行。你什么时候练到看小物体像看到大东西一样清晰，看细微的东西像显著的物体一样容易，再来找我吧。"于是纪昌又回家开始练习，他用一个牛尾巴的毛系住一只虱子悬挂在窗口朝南面的一棵树上，每天远远地看着虱子。十天之后，虱子在纪昌的眼里果然变大了，三年之后，一只虱子在纪昌的眼里就仿佛有车轮那么大。再转头看其他的东西，在纪昌的眼里就像山丘一样大。于是纪昌便拿出了一只弓箭射虱子，箭射穿了虱子，但牛尾巴的毛却没有断。

纪昌又找到了飞卫，将自己的练习情况告诉了飞卫，飞卫听后对纪昌说道："很好，你现在已经掌握了全部射箭的诀窍了！"就这样，纪昌成为了一个射箭能手。

学习是门苦差事，想要学有所成是没有捷径的，只有刻苦、刻苦、再刻苦这唯一的途径。

325 孺子可教——可造就的年轻人

这则典故出自《史记·留侯世家》："父以足受，笑而去。良殊大惊，随目之。父去里所，复返，曰：'孺子可教矣！'"意思是小孩子是可以教育的，后形容年轻人有潜质，可以造就。

古时有一个人叫张良，他原本是韩国的公子，姓姬，曾行刺秦始皇未遂，为了很好地隐藏自己，他将自己的名字改成了张良。

一天，张良到下邳附近的一座桥上散步，看到了一个不小心把鞋子掉到水里的老人。老人见张良走过来，便让张良帮他把鞋捡起来。张良虽然不情愿，但见他是老人便也没多话，帮他把鞋捡了起来。捡完鞋，老人又支使张良帮他把鞋穿上。这下张良可有些不高兴了，但又想，鞋子都捡起来了，帮忙穿上就穿上吧，何必计较，于是又恭敬地替老人穿好了鞋。但谁想，帮老人穿好鞋，老人不仅半个谢字都没有，反而转身直接离开了。

这个举动让张良有些发愣，他猜想，老人举止如此古怪，一定有来历。果然，老人在走了一段路之后又转身走了回到张良的身边，对张良说道："你这个小伙子值得我指教。五天后一早，你到桥上来见我。"张良听后连忙答应。

五天后，张良一早赶到了桥上，老人已经站在那里了，见到张良走过来便生气地说道："你跟老人约会应该早点来，五天之后，早些来见我！"说完便转身离去了。

又过了五天，张良虽然早早就赶到了桥上，可老人还是比他到得早，于是老人又让他五天之后来见他。

又是五天，这回张良下定了决定一定要比老人到的早，于是刚过半夜他就摸黑来到了桥上等候。等到天蒙蒙亮的时候，他看到老人一步一挪地往桥上走来，于是赶上上前去搀扶。老人高兴地说道："你这样才对啊。"于是拿出了一部《太公兵法》交给了张良，并告诉他，要下苦功钻研这部书，钻研透了以后可以做帝王的老师。说完老人便扬长而去。

后来张良潜心钻研这部书，认真学习，并很有成效，之后成为了汉高祖刘邦手下的重要谋士，为刘邦建立汉朝立下了汗马功劳。

良好的学习态度，谦恭的品格，是通向成功的路上必不可少的基石。

326 囫囵吞枣——"细嚼慢咽"才能得精

这则典故出自《碧岩录》，指把枣整个咽下去，比喻理解事物含混模糊或学习上不求充分理解地笼统接受。

古时候，有个人在看书的时候很喜欢把书中的文章大声地念出来，但他在看书的时候从不动脑筋想一想书中的道理。而他就是这样、还很骄傲地以为自己读过很多的书，懂得了许多别人不懂的道理。

有一天，这个人和一群朋友聚在一起吃饭聊天，说说笑笑，气氛欢愉。就在这时，酒桌上有一个人忽然感慨说："唉，这个世上可真是很少有两全其美的事情啊，就拿吃水果这件事情来说吧，吃梨对我们的牙齿很好，可吃多了却伤害我们的胃；吃枣对我们的胃有好处，但是吃多了却会伤害我们的牙齿。"说完，桌上的其他人都觉着有道理。唯有那个喜欢大声读书的人，他想借机表现自己的聪明，于是对桌上的人说道："想要解决这个问题还不简单？我们只吸收对我们有益的那一面不就行了么？比如，我们吃梨的时候只咀嚼但是不咽下果肉，这样就不会伤害到我们的胃；吃枣的时候我们不咀嚼，直接吞下去，这样就不会伤害我们的牙齿啦。"这时，桌子上正好有一盘枣，这个人便拿起一颗放进嘴里直接吞了下去。大家怕他噎着，连忙劝他说："可千万别卡在喉咙里啊。"有个喜欢开玩笑的人说道："你这可真是囫囵吞枣啊。"桌上人听后都笑得前仰后合。后来，这个囫囵吞枣的典故便流传了下来。

这虽然是一则可笑的故事，但是他却告诉了我们一个深刻的道理，在现实生活当中，无论是做事，还是学习，都应该仔细分析，充分理解，这样才有利于我们的生活和工作。

 327 詹何钓鱼——对的方法是通往成功的阶梯

这是古时候的一则小故事，告诉我们学习方法的重要性。

詹何是战国时期的哲学家，楚国的术士。

詹何钓鱼有一种独特的方法，他用单股的蚕丝做成钓鱼的线，用芒刺做钓钩，用细小的竹子做钓竿，最后将一粒饭剖成两半作为钓饵。他在百仞深、流水湍急的深渊之中钓到了一条可以装满一辆车的鱼，而且他的钓丝没断，钓钩完好，钓竿也没有被拉弯。

楚国的国王听说这件事情之后非常的惊异,于是便将詹何找来问其原因。詹何说:"我的父亲曾经当过大夫,我听他说,古代那个善于射鸟的蒲且子在射箭的时候有这样一个经历,他用很弱的弓、很纤细的丝绳,顺着风一射,一箭便在云端上射到了两只黄鹂。这是因为他用心专一,而且射箭的时候用力均匀。于是我便模仿他的这种方法去钓鱼,钻研了五年才弄懂其中的道理。我在河边钓鱼的时候,心中没有杂念,丢线沉钩,手上用力均匀。而我的鱼饵就像是掉在水中的尘埃,鱼儿看到了,它在吞食的时候并不会起疑心。就这样,我以弱治强,以轻御重,便很容易地钓到了鱼。大王,我想治理国家也是一样的道理吧,希望您也可以学习这其中的道理,那么就没有什么事情是您应付不了的了。"

楚王听后连连点头,称赞。

做任何事都要讲求方法,只有对的方法,才是通往成功的阶梯。

 328 秉烛之明——学习永远为时不晚

这则典故出自《说苑》,意思是点燃蜡烛,用以照明。形容人到老年,好学不倦。

师旷是春秋时期著名的乐师,也是晋国的大夫,他精音乐,善弹琴,辨音能力极强。不仅如此,他还是位杰出的政治活动家和博古通今的学者,时人称其"多闻"。

有一次,晋国国君晋平公询问师旷说:"对于今年已经七十岁的我而言,还想再学习,是不是太晚了?"

师旷回答说:"您为什么不点燃蜡烛来照明呢?"

晋平公被师旷这句话弄得有些疑惑,并说道:"哪里有做臣子的还敢戏弄他的国君的?"

这时,师旷解释说道:"臣哪里敢戏弄国君您啊。是这样的,我听说,少年的时候爱好学习,就像在早晨温和的太阳光下学习;壮年的时候爱好学习,就像在中午的太阳光下学习;而到了老年的时候,爱好学习的人就像是点燃蜡烛,照起亮来学习。您说,这点燃蜡烛行走和在黑暗中行走,哪一个更好呢?"

晋平公听了师旷的这一席话之后说道:"好极了!"之后便拿起书本开始

学习了。

青年也好，老年人也罢，只要你有一颗爱学习、想上进的心，就永远不会晚。

 329 轮扁斫轮——造车也有大道理

这则典故出自《庄子·天道》，指春秋时齐国有名的的造车工人精湛的技艺。

轮扁是春秋时期齐国有名的造车工人。有一次，齐国国君齐桓公正在堂上读书，轮扁在堂下砍削木材制造车轮。见齐桓公读得兴起，轮扁便放下椎凿的工具走上堂来问齐桓公："请问，您正在读什么书啊？"齐桓公说："是记载圣人之言的书。"轮扁又问："那些圣人还在世上吗？"桓公回答说："已经死去了。"轮扁说道："那您读的这些书不过是圣人留下的糟粕罢了。"齐桓公一听轮扁这样说就有些生气，于是说道："我读圣贤之书，你一个做轮子的匠人怎么能发表议论？你得说出刚才那番话的道理，如果说不出道理我那就将你处死。"轮扁一见齐桓公有些生气，马上解释说："大王您别生气，我是从我做的事情看出来的。我在砍削木材制作轮子的时候发现了这样一个事情，如果你砍的速度慢了，车轮光滑但却不坚固；如果动作快了，车轮就会很粗糙而且不合规矩；只有不快不慢才能心手相应，制作出质量最好的车轮。而这个规律我只能意会却不能言传。我没办法明白地将这个道理告诉给我的儿子听，我如今七十岁了，还在独自做车轮。古代的人和他们所不能言传的东西都一起死去了，那么您读的书不就是古人留下的糟粕么？"

读书学习很重要，但要做到理论和实际相结合，这样才会更有成效。

 330 一窍不通——愚钝的"至高"境界

这则典故出自《吕氏春秋·过理》，比喻人昏昧不明事理，或对某事完全不懂。

商朝时候，国君纣王很残暴。纣王有个妃子叫妲己，深受纣王的喜爱，终日陪着他吃喝玩乐。于是，纣王就根本不理国事了，更不管国中百姓们过得好不好。而且纣王还很听信妲己的话，杀了很多的忠臣和无辜百姓。

纣王的叔父比干对这件事情实在看不下去了，于是就很生气地劝纣王说："大王，您不可以这样一直沉迷酒色当中了，也不要再乱杀忠臣和无辜百姓了。你要振作起来，替国家和百姓做点有用的事情啊。"

后来妲己知道了比干劝纣王的事情，心里非常不高兴，于是妲己便跑去对纣王说："大王，您看，如果比干是一个真正的忠臣，那他就该把自己的胸膛剖开，将自己的心肝拿出来献给您。"

纣王一听妲己的话，连说赞同，遂下令将比干的胸膛剖开，于是比干就这样在妲己的陷害下死掉了。

后来这件事情被记录在了《吕氏春秋》这本书中，其中有一段话是这样的："纣心不通，安以为恶，若其一窍通，则比干不杀矣！"意思就是说，如果纣王的心通了一窍，就不会做出这种糊涂荒谬的事情将忠臣比干杀害。

后来，人们就把这句话引申成了"一窍不通"这句成语，用来骂一个人愚蠢或是很糊涂。

听别人说什么话，正在读什么书，一定要有自己的想法和观点，不要盲目地信从他人的话和观点，这样是非常愚昧的行为，也会为我们带来不可想象的后果。

 | 331 夜以继日——学到"昏天暗地"

这则典故出自《孟子·离娄下》："仰而思之，夜以继日。"意思是晚上连着白天，形容加紧工作或学习。

周公旦是西周时期杰出的政治家、军事家、思想家、教育家，被尊为"元圣"、儒学先驱。周公旦在他哥哥周武王姬发领导的攻伐殷商的事业中起了很大的作用，后来他又担任起辅助朝政的重任，并忠于职守，为巩固周王朝的统治立下了不少功劳。

周武王去世后，周公旦便开始辅助周成王执政，于是便有些王宫贵族猜忌他，并在周成王面前造谣说周公旦有篡位的野心。有的兄弟还和纣王的儿子武庚勾结起来，发动武装叛乱。除此之外，东方的夷族也乘机作乱，一时间，形势非常混乱。但周公旦依旧坚忍不拔，遵照武王的遗志办事，消除了成王对他的误解，还击败了武庚的叛乱及夷族的反抗，并制定了礼法和刑律，继续分封诸侯，建筑洛邑（今河南洛阳），设立了东都成周。

由于为国事过度操劳，周公旦在东都建立不久后就去世了。就在他临死前，他还不忘告诫大臣们一定要帮助天子管理好中原的事情，并将自己葬在成周，以表示自己虽然死了，但却不忘王命。

于是孟子便赞扬他说，周公是想兼学夏、商、周三代开国君主的贤德来把周朝治理好，如果有不适合于当时情况的，他就会抬起头来思考，夜以继日地想，一旦想出好的办法，便坐着等待到天明，马上去施行。

肯下功夫努力的人，运气都不会太坏，一定会有所作为。

332 桃李满天下——狄仁杰育人有道

这则典故出自《资治通鉴·唐纪·武后久视元年》："天下桃李，悉在公门矣。"比喻学生很多，各地都有。

武则天是中国历史上唯一的一位女皇，她在位期间任用贤才，大胆举措，国家安定昌盛，百姓安乐富足，起到了上承贞观之治，下启开元盛世的作用。著名宰相狄仁杰就是武则天一手提拔上来的。此人德高望重，敢于直谏，深得武则天的赏识。武则天即位的时候，狄仁杰已经八十多岁了，武则天从不直呼其名，称他为"国老"。就算是上朝的时候，武则天也从来不让狄仁杰跪拜，并说："见狄公下拜，我浑身都痛。"而且武则天对其他的大臣也说过："如果不是特别重要的军国大事，你们就不要去麻烦狄老了。"

武则天在位的时候为了巩固自己的统治，采取了很多的措施，其中一个就是广罗贤才，而她所提拔的贤才大多数都是让狄仁杰推荐的。后来狄仁杰所推荐的张柬之、姚崇等数十人都成了朝中的名臣。于是便有人对狄仁杰说："您可真是一位了不起的人物啊，朝中有才能的大臣都是您向皇上推荐的，您可真是桃李满天下啊。"狄仁杰听后谦虚地说道："推荐有才能的人为国家效力是我应该做的啊。"

公元700年的时候，九十三岁的狄仁杰病死，武则天万分悲恸，她痛哭流涕。而从那之后，每当朝廷有大事而众人又不能解决的时候，武则天便常常叹息说道："唉，老天爷为什么这么早就夺去了我的国老啊。"由此可见狄仁杰在国家中所起到的作用。

将自己的知识传授给他人，桃李满天下，实在是一件高尚的事情啊。

333 汗牛充栋——书是人类的好朋友

这则典故出自《文通先生陆给事墓表》:"其为书,处则充栋宇,出则汗牛马。"意思是运书很多累得使牛出汗,书多得存放时可堆至屋顶。指形容藏书非常多,不能形容其他东西多。

圣人孔子的思想博大精深,门下弟子三千。为了教学的需要,他曾整理和修改过《春秋》等书,但孔子的一生并没有写过什么自己的著作,只是"述而不作"。有一次,孔子的学生子贡向孔子请教"天道"的问题,孔子回答说:"我不想说这个问题。"子贡说:"夫子您如果不说这个问题的话,那我们如何照着去做呢?"孔子说:"天道怎么能说得清楚呢?四季因它而运行,万物因它而生长。这个东西怎么可以说得清楚呢?"或许这也是孔子述而不作的原因。

唐代文学家柳宗元曾这样说过:"自从孔子修改过《春秋》之后,给它作传的人就多了起来,在当时就有五家《左传》、《公羊传》、《谷梁传》、《邹氏传》、《夹氏传》。后来的历朝历代,都有成百上千的人为它们作注讲疏,写出了见解不一的著作。这些书堆起来都能塞满一整间屋子,如果要是想把这些书都运出去,恐怕牛马都会被累出汗。"

就这样,"汗牛充栋"后来被人们形容藏书非常多。

> 喜欢藏书的人大多数都爱看书,这是一个走向成功必有的习惯。

334 邴原泣学——学习是人生中最不可放弃的事情

这则典故出自《出潭集》,讲述邴原这个人虽然贫穷,却依旧刻苦地学习,不丧失斗志。

三国的时候有一个著名的学者,名字叫邴原。在邴原很小的时候,他的父亲就去世了。有一次,邴原从一家书塾经过,突然哭了起来。书塾的老师看到后很奇怪,便问他:"孩子,你为什么哭啊?"小邴原回答说:"失去父亲的人容易伤心,贫穷的人容易伤感。凡是能够学习的人,他们都是有父母的孩子。我一是羡慕他们有父亲,二是羡慕他们能够上学,内心一时感到悲伤,所以就哭了。"老师听了这个才几岁的孩子的话,内心很为他感到悲伤,于是说道："你想要读书吗？"邴原回答："可是我没有钱，交不起学费啊。"老师说："没关系，如果你有志向去好好学习，我白白传授给你便是，不收取学费。"于是小邴原就开始读书，而且特别的努力。才过了一个冬天，他就已经可以背诵《孝经》和《论语》了。

　　小邴原虽然自幼丧父，而且家境贫困，但他却依旧对学习充满了热情。除了该学习邴原的这种精神，我们也该从中明白一个道理，学习是我们进步的根本，无论是身处怎样的境遇，我们的生活是何等的窘迫，也不要放弃学习。

335 佝偻承蜩——专心致志，方能成大事

　　这则典故出自《庄子·达生》，比喻做事情专心，全神贯注，方能成功。

　　春秋的时候，圣人孔子有一次到楚国去。当他行走在一片树林中的时候，他看见了一个驼背的老人正在捕蝉，而在捕捉的过程当中就像是拾取一样容易。孔子看了感到很好奇，便上前问道："您捕蝉这样灵巧，是有什么诀窍吗？"老人回答说："我没有什么诀窍，只是练习了五六个月。最初我在挑着的竿头上叠放两个泥丸，练习使两个泥丸不掉下来后再去粘蝉，这样一来，我粘蝉失手的概率就很小了；后来在竿头叠放三个泥丸不让它掉下来，再粘蝉，失手的概率就只有十分之一；后来在竿头上叠放五个泥丸练习不让它掉下来，再粘蝉就好像在地上拾取一样的容易了。在粘知了的时候，我的身姿就站定在那里，仿佛没有知觉的木桩一样，举着手臂。天地之大，万物之多，但我却不会被任何事分神，只注意着蝉，这样，我怎么会捕不到蝉呢？"孔子听了老人的一番话之后感触良多，回头对弟子们说道："注意力不分散，高度凝聚精神，恐怕说的就是这位老人吧。"

　　无论做什么事情，只要我们专心致志，就一定会达到出神入化的境界。

336 亦步亦趋——学习不能"有样学样"

　　这则典故出自《庄子·田子方》，原意是你慢走我也慢走，你快走我也快走，你跑我也跑。现比喻由于缺乏主张，或为了讨好，事事模仿或追随别人。

　　古时候，有个人希望自己的儿子将来有出息，就教育自己的儿子说："你

一定要向你的老师好好学习,无论是言谈举止,你都应该做到像他一样。"儿子听话地点了点头,将父亲的话牢记在了心中。

一天,这个人的儿子陪老师一同吃饭,在这期间,无论老师做什么他都跟着学。老师吃饭他也跟着吃饭,老师喝酒他也跟着喝酒,老师侧着身子他跟着侧着身子。后来老师发现了他的这一系列举动,被他的行为逗笑了,放下碗筷打了个喷嚏。这一下他可学不来了,于是很佩服地说:"老师你刚才的做法可真是奇妙啊,学生我实在是很难学会的。"

学习不能有样学样,我们要有自己的判断,明白什么是该学习的,什么是不需要去学习的。如果学错了知识,还不如不学。

 337 朱詹吞纸——生存环境不是你拒绝学习的理由

这则典故出自《颜氏家训·勉学》,讲述朱詹虽然生活环境艰苦,但却依旧坚持读书的故事。

朱詹是南朝梁代人,出身贫寒却从小立志读圣贤书,视读书为一切。

在朱詹生活的那个年代,穷苦人家的孩子是连饭都吃不饱的,更别提读书了。而朱詹就是那万千穷苦人家孩子的其中之一,但朱詹却并未因此而放弃学业。即使经常是吃不饱穿不暖,朱詹对于学习的热情也从未有过改变。有时候家里几天吃不上一顿饭,朱詹饿得肚子痛、眼睛发花。实在难以忍受饥饿之苦,他就将自己写过的一些废纸吞到肚子里去,再喝几口开水,算是充饥,然后继续读书。

到了冬天,简陋的住处又是四处漏风,严寒难忍,那些王孙公子们早就穿上皮袍,食美味,喝美酒,四处游荡。而朱詹却连一件像样的棉衣都没有,冻得瑟瑟发抖。而就是在这样的环境下,朱詹依旧是将门窗关紧,手持书卷,坚持读书。到了深夜,寒风四起,饥寒难耐的朱詹就尽量让自己全身心地投入到读书当中去度过深夜。因为没有睡觉的被子,朱詹在睡觉的时候就抱着狗一起睡,用狗身上的体温来温暖自己的身体。邻居们见到朱詹这样的好学,都十分佩服。

就这样,朱詹在这种艰苦的环境在坚持着读书学习,日复一日、年复一年。付出终究会有回报,朱詹后来成为了当时负有盛名的学者,并受到了皇帝的重用。

环境再艰难,日子再清贫,也要坚持读书,懂得付出的人最终才会有所回报。

 338 断织劝学——学习不可半途而废

　　这则典故出自《后汉书·乐羊子妻传》，故事的内容是东汉时乐羊子之妻借切断织机上的线，来鞭策丈夫不可中途废学，后比喻劝勉学习。

　　古时候有个人叫做乐羊子，他的妻子是一个知书达理且懂得大道理的人，总是能在生活和学习上帮助乐羊子进步。

　　在乐羊子出门求学的时候，才刚刚过了一年，乐羊子就回到了家中。正在家中织布的妻子见丈夫回来了便问其回来的缘故，乐羊子说："没有什么特殊的事情，就是出门在外久了，有些想念家人。"妻子听了乐羊子所说的这些话之后，表情有些难过地沉默了一会，然后拿起身旁的剪刀将织了一大半的布全都剪断了。这个举动让乐羊子非常吃惊，并问其为何。妻子答道："蚕丝虽细，但是经过我日夜不停地编织，它一分一毫地变长，终于就要变成了一整匹布。可我如今将它剪断了，它不仅再也不能恢复为整匹布，而且也浪费了每天编织它的宝贵光阴。学习也是一样的道理，知识要一点点地累积才能收获成功。你现在学到一半就回家，半途而废，没有坚持到底，这和我剪断的这匹布不是一样的道理吗？"

　　乐羊子听了妻子的这番话后深受感动，遂离开家门重修自己的学业，苦读钻研，并最终成为了一个知识渊博的人。

　　恒则成，半途而废终将一事无成。

 339 南辕北辙——前进方向要与目标相一致

　　这则典故出自《战国策·魏策四》，意思是想到达南方，车子却向北行。比喻行动和目的正好相反。

　　战国末期的时候，一度称雄天下的魏国国力逐渐变得衰弱，但当时的国君安厘王仍旧想出兵攻打赵国。谋臣季梁听到这个消息的时候正出使邻邦，于是折返回国，风尘仆仆地赶来见安厘王，并劝阻国王伐赵。为了打动安厘王，季梁现身说法，讲了一则发生在自己身上的经历，季梁说道："大王，今天在我回国的途中遇见了一个正在往北赶车的人。那个人说他想去楚国，我就好奇，去楚国为什么要往北走？结果那个人却告诉我说是因为他的马好。

210

可我告诉他，即使你的马再好，但你走的也不是去往楚国的路啊。随后那个人又告诉我说他身上的路费多，我就说，但你走的并不是去楚国的路。那个人又说他的车夫是如何善于赶车。我最后只好告诉他，你各方面的条件再优越，但这个方向去楚国不仅到达不了楚国，反而只会越走越远。大王，这就像是您如今的想法，依仗魏国的强大，军队的精良，去攻打邯郸，扩展土地，想在天下取得威信、建立霸业，可是大王，您这样动不动就攻打别的国家的举动是没办法在天下取得威信的。越是攻打别的国家，越是不能树立威信，而这不就是距离大王您的事业越来越远了么？这与那个想去楚国却一直往北走的人不是一样的么？"

安厘王听了这一席话之后深深明白了其中的道理，于是便不去攻打赵国了。

我们做事不要背道而驰，要切合实际情况。如果行动与目标相反，这样只会让我们距离目标越来越远。所以我们在做事情之前一定要先树立正确的目标。

340 不耻下问——孔子对待学习的态度

这则典故出自《论语》，意思为向地位比自己低、学识比自己少的人请教，也不感到羞耻。形容虚心求教。

我国春秋时代伟大的思想家、教育家、政治家孔子，被人们尊奉为圣人，但圣人孔子认为，无论是什么人，都不是生下来就有学问的。

有一次，孔子去鲁国国君的祖庙参加祭祖典礼，因为从没有参加过，有很多地方不清楚，所以孔子不时地向别人询问，差不多每件事情都问到了。于是便有人在后面嘲笑孔子，说他不懂礼仪，什么都要问。孔子听到了这样的议论后说道："面对不懂的事情，我才要问个明白，这正是我求知懂礼的表现。"

那个时候，卫国有一个大夫名字叫孔圉，为人正直，而且虚心好学。在当时的社会有这样一个风俗习惯，就是在最高统治者或者其他有地位的人死后，会给他另外起一个称号，这被称为谥号。孔圉死后，被授予"文"的谥号，卫国国君是为了让后代的人都能学习和发扬他好学的精神。

孔子的学生子贡知道这件事情之后很不服气，他认为孔圉也是有不足的地方的，于是就去问孔子说道："老师，为什么孔圉可以被称为'文'？"孔子听了子贡的疑问后回答说:"敏而好学,不耻下问,是以谓之'文'也。"意思也就是说,孔圉聪明而且好学,并且他并不以向比自己差的人求学为耻辱,所以用"文"字作为他的谥号。

听了孔子这样的解释,子贡终于服气了。

"闻道有先后,术业有专攻"。所以我们要虚心地向有学问的人虚心求教,这样才会有进步。

341 江郎才尽——巩固学习是进步的关键

这则典故出自《南史·江淹传》:"淹乃探怀中得五色笔一以授之。尔后为诗绝无美句,时人谓之才尽。"原指江淹少有文名,晚年诗文无佳句。比喻才情减退。

南朝的时候有一个文学家名字叫江淹,在他年轻的时候,他的诗和文章在当时非常有名气。但随着年纪的逐渐增加,他的文章开始变得大不如前,不仅提笔好久写不出一个字来,而且就算是写出来的东西也是平淡无奇。偶尔来了些灵感,写出的诗句也是无一处可取。

曾经那样优秀的文学家变成了如今这个样子,不免引来大家的猜想。于是便有人传说,有一次江淹乘船停在禅灵寺的河边,梦见了一个叫张景阳的人,向他讨还了一匹绸缎,于是江淹就从他的怀里掏出了一些绸缎还他。从那之后,江淹的文章就不再精彩了。还有人传说,江淹有一次在凉亭中睡午觉,梦见了一个自称郭璞的人走到他的身边,对他说道:"我有一支笔已经放在你那里很久了,你现在应该还给我了吧。"江淹听后便从怀中逃出来了一支五色笔来还给了这个人。此后,江淹就文思枯竭,再也写不出什么精彩的东西来了。

后来世人就说他"江郎才尽",被传为文坛掌故。

其实江淹并不是才华已经用完了,而是他在当官之后忙于政务而很少再动笔写作,所以时间久了文章就会逐渐退步。也就是说,我们在学习的过程中,一定要多多巩固,勤加练习,不然不仅不能进步,而且还会退步很多。

第四部分 / 学习与进步

 342 凿壁偷光——没有条件，创造条件也要学习的求知精神

这则典故出自《西京杂记》，形容家贫而读书刻苦。

西汉的时候，有个著名的经学大师，名字叫匡衡。在匡衡年少的时候，非常的勤奋好学，但由于家里很穷，所以他不得不白天努力干活来养家糊口，到了晚上的时候才有时间坐下来安静地读书。可天黑下来就需要蜡烛照明，但匡衡又买不起蜡烛，无法看书，眼看着时间白白地浪费了，匡衡内心非常着急。

匡衡的邻居是一个很富有的人，每天晚上天黑之后，都是好几个屋子一同点起蜡烛，整个房子被照得通亮。匡衡看了之后非常羡慕，于是，他在墙上悄悄地凿了一个小洞，这样邻居家的烛光就从洞中透了过来。就这样，匡衡借着微弱的光线每夜读书。因为匡衡的勤奋学习，他后来当了汉元帝的丞相，成为了西汉时期著名的学者。

只要你想做一件事情，你就一定会有办法去克服困难，读书也是一样的。为自己找各种不读书的借口，其实只有一个原因，那就是你不想读书。

 343 薛谭学讴——学无止境

这则典故出自《列子》，讲述的是薛谭向秦青学唱歌，学艺未精，就向老师辞别。老师送别时悲歌一曲，惊天动地。薛谭自知学艺不精，就再也不提离开的事了。

战国时期，有一个秦国人非常善于唱歌，名字叫做薛谭。

教薛谭唱歌的老师是当时著名的唱歌家秦青。因为天资聪颖而且好学，外加嗓音格外的甜美嘹亮，所以薛谭学习唱歌时技艺进步得很快。一段时间之后，薛谭觉着自己对唱歌的诀窍已经掌握得很不错了，于是就想辞别老师自己独立演唱。秦青知道了薛谭的这个想法之后，思索了一会说道："你唱歌的技艺的确已经很不错了，十分的技艺已经掌握了七八分。但你如果可以再学习一段时间的话，我想对你会更有益的。"薛谭听了老师的这番话之后有些不高兴，认为是老师低估了自己的能力。而这时秦青也看穿了自己学生的心思，便微笑对薛谭说："既然你已经下下定了决心，那我就不再阻拦你了。我们师生一场，情分不薄，明天我略备薄酒给你送行。"

第二天一早，秦青送薛谭离开。边走边聊了一段时间之后，秦青对薛谭说："好了，送君千里，终须一别，我就送你到这里吧。不知我们二人日后何时才能相见，我就高歌一曲，为你送行吧。"说完，秦青便开始用扇子打着拍子放声高歌了起来。其歌声优美，嗓音嘹亮，森林都随之发出嗡嗡的回响声，甚至天边的白云都为其停止，陶醉其中，静静倾听。

薛谭被老师这美妙的歌声打动了，如痴如醉了好久之后才醒悟过来，很感动地对老师说道："老师，您唱得简直太好了，到现在我才知道，我要向您学习的技艺实在是太多了，而我如今只是学到皮毛而已。老师请您再次容许我留下跟您学习，我要永远留在你身边，将您的全部技艺学会。"

日常生活中我们总是会有这样的感觉，那就是"我会了"。其实学无止境，天地之大，我们所要学习的东西太多太多，不要只学会一点皮毛就当自己懂得了全部。学无止境，面对知识，我们都该抱有一份谦虚的态度。

 344 子路受教——天赋固然重要，后天努力也不可或缺

这则典故出自《孔子家语》，讲述的是圣人孔子对他的弟子子路的一次教导。

春秋时期，圣人孔子有很多的弟子，其中有一个学生叫子路，他是孔子的得意门生。

在子路第一次拜见孔子的时候，孔子问子路："你的爱好是什么呢？"子路回答说："我喜欢舞剑。"孔子说："我不是问这方面。以你的天赋，再加上学习，怎么会有人赶得上呢？"子路说："南山有这样一种竹子，生长笔直，完全不须要任何的加工，削尖之后射出去，能将皮革穿透。所以说，有些东西天赋异禀，又怎么需要学习的过程呢？"孔子说："如果将这竹子劈开，在一端束上羽毛，在另一端装上金属的箭头，并将它磨得十分锋利，它射得不就更加深了吗？"听了孔子的一番言论之后，子路感慨说道："听了您的话，我可真是受益良多啊。"

一些人在一些方面的确有很好的天赋，但是并不能因此就停止学习。天赋加上后天的努力，这就是锦上添花，所以任何时候不要有"我不需要学习"这种荒谬的念头。

第四部分 / 学习与进步

 345 梓庆为鐻——专注是成功的秘诀

　　这则典故出自《庄子·达生》，鐻，古代一种像钟的乐器。这则典故讲述一个叫梓庆的木匠制作鐻的故事，告诉我们做事时专注的重要性。

　　古时候，有个木匠叫梓庆，很擅长制造一种叫做鐻的乐器。人们看过梓庆制造出来的鐻，对其的评价很高，大家都是称赞不已，并称其为鬼斧神工。

　　当时的鲁国君王听说了这件事情之后便召见了梓庆，并问其是用怎样的方法才将鐻制作得如此精湛。梓庆则这样回答："大王，我只是一个小小的工匠而已，根本谈不上有什么技法，我不过是有一些小小的体会罢了。我在制作鐻的时候，从来不分心，而且还会实行斋戒。斋戒三天后，我便忘了那些功名俸禄；五天后，我已经开始不把那些别人对我的非议、褒贬放在心上；第七天，我已经完全进入了忘我的境界，心中不再存有那些晋见君主的奢望，给朝廷制鐻，既不求赏赐，也不担心惩罚。就这样，我排除了外界的所有干扰之后，我便进入山林之中开始精心选取那些适合制鐻的木材，直到一个完整的鐻已经成竹在胸，我便开始动手加工制作，我就是这样将一个鐻制造出来的。被人誉为鬼斧神工，我想大概就是这个缘故吧。"鲁国国君听后连连称赞。

　　梓庆能将一个鐻制作得出神入化，其实只是一个很简单的原因，就是他抛开了外界的所有杂念，自己全身心地投入到制作鐻的过程中。由此可见，做事专一、忘我的重要性。

 346 苏洵焚稿——学习也可从头再来

这则典故讲述的是北宋文学家苏洵刻苦学习的事情。

苏洵是北宋时期著名的文学家，他是苏轼和苏辙的父亲，这父子三人被称作为"三苏"。

　　在苏洵二十七岁的时候，一天，他像往常一样地看书，无意间读到一篇文章，是讲述个人如何爱惜时间、刻苦读书的故事。苏洵将那篇文章仔细地读了一遍，他很受感动，于是又读了一遍，更是感受到了其中的意义，于是又反复地读了几遍，无论读几遍都有不同的收获。于是他深深感慨时光的流逝，并想到自己即将而立之年，虽写过一些文章，可却都是平庸之作，没有什么大的建树。苏洵想，如果自己现在不努力，那什么时候才努力啊。于是从那之后，苏洵开始奋发苦读。一年之后，他觉得自己在学习上有了些长进，于是便急忙地参加了选举秀才和进士的两场考试，可却全部落榜。这件事情对苏洵的打击很大，但他却没有灰心，并决心重新振作起来，但却一直找不到头绪，不知该从何做起。

有一天，苏洵正在房间里整理他以前写过的书稿，从中发现了很多的不足。他想：这些东西自己都不能感到满意，又怎么能在世上流传呢？于是便将这数百篇的书稿统统抱出了屋去，放在一个空地全都烧了。苏洵之所以这样做是因为坚定了从头做起的决心。自从苏洵将自己的书稿全都烧毁之后，他就仿佛放下了一个沉重的包袱，并开始更加刻苦地学习了。

后来经过苏洵不断地努力，不断地追求文章的完美，终于成为了北宋甚至至今闻名的文学家。

苏洵之所以后来得到了这样的成功，是因为他找到了自身的不足，且下定了决心要从头开始。而我们对待学习也应持有这样的态度，发现不足，及时改正，刻苦的人总是更容易收获成功。

347 任末好学——将学习视为一生的追求

这则典故出自《拾遗记》，描述的是一个人刻苦学习，最终学有所成。

任末是我国东汉时期的一个著名的学者、教育家。

任末十四岁的时候，经常是背着书籍跟着老师求学，也不害怕任何的困难。他常常说的一句话就是："人如果不学习，那凭什么成功呢？"任末有时会靠在树下，用白茅编成小屋，将荆条削制成笔，刻划树汁作为墨水。晚上的时候就在星月的辉映下读书，如果没有月亮的时候他就将麻蒿点燃当做光源。有时读书读到心领神会之时，他就将感悟写在衣服上记录。任末读书，不是古代的圣贤书他是不看的。任末就是这样疯狂地喜爱着学习，最终获得了成功。在他临死的时候他还告诫别人："人喜欢学习，就算是死了，也好像活着一样；人如果不学习，那就算是活着，也不过是行尸走肉罢了。"

兴趣是最好的老师，因为对学习有着浓厚的兴趣，所以任末才会取得后来的成功。我们学习也应该从培养兴趣开始。

348 牛角挂书——勤奋收获成功

这则典故出自《新唐书·李密传》:"闻包恺在缑山,往从之。以蒲鞯乘牛,挂《汉书》一帙角上,且行读。"比喻读书勤奋。

隋唐时期有一个英雄名字叫李密。李密在年轻的时候读书非常勤奋。有一次,李密用薄草做成鞍鞯,他骑在牛上,并在牛角上挂一卷《汉书》,一边走,一边读书。这时,越国公杨素正好在路上看见他,于是就慢慢地跟在他的后面。但是走了好久李密都没有发现跟在后面的杨素。于是杨素说道:"哪里来的书生这般勤奋?"李密回头一看是杨素,于是赶忙从牛背上下来参拜。杨素问:"你在读的是什么书,如此入神?"李密回答说:"《项羽传》。"于是杨素开始同李密交谈起来,李密的见识和风度让杨素十分惊奇,甚至回家见到他的儿子杨玄感都在不断地夸赞。后来牛角挂书这个故事就被后人流传了下来。

李密正是因为勤奋才做出了一番事业,我们该向他学习这份勤奋读书的精神。

349 学而不厌——学习该持有的态度

这则典故出自《论语·述而》:"默而识之,学而不厌,诲人不倦,何有于我哉?"意思是学习总感到不满足。形容好学到不会厌烦的地步。

春秋时期,圣人孔子在教学上有着非常丰富的经验和阅历,他与学生们也是常常一道研讨问题,并帮助学生们解决各种疑难问题。他经常鼓励学生培养良好的品德,并深入钻研,提出,做学问要抱"学而时习之"、"温故而知新"这样的学习态度。学生们也是常常赞扬老师的耐心,但孔子总是谦逊地说:"学而不厌,诲人不倦。"意思就是说学习而不知满足,教导别人而不知疲倦,表现出了圣人孔子在学习和教育人方面的态度。

态度决定成败,无论做什么事情,首先一定要端正你的态度。

350 按图索骥——读书不要读死书

这则典故出自《艺林伐山》,意思是按照画像去寻求好马。比喻办事机械死板，也比喻按照线索去寻求。

春秋时期，秦国有个叫孙阳的人，他是著名的相马专家，马匹是好是坏，孙阳一眼就看得出。因为传说中伯乐是负责管理天上马匹的神，所以人们都称呼孙阳为伯乐。

据说，伯乐将自己丰富的识马经验编写成了一本书，名字叫做《相马经》。在书中，他写了各种各样千里马的特征，并画了不少的插图以供人们作为识马的参考资料。

伯乐有一个儿子，资质很差。他在看了父亲编写的《相马经》之后，便也很想出去找一找千里马。书中描述，千里马的主要特征是，高脑门、大眼睛、蹄子像摞起来的酒糟块。于是伯乐的儿子便对照着书中的描述开始找千里马，想试试自己的眼力。

才走了不远，他就看到了一只大癞蛤蟆躲在那里。于是伯乐的儿子赶忙将这只癞蛤蟆捉了起来，并回去告诉伯乐说："我找到了一匹好马，和你那本《相马经》上说的差不多，只是蹄子有些不同而已。"伯乐看了看儿子手中的癞蛤蟆，不由得感到好气又好笑，于是幽默地说道："这马喜欢跳，我们也没法骑啊。"

伯乐的儿子将一只癞蛤蟆当成了一匹千里马，这显然有些夸张，但在我们的学习和工作中，因为生搬硬套、死背教条而闹出的笑话的确是常常发生。所以，我们在学习的过程中，一定要注重理论与实践相结合，不然只会闹出"按图索骥"这样的笑话。

351 焚膏继晷——勤奋总会有成效

这则典故出自《昌黎集·一二·进学解》，意思是点上油灯，接续日光。形容勤奋地工作或学习。

韩愈是我国唐代著名的文人，通六经百家之学，崇尚儒术，是唐宋八大家之一。

同其他读书人一样，韩愈一直希望自己可以得到朝廷的重用，一展才华，实现自己的抱负。但韩愈虽然在年少的时候就中进士第，但因为他的个性不适官场，所以一辈子在仕途上也是浮沉不定。后来韩愈写了《进学解》这篇作品，表现出了他那时仕途不如意的心情。

文中是这样叙述的，韩愈曾训诲他的学生说："你们要勤奋努力学习才能有大的成就。如果学问和品德都好,那未来也不怕被埋没。"可话还没说完,就有一位学生质疑地说道:"老师,您不要骗我们了。这么久以来,我们看您已经是精通六艺,每天手不释卷,就连夜晚都点灯接着白天读书。可结果呢?只因为思想不符合当政者,便遭到了当权者的排挤,不被重用,生活困苦不堪。您自己都是这样的遭遇,居然还要求我们专心学习?"

其实韩愈是借学生之口表达了自己的怀才不遇,同时也讽刺了执政者不能善用人才。而"焚膏继晷"这个词就是从这里演变过来的。

韩愈就是这样勤奋地学习,虽然在当时没有得到重用,但最后成为了我国唐宋八大家之一,其文章流传百世。

 352 老翁捕虎——坚持,是成功最神奇的催化剂

这则典故出自《阅微草堂笔记》,指功到自然成。

清代文学家纪晓岚有一个当知县的哥哥,其管辖范围内因为有老虎而闹得城内百姓惶惶不安。人们由于不敢出门,渐渐地,当地的一些食物和生活必需品开始缺货了,为此,纪晓岚的哥哥想尽了办法。

一天,一个当地的人向纪晓岚的哥哥建议说去徽州请唐打猎。纪晓岚的哥哥遂问唐打猎是何人,于是这个人便给他讲了一个唐打猎家族的故事。大概在明代的时候,徽州有一个姓唐的人,结婚才不久,一天进山被老虎给吃了,留下了他怀有身孕的老婆在世上。他的老婆很伤心,于是在孩子出生之后便向老天祷告希望自己的世代子孙都可以学会猎虎的绝技。慢慢地孩子长大了,于是开始四处拜师,终于练就了一身猎虎的绝技。从此之后,唐氏便世世代代都擅长猎虎,并闻名当地。纪晓岚的哥哥听了这个故事后,赶忙派人去请唐打猎。几天后,派去的人回来了,说唐家已经挑选了两个技艺最好的人来帮忙,并且已经在路上了,很快就到了。

等到唐家派来的两个人到了之后,众人一看,都很失望。只见一个身形瘦小、头发花白的老翁和一个十六七岁的男孩儿站在那里,很难想象这两个人与"猎虎"有什么关联。可人都已经长途跋涉地来了,总不能让人回去,就先让他们安顿下来吧,于是纪晓岚的哥哥遂命人先安顿这两个人。可这时,老翁忽然走上前来,说道:"先不必安顿,听说那老虎在离城还不到五里的地方,我们先去把它抓回来再吃饭也不迟。"纪晓岚的哥哥客气了几句后,将信将疑地派人领他们去找老虎待的地方了。

到了峡谷深处，只听老翁对着男孩儿说："看情形，这个畜生还在睡觉，你去把它叫醒。"只见男孩儿张口模仿老虎的叫声，声震整个森林。不一会儿，老虎果然从林中走出来了。众人吓得纷纷退后，唯有老翁站在原地。老虎见有人在眼前，于是猛然向老翁扑来。这时老翁手攥着一把小斧头，奋起右臂。老虎被劈死在半空中，落地时已是血流一片，颤动几下，老虎就不动了。众人跑近，确信老虎已经死掉了，纷纷去看，才发觉，老虎已经让老翁的斧头劈成了两半！众人才明白老翁并非凡人，纷纷上前施礼请教。老翁说，自己为了这个砍虎的绝招，光是手臂的力气就练了数十年；眼神的坚定，就算别人用扫把在他的眼前挥过，他的眼睛都不会眨一下。他的胳膊平举的时候，就算是几个壮汉向下拉、壮汉们悬着身子使劲晃，老翁的胳膊都不会动一动。众人听了都佩服不已。

白发老翁之所以有这样的猎虎绝技，是因为坚持不懈地练习。我们做事也要这样，坚持不懈，终究可以达到出神入化的境地。

 353 藏火偷读——"偷学"而成的大学士

这则典故出自《北史·列传第三十五》，形容苦读。

北魏有一个大学士名字叫祖莹。祖莹很喜欢读书，又很聪明，在他八岁的时候就能够背诵《诗》、《书》，十二岁的时候，他就能背《尚书》了。祖莹对书到了一种迷恋的境界，日日夜夜地学习，他的父母害怕他生病，就禁止他这样不顾休息地读书，但却不能阻拦他。祖莹经常偷偷地在灰里藏木炭，赶走童仆，等到父母睡着之后，就将木炭点燃，然后开始读书，并用衣服和被子遮盖窗户和门，担心漏光而被家里人发现。后来这件事情被别人知道了，祖莹的名声就越来越大了，里里外外的亲属都称呼他为圣小儿。

除了爱读书，祖莹还非常地喜欢写文章。中书监的高允每次谈到祖莹的时候都会感慨说："这个孩子的才能不是大多数人能够达到的，他终究会有大的作为的。"

后来祖莹终于凭借自己的才能成为了大学士。

祖莹深夜偷读，勤奋刻苦，最终学有所成，成为了国家的栋梁之才。这则典故再一次说明了刻苦学习的重要性。

354 楚人学舟——脚踏实地、谦虚是学习之本

这则典故是明代著名教育家刘元卿的一篇得意之作，寓意是无论论做什么事情，浅尝辄止的人都是不可能成功的。

春秋时期，有个楚国人想要学习驾船，并拜了师傅开始学艺。在他刚刚开始学习的时候，无论是船的掉头还是船的转弯，他都认真听从师傅的教导。因此他到江中岛屿之间小试身手的时候就没有不如意的。于是，他便认定了自己已经完全学会了驾船的技术，就马上别了师傅，自己开始驾船。

一天，这个楚国人在船中边击鼓（古人是靠击鼓来发布号令的）边径直在水中快进，结果突然遇到了危险。于是他就四处张望，并吓破了胆，不小心将船桨掉进了江中，使船失去了操控。而这个造成危险的地方，正是他前几天小试身手的地方。

学习要脚踏实地，学会谦虚，不能略有进步就骄傲自满且狂妄自大，这样注定要失败的。

355 庖丁解牛——做事的最高境界在于"游刃有余"

这则典故出自《庄子》，比喻经过反复实践，掌握了事物的客观规律，做事才能得心应手，运用自如。

古时候有个肢解牛很厉害的人，有一次，这个人给文惠王宰牛，娴熟的动作让文惠王连连称赞，并问道："你肢解牛的技术怎么会高超到这种程度？"

厨师听了大王的问话，放下手中的刀说道："我所追求的，是事物的规律，已经超过一般的技术了。我刚开始宰牛的时候，眼中所看到的都是牛；三年后，我已经看不到整头的牛了。现在我是凭我的精神去和牛接触，而不是用眼睛去看，视觉停止了而精神在活动。根据牛的天然结构，击入牛体筋骨相连接的缝隙，顺着骨节间的空处进刀，依照牛本身的结构，无论是筋脉经络相连的地方还是筋骨相结合的地方，我都不会用刀碰到，何况是大骨呢？技术好的厨师是每年都会更换一把刀，因为他用刀硬割断筋肉；一般的厨师每个月就要更换一把刀，因为他用刀砍断骨头。但如今，我的刀已经用了十九年了，刀刃依旧锋利得就像刚在磨刀石上磨出来的一样。虽然是这样，但我每次碰到筋骨交错聚结的地方，看到那里很难下刀就小心翼翼地提高警惕，

将视力集中在一点,动作缓慢下来,轻轻动刀,就这样,牛的骨和肉就全都被我解开了。像是泥土散落在地上一样。每一次解完牛之后我都心满意足,然后将刀擦干净再收藏起来。"

文惠王听了之后感叹道:"真是好啊,听了厨师的这番话,我已经懂得了养生的道理了。"

无论什么事情,做得多了,熟练了,自然就会达到一种高超的境界。

356 刘向燃藜——刻苦终有回报

这则典故出自《拾遗记》,讲述著名学者刘向勤奋苦读的故事。

刘向是我国西汉时期著名的经学家、目录学家、文学家。

相传有一天,刘向在书斋校对书稿一直到深夜。直到灯烛都已经燃尽了,他也不肯就寝,于是就在暗室当中背诵经文。这时,忽然有一位身穿黄衣的老人,手拄着青藜杖叩门进来,走到刘向身边,对着手中的青藜杖顶端轻轻一吹,藜杖竟然燃烧了起来,发出了耀眼的光芒,将整个暗室照得通亮。刘向见状,对这位老人是肃然起敬,连忙施礼相迎,并询问老人的尊姓大名。老人答:"我乃太乙之精,早就听闻你的好学,今天特地来视察。现在将《洪范五行》之文赠予你。"老人说完,便从怀中取出了一卷简牍,并传授给刘向。此后,刘向更加刻苦地学习、钻研,最终成为了一代著名的学者宗师。

老人因为刘向的苦读所以赠予他《洪范五行》,而他也是不负老人所望,最终成为了著名学者,这种刻苦的精神值得我们学习。

357 狗尾续貂——怎能以次充好

这则典故出自《晋书·赵王伦传》:"奴卒厮役亦加以爵位。每朝会,貂蝉盈坐,时人为之谚曰:'貂不足,狗尾续。'"不够用了拿狗尾巴来顶替,指封官太滥。亦比喻拿不好的东西补接在好的东西后面,前后两部分非常不相称(多指文学作品)。当对自己使用时也带有自谦的含义,表谦虚(多用于日常生活)。

西晋咸宁三年八月的时候,晋武帝司马炎封琅琊王司马伦为赵王,掌管邺城的军事。赵王司马伦到任之后,滥封官爵,无论这个人是不是有才能,只要是朝中人的亲属,全部封以爵位。因此每次上朝的时候,满朝都是貂蝉冠(古时大官的官帽上,有蝉形图案的金铛为装饰,并插上貂尾,称为"貂蝉冠")。殿内挤满了那些毫无能力的"大官"。当时的百姓看不惯这样的腐败之风,于是就编了一个歌谣:"貂不足,狗尾续。"大官太多,貂尾不够,只要用狗尾巴代替,从而讽刺司马伦的滥封官职。因为过分地腐朽,所以西晋王朝只维持了五十二年就结束了。

这个词讽刺了当时司马伦的滥封官员政策,如今被人们形容文学作品的前后不相称。在日常生活中,我们在完成一部文学作品的时候,一定要前后相应和,不要狗尾续貂,毁了一部作品。

 358 一知半解——不如不解

这则典故出自《沧浪诗话·诗辨》:"悟有浅深,有分限之悟,有透彻之悟,有但得一知半解之悟。"形容知识甚少,理解不深不透。

古时候,宋国有个外出求学的人,学了三年之后,他回到家中,居然直接称呼他母亲的名字。于是他的母亲问他说:"你外出学习了三年,而如今回家却直接称呼我的名字,这是为什么?"这个宋国人回答说:"我所认识的圣贤之人,没有超过尧、舜的名声,对尧、舜都是直接称呼他们的名字;我所认为大的东西,都没有大过天地的,而对天地也是直接称呼它们的名字。如今面对母亲您,您贤不会超过尧、舜,大不可能超过天地,所以我就直接称呼母亲您的名字了。"母亲听了儿子的这一席话之后说道:"你所学的,准备全部按照实行吗?希望你能改掉直接称呼母亲名字的习惯。你所学的,会有不实行的吗?希望你姑且把直呼母亲名字的事延缓实行。"

讽刺了那些只知道死读书却不善于运用的人,最终连最基本的人情伦理都忘却了。

 359 神农尝百草——探索的可贵与奉献的伟大

这则典故出自《淮南子·修务训》,讲述神农为了找到治病的草药而尝遍百草的故事。

传说神农是一个身体透明、头上长有两个角的神仙,也就是牛头人身。

在远古的时候,人们是靠着打猎来获取食物的。打到猎物的时候可以饱餐一顿，可打不到的时候便要饿肚子。于是神农便来到人间，教人类怎样播种五谷，用劳动保障了自己的生活。

虽然解决了挨饿的问题，可神农发现，人们在吃饱饭之后会常常生病，甚至有人患病之后长时间也不好，直到死亡。神农对此特别的焦急，尝试了各种各样的方式为人类治疗，可效果都不理想。

有一天，神农来到了山西太原金冈一带，他在品尝草木的时候，发现了草木有酸甜苦辣各种味道。于是他就将一些带有苦味的草给那些咳嗽不止的人。吃过草药的人，咳嗽立马减轻了不少。后来神农又将带有酸味的草给肚子有病的人吃，吃过草药的人，肚子就不疼了。发现了这样的草药可以治病，于是神农便开始了漫漫尝草药的道路。这是一件非常辛苦的事情，而且神农亲口品尝草药，自己经常会中毒，十分痛苦。但想到有病的人们，神农凭借他强壮的身体，一次又一次地站起来，继续为人们品尝着草药，最终因为品尝断肠草而被毒死。人们为了纪念他的恩德和功绩，奉他为药王神，并建药王庙四时祭祀。

故事中的神农为了给人们治病，无私地奉献自己，最终被毒死。同时，神农的探索精神也是值得我们学习的。而在日常生活中，无论是学习还是做事，我们都要有神农这样的探索精神。

360 郑师文学琴——学习不能只求表面

这则典故源于中国古代的一则寓言故事，讲述的是春秋时期的音乐大师师文学习音乐的故事。

古时候有个善于弹琴的乐师名字叫瓠巴，相传，他在弹琴的时候，自然界里的一切都会随着他的音乐舞动。郑国的有个叫师文的人听说了这件事情之后，十分羡慕，于是便离开家乡，来到了楚国，找到了当时的音乐大师师襄，并拜其为师。

师襄每天手把手地教授师文调弦定音，就这样过了三年，可师文竟还是弹不成一个乐章。于是师襄很失望地对师文说："你太缺乏悟性了，恐怕很难学会弹琴，你还是回去吧。"

师文听了老师这样的话，将琴放下，叹了口气说道："我并不是不能将琴音调好，也不是不能弹奏完整的乐章。但我所关注的并不只是那些音调节律，我所追求的是用琴声去宣泄我内心复杂的感情。在我还不能准确地把握情感，并且不能用琴声与之相呼应的时候，我暂时还不敢放手去拨弄琴弦。所以希望老师可以再给我一些时日，看我是否能有长进。"

一段时间之后，师文又去拜见他的老师，师襄问："你的琴现在弹得怎么样了？"师文答道："略微摸到了一点门道了，现在让我来弹奏一曲吧。"

师文将属于金音、木音、水音、火音的琴弦分别拨动，无不传神，让人仿佛身临其境。在乐曲终将结束之际，师文又奏响了五音之首的宫弦，使之与商、角、徵、羽四弦产生和鸣，顿时在四周便有南风轻拂，祥云缭绕，恰似甘露从天而降，清泉于地喷涌。

一曲结束，早已在一旁听得如痴如醉的师襄忍不住地双手抚胸，兴奋异常地夸赞着师文，并说道："你演奏得实在是太好了，就算是师旷演奏的《清角》、邹衍吹奏的旋律也没法比这更好了。他们也只有夹着琴、拿着箫跟在您后面的份儿了。"

无论我们学习任何技艺，都不能满足于表面的简单操作。下苦功，深究其理，这样才能达到得心应手的境界，并且取得杰出的成就。

 361 手不释卷——好的习惯帮你走向成功

这则典故出自《三国志・吴书・吕蒙传》，意思是看书入迷，手都不舍得放下书，形容勤奋好学。

三国的时候，吴国有一员大将，名字叫吕蒙，没有什么文化。于是吴主孙权就鼓励他学习史书和兵法。可面对孙权的鼓励，吕蒙总是推说军队当中事物繁多，没有什么时间去学习。于是孙权就列举了很多前人努力学习的例子，并对吕蒙说："我并不是要你去研究学问，而只是要你翻阅一些古书，从中得到一些启发罢了。时间总是会挤出来的，从前汉光武帝在行军作战的紧要关头手里还依旧拿着一本书不肯放下来，为什么你就没有时间呢？"

吕蒙听后深受感动，并从此发奋读书，且进步得很快。经过坚持不懈的努力，吕蒙最终成为了吴国的主将，有勇有谋，屡建奇功。

学习是一种习惯的养成，当我们养成了这种良好的习惯，就会逐渐变得优秀，慢慢走向成功。

362 惜墨如金——严谨的学习态度

这则典故出自《钓矶立谈》:"李营丘(成)惜墨如金。"本意为惜墨像吝惜金子一样。指作画时先淡后浓,不轻易用重墨。后指写字、作画、作文态度严谨,力求精练。

五代宋初时期有一个画家叫李成,原本是唐代的皇室,但因为五代的时候曾在山东营丘避乱,所以又被人称为李营丘。

李成是一个学问高深的人,但却仕途失意,面对权贵从不结交,更不巴结他们。有一次,当时一个地位显赫的孙姓人物因为听说他的画艺精湛,于是便向他求画,但李成却断然拒绝,那个人只能用别的方法弄到了李成的画。而当李成看到这个人家里挂着自己的画,即刻离开,令其十分尴尬。

李成的山水画十分生动,画的题材也是内容十分广泛。他的画笔墨不重,清淡如在烟雾之中,显得飘缈幽清,故有"李成惜墨如金"之誉,而这也正是"惜墨如金"这则典故的出处。

在我们日常生活、学习中,也该学习这种"惜墨如金"的严谨态度,力求精练。

363 水滴石穿——切勿忽略微小事物的存在

这则典故出自《鹤林玉露》,意思是水一直向下滴,时间长了能把石头滴穿。比喻学习或工作有恒心,有毅力,坚持不懈,这样才能获得成功。

宋朝的时候,有个叫张乖崖的人,他是崇阳县的县令。当时,崇阳县的盗窃行为很严重,甚至县衙的钱库也发生了失窃事件。张乖崖一直想下决心好好治理下这股歪风,终于,他等到了一个治理歪风的好机会。

有一天,张乖崖正在衙门的周围巡行,看到一个管理县衙钱库的小吏神色慌张地从钱库中走出来,张乖崖将其叫住,问:"你慌慌张张地要去干什么啊?"小吏答:"没什么。"于是张乖崖便联想到了钱库的失窃很有可能是监守自盗,于是让身边的随从对这个小吏进行搜查,结果在其头巾中搜到了一枚铜钱。张乖崖将小吏押回大堂审讯,并问他一共从库中偷了多少钱。可这个小吏却不承认自己偷了钱,于是张乖崖便下令对其拷打。小吏不服气地说道:"我不过是偷了一枚铜钱,有什么了不起?你竟然要这样严刑拷打我?我就不信你还能因为这一枚铜钱杀了我。"张乖崖听到这样的顶撞,十分愤怒,说道:"一日一钱,千日千钱,绳锯木断,水滴石穿。"意思是,一天偷一枚铜钱,一千天就偷了一千枚铜钱;用绳子不停地锯木头,木头就会被锯断;水滴不停地滴,就能将石头滴穿。说完,拿起朱笔,宣判其斩首示众,遂将其押赴刑场。

从此之后,崇阳县的偷盗风气大大地改变,社会风气大大好转。

再细微的努力,经年累月地坚持下去最终也会收获巨大的成功。

 364 精卫填海——坚持就会有希望

这则典故出自《山海经》,比喻按既定的目标坚毅不拔地奋斗到底。

相传,太阳神炎帝有两个女儿,一个叫瑶姬,另一个叫女娃。两个女儿一直同父亲在天宫中幸福地生活着。有一天,小女儿女娃驾着一艘小船去东海玩,并好奇于人间的一切。而就在这时,忽然大海变得波涛汹涌,浪将小船打翻。女娃因为年纪太小,还没来得及施法自救,就被海浪无情地吞噬了。姐姐瑶姬在天宫中看到了妹妹遇到危险,于是赶忙去东海抢救,可面对茫茫的大海,早已不见了妹妹的踪影,就这样,女娃溺死在了大海当中。后来女娃化作了一只花脑袋、白嘴壳、红色爪子的小鸟,经常栖息在西方的发鸠山森林里,并发着"精卫、精卫"的鸣叫。于是人们便管这种鸟叫精卫或者精卫鸟。因为大海无情地夺走了她的生命,于是精卫发誓要报仇雪恨。她开始一天一天地工作,每天衔取一个小石块或者是一小段树枝,然后从发鸠山飞向东海,投入到吞噬她的大海中,就这样日复一日、年复一年地坚持着。大海嘲笑她说:"小鸟啊,就算是给你一百万年的时间,你也休想将大海填平。"精卫鸟不服输地在空中答复着大海:"那么就算是要填一千万年,一万万年,我也要将你填平!"大海很不解地问道:"你为什么要这么恨我呢?"精卫鸟说道:"因为你夺走了我年轻的生命,而且你将来还会夺去更多无辜的生命。我要永无休止地干下去,终有一天会将你填平的。"

我们该学习精卫这种精神,认定了目标,永恒地坚持,终有一天,会触到成功的臂膀。

365 闻鸡起舞——成功的秘诀在于早起的那"一分钟"

这则典故出自《晋书·祖逖传》,意思是听到鸡叫就起来舞剑,后比喻有志的人即时奋起。

晋代有一员大将名字叫祖逖,他心胸宽广,有抱负。但祖逖小时候是个不爱读书且淘气的孩子。年长些,祖逖开始意识到了自己知识的匮乏,感觉如果不能努力读书,就不能很好地报效国家,于是便开始奋发读起书来。

祖逖涉猎很广,尤其喜欢历史,因为在其中可以学习到很多的知识,使学问大有长进。很多接触过祖逖的人都会夸赞他,说他是个人才。

在祖逖二十四岁的时候,曾经有人向推荐他去做官,但是为了可以继续安心读书,祖逖并没有答应。后来,祖逖同刘琨在一起做事,共同担任司州主簿。刘琨是祖逖的幼时的好友,且关系十分要好,两个人对理想都有着一致的追求。因为要好,两个人还会经常同床而卧。

有一次,正是半夜十分,祖逖正在睡梦中,忽然听到了一声公鸡的鸣叫,于是他一脚将刘琨叫醒,并问道:"你听到公鸡的叫声了吗?"刘琨迷糊地回答:"半夜听到鸡叫不吉利,赶紧睡觉吧。"祖逖说:"我偏不这样认为,要不咱们以后干脆听到鸡叫就起床练剑如何?"刘琨欣然同意。就这样,祖逖和刘琨两人每天鸡叫后起床练剑,寒来暑往,从没有过间断。就这样,二人年复一年地练习,从未间断。功夫不负有心人,两个人终于成为了文武的全才,并实现了报效国家的愿望。

祖逖的成功并不是偶然的,而是缘于他从不间断的努力,这种精神值得我们学习。

 366 发愤忘食——勤奋到忘我的地步

这则典故出自《论语·述而》,形容勤奋好学,忘我工作。

春秋的时候,伟大圣人孔子带着他的学生们周游列国,来到楚国叶邑,叶公沈诸梁接待了孔子一行人。沈诸梁是楚国的军事家、政治家,因为对孔子并不是很了解,于是就偷偷地问孔子的得意门生子路,孔子是一个怎样的人。子路一时居然不知道该怎样回答。事后,孔子得知了这件事情之后,便对子路说:"你为什么不这样回答呢,其为人也,发愤忘食,乐以忘忧,不知老之将至。"意思就是说发愤求学,甚至连饭都忘了吃,明白了一个道理就会很高兴地忘记了忧愁,可却不知道,自己已经在慢慢地衰老了。

孔子正因为有这样的生活态度,最后才被我们称为圣人。我们也该学习他这样的精神。

 367 出人头地——你的才华终究会被发掘

这则典故出自《与梅圣俞书》,指高人一等,超出一般人。

北宋嘉祐二年的科举考试,主考官是唐宋八大家之一的欧阳修。欧阳修在阅卷的时候,被一篇文章的文采深深地吸引了,于是就将文章传给其他同僚观看,每个人对这篇文章都是称赞不已。欧阳修觉着这篇文章的风格很像是出自自己的学生曾巩之手,为了避嫌,所以没有将这篇文章定为第一名,而定为了第二名。

放榜后,按照礼节,考中的学生要去拜谢主考官。见到考生欧阳修才发现,以第二名身份来拜访他的并不是自己的学生曾巩,而是年轻的苏轼。欧阳修这才知道是闹了误会。

欧阳修对苏轼十分地欣赏,还跟朋友这样说:"我当避开此人,好让他出人头地。"苏轼后来经过自己的不断努力,终于有所成就,成为了当时有名的大文豪。

就像苏轼的文章被从万卷考生的试卷中发现,是金子总会发光。

 368 专心致志——一心一意,必能成功

这则典故出自《孟子·告子上》,意思是把心思全部放在上面。比喻做事一心一意,聚精会神。

春秋的时候,鲁国有个人特别喜欢下围棋,并且潜心研究,最终成为了下棋的高手,甚至已经达到了某种境界。因为人们不知道他姓什么,他又是因为下围棋而出名,所以人们称他为弈秋("弈"在古代是专指围棋的意思)。

弈秋有两个学生,一同跟着他学习下棋的技艺。其中一个学生总是非常专心、集中精力地跟着老师学习,只听弈秋的讲解。而另一个学生虽然也在听,但心里却总是想着天空会有天鹅飞过,他就想拿着弓箭去射天鹅。虽然两个人一同跟着老师学习下棋,可第二个人却远远不如第一个人学习得好,这是因为第二个人的智力不如第一个人的好吗?其实不是这样的。

之所以第二个学生远没有第一个学生学得好,就是因为他在听老师讲课的时候不够专心。这件事情也充分说明了"专心致志"对于我们通往成功路上的重要影响。

369 不甘雌伏——成功,是因为不甘堕落

这则典故出自《后汉书·赵典传》:"大丈夫当雄飞,安能雌伏。"意思是不甘心像雌鸟一样伏在那儿不动。比喻隐藏,不进取。也比喻不甘心处于无所作为的境地。

东汉末年的时候,成都有位学者名字叫赵典。这个人很博学,饱读经书,为人也是品行端正,后来被朝廷任命为官吏。赵典有一个侄儿叫赵温,年轻的时候很有志向,但在做京兆丞的时候很不得志,常常叹息不能为国家立功。

一次,赵温对他的朋友感慨说:"大丈夫当雄飞,安能雌伏!"意思是男子汉大丈夫,就应该像雄鹰那样展翅高飞,怎么可以像雌鸟一样地趴在地上呢?不久,赵温便放弃了官职回到家中。那一年正好赶上灾荒,于是他就将家中的存粮都拿出来救济穷人,后来州郡的人们都传颂了他的美名。

做人应该力争上游,不甘堕落,这样才能有所作为。

370 乘风破浪——排除万难,必达目标

这则典故出自《宋书·宗悫传》,意思是船只乘着风势破浪前进。比喻努力排除困难或者不惧困难,不顾一切,奋勇前进。

南北朝的时候,有一赫赫有名的大将军,名字叫宗悫。在宗悫很小的时候就跟着自己的父亲和叔叔舞刀弄剑,练拳习武,虽然年纪不大,但却有一身的好武艺。

一天,宗悫的哥哥结婚,家里面非常热闹,宾客盈门。这时,有几个盗贼也冒充客人混了进来,趁着客厅人来人往,喝酒道贺之际,潜入宗家的库房行窃。有个家仆去库房拿东西,发现了这伙盗贼,于是大声惊叫着奔进了客厅。一时间,所有人都不知道该如何是好,只见宗悫镇定自若,拔出佩剑,直奔库房。盗贼一看来了人,于是挥舞起刀枪吓唬宗悫。但宗悫面对强盗却

是毫无惧色,举剑迎战,一旁的家人们也是为其呐喊助威。盗贼一见情势不妙,慌忙丢下手中的财物,赶紧脱身逃跑了。

宾客们见盗贼就这样被赶跑,纷纷上前来夸赞宗悫,说他年少有为,并问他长大之后想干什么。宗悫仰起头,大声地说:"愿乘长风破万里浪,干一番伟大的事业。"

果然,宗悫在长大之后,他成为了南北朝时期赫赫有名的大将军,并替国家打了不少胜仗,立下了许多的战功,实现了他年少时"乘风破浪"的志向。

因为有这样远大的志向、坚定目标,宗悫才能成为有名的大将军,所以我们也该将目标立得远大。

 371 舍我其谁——洒脱的大我精神

这则典故出自《孟子·公孙丑下》,意思是除了我还有哪一个?形容人敢于担当,遇有该做的事,绝不退让。

战国时期的儒家代表人物孟子想到齐国去发展,施展自己的才华。同时,孟子也希望齐国的君王能够有所作为。

孟子到了齐国之后,齐王很高兴,并且很快就任用了他,但孟子对于这一切却总是觉着不够理想,于是便决定离开齐国。可就在离开之际,他心里却又开始矛盾,希望齐王能亲自出面来挽留他。虽然后来齐王亲自到孟子的住处见了他,但也只是简单地寒暄了几句,根本没有表示想挽留他的意思。孟子出京城临淄到齐国西南部的昼地后,住了3天才走。于是途中就有人问孟子,为什么走得这样慢,孟子却回答说:"我还以为这样走很快了呢。我想齐王最终是会改变态度将我召回去的。如果齐王可以任用我,那何止是齐国的老百姓得到太平,全天下的老百姓都会得到太平。"

在回归的路上,一个弟子问孟子:"您现在好像很不愉快的样子,为什么?"

孟子回到说:"此时非彼时啊,世上每过五百年就会有一位圣君出现,也必定会有命世之才出现。但从周朝到现在,已经是七百年的时间,远远超过了五百年,从如今的形势发展来看,现在正该是出现圣贤君臣的时候。如果老天想要天下太平,那么在当今世上,除了我,还有谁呢?我有什么不愉快的呢?"

"舍我其谁"这个词语的意思后来被人们形容人要敢于担当。生活中,无论什么人,敢于担当是最值得赞美的品德,所以我们要学会面对一切事物都勇敢地担当,这样才会争取更大的进步。

372 锲而不舍——坚持是最好的学习方法

这则典故出自《荀子·劝学》,意思是不停地镂刻。比喻有恒心,有毅力。

荀子是我国战国末期著名的哲学家和教育家。在教育方面,荀子曾学过一篇非常著名的文章《劝学》,用来阐述他的教育思想。

《劝学》中记述了荀子在教育和学习方面的很多理论,对后世有着深远的影响。其中他曾用镂刻金石去说明了学习要持之以恒的例子,这些名言就受到了后世的传颂。他是这样写的:"锲而舍之,朽木不折;锲而不舍,金石可镂。"意思是如果镂刻而不能坚持下去,就连朽木也不会被折断;但若坚持一直不停地镂刻,就是金属、石头也会被镂穿。

后来,后人就根据这里"锲而不舍"的意思总结出了这句成语,形容有恒心。

学习是一个日积月累的过程,由少到多,知识再渊博的人也是一点一点累积而成的。所以我们在学习的时候要坚持不懈,这样才会取得成功。

373 士别三日,当刮目相看——别小看任何一个人的努力

这则典故出自《三国志·吴志·吕蒙传》,指别人已有进步,当刮目相看。

三国时代东吴的吕蒙是一个博学多才的人,曾设计击败了蜀汉的关羽,是一员名将。但吕蒙年轻时却不是这个样子的。

那时吕蒙每日不务正业,也不肯用功读书,没什么学识。大臣鲁肃认为他没有什么可取的地方。东吴大帝孙权见其这样便耐心劝他读书,并举了很多古人用功读书的例子。于是吕蒙开始奋发图强。等到鲁肃再见到他的时候,吕蒙已经同从前完全不同了,谈起话来显得特别地有知识,使鲁肃很惊异,便笑着对吕蒙说:"现在的你,学识这么好,又英勇,再也不是当年那吴下的

阿蒙了。"吕蒙答说："士别三日，刮目相待。"后来人们用"士别三日"这个词语称赞人在离开不久后进步很快。

努力是一个过程，最后的收获是明显的。

 374 一目十行——阅速飞快

这则典故出自《梁书·简文帝纪》："读书十行俱下。"意思是一眼能看十行文章。形容阅读的速度极快。

南朝的时候，梁武帝萧衍的第三个儿子萧纲聪明过人，在其很小的时候就体现出来了。六岁的时候，萧纲便会写文章，并且语句十分的流畅，词句华美。作为父亲的梁武帝非常地高兴，以自己的这个儿子为骄傲，常常夸赞道："我的这个儿子实在是聪明，很快就能赶上七步成诗的曹植啦。"

萧纲非常喜欢读书，并且看书的速度也非常快，一眼就能看完十行。因为读书的速度快，所以萧纲读过的书也自然非常多，阅遍了各种各样的书籍，学识十分渊博。萧纲尤其喜欢诗词歌赋，下笔就能写出一篇，并且写得也是十分的精彩。文写得好，萧纲办事的能力也很强，十几岁的时候就能独自处理事务。后来，不出所有人的意料，萧纲继承了父亲的皇位，成为了梁简文帝。

拥有一目十行的能力固然好，但在读书的时候也不要只注重速度而不求质量。

 375 戴嵩画牛——不要盲目信从权威

这则典故出自《东坡志林》，意思是告诉我们对待事物，不能完全地迷信权威，要从客观事实出发，毕竟，每个人都有自己的特长。

唐朝的时候有个著名的画家叫戴嵩，他以画牛画得好而闻名，很多画都被当时或者后世的许多社会名流们所收藏。其中一幅《斗牛图》就被宋朝的一个叫马知节的大臣所收藏。马知节对这幅画十分喜爱且珍惜。一次，因为天气晴朗干燥，马知节就将这幅画从箱底拿出来，放在大厅前晒。这时，一个农夫前来缴税，见到了这幅画，看着看着，农夫就笑了起来。马知节不明其意，于是就问道："你在笑什么？难道你懂画么？"农夫回答说："大人，我不过是一个种田的农夫，并不懂画，但我却对牛很了解啊。牛在打架的时候，一定要把尾巴紧紧地夹在中间,就算是力气再大的人,也是没有办法将牛的尾巴拉出来的。可是现在您看这幅画,两头牛在怒气冲冲地打斗,可它们的尾巴却举得高高的,这根本就是同实际的情况不一样啊。"马知节听了农夫的话之后,深深地点头,并对眼前的这个农夫起了一丝敬佩之情。

只要是人,就一定会有不懂的东西,而当我们去学习的时候,不要只是相信那些所谓的权威。任何人都有可以学习的长处,我们要虚心向他们学习,这样才能进步。

376 滥竽充数——骗得了一时,骗不了一世

这则典故出自《韩非子·内储说上》,意思是不会吹竽的人混在吹竽的队伍里充数。比喻没有真正的才干,而混在行家里面充数,或者拿不好的东西,却混在好的东西里面充数。

古时候,齐国国君齐宣王爱好音乐,尤其喜欢听一种叫做竽的乐器吹奏。当时齐宣王的手下有三百个善于吹竽的乐师。齐宣王每次都会叫这三百个人合奏给他听。

有个南郭先生在听说了齐宣王的这个癖好之后,觉着这是一次赚钱的好机会,于是就跑到齐宣王那里去推荐自己,吹嘘着说:"大王,我是一个有名的乐师,尤其擅长吹竽。凡是听过我吹竽的,没有一个不被感动的,哪怕是林间的鸟兽听了我的竽声,也会跟着翩翩起舞;花草听了,也会随着节拍一同颤动。希望我可以将我的绝技奉献给大王。"这个南郭先生把自己吹得出神入化,齐宣王听得也是十分开心,所以都没有考虑就收下了南郭先生,并将他编进那支三百人的吹竽队伍中去了。

从那之后,南郭先生就每天随着那三百个人一块合奏给齐宣王听,并享受着极为丰厚的待遇,心里得意极了。

然而,这个将自己吹竽的水平说得出神入化的南郭先生,其实撒了一个弥天大谎。南郭先生根本就不会吹竽,每逢演奏的时候,他只不过就手捧着竽混在队伍当中,别人摇晃身体,他也摇晃身体,别人摆头,他也摆头,脸上一副忘情忘我的表情,看上去吹竽吹得十分投入,单纯从外表看,根本看不出有什么破绽来。

南郭先生就是这样靠着蒙骗混过了一天又一天,并且享受着不劳而获的收入。可好景不长,几年后,齐宣王去世了,他的儿子齐湣王继承了王位。

齐湣王也是一样地喜欢听竽，不过同齐宣王不同的是，齐湣王不喜欢听合奏，认为这样太吵，于是在他即位之后就发布了一道命令，要这支吹竽乐队中的每一个人都好好练习，做好准备，然后轮流地一个个给他吹竽供他欣赏。乐师们接到这样的命令之后，每个人都积极地开始练习，希望可以在齐湣王那里好好地表现自己一次。而唯独南郭先生急得像热锅上的蚂蚁。他思来想去，他觉着这一次无论怎样都没办法再蒙混过关了，所以只好连夜收拾行李逃走了。

南郭先生虽然骗得了一时，却终究骗不过一世。假的东西早晚会败给时间的检验，蒙混过关不会是长久之计。如果想要成功，唯一的途径只有自己加倍地去努力，去学习。

377 敲门砖——为求功名，死学八股

这则典故源于古时候的科举考试，比喻谋求名利的手段。

八股文是明朝时为考试所规定的一种特殊的文体，也称为"时文"、"制艺"、"八比文"、"制义"、"四书文"，主要讲求形式，轻视内容。就是将文章的每个段落都固定在一个固定的格式里，甚至连字数都有一定的限制，由破题、承题、起讲、入手、起股、中股、后股、束股八部分组成。那个时候，参加科举考试的人就得将写八股文的套路练习得很熟练，然后在考场上死板地按格式填写。如果落榜，就称作"撞太岁"；如果幸运地考中了，就将熟练写作八股文的那一套形式称之为"敲门砖"。而且，考中的人在"进了门"之后都往往将这块"敲门的砖头"扔掉。

知识学进脑子里就是一辈子的事情，如果忘记了就要及时地巩固，不能只是为了应付考试而死板地学习，达到目的之后就瞬间忘记。

378 不求甚解——陶渊明的自我评判

这则典故出自《五柳先生传》："闲静少言，不慕荣利。好读书，不求甚解；每有会意，便欣然忘食。"原意是读书不在一字一句的解释上过分深究，只求领会文章的大意。现在多指学习不认真，不会深刻理解或指不深入了解情况，是一个典型的古今异意。

陶渊明是我国晋宋之际著名的思想家、文学家。晋时他名渊明，入宋后

改名为潜,字号五柳先生,是田园诗派创始人。

五柳先生在十八岁的时候为自己写了一篇文章,并取名为《五柳先生传》。在文章的开头是这样写的:先生不知道是哪里的人,也不清楚他的姓名,在他住的地方有五棵柳树,所以他便将"五柳"作为了自己的号。先生喜欢闲静,不多说话,也从来不会去羡慕荣华利禄。他很喜欢读书,但似乎对所读的书并不执着于自己的解释。每当读到一些让他有些心得体会的文章时,他就会高兴地忘记吃饭。先生喜欢饮酒,但却因为家里穷而不能常常饮到。但亲戚朋友都知道先生的这种情况,所以就经常备了酒邀请先生去喝。至于先生呢?总是会到邀请的亲戚朋友那里将他们所备的酒喝光。

就在这篇文章的开头,陶渊明为我们留下了"不求甚解"这样的典故。

"不求甚解"是一个古今异意的词语,我们单从陶渊明的这篇文章去理解,意思是读书应该把握住精神实质,不要死抠字句。

 379 邯郸学步——变通是学习之本

这则典故出自《庄子·秋水》:"子独不闻寿陵余子之学行于邯郸与?未得国能,又失其故行矣,直匍匐而归耳。"意思是到邯郸去学走路的步法。后人用邯郸学步的故事来比喻模仿别人不得法,反而把自己原有的本领忘掉了。

相传在两千年前,燕国有一个叫做寿陵的地方。在寿陵这个地方住着一个少年,家境不错,外表大方。可这个少年有一个毛病,那就是什么都觉着是别人家的好。从穿的衣服到吃的饭菜,他总是不自信地认为别人的东西比他的好。于是他就见什么人学什么人,永远不舒舒服服地做自己。

少年的家里人劝他改掉这个毛病,可他却认为这是家里人管得太多,说什么也听不进去,于是就依旧揣着这种"别人好"的心理生活。日子一久,他竟然开始觉着自己的走路方式太过难看。

一天,少年在路上遇见了几个说说笑笑的人从他身边走过,没听清在聊什么,只听叫其中一个人说邯郸人走路的姿势可真漂亮。少年一听这话,赶紧上前打听,可谁想,这几个人看了看少年之后竟然一阵大笑之后离去了。这可急坏了这个正认为自己走路姿势难看的少年。之后的日子,他每天都在幻想着邯郸人走路的姿势究竟是怎样,到底有多漂亮。终于有一天,少年下定决心跑去了遥远的邯郸去学习走路了。

到了邯郸,满眼的新鲜。看着街上四处行走的人们,少年观察着他们走路的方式。小孩子走起路来活泼,他想学;老年走走起路来蹒跚,他觉着该模仿;妇女走起路来摇曳多姿,他努力模仿。于是,他每个人都想学,每个人都想效仿。就这样,半个月的时间过去了,少年不仅没有学会走路,还花光了路费。到最后,他竟然连自己走路的方式都忘记了。最后,他只好爬着回家了。

在我们求知学习的过程当中,应该学会变通,不应该生搬硬套,这样不仅不会有什么成效,而且到最后可能连自己的优点都丢掉了。

 380 孟母三迁——环境能成就人,也能毁掉人

这则典故出自《三字经》:"昔孟母,择邻处。"意思是孟子的母亲为了使孩子拥有一个真正好的教育环境,煞费苦心,曾迁三地,指父母用心良苦。后来,大家就用"孟母三迁"来表示人应该要接近好的人、事、物,才能养成好的习惯。

孟子作为我国著名的学者、思想家,这与他自身努力学习有着必然的联系。同时,这与他的母亲对他的教育也是分不开的。

在孟子很小的时候他的父亲就去世了,其母亲仉氏也没有再嫁。最初孟子和他的母亲住在墓地的边上,小孟子每天就和邻居的小孩子学着大人的模样跪拜、哭嚎,玩着办丧事的游戏。孟子的母亲看到这样的情形,皱起眉头并说:"这个地方不适合我的小孩子居住。"于是便带着儿子搬到了集市边居住。到了集市边,小孟子又和邻居的小孩子学起了商人做生意的样子。孟子的母亲见到后便又带着他搬走了。这一次搬到了屠场附近。小孟子见到每日屠夫宰杀猪样,又开始模仿。于是孟子的母亲又搬家了,搬到了学校的附近。每月夏历初一这个时候,官员都会到文庙行礼跪拜,互相以礼相待,小孟子见了之后就都学习记住了。孟子的母亲见后很满意地点着头说:"这才是我的儿子应该住的地方啊。"于是便在这里久居了下来。

环境可以改变一个人的爱好和习惯,由此可见,环境对于一个人是多么的重要。

 381 程门立雪——尊师重道,千古传颂

这则典故出自《宋史·杨时传》,旧指学生恭敬受教。现比喻尊敬师长。

比喻求学心切和对有学问长者的尊敬。

杨时是我国著名的理学家，北宋熙宁九年登进士榜，曾担任过很多职务。

杨时在很小的时候就表现出了天资聪颖的一面，四岁的时候开始上学，七岁的时候就能写诗，八岁能作赋，被人称为神童。

杨时在十五岁的时候开始攻读经史，熙宁九年登进士榜，曾在很多地方讲学，而且备受欢迎。在家无事的时候他就潜心攻读，写作教学，总之，无论何时何地，杨时几乎都在学习。

有一年，杨时赴浏阳县令途中，不辞辛劳，特意绕道去洛阳拜仿理学大师程颐，为求进一步深造。这让程颐非常地感动，并收其为徒。有一次，杨时和他的一个学友游酢（程门四大弟子之一）讨论学问，因为某个问题而产生了分歧，于是便一同去请教老师正确答案。时值冬日，天气十分寒冷，空中飘了雪花，两人走到半路的时候已经是被寒风吹得瑟瑟发抖。到了程颐家，正好又逢老师坐在炉旁打坐养神。杨时同游酢两人不敢打扰老师，于是便在门外恭恭敬敬地等候老师醒来。过了很久，程颐一觉醒来，发现在窗口外站立的杨时二人，见其通身披雪，脚下的积雪已经是一尺多厚了。程颐赶紧起身迎其二人进屋。此后，"程门立雪"的故事便成了尊师重道的千古美谈。

"尊师重道"是我们在学习一切知识之前所必须具备的一种品质。如果一个人连自己的老师都不懂得去尊重，即使是满腹经纶也不会有什么大的成就。

第五部分 / 治国与用人

第五部分
治国与用人

 382 以人为鉴——反省自己的"捷径"

这则典故出自《新唐书·魏征传》,指将别人的成败得失作为自己的借鉴。

唐朝著名政治家魏征重病卧床的时候,皇帝李世民特意和太子一起来到他的府邸来看望他,并将衡山公主指定给魏征的儿子做妻子。后来魏征去世,皇帝亲自撰写碑文,并且刻于石碑之上。由此可见皇帝对魏征的重视。

魏征死后,皇帝对身边的侍臣说:"人以铜镜作为对照,可以把衣服、帽子穿戴得整齐端正;以历史作为对照,可以知道国家的兴衰更替;以他人作为对照,可以知道自己的成功失败。我曾经用这三样东西来防止自己的过失,可如今魏征死了,我就如同失去了借鉴一样。"

我们在做事的过程中,不断积累经验的同时,也要以他人的成败得失作为告诫自己的启示。

 383 近悦远来——统治者该学习的治理政策

这则典故出自《论语·子路》:"叶公问政。子曰:'近者说(悦),远者来。'"意思是使近处的人受到好处而高兴,远方的人就会闻风前来投奔。

春秋的时候,楚国有一名大夫叫沈诸梁,是著名的军事家、政治家,因为被封到叶邑为尹,所以被称为叶公。

一次,圣人孔子周游列国来到楚国的叶邑,于是叶公便向其去请教该怎样治理地方,孔子告诉他说:"你要先让近处的人受到好处而高兴,这样远处的人就会慕名而来投奔你了。"

每个人都希望自己地方的管理者是"明君"。如果一个地方的管理者可以让自己周围的百姓安居乐业，那么别的地方的百姓听说了这样明智的管理者，自然就会过来投奔了。

384 子思进言——王者对人才功过该持的态度

这则典故源自子思进言推荐苟变的故事。告诫领导者不该心胸狭隘、目光短浅。

战国的时候，卫国因为被诸多的大国包围，所以很想加强自己的军事力量，可却苦于没有适合做将军的人。

一次，孔子的再传弟子子思向卫国国君推荐苟变，说："苟变的才能可以率领五百车的兵，这不正是您所需要的人吗？"卫君说："我知道他，而且也知道他的能力，但是他在做小吏的时候，曾经向百姓征赋，还私下吃了他们两颗鸡蛋，名声不好，所以我不能用他。"

听了卫君的这番话，子思说："聪明仁智的国君在选拔人才的时候就好比是工匠选用木材，利用它好的地方，舍弃不好的地方。一些木材虽然会有几尺腐烂的地方，但是能工巧匠也不会将它们抛弃的。我们现在生活在战国时代，迫切需要选拔有才能的武将，您怎么能因为他曾经偷吃了两颗鸡蛋就抛弃了捍卫国家的良将呢？这可万万不能让周围的国家知道啊。"听了子思的意见，卫君觉着很有道理，于是重用了苟变，并让他做了卫国的将军。

心胸宽广也是一种修养。不管是对人还是对事，如果领导发现下属一点瑕疵就求全责备，不依不饶，那么很显然，这样的用人态度不仅达不到各尽其用的目的，反而还会失去民心。

385 指鹿为马——颠倒黑白要不得

这则典故出自《史记·秦始皇本纪》，意思是指着鹿，说是马。比喻故意颠倒黑白，混淆是非。

秦二世的时候，丞相赵高野心勃勃，心里总是盘算着篡夺皇位。但他不知道朝中究有多少大臣能听他摆布，又有多少大臣反对他。于是他想出了一个办法，准备试一试自己在朝中的威信，同时也能摸清哪些人反对他。

一天上朝的时候，赵高让人牵来了一只鹿，满脸堆笑地对秦二世说："陛下，臣献给您一匹好马。"秦二世一看，这哪里是好马，分明就是一只鹿啊，于是笑着对赵高说："丞相弄错了，着分明是一只鹿。"赵高说道："陛下您如果不相信我的话，可以问问众位大臣。"于是秦二世便问众臣。结果大臣们都被赵高的这一举动搞得有些摸不着头脑，当他们看到赵高一脸阴险笑容的时候，纷纷明白了他的用意。于是一些平时紧跟赵高的大臣们立刻拥护赵高的说法，而另一些正直的大臣则坚持是鹿不是马，还有些胆小的大臣只是默默低着头而不敢出声。

这件事情之后，赵高用各种手段将那些不顺从他的人一一治罪，甚至满门抄斩。

其实赵高指鹿为马无非是想将那些反对自己的朝中势力全部铲除以利其日后篡夺皇位。由此可见赵高的用心之险恶。

386 楚庄忧亡——国君忧愁自省，国家繁荣昌盛

这则典故出自《新序·杂事第一》，讲述楚庄王早朝之后忧虑自己国家的事情。

楚庄王是春秋时期楚国最有成就的君主，春秋五霸之一。一次，楚庄王正谋划一件事情，并且自认为没有什么瑕疵，就准备在第二天上朝的时候同大臣们商议。可谁知，大臣们没有一个人能想出更好的方案，于是楚庄王只好宣布退朝。

退朝之后，楚庄王一直愁眉紧锁，在他身边的一个大臣见他面露忧愁，于是就问他为什么。楚庄王回答说："我听说过这样一件事，如果诸侯之中，有可以自己选择老师的，那他就一定可以称王；如果诸侯之中有可以自己选择朋友的，那么这个人就一定可以称霸；一旦这个人自己满足在自己的世界里，而群臣中也没有一个能给他好意见的，那么这样的国家就一定会灭亡的。如今，我在朝廷上同群臣商议大事，而群臣之中又没有一个人可以比得上我的，不能给我提出好的建议，你说，我们的国家岂不是就要灭亡了么？"楚庄王说着，面上的表情更加忧愁了。

我们做事的时候也应该像楚庄王一样，多多反省自己。适当的忧虑可以使国家更昌盛，同时也可以使一个人提高得更快。

387 水深火热——暴政怎能得到百姓拥护

这则典故出自《孟子·梁惠王下》，意思是老百姓所受的灾难，像水那样深，像火那样热。比喻人民生活极端痛苦。

战国时期，燕王哙对国家政策进行改革，还将君主的位置让给了相国子之。这个举动引起了很多人的不满，从而引发了燕国的内乱。此时齐国乘虚而入，齐宣王派大将匡章率十万大军攻燕。燕国百姓因为对内战不满，所以不愿出力抵抗齐军，甚至有些地方的燕国百姓反而给齐军送饭递水表示欢迎。于是，匡章只用了五十天工夫，就将燕国国都攻下。齐军攻占燕国后，并无撤回之意。匡章又不管束军队，士卒开始欺凌百姓，燕人纷纷起来反抗。齐宣王不解，便向正在齐国游说的孟子请教，问道："有人劝我不要吞并燕国，有人劝我吞并它，到底该怎么办？"孟子回答说："如果吞并燕国，当地百姓反而很高兴，那就吞并它；如果吞并燕国，当地百姓并不高兴，那就不要吞并它。当初，齐军攻入燕国的时候，燕人送饭递水表示欢迎，是因为燕国百姓想摆脱内战的苦日子。而今如果齐国想吞并燕国，给燕人带来亡国的灾难，使他们陷入水深火热之中，那他们必然会转而盼望别国来解救了！"

百姓喜爱一个君王，永远是因为这个君王能给他们带来和平安定的日子，如果日夜深陷水深火热之中，这个君王自然得不到百姓的拥护。

 388 愚公之谷——百姓的态度对一个国家的影响

这则典故出自《说苑·政理》，旨在劝诫施政者应善于听取老百姓的意见，治理好国家。

春秋时，齐国国君齐桓公外出打猎，因为追赶一只野鹿而跑进一个山谷。在山谷里，齐桓公看见一老人，便问："这个山谷叫什么名字？"老人家说："叫愚公山谷。"桓公说："为什么叫这个名字？"老人回答说："是以我的名字命名的。"桓公说："我看你的仪表举止不像是个愚笨的人，为什么起这样一个名字呢？"老人家回答说："请让我为您来解释。我原来养了一头母牛，母牛生下一头小牛，小牛长大后卖了换买了一匹小马。一个少年看到我的小马之后便说：'牛不能生马。'然后就把小马牵走了。附近的邻居听说了这件事情之后都认为我很傻，所以就把这个山谷命名为愚公之谷。"桓公笑说："老人家的确够傻的,您为什么要把小马给他呢?"说完便回宫了。第二天上朝,桓公将这件事情讲给了宰相管仲听,管仲听后跪地对齐桓公说道:"这根本不是老人的愚笨,老人是想通过这件事情告诉您如今的国家断案不公正,所以只能将小马给了那个少年,请让我下去修明政治吧。"

后来孔子在教育弟子的时候将这件事情讲给他的弟子们听,并说:"齐桓公是霸主,管仲是贤明的宰相,他们尚且有把聪明当做愚蠢的情况,更何况是那些不如桓公和管仲的人呢!"

君王该多听取百姓的意见才能治理好国家。

 389 杀鸡儆猴——以处罚手段震慑全局

这是古时候的一则寓言故事,意思是杀掉一只鸡去吓唬猴子,比喻惩戒一个人而警戒其余人。

很久以前,山上住了一群野猴子。一天,一个樵夫上山捉了一只野猴,希望野猴可以在他外出打猎的时候帮忙照看家里的鸡群。

经过一段时间的训练,猎人便放心地将自己的鸡群交给了猴子。

一天,樵夫往常一样的上山去砍柴,傍晚回到家中的时候发现自己的鸡被狐狸偷走了几只,而一旁的猴子还在那里跳上跳下,就像根本不关它的事情一样。樵夫见状,内心十分恼火,就动手将猴子打了一顿。第二天,樵夫砍柴回到家中后,发现鸡又被狐狸偷走了,樵夫又将猴子狠狠地打了一顿。第三天,已经挨了两顿打的猴子还是没有履行自己的职责,鸡还是被狐狸偷走了。樵夫看着家中日益减少的鸡,心想:"与其这样每天被狐狸偷,还不如我自己把鸡吃了呢。"于是樵夫抓起身边的一只鸡杀了。一旁的猴子连忙用手遮住眼睛。这个细节被樵夫发现了,心想:"我这么打你你都不害怕,原来你害怕的是杀鸡啊。"

从那之后,樵夫每次在上山砍柴之前都会杀一只鸡给这个猴子看,而猴子也变得不敢再放肆了,老老实实地给樵夫看家。从此,樵夫家的鸡再也没丢过。

看到别人的经历而担心自己,这是人的本性。所以在日常生活中,一些领导者就抓住了人的这种心理,从而达到了很好地驾驭他手下"兵将"们的目的。

390 取道杀马——威严的震慑不能代表一切

这则典故出自《吕氏春秋·用民》,形容人做事没有条理,不分是非。

相传在很久之前,有一个着急赶路的宋国人,可越是着急,他的马越是不肯走。于是这个宋国人很生气,便掉转了马头,将马赶到附近的一个溪水里,将马淹得半死。然后又重新掉头赶马,可马还是一步不肯走,这个宋国人就更加生气了,又掉转马头,将马赶进了溪水,再次将马淹得奄奄一息。可尽管是这样,当他再次掉转马头赶马的时候,马还是不肯走。于是他又一次将马淹进溪水,可马就是不肯前进。

其实,这个宋国人只是学习了著名驭马能手造父训马时的威严,却没有学习到其中的诀窍,而这对于驾驭马是没有丝毫益处的。

其实这篇寓言讽刺了当时昏庸无道的国君,只知道用威严的手段去管理百姓、镇压百姓,可最终的结果却往往是事与愿违,百姓更加不肯为他效力。在日常生活中也是这样的,我们做事的时候没有正确的方法与条理,最终收获的只能是失败。

391 燕王好乌——君王该树的榜样

这是古时候的一则小故事,讲述燕王喜欢乌鸦而导致全国上下都喜欢乌鸦的故事。

古时候,燕国的君主对乌鸦情有独钟。在他庭院的树上,满是乌鸦肆意搭建的窝。燕国的君主甚至认为,乌鸦是一种可以掌握祸福的生物,所以,燕国的君主经常通过乌鸦的鸣叫而去判断事情。因为被君主宠爱,乌鸦也开始变得越来越骄傲,每当有客人来的时候就不断地鸣叫,这让百鸟都不敢到那个地方栖息。因为燕王对乌鸦的喜爱,所以举国上下都开始饲养起乌鸦。一时间,全国上下饲养乌鸦成风,几乎每家每户的院子里都有乌鸦在抢夺着腥臭的烂肉。后来燕王去世了,新即位的燕王非常地不喜欢乌鸦,但左右的使臣经常告诫他说:"这可是先王所喜爱的啊。"

一天傍晚,一只鹞鹰飞到了新燕王居住的院子里,成群的乌鸦在树上斜视着鹞鹰,于是鹞鹰便飞进宫廷叫了起来,这让新燕王非常地烦心,于是便让人将其射了下来。鹞鹰死了,成群的乌鸦便开始"呀、呀"吸食着鹞鹰的肉。瞬间，人们都觉着乌鸦实在是太可恶了。

凡事须正本清源，作为一国之君，要想整个社会风气正，就必须要从自身做起，为百姓做出榜样。

 392 安居乐业——一种理想的社会

这则典故出自《老子》，指安定愉快地生活和劳动。

老子是我国春秋时期著名的思想家，因为老子对于他当时生活的社会现实非常不满意，并认为是物质的进步和文明的发展破坏了人民的淳朴，才给人们带来了痛苦，于是便渴望出现"小国寡民"的理想社会。

老子对于他的"小国寡民"是这样设想的：国家很小，人民很稀少，即使有很多的器具但是也不需要去用它们。人们不需要用生命去冒险，也不需要向远处迁移，即使有车辆和船只，人们也不需要乘坐它们；即使有兵器装备，人们也无处去使用它们。人民重新使用古代结绳记事的方法，吃得好，穿得舒服，住得很也安逸，恢复了所有的原有风俗习惯。相临近的各国都互相望得见，鸡鸣狗叫都听得见，但直到人们老死，也不会相互有所往来。

人民安乐，国家怎么会不昌盛？

 393 道不拾遗——最好的民风，最强的国度

这则典故出自《战国策·秦策一》，意思是路上没有人把别人丢失的东西拾走，形容社会风气好。

商鞅是战国时期的政治家，秦孝公执政的时候出任秦国的宰相。商鞅制定了一系列新法，废除了维护贵族特权的旧法，也就是历史上有名的"商鞅变法"。

他主张在法律面前人人平等，不管什么人，只要对国家有功，就应该予以奖励。他鼓励耕织，生产多的可以免去徭役。他认为，贵族世袭的制度应该废除，应当按军功的大小给予不同的爵位等级，执法应该严明，不讲私情，以法为准。虽然商鞅的变法遭到了贵族势力的强烈反对，不过在秦孝公的支持下，商鞅的变法还是很快就推行开了。

变法实行一年后，老百姓的生产积极性提高了，军队纪律严明，民风也变得纯朴起来了，人们不会随意去拿取别人的东西，夜不闭户，道不拾遗。

就这样，秦国开始一天天的强大起来了，别的国家都对秦国心存畏惧了。

正因为有好的治理，最终才有好的民风。

 394 萧规曹随——循规蹈矩的治国方针

这则典故出自《史记·曹相国世家》，形容继任人沿用前任定下的规则、做法等，不作更改。

西汉时期，汉惠帝二年，相国萧何死了。身为齐国丞相曹参听说了这个消息之后回家告诉自己府中的门客："赶快置办行装，我就要入朝当相国了。"果不其然，在家才待了没几天，就有使臣来召曹参回去。当初曹参地位卑微的时候，跟萧何的关系甚好，后来两人做到了将军、相国后，之间便有了隔阂。没想到，在萧何临死前，所推荐的贤将却是曹参。

后来曹参接替了萧何的位置做了汉朝的相国，所有的事物都完全按照萧何制定的规约，一点改变都没有，他日夜沉浸在醇酒之中，什么事情都不管。一些官吏和宾客见了曹参这样不做事，于是便想前来劝一劝，可每次来到曹参的府上，曹参就让他们喝。每当官员想说话的时候曹参也让他们喝酒，直到喝醉了才离开，也什么都没有说。

相国官邸的后园靠近官员的住处，每天都在饮酒唱歌，曹参的侍吏非常厌恶他们，但又不能对他们怎么样，于是就请曹参到园中游玩，当听见官员喝酒呼喊的声音时就希望曹参可以制止他们。而曹参不但没有制止，反而取来酒设座跟他们一同唱了起来。曹参就是这样无所事事地坐在相国的位子上。

曹参有一个儿子叫曹窋，他也是朝中的大夫。一次，惠帝当着曹窋的面责怪相国不理国事。于是曹窋在休假回家的时候，曾经向曹参进言，按照惠帝的话劝谏曹参。曹参听了之后十分愤怒，用竹板打了曹窋二百下。后来到了朝拜的时候，惠帝责备曹参说："为什么要曹窋呢？是我让他劝谏你的。"曹参摘下帽子谢罪说："陛下，您和高皇帝比，哪一个更英明神武？"皇上说："我怎么敢与先帝相比较？"曹参说："那陛下您看我的能力和萧何的能力相比，哪一个更强？"皇上说："你比不上萧何。"曹参说："陛下您说的没错，而高皇帝和萧何平定天下，法律已经明确，陛下您现在也是垂衣拱手（指无为而治），我们都是一样的啊。遵循前代的治理的法规不要丢失，这不也可以吗？"惠帝听了曹参的话之后无奈地笑了。

第五部分 / 治国与用人

曹参在朝中当丞相时，极力主张清静无为不扰民，严格遵照萧何制定好的法规治理国家，使西汉的政治稳定，经济发展和人民的生活水平有了很大的提高。在曹参死后，老百姓们还编了一首歌谣称颂他："萧何定法律，明白又整齐；曹参接任后，遵守不偏离。施政贵清静，百姓心欢喜。"这便是史上的萧规曹随。

前人制定的规矩固然要遵循，但如果可以大胆地有些创新的举措，那么就更好了。

 395 克己奉公——为公忘私的大我精神

这则典故出自《后汉书·祭遵传》，指约束自己的私欲，以公事为重。比喻一个人对己要求严格，一心为公。

东汉初年的时候，有个叫祭遵的人，知书达理，为人正直。祭遵在很小的时候就喜欢读书，虽然出身豪门，但生活却非常俭朴。

公元24年的时候，刘秀攻打颍阳一带。祭遵前去投奔，被刘秀收为门下吏，后来随军转战河北，被刘秀封为军中的执法官，负责军营中的法令。在其任职期间，执法严明，不徇私情，为大家所称道。

一次，刘秀身边的一个小侍从犯了罪，祭遵查明真相之后，依法将这个小侍从处以死刑。后来刘秀知道了这件事情，非常地生气，于是便想降罪于祭遵。但身边有人劝谏刘秀说："大王您本来就是要严明军令，祭遵如今只是坚守了法令，上下一致，这样在军中才有威信啊。"刘秀听后觉着很有道理，于是便没有治祭遵的罪，而且还封他为征虏将军、颍阳侯。

祭遵为人廉洁，处事谨慎，为官清廉，经常受到刘秀各种各样的赏赐，但他经常将这些赏赐拿出来分给手下的人，而且生活十分节俭，家中也没有多少财产。直到祭遵在为自己安排后事的时候，他依然是嘱咐手下的人不要铺张浪费，只要用牛车装载自己的尸体和棺木，拉到洛阳草草下葬就可以了。

后来在祭遵死后很多年，汉光武帝刘秀依然对祭遵克己奉公的精神十分地怀念。

祭遵的这种精神不仅让汉光武帝怀念，更是让百姓们怀念。

396 远交近攻——目标由小到大地循序渐进

这则典故出自《战国策·秦策》："范雎曰：'王不如远交而近攻，得寸，则王之寸；得尺，亦王之尺也。'"指战国时秦国用来并吞六国的一种策略，结交距离远的国家，而攻打邻近的国家。

战国末期的时候，七雄争霸，秦国在经过商鞅变法之后发展的速度很快，瞬间成了七雄之中很凸显的一个。于是国君秦昭王便想谋划吞并六国，独霸中原。

公元前270年，正当秦王准备兴兵伐齐的时候，丞相范雎向秦昭王献上了"远交近攻"的策略，阻止秦国攻打齐国。范雎认为，齐国的实力相对强大，而且距离秦国又很远，如果秦国决定攻打齐国，整个部队要经过韩、魏两个国家。如果军队派多了，就很难取胜，如果军队派对了，就算打胜了也无法占领齐国的土地。不如就先从攻打韩、魏两国开始逐步推进。为了防止齐国与韩、魏两国结盟，秦昭王派使者主动与齐国联盟。此后的四十余年中，秦国始终坚持着"远交近攻"的策略，远交齐、楚，并首先攻下了韩、魏，随后又从两翼进兵，攻破赵、燕，统一了北方。再后来又攻破楚国，将南方平定，最后攻下了齐国。十年征战，秦国终于实现了称霸的愿望。

在生活中，我们做事也应该学习"远交近攻"的这种策略，在自己实现宏伟目标的过程中，为自己设定几个就近的目标，在不断地实现小目标的过程中逐渐接近最终目的。慢慢地，我们就会实现自己最初的理想与愿望了。

 397 斩姬练兵——良将严格练兵的策略

这则典故出自《史记》，讲述兵圣孙武操练吴王妃嫔们的故事，形容军纪严明的重要性。

春秋时期有一个著名的军事家名字叫孙武，他编著的《孙子兵法》是中国至今为止最古老、最杰出的一部兵书。

孙武到了吴国，由军事家伍子胥引荐给吴王阖闾。为了试探孙武，让其训练后宫的嫔妃们。

操练场上，孙武耐心地向一群嫔妃们讲解着操练要领，交待完毕后，孙武威严地说道:"练兵不是儿戏,你们一定要听从命令,不得嬉笑打闹。如果有违反军令的人,一律要按军法处理。"说完,便开始按照刚才说所讲解的操练动作开始训练嫔妃。这些嫔妃本来就以为是来玩一玩的,所以根本没把孙武的话放在心上,面对孙武下的命令也是无动于衷,继续说说笑笑。但孙武对于这一切并没有生气,而是说道:"做将军的,应该把动作要领交交待清楚,你们第一遍不会做不怪你们,我再详细讲述一遍。"于是,孙武又将刚才的动作要领重新讲解了一边,后问道:"大家都听明白了吗?"嫔妃们齐声回答:"听明白了。"于是,孙武重新发令。而面对命令,嫔妃们还是丝毫不动。

面对说笑的嫔妃们,孙武将脸沉了下来,说道:"如果说动作要领没有交待清楚,那是做将军的责任。可如果动作要领交待清楚了士兵依旧不服从命令,那就是士兵的过错了。应按军法处置斩立决!"说完,便叫人将嫔妃中的两个"队长"拖出来斩首示众。吴王一听这样的命令,顿时慌了手脚,急忙派人对孙武说:"将军的确善于用兵,军令严明,但这次看在我的薄面上,就请放了我的两个爱妃吧。"孙武严肃地答道:"将在外,君令有所不受。大王既然让我演习兵阵,那我就一定要按兵法操练。"说完,将阖闾的两个爱妃斩首示众。

这么一来可将其他的嫔妃们吓坏了,随着孙武下的口令认真地操练了起来。

虽然自己失去了两个爱妃,但吴王对孙武开始刮目相看了。

严格实施国家制定的法律法规,这样才能保证全国人民安居乐业。

 398 与民偕乐——君王对百姓该有的态度

这则典故出自《孟子·梁惠王上》:"古之人与民偕乐,故能乐也。"原指君王施行仁政,与百姓休戚与共,同享欢乐。后泛指领导与群众一起游乐,共享幸福。

战国时期,思想家孟子去朝见魏国国君梁惠王。当孟子见到梁惠王的时候,梁惠王正在御花园里观赏鸟兽游鱼。孟子见梁惠王正兴致浓厚,于是便没上前打扰,站在一旁观赏。后来梁惠王见到孟子来了,于是就问:"有道德的人也喜欢享受这样快乐吗?"孟子回答说:"只有有道德的人才能享受这种快乐,没道德的人是没法享受这种快乐的。"梁惠王问:"这是为什么呢?"孟子说:"《诗经·大雅·灵台》中说,周文王在修建灵台的过程中,经常告诉百姓们慢慢修,不着急。百姓们听了这样的话之后就觉着是皇帝在关心他们,于是就十分卖力地修建,结果灵台很快就修好了。灵台修建好之后,里面养着油光水滑的麋鹿、羽毛洁白的飞鸟,池塘里也是有各种各样的鱼鳖,非常美丽。周文王一进灵台就觉着非常快乐。所有有这样一句话:'古之人与民偕乐,故能乐也。'"

梁惠王听了孟子的话之后,黯然不语。

孟子用很巧妙的语言方式劝说了梁惠王。其实对于快乐这个名词,自然是大家在一起才更值得期待,将自己的快乐与别人分享,一份快乐就变成了多份的快乐,无论是领导还是下属,众人共享快乐才能更快乐,使社会更加稳定和谐。

399 为虎作伥——怎可为私欲去伤害更多的人

这则典故出自《正字通·听雨记谈》,比喻帮助恶人作恶,干坏事。

在很久很久以前,在某个地方有一个山洞,山洞里面住着住着一只老虎,每天都捕食生活在附近的小动物。渐渐地,附近的动物被这只老虎吃光了,于是老虎便开始吃人。

一天,这只老虎走出山洞,它像往常一样去觅食,可走啊走,过了很久,老虎都没有发现一只猎物,这让饥饿的老虎非常难受。正在这时,远处一个步履蹒跚的人缓缓地向老虎走近,看样子应该是没有发现老虎。于是,老虎便悄悄躲在树丛当中,等到那个人走进之后猛地扑上前去,将那个人咬死吃掉了。吃掉了那个人之后,老虎却依旧没有饱腹,于是便抓住了那个人的灵魂不放,让其再帮自己找到另外一个人享用,不然就不让那个人投胎。被抓的那个灵魂想了一下后,便同意了。于是他便开始给老虎当起了向导,四处寻找人。终于,在林中的另一处找到了第二个人。那个灵魂更是为了想让自己早些解脱,就帮老虎把那个人的衣服给脱了——为了老虎吃起来方便。后来人们将这个帮助老虎吃人的鬼魂叫做伥鬼,又根据这个传说,将帮助坏人做伤天害理的事情称为"为虎作伥"。

在生活中,无论怎样,我们都不可以为了自己的私心为虎作伥、助纣为虐,这样只会伤害到更多无辜的人。

第五部分／治国与用人

 400 卫君重法——律严法明的治国政策

这是一则卫君治法的小故事,说明国家法律严明的重要性。

战国时期,卫国有个犯人逃到魏国,这个消息被刚刚继承王位的卫国君主得知后,遂派人去魏国说,想要用五十两黄金把这个刑徒给换回来,但魏国没有同意,说那个人正在给魏国的王后治病。于是卫君就又提出,用左氏(地名)这块地方去换逃犯。这是卫君就有手下的人疑惑道:"用一个城邑去换一个普通人,值得么?"卫君回答说:"事情的大小我们要根据情况去分析,但像这种在国家的治与乱的问题上,是不分大小的。如果国家的法律不能确立,该处罚的不能处罚,就算是失去十个左氏这样的地区也没有什么好处;如果国家的法律一旦确立了,我们就一定要严格按照法律处罚,这样,就算我们失去十个左氏这样的地方也不会有什么害处的。"

后来魏王听说了这件事情,感觉到了事态的严重,于是感慨地说道:"看来不满足卫君的愿望,他是不会罢休的啊,还是将犯人还给他吧。"于是便派人用车将犯人送还给了卫国,并且没有要任何的酬金和交换条件。

卫君为了明确自己国家的法律,不惜用土地去交换一个外逃到别国的犯人,这种重法的精神是值得我们将钦佩的,因为只有法律严明的国家,才能长久安定。

 401 苛政猛于虎——施暴统治下的人心惶惶

这则典故出自《礼记·檀弓下》,意思就是反动统治者的暴政比吃人的老虎更加可怕。

春秋时期,孔子喜欢四处游走。一次,他在泰山山脚下,看见一个妇人在坟前哭,她哭得十分悲伤,于是孔子便立起身来靠在横木上,让弟子子路去问那个妇人为什么哭。于是子路上前问道:"你为什么哭得这么伤心啊?应该是有很多伤心的事情吧?"那个妇人看了看子路回答说:"是的,不久之前,我的公公被老虎给咬死了,后来丈夫也被老虎给咬死了,现在我的儿子也被老虎给咬死了,我怎么能不伤心呢?"子路又问:"既然食人的老虎这么危险,你为什么不离开这里呢?"妇人回答说:"那是因为这里没有残暴的政令啊。"后来子路回去同孔子讲了妇人的话,孔子听后教育弟子们说道:"残暴的政令比老虎还要可怕啊。"

故事中的妇人宁愿每天心惊胆战地居住在可能被老虎咬死的地方,也不愿意搬到暴政肆虐的地方,由此可见暴政的危害。

 402 邴吉问牛——爱民乃治国根本

这则典故出自《幼学琼林》,讲述官员看到牛的异常想起天气变化,赞扬官员关心百姓疾苦。

邴吉,西汉时期的鲁国丞相,性情深沉忠厚。一次,邴吉乘车外出体察民情。按照当时的惯例,丞相出巡,应该是要有人提前清理道路的,并且闲杂人等需要回避。却不想,那天居然有一伙人在清理好的道路上打架,死伤的人横七竖八地躺在路上。坐在车上的邴吉看到这个情形,一句话都没说,直接就过去了。对此,在他身边的掾史觉着很奇怪,但没有问什么。

邴吉继续坐车往前走,路上看到了有赶牛的人,只见那头被赶的牛已经喘得吐出了舌头,于是邴吉便停下车,叫身边的随从过去问那头牛走了几里路了。这时那个好奇邴吉不关心打架群众的掾史终于忍不住说话了,说道:"大人,您毫不关心群众打架,却这么关心赶牛的事情,这实在是太不恰当了吧。"于是就有不少人开始讽刺邴吉。邴吉知道了之后说道:"百姓们相互争斗,相互杀伤,那应该是长安令、京兆尹的职责,是他们应该禁止、防备和追捕的事情,而我的职责就是在年终的时候奏请皇帝实行赏罚。而现在正当春天,按理来说天气还不是很热,可牛还没有走多远就已经喘得厉害,这意味着气候不合节令,我担心会有地区因此而受灾害,所以才会过问此事。"听了这番话的众人恍然大悟,而那个觉着邴吉做事不恰当的掾史也心悦诚服了,并深深佩服邴吉注重大事、关心百姓的精神。

不在其位,不谋其政,这是邴吉的做官原则,但他看到牛便想到百姓的安危,这实在是难得的爱民好官。而一个地方的治理,就是需要这样的好官,百姓才会安居乐业。

 403 昭侯治吏——法不容情

这则典故源于韩昭侯治理官臣的故事,说明严格执法的重要性。

战国的时候,一次,韩国国君韩昭侯因为饮酒过量而不知不觉地醉卧在床上，睡了很久都没有醒来。他手下的官吏典冠因为担心君王着凉，于是便去找掌管衣物的典衣要了一件衣服，拿回来盖在了韩昭侯的身上。几个时辰之后，韩昭侯醒了，看到自己身上盖着的衣服便问身边的侍从是谁替他盖的衣服，侍从回答说是典冠。韩昭侯听了侍从的回答之后脸立即沉了下来，便派人将典冠找来，问道："是你给我盖的衣服么？"典冠回答是，韩昭侯又问："衣服是从哪里来的？"典冠回答说："是从典衣那里拿来的。"于是韩昭侯又把典衣召来，严厉地批评典冠和典衣，说道："你们两个今天都犯了很大的错误，应该受到惩罚。"典衣和典冠两人有些摸不着头脑，不知道自己哪里犯了错误。韩昭侯见两个人不明其意，继续说道："典冠，你是寡人身边的侍从，职责是在寡人的身边，你怎么能擅自离开而去做职责范围之外的事情呢？而典衣，你是掌管衣物的官员，怎么能随便就利用职权将衣服给了别人呢？你们两个的这种行为，一个是失职，一个是越权，如果朝中上下每个人都像你们这样随心所欲，想怎么做就怎么做，那整个朝廷不是乱套了吗？所以，今天必须重罚你们两个，让你们两个接受教训，同时也让大家引以为戒。"说完，韩昭侯便将典冠和典衣降了职。

韩昭侯这样做虽然有些冷面不近人情，但对于一个国家来讲，这种严格执法、严明职责的精神是值得肯定的。毕竟治国是一门大学问，在律令面前，是不可以讲求人情的。

404 众怒难犯——民众利益不可侵犯

这则典故出自《左传·襄公十年》："众怒难犯，专欲难成，合二难以安国，危之道也。"意思是群众的愤怒不可触犯。表示不可以做群众不满意的事情。

春秋时期，郑国掌握朝中大权的是正卿子驷。大夫尉止与子驷素来不和，于是便纠集起宗族中的一伙人发动了叛乱。尉止等人打进宫廷，杀死了子驷等人，并将国君郑简公劫持到了北宫。司徒（官名）子孔因为事前听到了风声，所以提前做了准备，并与宰相子产一同平定了叛乱，杀死了尉止等叛乱分子。后来，子孔开始掌管郑国的朝政，并且制作盟书，规定官员各守其位，听从他的命令。一些大夫对于这样的盟书非常不满意，所以也不肯顺从。子孔见状，便想杀了他们。子产连忙上前劝阻，并请求烧掉盟书。子孔不同意，说道："制作盟书是为了安定国家，如果大家不满意而发怒就烧掉它，那岂不就变成了大伙当政,那国家不是很难治理了吗?"子产说:"众人的愤怒是不可冒犯的啊,专权的愿望难以成功,将这两件难办的事情结合在一起安定国家,是很危险的办法,不如烧掉盟书,安定大伙。这样一来,你既会得到你想要的东西,又可以安定大伙,不是很好吗?要知道,专权的愿望是不容易成功的,触犯大伙是一定会发生祸乱的。你一定要多多考虑大夫们的情绪,听从他们的意见啊。"子孔听了子产的劝告之后,便当众烧掉了盟书。从此,郑国便安定下来了。

为君者,一定不要站在群众的对立面,这样才能走得更远。

 405 卖剑买牛——武力不是统治者解决问题的唯一方法

这则典故出自《汉书·龚遂传》,原指放下武器,从事耕种。后比喻改业务农或坏人改恶从善。

汉宣帝的时候,渤海地区发生了严重的灾荒,百姓们吃不饱,穿不暖,眼看就要生存不下去了,于是纷纷拿起刀剑开始了起义。为了平息群众起义的怒火,朝廷派龚遂到渤海地区去担任太守。

龚遂到任之后,首先下令各县停止对起义者大规模的捕杀,虽然对持戈拿刀的行动者严加处罚,但对可以及时放下武器的人表示概不追究。另一方面,龚遂还下令各个县令,对于手握镰锄的农民,不得有丝毫的干扰,而且还提倡有刀剑的群众"卖剑买农具,卖刀买犊",从事生产自救。就这样,农民们逐渐在官吏的引导下,卖掉了刀剑,买回了耕牛和农具,开始从事起了辛勤的农业耕种。从此,人们的生活水平开始逐渐好转了起来。

后来,人们便引用"卖剑买牛"这个词来比喻改业归田。

龚遂并不是用武力的方式去镇压起义的人民,而是逐渐引导其回归农业,从根本上改善了灾区的生活。由此可见,并不是专靠武力才能让统治者解决问题。

 406 亡国怨祝——统治者自己才是守护这个国家的"神灵"

这则典故出自《论衡·解除》:"一人祝之,一国诅之,一祝不胜万诅,国亡不亦宜乎?祝其何罪?"指国家衰亡时,不从自身找原因,而去埋怨为国家祭祀祝祷的人。

第五部分／治国与用人

东周时期，晋国贵族中行寅面临大敌，眼看家族就要灭亡，于是他找来了给自己负责祭祀的太祝（官名，主管祭祀），准备问罪于他。

中行寅怒气冲冲地询问道："一定是因为你在为我祭祀的过程中祭品不够丰厚，斋戒不够诚心，结果触犯了天上的神灵，所以导致我现在要亡国，你为什么要这样？"

太祝回答说："原来的君主只有十乘车，但他却从不觉得少，担心自己是不是德行不够，生怕有一点过错。而您现在已经有百乘战车，您还是嫌少，而且丝毫不担心自己有没有道义德行。您只知道多造战车战船，这样一来势必增加了对百姓的赋税。赋税劳役一多，百姓自然不满意，对您不断地诅咒责骂。而您真的以为单纯地靠向上天祷告就可以为家族带来幸运吗？民心不服，全国的百姓对您进行咒骂，我一个人的祈祷又怎么可能比过全国人民的诅咒呢？这样一来，您家族的灭亡那不就是很自然的事情吗？我又有什么罪过？"

中行寅听了太祝的一番话之后羞愧得无话可说。

中行寅面对自己家族的即将灭亡，不仅不去找自身的原因，反而还去责备太祝。其实他没弄清楚，导致家族灭亡的，并不是别人，而是因为他自己的贪婪。

407 三过家门而不入——王者该有的无私精神

这则典故出自《史记·夏本纪》，颂扬大禹一生为公，竭尽全力治理洪水，解除民众受水患所苦的崇高行为。

远古时期，那时候的人们饱受着洪水之苦。尧帝见到百姓们深处痛苦之中，于是便派了一个叫鲧的人去治理洪水。九年过去了，鲧虽然尽心尽职地治理洪水，可最终还是没有什么成效，依然水灾泛滥。尧帝认为这是自己失职，于是便将帝位让给了舜。舜即位之后，就命鲧的儿子禹继续治水。那时的禹才刚刚在绍兴娶了涂山氏为妻，婚后四天，便离家治水去了，而这一走，就是十三年之久。其间，禹曾路过家门三次，但却都没有进去。

第一次是在离家后的第四年，一天早晨，禹路过了自己的家门，听见了自己的妻子的骂声和儿子的哭声，于是便想进去劝解，可又怕见了妻子之后妻子唠叨起没完，而耽搁了治水，于是就悄悄地走开了。后来过了两三年，禹再次路过了自己家的家门，听见了妻子与儿子的笑声，禹觉着自己的妻子和儿子过得很好，于是就放心地走开了，继续努力治水。又过了三四年，一天，突然下起了大雨，禹来到了自己家的屋檐下避雨，只听见妻子对儿子说："你的父亲治平了洪水后就会回家了。"禹听后非常感动，于是更坚定了治水的决心，立刻转身上路继续治水了。后来经过禹的不断努力，终于将洪水治理好，百姓又过上了安定的生活。

大禹这种大公无私的精神永远都值得治国者学习，是一个国家最难得的精神财富。

408 兼听则明，偏听则暗——广开言路使君王明辨是非

这则典故出自《资治通鉴·唐太宗贞观二年》，意思是多方面听取意见，才能明辨是非；单听信某方面的话，就愚昧不明。

魏征是唐朝时期有名的政治家，以敢于直谏著称，是中国历史上最负盛名的谏臣。

一次，唐太宗问魏征："君主怎样才能做到明辨是非，怎样又是昏庸糊涂呢？"魏征回答说："能广泛地听取意见的就是明辨是非，偏信某个人的意见那就是昏庸糊涂。从前尧帝向下面民众清楚地了解情况，所以对作恶之事有了及时的掌握；舜帝耳听四面眼观八方，所以才不会被小人所蒙蔽；秦二世偏信赵高，所以最终在望夷宫被赵高所杀；隋炀帝偏信虞世基，死于扬州的彭成阁兵变。由此可见，君王应该广泛听取他人意见，让官宦不敢轻易对您蒙蔽，民众的情况得以反映。"唐太宗听了魏征的一番话，连连称好，从此，他广泛听从群臣意见。

无论是帝王还是平民，我们都应该养成广泛听从他人意见的好习惯，这样才不会犯片面性的错误。

409 广开言路——给臣民一次讲话的机会，给国家一个满意的未来

这则典故出自《后汉书·来历传》，指尽量创造发表意见的条件。

东汉安帝时期，内侍京江和中堂侍樊丰等人联合起来诬告太子刘保要企图谋反。安帝信以为真，便决定废掉太子刘保，为此，向大臣们征求意见。其中大将军耿宝等人主张废掉太子，而大臣来历则认为太子尚年幼无知，就

算是谋反,其主要责任也不在于他,不应该被废掉。可汉安帝从来不听取来历的意见,于是便把刘保废为了济阴王。

来历见自己的意见没有被采纳,于是便约了十几个大臣一同到安帝那里去为太子说情。安帝见此情形,便派人拿着诏书去威胁这群大臣说:来历等人不识大体,让大家尽量发表意见,他们却把一切责任推给别人,谁再坚持错误见解,就要杀头问罪。所有的大臣都被诏书吓得退缩,唯有来历坚持自己的意见,结果被罢了官。后来,人们便用"广开言路"这个词语来指尽量创造让人们发表意见的机会。

作为一个君王,应该多多听取群臣的意见,广开言路,这样才能将国家治理得更好,使百姓安居乐业。

 410 约法三章——帝王有所承诺,百姓才能拥护

这则典故出自《史记·高祖本纪》,原指订立法律与人民相约遵守,后泛指订立简单的条款。

公元前206年,汉高祖刘邦率领大军攻入关中,秦朝灭亡。在刘邦进入秦都咸阳之后,原本想住在豪华的王宫里面,但他的心腹告诉他不要这样做,免得失去人心。于是刘邦接受了意见,下令封闭王宫,并留下了少数的士兵保护王宫和藏有大量财宝的库房,随即还军灞上(在今西安市东)。

为了获取民心,刘邦还将关中各县的父老、豪杰召集到一起,郑重地向他们宣布:"秦王朝的严刑苛法让众百姓陷入水深火热,应该全部废除。现在我要和众位约定,无论是谁,都要遵守三条,杀人者要处死、伤人者要抵罪、盗窃者要判罚。"父老、豪杰们听了刘邦的话之后都表示十分拥护。接着,刘邦又派了大批的人员到各乡各县去宣传。百姓们听了之后都热烈地拥护,纷纷拿着牛羊酒食来慰劳刘邦的军队。

正是因为坚持了约法三章,刘邦才得到了老百姓们的信任与支持,最后取得了天下,建立了汉王朝。

身为君王,一定要对百姓严守承诺,这样才会获得民心,得到百姓们的拥护。

411 取信于民——百姓的信任是国家前进的最大动力

这则典故出自《汉书》，意思是取得人民的信任，让人民相信你。

战国时期有个著名的政治家，他的名字叫商鞅。为了改善秦国制度，在公元前356年的时候，商鞅在国君秦孝公的支持下实行了变法，也就是历史上著名的商鞅变法。

在法令已经详细制定出但却还未对外公布的时候，商鞅担心百姓们会不履行新法令。为了取信于民，商鞅就在国都咸阳的南门外立起了一根三丈的木柱子，命官吏看守，并下令，如果有人可以将这个木柱子搬到北门，就赏赐黄金二百两。当时围观的百姓有很多，但却没有人动手去搬，因为一是不明白此举的意图，二是根本就不相信会有这样的好事，所以根本没人去动那根木柱子。

商鞅见没有百姓肯搬立木，于是又下令，将赏金增至一千两。百姓们见到这样的赏金，更加疑惑了，但重赏之下必有勇夫，新悬赏才公布三天，就有一个壮汉将木柱扛到了北门。

商鞅得知此消息后，立即召见搬木柱的壮汉，说道："你能听从我的命令，是个好百姓。"然后遂赏赐黄金千两给这个壮汉。这个消息很快就被百姓们传开了，成了举国轰动的消息，大家都夸赞商鞅的守信。随后，商鞅公布了新的变法令，虽然一些贵族特权阶层对此强烈地反对，但最终，新的法令在秦国还是得到顺利地实行，并使秦国变得原来越强大。

要想得到百姓的拥护，首先一定要得到百姓的信任。

412 穷兵黩武——盲目用兵的后果

这则典故出自《三国志·吴书·陆抗传》，意思是指用尽兵力，恣意发动战争。

三国时期，东吴有个著名的将领，名字叫陆抗，他是吴国丞相陆逊的儿子。陆抗在二十岁的时候就被任命为建武校尉，统帅五千人马。后来孙皓做了东吴的国君，陆抗被任命为镇国大将军。当时，东吴朝政在孙皓的领导下非常腐败，残暴骄奢、滥用酷刑。陆抗曾多次上书劝谏，但孙皓对此的态度一直是置之不理。公元272年的时候，陆抗奉命率军讨伐叛将步阐，在吴晋边境与晋军对峙。于是陆抗与晋国互派使者往来，以示友好。孙皓听说了这件事情之后，便派人去责问陆抗，为什么不出兵进攻晋国。陆抗上奏说："朝廷现在不采取富国强兵的政策，反而要发动战争，最终导致资财耗费，兵将疲惫，百姓不得安抚。而敌国的国力不仅没有被削弱，反而我们自己却像是大病一场似的。"陆抗还指出了吴、晋两国的实力悬殊，应该停止用兵，增强国家的实力。但孙皓还是没有听从陆抗的忠告，最终导致了吴国的灭亡。

在国家实力还不足的情况下，用兵打仗只会使国家的实力越来越弱，最终导致灭亡。

 413 疾首蹙额——深入群众，了解群众

这则典故出自《孟子·梁惠王下》，形容厌恶痛恨的样子。

战国时期，有一次，著名思想家孟子去齐国谒见齐宣王，问道："大王，您喜好音乐是吗？"齐宣王有些不好意思地回答说："是啊，不过我不喜欢先王清净典雅的音乐，只不过是喜欢些一般的流行音乐罢了。"孟子说："不管是什么音乐，既然大王喜欢音乐，那么齐国就一定会被治理好的。"齐宣王听了之后很开心，并问道："您能说说这其中的道理么？"孟子回答说："在欣赏音乐的时候，您是喜欢独自一人欣赏还是喜欢同别人一起欣赏呢？"齐宣王回答："当然是同别人一起欣赏。"孟子又问："那同少数人一起欣赏与同多数人一起欣赏音乐相比较，哪一种您觉着更快乐？"齐宣王回答："当然是多数。"

说到这，孟子解释说："那给大王谈谈音乐吧，假如您在这里击鼓奏乐，而百姓们听到这样的钟鼓齐鸣却觉着头痛而紧皱着眉头议论说，'我们的大王这么喜欢音乐，那为什么还会使我们的生活穷苦到这种地步呢？父子不能相见，妻子、兄弟东离西散。'如果您在这里打猎，百姓们听到了您的车马声，看到了您漂亮的旌旗，也会感到头痛而紧皱着眉头相互传言说，'我们的大王这么喜欢打猎，那为什么还会使我们的生活穷苦到这种地步呢？父子不能相见，妻子、兄弟东离西散。'造成这种情况没有别的原因，就是因为大王您不与民同乐啊。如果现在您在这里击鼓奏乐，百姓们听到音乐声便会高兴地奔走相告说，'我们的大王一定是很健康的吧，不然怎么会击鼓奏乐呢？'如果您在这里打猎，百姓们听到了您的车马生，见到了你的旌旗，高兴相互说道，'我们的大王一定是很健康吧，不然怎么会打猎呢？'这没有别的原因，主要是因为大王您与民同乐啊。现在大王您与民同乐，那么国家一定会兴旺发达，

普天之下也就会全部归服您的统治了。"

齐宣王听了孟子的一番话之后深受启发，说："夫子所言极是，我一定按夫子的话照办。"后来齐宣王经常与百姓在一起，齐国也很快就富强起来了。

只有深入到群众当中去，了解民众，爱护民众，整个国家才会兴旺发达。

 414 生灵涂炭——动荡时局下的可怜百姓

这则典故出自《晋书·符丕载记》，意思是人民陷在泥塘和火坑里。也指生物受到了极大的伤害。形容政治混乱时期，人民百姓处于极端困苦的境地。

十六国时期，前秦被后燕和后秦联合攻打，国都长安很快被人包围。皇帝符坚逃跑，本想等到适当的时机重新来过，但最终还是被后秦捉住并将其处死。

符坚的儿子符丕一直驻在邺城，前秦幽州刺史王永听说了符坚已经死了的消息之后就请符丕到晋阳，并拥护其当了皇帝。符丕当了皇帝之后，就加封王永为左丞相。后来王永想要找前秦的部队去讨伐后秦和后燕，于是就写了一篇诏告，公告中说："自从符坚被害，国都长安沦陷，国家就开始一蹶不振。百姓们好像生活在泥沼和炭火之中一样，十分痛苦。各地官员接到这份诏告之后，要派出兵马临晋会师，准备作战。"

接到诏告之后的各地官员，纷纷派出兵马，但可惜的是，后秦的军队实力实在太强了，王永最终无法获得胜利。前秦也随之逐渐衰弱，不久之后便被后秦消灭了。

因为动荡时期的混乱，百姓才会深陷生灵涂炭的困苦境地。这也充分地说明了，一个时期的时局动荡，深受其害的其实就是百姓。

 415 宽猛相济——严宽结合的治国政策

这则典故出自《左传·昭公二十年》，指政治措施要宽容和严厉互相弥补。

春秋的时候，郑国的政治家子产在执政后对国家实行了改革，使国力日益增强。

公元前 522 年，子产病危，他特意在临死前告诉身边的大臣子太叔说：

"在我死后，由您来执政。只有有德的人才能用宽大使百姓服从，其次莫如严厉了。火是一种很猛烈的东西，让人看了就害怕，所以很少有人死于火；水是一种软弱的东西，人们总是很轻慢地玩弄它，所以死于水的人就很多。"

子产死后，子太叔开始执政，他不忍心对百姓严厉，于是便实行了宽大的政策，可结果却是郑国的盗贼变得越来越多，并且经常聚集起来伺机闹事。子太叔看到了这样的情况之后，很后悔地说道："我早该听子产老人家的话啊，不然也不至于到今天这样的地步。"于是便发兵攻打盗贼，并将他们全部杀掉。这样一来，其他的盗贼就收敛了很多，郑国的盗贼开始逐渐地减少。

后来这件事情被圣人孔子听说了，并很赞赏子太叔的做法，说道："政事宽大百姓就变得怠慢，怠慢之后就要用严厉来纠正。严厉过后百姓就伤残，伤残过后就实施宽大。用宽大调剂严厉，用严厉调剂宽大，这样一来，政事就调和了。"

施政的时候要宽大与严厉相辅而行，这样国家才会安定。

416 毁家纾难——危难时刻，贤臣心系百姓

这则典故出自《左传·庄公三十年》，意思是不惜捐献所有家产，帮助国家渡过难关、解救国难的行为，指牺牲自我。

公元前677年，楚文王去世，太子熊囏继承王位。熊囏登位之后，任命文王的弟弟子元担任宰相。子元因为手中掌握兵权，所以气焰嚣张，并不把熊囏放在眼里。仗着手中的兵权做一些危害国家的事情。一次，子元甚至只是为了取悦楚文王的遗孀息妫，便轻妄地对邻国发动了战争，但最终无功而返。

就这样，子元的为非作歹终于引起了公愤。大将申公调集了军队将王宫包围，准备将子元绳之以法。子元率军竭力反击，并与申公的军队在郢都进行了激烈的战斗。在战斗过程中，子元还下令焚烧宫室和民宅，想阻止申公的进攻，但最终因为子元不得民心，被申公彻底击败。申公在宣布了子元的罪状之后，便下令将其处死。

子元死后，大夫子文继任为宰相。子文很贤明，所以深受楚国百姓们的爱戴。

当时，郢都的民房几乎全都被战火烧毁，一片狼藉。百姓们流离失所，吃不饱，穿不暖，境况十分的凄惨。这样的情况之后，子文毅然决定毁家纾

难,将自己所有的房产都捐献给了受难的百姓居住。正是因为他的这一举动,才使当时不安的局面得到了很有效的控制。

后来,子文毁家纾难的义举成为美谈,一直流传至今。

国家并不是一个人的家,需要所有的百姓和官吏的爱护才会使这个国家昌盛繁荣。子文毁家纾难的义举,值得我们学习。

 417 得道多助——君爱民如子,国强壮似虎

这则典故出自《孟子·公孙丑下》,意思是站在正义方面,会得到大多数人的支持和帮助。

有利于作战的天气、时令,都比不上有利于作战的地理地势;有利于作战的地理地势,都比不上作战中士兵的人心所向、上下团结。

在方圆三里的内城、方圆七里的外城,我们包围、进攻它却不能取胜,必定是因为我们得到了有利于作战的天气、时令,没有有利于作战的地理条件。

城墙很高,护城河很深,士兵的武器装备很精良,粮食也很多,但守城的人最终弃城而逃,这是因为作战有利的地理条件却比不上作战中的人心所向、上下团结。

所以说,限制人民定居某一区域就不能靠边界的局限;巩固国防就不能靠山河的险要;震慑天下就不能靠武器装备的精良。如果一个君主施行仁政,那么帮助支持他的人就会很多,天下都会归顺他;如果一个君主不施行仁政,那么帮助支持他的人就会很少,甚至内外的亲戚都会背叛他。这样一来,施行仁政的君主如果去攻打不施行仁政的君主,君子不战则已,战就一定会获得胜利。

一个国家,君主对人民友善,人民就会支持君主,这样的国家才会真正地强大。

 418 励精图治——君王的奋起,百姓的福气

这则典故出自《汉书·魏相传》:"宣帝始亲万机,励精为治。"意思是形容一个国家的领导者振奋精神,竭尽全力想治理好国家。

公元前74年,汉昭帝刘弗陵死去,昭帝没有儿子,于是,手握朝政大权的大司马大将军霍光立汉武帝的曾孙刘询为皇帝,也就是汉宣帝。

公元前68年,霍光因病逝世,御史大夫魏相觉着霍氏家族独揽朝政大权,而且又不好管束,于是便建议宣帝采取措施抑制霍氏家族权力的增大。霍氏一家对于魏相是又恨又怕,便打算假传太后的命令将魏相杀死,之后再将宣帝废黜。后来得知了霍氏一家这样的阴谋之后,宣帝便将霍氏一家杀了,并株连九族。

惩治了霍氏一家之后,宣帝开始亲自处理朝政中的大事,振奋精神,力求将国家治理好。他听取大臣们的意见,严格考察各级官员的政绩,还将盐价下调,提倡节俭,鼓励发展农业生产。另一面,魏相也率领百官恪尽职守,让宣帝十分满意。就这样,在魏相的辅佐下,宣帝采取了一系列的恢复和发展生产、减轻人民负担的措施,最终使国家变得兴旺繁荣,出现了汉室中兴的局面。

国家之所以会繁荣昌盛,是因为君主的励精图治和大臣的精心辅佐,由此可见,明智的君主和大臣对一个国家的影响是多么大。

419 号令如山——严明治兵的政策

这则典故出自《宋史·岳飞传》,指军令严肃,不容更改。

公元1129年至1130年,金朝大将金兀术率军深入长江以南沿海地区,企图一举消灭南宋政权,但在征战过程中,却遭到了岳飞率领的"岳家军"的顽强抵抗,金兵屡受挫败。

宋高宗绍兴五年的时候,岳飞出任镇宁、崇信军节度使,湖北路和荆、襄、潭州制置使,封为武昌郡开国侯,后又出任荆湖南北、襄阳路制置使,神武后军都统制。皇帝下诏,命令岳飞讨伐贼人杨幺。岳飞所率领的将士都是不习惯水战的西北人,于是岳飞说:"用兵之道,哪里有什么不变的规矩呢?只是看你如何运用罢了。"就这样,岳飞首先派遣使者去招降杨幺贼党。贼党黄佐说:"岳节度使军纪森严,号令如山,如果同这样的军队对敌,我们一定没有什么好的下场,不如前去归降,岳节度使诚实守信,一定会友善地对待我们。"就这样,黄佐投降了。

后来,人们便用"号令如山"这个词语去形容军纪的森严。

因为岳飞的军队有严明的军纪,他的军队才会战无不胜,这也是治理军队的良策。

420 流芳百世——百姓不忘旧君恩

这则典故出自《世说新语·尤悔》:"桓公卧语曰:'作此寂寞,将为文景所笑。'既而屈起坐曰:'既不能流芳后世,亦不足复遗臭万载耶?'"意思是美好形象永不磨灭,也不会被忘却。

桓温是东晋时期的名将,同时也是明帝的女婿。他常年驰骋于战场,屡立战功。朝廷封其为大司马,位在诸侯之上,手握重兵,待遇特殊。

桓温虽然在朝中已经具有这样的地位,但他对此却还是不满足,一心想收复中原,想利用在军事上的胜利来建立更高的威望,以便夺取政权,实现做皇帝的梦想。

一次,桓温在与亲信们闲谈的时候,无意间表露出了自己想当皇帝的想法。众人听了之后都不敢答话。桓温本身躺在床上,但因为他十分激动,就从床上坐起来抚枕说道:"大丈夫既不能流芳百世,不足复遗臭万年载乎!"意思就是说,大丈夫如果不能让名声长久流传,那也应当让恶名在死后留存于世。

只有做一些对百姓有益的事情才能流芳百世,不然只会遗臭万年。

 421 掣肘难书——留给人才充分的施展空间

这则典故出自《吕氏春秋·具备》,意思是在别人做事的时候拉扯别人的胳膊肘,比喻干扰和阻挠别人做事。

宓子贱,春秋末期鲁国人,是圣人孔子的学生。宓子贱曾在鲁国的朝廷做官,后来被鲁君派去一个叫亶父的地方治理。宓子贱在受命之后心里很不平静,他担心鲁君会听信小人的谗言而使他不能按照自己的主张去治理,所以在走马上任的时候请鲁君派了两名近侍随他同往亶父。

到达亶父之后,当地的官吏前来拜见,于是宓子贱便让这两名近侍书写记录。近侍刚要书写,宓子贱就从旁边去摇晃他的胳膊,以至近侍将记录书写得很不像样。宓子贱借机大发雷霆,这让两名近侍非常地犯愁,便要求辞别回都。宓子贱说:"你们两个的书法很差,回去努力自勉吧。"

两名侍卫回都之后,便将这件事情告诉了鲁君。鲁君听了后,叹息说道:

"这是宓子贱在劝谏我改正不贤德的地方啊。一定是过去我们对宓子贱干扰太多,使他不能按照自己的主张办事。如果没有你们二位,我差点就做错事了啊。"

随后,鲁君立刻派遣了一名宠信官吏前往单父,并转告宓子贱说:"从今以后,我不再兼管单父了,主权属于您,只要是有利于治理单父的决策,您就自己决定吧,五年之后,再回报您的政绩。"宓子贱恭敬地答应了,就这样顺利地在单父推行了他的政治主张。

于是,后人用"掣肘难书"这个词来说明充分信任,放手使用部下,给他们一定得自主权,是关乎事情成败的重要环节。

有时候给部下一些放手去干的机会,说不定会出现意想不到的奇迹。

 422 南山可移,判不可摇——做最公正的判决

这则典故出自《旧唐书·李元纮传》:"南山可移,判不可摇也。"意思是终南山可以移动,但已定下的案子绝不能更改。

唐睿宗时期,太平公主蛮横无理,经常欺压百姓,甚至侵吞百姓的财产。一次,太平公主的手下到一个农民家中抢走了一个石碾,于是这个农民便将其告上了雍州官府,司户李元纮判决令公主交还石碾。但李元纮的上司窦怀贞因为害怕因此得罪了太平公主,于是便让李元纮改判。李元纮听了窦怀贞的要求之后气愤地说道:"南山可移,判不可摇也。"

李元纮这种不畏强权而坚持公正决判的精神是十分难得可贵的。

 423 一人得道,鸡犬升天——连带关系危害极大

这则典故出自《论衡·道虚》,意思是一个人得道成仙,全家连鸡、狗也都随之升天。比喻一个人做了官,和他有关系的人也都跟着得势。

汉朝的淮南王刘安,特别地喜欢寻求仙丹灵药,而且还逢人就说:"有了仙丹就可以长生不老了。"刘安派人进山去访仙,终于,从仙翁的手中得到了一张仙方。得到仙方的刘安便开始日夜将自己关进暗房当中炼起仙丹。最后,他在八卦炉里炼出了十颗圆滚滚的仙丹。刘安一口气就吞下了五颗,还没等将那另外五颗吞下，就已经飘飘悠悠地飞上了天空。此时刘安养的那些鸡犬在门外见此状，便抢着将剩下的仙丹都吃了。随后空中一阵鸡鸣狗叫，原来，它们也成仙了。

这个词语虽然是贬义词，但从这则典故中，我们还可以从另外的角度看，那就是刘安对修道的执着精神，正是因为他对修道的执着，最终才会得到仙方，修炼得道。在我们日常生活中，无论做什么事情，该有刘安这样的执着精神，才会收获最后的成功。

424 天无二日——国无二主

这则典故出自《汉书·高帝纪下》，意思是天上没有两个太阳。旧喻一国不能同时有两个国君，现比喻凡事应统于一，不能两大并存。

汉高祖刘邦做了皇帝之后，建立了西汉王朝。一次，刘邦回家乡看望自己的父亲，对自己的父亲五天拜见一次，非常恭敬和孝顺。于是，有个家令对刘邦的父亲说："天上没有两个太阳，一个国家也不可能有两个国君，皇帝虽然是你的儿子，但同时也是一国之主；你虽然是皇帝的父亲，但也是陛下的大臣，怎么可以让皇帝拜见大臣呢？这样做，很难让皇帝在朝中树立威信的。"听过这番话之后，当刘邦再次来拜见自己的父亲的时候，父亲就拿着扫帚直往后退，以表示对刘邦的恭敬。这个举动让刘邦大吃一惊，马上弯腰去扶自己的父亲。父亲说道："皇帝是一国之君、万民之主，怎么可以因为我就扰乱了天下应有的法度？"为此，刘邦非常赞赏那个家令说的那番话，并赐给他黄金五百两。后来，刘邦发下一道诏书，尊称自己的父亲为"太上皇"。后来，人们便用"天无二日"这个词来形容一个国家不能有两个君主。

从这则典故当中我们可以看到刘邦对自己父亲的孝心。因为"天无二日"，所以刘邦特封自己的父亲为太上皇，这份难得的孝心，实在值得我们学习与称颂。

425 朝令暮改——百姓苦于政策的频繁改变

这则典故出自《汉书·食货志上》："急政暴虐，赋敛不时，朝令而暮改。"意思是早晨发布的命令，晚上就改了。形容政令时常变更，使人无所适从。

汉文帝时期，国家的政令与农业相互矛盾的问题越来越严重，于是汉文帝采用太傅贾谊的建议，实行了抑商重农的政策，并同大臣们商议政策的实行。太子家令晁错经过认真的调查过后指出："现在，一个五口之家，服役的人一般不会少于二人，能耕播的土地也不多才百亩，全部的收获也不过百石，农民们春耕夏耘过后冬天还要砍伐柴薪送交官府，而且还要服徭役修筑城池。农民们就是这样，四季都不得清闲，日子实在是艰难不好过。而这其中光受劳苦还不算，如果遇到一些自然灾害，那就更难度日了。如今我们要实行的政策又是急政暴赋，赋敛不时，朝令暮改，这样就会逼迫农民将还没有成熟的青苗出卖，有的甚至还要出卖自己的子女来偿还债务。与此同时，一切富商大贾们又开始巧取豪夺，坐收渔利。这样，就造成了男不耕、女不织的现象，给农民的经济造成了极大的危害。"

汉文帝听了这一番话之后觉着很有道理，于是便采取了别的政策，仅仅几年的时间，就使国家的经济走出了低谷。

一个国家如果制定某种政策就一定要保持连续性，这样百姓才会从中得到利益。

426 虎兕出柙——统治者的职责本分

这则典故出自《论语·季氏》，指虎、兕从木笼中逃出。比喻恶人逃脱或做事没有尽职尽责，主管者应负责任。

春秋时期，圣人孔子的两个弟子冉有和季路都在帮贵族季氏处理朝政。一次，季氏想要攻打鲁国的附庸国颛臾，于是冉有和季路两个人就去见孔子说了这件事情。孔子听后说道："冉求（即冉有），这难道不是你的过错吗？颛臾处在我们鲁国的疆域之中，是我们国家的臣属，怎么可以去攻打它呢？"冉有回答说："是季氏想要这么做的，我和季路并没想这么做。"孔子说："有贤人曾经说过，能够施展自己的力量就任职，如果不行，就应该辞职。如果季氏遇到了危险你不去扶持，摔倒了你也不去搀扶，那又何必要用你这个助手呢？况且你刚才的话说错了，老虎和犀牛已经从笼子里逃出来了，龟壳和美玉在匣子里已经毁坏了，这又是谁的过错呢？"冉有接着说："现在颛臾的城墙坚固，而且离季氏的费邑很近，如果现在不将其占领的话，日后一定会给子孙留下祸害。"孔子说："君子都是讨厌那种不说自己贪心反而要找借口加以掩饰的态度。我听说过，对于那些有国的诸侯或者有家的大夫来说，应该担心的不是分得少,而是财富的分配不均;应该担心的不是人民太少,而是担心国家的不安定。如果财富分配得均匀,就不会有贫穷,人们之间相处和平,就不会有任何的危险。如果真的是做到了这样,那么远方的人还不来归附,就用文治教化招徕他们,国家四分五裂,你们却不能保全,反而想在国内使用武力。我恐怕季氏的忧愁不会在颛臾,反而会在自己的内部啊。"

职责对于一个人来说,是一种本分,同时也是一种责任。虎兕出柙这样的状况是因为在其位的人没有尽职尽责,如果这样的话,怎么能指望这个人为百姓谋福利,为国家出力呢?

 427 网开三面——仁慈于民,仁爱治国

这则典故出自《史记·殷本纪》,比喻采取宽大态度,给人一条出路。

夏朝从禹开始,经过了十五代的君王,传到了夏桀。夏桀是个荒淫无道的君主,他的统治引起了百姓们的强烈不满和怨恨。商的首领汤看到了这一切,于是便想争取民心将夏桀的统治推翻。

一天,商汤在外散步,看到一个人正在野外四面张网捕鸟,并且还祷告说:"希望无论从哪个方向飞来的鸟都可以进我的网。"商汤见状,便上前对捕鸟的人说:"你这样实在是太残忍了。恐怕所有的鸟儿都被你捕光了。"说完便拆掉了三面的网,并小声地祷告了一句说:"鸟儿啊,你喜欢往哪里飞就往哪里飞,如果实在不想活了,那就飞进网里来吧。"

后来诸侯和部落首领们听说了这件事情,于是纷纷夸赞说:"商汤是一个好君王,他对飞禽都是这样的仁慈,那对百姓一定是更加仁爱。"于是很快,四十个氏族的部落就先后归顺于他。最后,商终于灭了夏。

商汤之所以最后灭了夏,是因为他的仁爱,他是一个好君主的榜样。

 428 玩火自焚——不得民心的国家迟早会灭亡

这则典故出自《左传·隐公四年》,意思是玩火的必定会烧了自己。比喻干冒险或害人的勾当,最后受害的还是自己。

春秋初期,卫国的公子州吁将自己的哥哥卫桓公刺杀,自己当上了卫国的国君。州吁当政之后,一面不断地搜刮民财,一面又拉拢宋、陈、蔡等诸侯国一起攻打郑国，并想借此树立自己的威望，转移国内百姓对他的反抗情绪。后来鲁隐公知道了州吁弑兄篡位这件事情，于是便问大夫仲众说："你认为州吁这次的作战会成功吗？他国君的位置能长久吗？"众仲摇了摇头说道："州吁依靠武力兴兵作乱，这样就给百姓带来了灾难，百姓是不会支持他的。而且他又是这样的残忍凶暴，是没有人愿意跟随他的。众人这样地反对他，他要想取得成功是不可能的。"接着，众仲又换了另外一个角度说道，"兵，就像是火一样，一味地去用兵而不知道收敛节制，最终的结果必然是烧死自己。依我看，等待州吁的一定是失败。"

果然，还不到一年的时间，卫国人就推翻了州吁的残酷统治，并且将他杀了。

如果一个国君的统治不能得百姓的民心，那么最终的结局只能使这个国家灭亡。

429 任人唯贤——国家强大的秘密

这则典故出自《尚书·咸有一德》，意思是任用才德兼备的人，而不管他跟自己的关系是否密切。

公子纠和公子小白是齐国国君齐襄公的两个弟弟，后来齐襄公被杀后，二人抢夺王位。在抢夺过程中，公子纠的师傅管仲曾一箭将公子小白射伤。后来公子小白顺利地当上齐国国君，也就是日后的齐桓公，便想报那一箭之仇——非亲手杀了管仲不可，于是派人将身在鲁国的管仲押到齐国。

管仲从鲁国被押送到齐国的过程中，受尽了苦头，被捆绑着，又饥又渴。后来到了绮乌这个地方，管仲去见在那里守卫边界的官员，请求他给点饭吃。不料，那个守边界的官员竟跪在地上将饭喂给管仲吃，十分恭敬。后来等管仲吃完饭之后，这个官员私下问道："如果您将来到了齐国之后，不仅没有被杀反而得封受到重用，那么您将怎么报答我？"管仲回答说："如果真的如您所说，我可以得到重用，那么我一定任用贤人，使用能人，评赏有功的人。我能拿什么报答您呢？"

后来管仲被押送到齐国，齐桓公的老师鲍叔牙亲自前去迎接，而齐桓公不仅没有将管仲杀掉，反而任命他为相国，鲍叔牙也自愿去当他的副手。原来，是鲍叔牙知道管仲的才能大过自己，所以才说服齐桓公这样做的。

齐国之所以强大，正是因为帝王和重臣们可以任用贤才。

430 鸡犬不宁——被官府骚扰下的百姓生活

这则典故出自《捕蛇者说》，形容骚扰得厉害，连鸡狗都不得安宁。

在唐朝中期，那时候的社会非常混乱，藩镇割据，宦官专权，统治者靠横征暴敛去收集军费，百姓们夹在其中是苦不堪言。就在这段时间，唐朝著名文学家柳宗元到永州担任司马，他目睹了民不聊生的悲惨局面，于是便写下了一篇很有名的文章叫《捕蛇者说》，批判了当时社会的黑暗。在这篇文章当中，记述了这样一则小故事。

有一个捕蛇的人，他的祖父和父亲都已经被毒蛇咬死了，可他却仍然继续捕蛇。于是柳宗元便去问他，是什么原因让他不愿意放弃这个既辛苦又危险的工作呢？那个人听了之后很难过地回答说，如果可以捕到毒蛇，那么他的命运就会比他的乡邻们好多了。乡亲们早就已经倾家荡产，缴纳赋税弄得人心惶惶，每当差役们冲进村子里的时候，总是怒吼恶骂，甚至还会大打出手，这种场面让村子里的鸡狗都不得安宁。而捕蛇的人只需要捕到蛇，然后用蛇换取钱财就可以生存下来了，实在是十分侥幸的事情了啊。

于是后人便用"鸡犬不宁"形容被打扰的严重程度。

对于老百姓来说，官府沉重的赋税比毒蛇还要厉害千万倍。

 431 尸位素餐——在其位，谋其政

这则典故出自《汉书·朱云传》："今朝廷大臣，上不能匡主，下亡以益民，皆尸位素餐。"形容空占着职位不做事，吃空饷不干活。

汉成帝时期，有个叫朱云的人，此人身高八尺，体壮如牛，并且从小就习文练武，长大后更是成了一个能文善武的全才。

汉成帝有一位非常博学的老师，他的名字叫张禹，深受汉成帝的重用。但一个人有才华并不代表他就有能力能成为一个好官，可汉成帝却不明白这个道理，依旧重用张禹，先是封其为安昌侯，随后又提拔为宰相。就这样，张禹掌握了朝政，真可谓一人之下，万人之上。

张禹虽然当上了宰相，可他对国家的治理却没有什么办法，也提不出什么好的建议给皇上，整日无所事事地占在那个位置上。渐渐地，张禹引起了朝中大臣的不满于非议，而不满的大臣当中就包括性格直爽的朱云。一番议论之后，朱云不顾其他大臣们的阻拦，决定要上奏皇帝弹劾张禹。

一天，朱云真的向皇帝启奏了一本，说张禹在朝中身居要位却不能为国君献国策，虽然在宰相那个位置，却像是死尸一样，吃空饷，什么也不会干，无所作为。汉成帝听完别人这样评价自己的老师，顿时就火了，遂叫人将朱云拖出去斩了。而朱云那面一边被人架着往外走，一边还继续在跟皇帝辩驳。到了宫殿大门，朱云死死地扒住门框，因为力气很大，所以将门框都扒坏了，两边的武士无论怎样用力，都拽不动他。

这时，左将军辛庆忌忙跪倒在地，磕头为朱云求情，并说道："陛下，朱云刚才一番话也是为了国家啊，虽然有些欠妥，但这也是对陛下一片忠心的体现啊。请您饶他一命吧。"见到磕得满头是血的辛庆忌，汉成帝的心情也平静了许多，气也消了，于是挥挥手说道："算了吧。"就这样，朱云逃过了一死。

后来有人建议将朱云扒坏的门框修一修，汉成帝说："忠臣直言进谏，这个门框就当做这件事的纪念吧。"就这样，那个坏门框永远地留在了那里。

在什么职位就要做什么事，不能光吃白饭不干活。

432 厉兵秣马——做好战前准备

这则典故出自《左传·僖公三十三年》，意思是磨好兵器，喂好马。形容准备战斗，也比喻事前做好准备工作。

春秋时期，秦国派杞子、逢孙、杨孙三个人领兵以帮助郑国守卫国都的名义驻守在郑国。

公元前628年的时候，秦穆公接到了杞子的密报，说其已经掌握了郑国国都北门的钥匙，如果秦国进攻郑国的话，他可以做内应协助。当时的秦国国君秦穆公认为这是一次不可失的机会，于是便立即派孟明、西乞术、白乙丙三个将军率兵向郑国进攻。

秦军经过长途跋涉之后，到了离郑国不远的滑国，恰巧遇到了在这里做生意的郑国商人弦高。弦高见此状，遂派人回国向郑穆公报告，然后自己到秦营中谎称自己是代表郑国来慰问秦军的。弦高这样的举动让秦军将领们怀疑郑国已经做好了准备，于是进军的速度就停了下来，变得犹豫不决。

另一面，郑国的国君郑穆公接到报告后，急忙派人去北门查看，果真看到杞子的军队：人人扎束停当，兵器磨得雪亮，马被喂得饱饱的，已经完全做好了内应的战斗准备。于是郑穆公派皇子对杞子说："恕未能好好款待诸位，贵国的孟明将军就要来了，你们跟他回去吧。"

杞子等人见事情已经败露，便分别逃往齐国和宋国去了。孟明得知了这个消息之后，也撤军回国了。就这样，因为弦高的机智，郑国免去了一场战争。

郑国免去了同秦国的这场战争，是因为商人弦高的机智和他对自己国家的热爱。所以，这则典故也充分说明了百姓对国家的热爱也是一个国家强大的根本。

433 墨子救宋——墨子劝楚王放弃攻打宋国

这则典故出自《墨子·公输》，记叙了墨子劝阻楚国进攻宋国的故事。

墨子是战国时期著名的思想家、政治家。在墨子年轻的时候，楚国准备攻打宋国，并请著名工匠鲁班制造攻城的云梯等器械。那时的墨子正在家乡讲学，得知这个消息后非常着急，一面安排大弟子禽滑厘带领三百名比较健壮的弟子帮助宋国守城，另一面自己亲自出马去劝阻楚王。

墨子急急忙忙地到达楚国的国都后，首先找到了鲁班，说服他停止制造攻打宋国的武器。经过鲁班的引荐，墨子见到了楚王。面对楚王，墨子说道："有一个人，自己有一辆彩饰的马车，他却想丢掉然后去偷邻居的破车子；自己有华丽的衣裳，他却不想穿而去偷邻居的粗布衣服，您说这是什么人呢？"楚王不假思索地回答说："这个人一定是有偷窃的毛病吧。"墨子说道："楚国方圆五千里，土地富饶，物产丰富，而宋国的疆域狭窄，资源又贫乏，两国相对比，就像是彩车与破车、华服与破衣。大王您想攻打宋国，不就是同有偷窃毛病的人一样吗？如果攻打宋国，大王一定会丧失道义而且还会失败。"楚王自知理亏，于是便借鲁班已经将攻宋的器械制造好为理由拒绝放弃攻打宋国的决定。墨子又对楚王说："鲁班制造的攻城器械也不一定是取胜的法宝，大王如果不信，那就让我与他当面演习一下攻与守的战阵，看我是如何破解它的。"楚王答应，于是墨子用腰带模拟城墙，以木片代替各种器械，他同鲁班演习了九次攻守的战阵，结果鲁班九次都失败了。鲁班器械用尽，而墨子的器械还有剩余。鲁班认输，但故意说道："我知道怎么赢你，但我不说。"墨子回答说："我也知道你如何赢我，但我也不说。"楚王被两人这样的对话搞得莫名其妙，于是问："你们两个说什么呢？"墨子义正词严地回答说：

"他以为杀了我就可以将宋国攻破，但我早就布置好了一切，我的大弟子禽滑厘可以代替我用墨家制造的器械指挥守城，同宋国一起严阵以待。就算是杀了我，你也是无法取胜的。"楚王听了墨子的这番话之后，彻底打消了攻打宋国的念头。

> 战争的最终受害者，永远都是百姓。

 434 取鼠之狗——要懂得物尽其用

这则典故出自《吕氏春秋·士容论》，寓意是要善于使用人才，人尽其才，物尽其用。

战国时期，齐国有个对狗很有研究的人。无论是好狗还是坏狗，他一眼就能看出来。有一次，这个人的邻居家里闹老鼠，于是这个邻居就求他帮忙找一条懂得捕鼠的狗。这个人答应了，于是开始找啊找。一年之后，这个人终于找到了一条，给他的邻居的时候还特别强调了这条狗的优秀。

邻居收下了狗之后开始精心地照顾它。可连续几年，这条狗并不捉老鼠，于是这个邻居就将狗的情况告诉了善于识狗的这个人。这个善于识狗的人听了邻居的描述的这个情况之后，说道："这可真的是一条很优良的狗啊，懂得捕捉獐、麋、猪、鹿等野兽，可他并不懂得捕老鼠啊。如果你非要让他捕老鼠，那就将它的后腿绑住吧。"

这个邻居听了识狗人的话，回家将狗的后腿绑住，这条狗才开始捉起老鼠来。

> 在管理人才的时候，一定要发掘他们真正的潜力，各尽所用。不要像典故中的那个邻居，如果想要捉老鼠，找一只普通的猫就够了，干吗还要找优良的狗呢？狗是不懂捉老鼠的啊。

 435 买鸭捉兔——不能物尽其用的尴尬

这则典故出自《艾子杂说》，寓意是如果想很好地发挥一个人的作用，就必须要了解他的长处和短处。

很久以前，有个猎人想买一只鹘，帮助自己捕捉兔子。但这个猎人不认识鹘，就买了一只鸭子带到山上去打猎。

到了原野上，当兔子跑出来的时候，这个猎人就用力将鸭子扔出去，让它袭击兔子。可鸭子并不会飞,不断地跌落到地上。反复几次后,鸭子拖着摔伤的身子走到猎人面前说:"作为一只鸭子,将我杀死吃掉那是我的命运,可你这样反复地乱抛乱丢我,实在是让我痛苦不堪。"猎人说:"我以为你是鹘,想让你帮我捕捉兔子啊。"鸭子听了气愤地举起脚掌说道:"你看看我的脚,我怎么可能捕捉得着兔子?"猎人看了看鸭子的脚,尴尬地笑了。

在用人的时候,我们要清楚每一"兵"一"卒"的优缺点,物尽其用,这样才能在让他为你做事的时候充分发挥他的特长。

436 马革裹尸——让人感动的爱国热情

这则典故出自《后汉书·马援传》,指用马皮把尸体裹起来。寓意将士要英勇牺牲在战场,并以此为天职的英雄气概。

马援是东汉初期的名将,曾为东汉王朝的建立立下了汗马功劳。

一次,马援打了胜仗回到京城洛阳,很多人来到他家向他表示祝贺。其中有一个叫孟翼的人,善于出计谋,且闻名当世。孟翼来到马援的家中,也向马援说了几句恭维的话,这让马援非常不开心,皱着眉头说道:"我本盼望先生可以对我说一些指教的话,可为什么先生也同他人一样,一味地对我说那些夸奖的话呢?"孟翼听了这话十分尴尬,一时不知道该如何回答。马援见其不说话,于是继续说道:"武帝的时候,伏波将军博德,土地开拓了七个郡那么多,得到的封地不过数百户。相比他,我的功劳自然太小,但一样被封为了伏波将军,封地多达三千户。赏过于功,我怎么能长久地保持下去呢?先生为何不就此事指教一下我?"马援停了一下继续说,"如今北方不断受到匈奴和乌桓的侵扰,我打算向朝廷请命,提出当个先锋。有志气的男儿就该战死在边疆的荒野战场上,不用棺材敛尸,只用马的皮革裹着尸体回来埋葬,怎么可以安逸地躺在床上,死在家人的身边呢?"

孟翼听了马援的一番言论,不禁被其豪迈的报国热情所感动,真诚地赞道:"将军真不愧是大丈夫啊!"

马革裹尸说明了马援报国的决心与热情,同时也表现出了他为国效劳的坚定态度。

第五部分 / 治国与用人

 437 卧薪尝胆——勿忘心中志，终有得志时

这则典故出自《史记·越王勾践世家》，意思是睡觉睡在柴草上，吃饭睡觉前都尝一尝苦胆。形容人刻苦自勉，发奋图强。

公元前 496 年，吴国出兵攻打越国，却不想被越国打败，而吴王阖闾也因此受了重伤，在临死前特意嘱咐他的儿子夫差要为他报仇。夫差牢记了父亲的话，日夜操兵，终于在两年后打败了越国。后来越王勾践投降，吴军撤回。从那之后，勾践便开始每天枕着兵器，睡在稻草上。而且他还在自己的房子里挂上一只苦胆，每天早上起来，晚上睡觉的时候都尝一尝，告诫自己不要忘记耻辱。他亲自去田里与农夫一起干活，他的妻子也纺线织布。勾践的举动感动了越国上下的官民，经过十年的艰苦奋斗，越国终于兵精粮足，实力由弱转强。

而另一面的吴王却因为打了胜仗，日夜沉迷在酒色之中，丝毫不理国事，也不考虑民生疾苦。吴国虽然看似还是那样强大，实际上已经开始慢慢衰弱了。

后来经过几场战争，越国终于将吴国打败，而吴王夫差也因此觉着非常羞愧，拔剑自杀了。

时刻警醒自己，永远保持前进的动力，这样终有一日会踏上成功的彼岸。

 438 东山再起——永不妥协

这则典故出自《晋书·谢安传》，指退隐后再度出任要职。也比喻失势后重新恢复地位。

谢安是东晋时期的政治家、军事家。谢安在年少的时候就很聪明，不仅学识很高，而且还写得一手好字。谢安虽然很有才华，但是却不喜欢做官，年轻的时候，刚任著作郎不久便以生病的借口辞官回家了，隐居在浙江会稽的东山，经常游山玩水。因为朝廷知道谢安的才华，于是就征召他做礼部侍郎，但被谢安拒绝了。后来，征西大将军、明帝司马绍的女婿桓温请谢安做司马。迫不得已，谢安只得答应，那时，谢安已经四十多岁了。

就在谢安将要出任的那天，朝廷的很多官员都来送行了。其中有一位叫高菘的中丞和谢安开玩笑说:"卿累违朝旨,高卧东山,诸人每相与言,安石不肯出,将如苍生何!"意思是你过去高卧东山,屡次违背朝廷的旨意而不肯出来做官,想不到今天到底是出来了啊。

谢安听了这一席话之后感到非常羞愧,而"东山再起"这个典故就从高菘的这句话中诞生了。

在前进的道路上,无论是受到挫折还是遇到阻碍,只要你有"东山再起"的精神,就永远不会被真正地打败。

439 齐桓公好服紫——上有所好,下必甚焉

这则典故出自《韩非子》,寓意是上有所好,下必甚焉。

春秋时期,齐国国君齐桓公很喜欢紫色的衣服。因为他对紫色衣服的钟爱,所以整个都城的人都开始穿紫色的衣服。穿的人多了,紫色的布也就变得越来越贵。

一天,齐桓公对管仲说:"现在齐国上下的人都喜欢穿紫色衣服,紫色的衣服布料很贵,该怎么办啊?"管仲回答说:"大王,您为什么不试一试自己不穿紫色衣服呢?如果有人穿紫色的衣服接近您,您就告诉他离我远一点。这样齐国的百姓们就渐渐不会去穿紫色衣服了。"

齐桓公按照管仲的方法去做,果然,齐国上下穿紫色衣服的人就少了,紫色布也没有那么贵了。

一国之君要时刻注意自己的言谈举止,因为国君的一举一动都会是百姓们的模仿对象。

440 一匡天下——百姓受益

这则典故出自《论语·宪问》,意思是使天下的一切事情都得到纠正。

公元前686年,齐国发生了内乱,国君齐襄公被害。

齐襄公有两个兄弟,公子纠和公子小白。这两个兄弟身边都各有太傅辅佐,公子纠的太傅叫管仲,公子小白的太傅是鲍叔牙。

听说齐襄公被杀的消息,他的这两个兄弟都想赶回齐国争夺国君的位子。但公子小白所在的地方要比公子纠的地方近很多,于是管仲便对公子纠说:"公子小白在离齐国很近的地方,万一他先进了齐国,那事情就麻烦了,所以

我先带一支人马去截住他。"果然，在公子小白赶往齐国的路上，管仲截住了他。管仲拉起弓箭，瞄准公子小白射去。只见公子小白大叫一声，倒在车里。管仲就不慌不忙地护送公子纠返回齐国，可却不知，他射中的不过是公子小白的钩带罢了。后来等公子纠等人兴冲冲地进入齐国的时候，才发现，公子小白早已经当上了国君，也就是齐桓公。

齐桓公即位后，下令杀死了公子纠。但管仲通过鲍叔牙的举荐，外加齐桓公宽大为怀，不计前嫌，被任命为掌管国政的重臣。齐桓公在管仲的尽心辅佐下，将齐国治理得越来越富强。后来管仲替齐桓公出主意，让他借周天子的名义，向各诸侯国发号施令，代替周天子召开诸侯国的会议；若有不听从的，就打着周天子的旗号去讨伐。这样一来，齐桓公就成了霸主，各诸侯国纷纷向齐国进贡，齐国就成了当时最强大的国家。

针对管仲一生的作为，圣人孔子与他的弟子子贡、子路进行了讨论。而对管仲的评价，师生双方也是各抒己见，褒贬不一。

子路认为，齐桓公杀死了他的哥哥公子纠，而作为公子纠太傅的管仲却活了下来，这样看来，管仲应该不算仁德。但孔子却反对说："因为在管仲的辅佐下，齐桓公将齐国治理得强大，所以管仲是有仁德的。"子贡提出异议："作为公子纠的太傅，在公子纠被杀后，太傅按礼节按情理都应该以身殉难，但管仲非但没有这样，反而还去辅佐仇人，对齐桓公忠心耿耿，这怎么能算是'仁'呢？"孔子说："我们看一个人不能仅仅盯住他的小节啊。你要好好想想，假如没有管仲，齐国怎么会强盛起来呢？管仲辅佐齐桓公，一匡天下，老百姓不是也因此受益了么。"

管仲虽然没有按常理以身殉难，但他依旧尽心辅佐齐桓公，使天下百姓受益，这就是有仁德。

 441 众志成城——只有得到百姓拥护，国家才牢靠

这则典故出自《国语·周语下》："众心成城，众口铄金。"意思是万众一心，像坚固的城墙一样不可摧毁。比喻团结一致，力量无比强大。

东周的第十二代天子周景王姬贵，他在位期间曾经做了两件很不得民心的事情，一个是铸大钱，还有一件就是铸大钟。因为这两件事情深深加重了百姓身上的负担，所以景王身边的大臣单穆公便对其极力劝阻。他认为，铸大钱不仅不利于流通，而且是对百姓残酷的掠夺；铸大钟更是劳民伤财。如果景王坚持这样做，一定会使百姓离心，这样国家就会很危险。

但景王对此却听不进去。司乐大夫伶州鸠也上前劝阻，并用"众心成城，众口铄金"来表明自己的观点。可景王执意铸造大钱和大钟，结果第二天景王就死于心疾，而本国也随即爆发了长达五年之久的内乱。

国是由人民组成，所以只有得到群众的支持和拥护，这个国家的根基才会牢靠。

第六部分
交友与相处

 442 沆瀣一气——臭味相投

这则典故出自《南部新书·戊集》:"又乾符二年,崔沆放崔瀣,谭者称座主门生,沆瀣一气。"比喻臭味相投的人结合在一起。

相传,在唐僖宗时期,有一个官员,名字叫崔沆,曾被任命为中书侍郎等职。乾符二年的时候,他被派去当主考官,主持朝廷各个考试的事宜。

一次,朝廷举行选拔官员的考试,其中有一个考生名字叫崔瀣,他写的文章很有文采,崔沆看了他的文章之后更是十分喜欢,因此被朝廷录用了。奇怪的是,崔瀣被朝廷录用之后,并不是像其他录用的人一样等了很久才上任,而是刚通过了考试就上任了,而且官职高,待遇好,与别人显然有很大的差别。因此有人怀疑,崔沆和崔瀣两个人是不是有什么关系。后来,便有人传言道:"这两个人的关系,看名字就知道了啊。"之后更有人俏皮地加以嘲笑说道:"座主门生,沆瀣一气。"

如今,沆瀣一气被人们形容臭味相投的人勾结在一起。

物以类聚,人与群分,君子与君子之间因为相同的爱好可以走到一起,而两个臭味相同的人自然也可以走到一起。

 443 盛气凌人——非交友之道

这则典故出自《朱子全书·学五·教人》,意思是以骄横的气势压人。形容傲慢自大,气势逼人。

战国后期,秦国攻打赵国。赵国不敌,向齐国求援,于是齐国要求赵惠文王之子长安君作为人质，但当时掌管朝政的赵太后不同意。大臣们纷纷劝谏，却让赵太后恼羞成怒。

就在这时，大臣触詟请求面见赵太后，赵太后知道触詟肯定又是因为长安君作人质的事情而来，于是怒气冲冲地等着他来。触詟进殿之后，并没有提及长安君做人质的事情，而是先开始谈及自己如何将身体调养好，然后又讲述了自己有多疼爱自己的儿子。过了一会，触詟见太后的气色平定了下来，不再盛气凌人，然后将话题一转，说疼爱自己的儿子不应该只顾及目前的安危，应该从长远着眼，让他们得到及时的磨炼。好多诸侯封了侯的子孙，小则自身遭到不幸，大则连累到自己的后代。这是为什么呢？因为他们地位虽然很高，但是都没有建立功勋，俸禄虽然很多，但是却无所作为。如今太后疼爱长安君，赐予他土地和财宝，但不让他及时为国立功，一旦太后百年之后，长安君又怎么能在赵国站得住脚呢？

赵太后听了触詟的一番话之后，感觉很有道理，于是将长安君送到了齐国。齐国很快便出兵帮赵国解了围。

做人处事，我们应该随和一点，不要总是一副盛气凌人的样子。

444 推心置腹——换取真心的法宝

这则典故出自《后汉书·光武帝纪上》，意思是把自己的赤心交给他人，安置在人家的腹中。比喻真诚待人。

公元24年，刘秀被封为萧王，率领大军来到鄡地去围攻另外一支农民军——铜马军。经过大战，铜马军被刘秀打败，几十万的军队投降于刘秀。刘秀将这些投降的队伍编入了自己所属的队伍中，还派给原来队伍的将领官职，让他们仍带领原来自己的人马。

这个举动使铜马军的将领十分担心，因为自己原本是刘秀的敌人，如今在刘秀手下，将来一定不会有什么好日子过，甚至会被杀死。后来刘秀知道了他们的疑虑，便带了两个随从去新投顺的各营去巡查。这些投降的官兵们看到刘秀这样完全地信任他们，没有丝毫的戒备，便高兴地在私下说："萧王这个人很诚恳，与我们推心置腹，我们怎能不为他卖命呢？"

就是这样，刘秀的实力大大增加，最终统一了国家，建立了东汉王朝，成为历史上有名的光武帝。

对别人推心置腹,自然也会赢得别人对你的一片真心。

 445 半面之交——一面之缘

这则典故出自《后汉书·应奉传》,意思是同别人只见过一面的交情。意谓交情不深。

东汉的时候,有个人叫应奉,是一个记忆力惊人的人。据说这个人有着过目不忘的能力,平时看书的时候都不是一行地一行去看,而是五行五行地去看的。

有一次,应奉去拜访一个官员,来到府中,看门的人将大门打开了一个缝,告诉其官员不在。当时应奉只看清了那位车夫的半边脸,可过了几十年后,应奉和这个人再次相见的时候,居然一眼就将其认了出来,由此可见应奉的惊人记忆力。

后人将"半面之交"引申为只见过一面所以交情不深的意思。

人与人之间的感情深厚与否同交往的时间有着很大的关系,因为一面之缘的时间短促,所以感情自然不会很深。

 446 割席分座——志不同,道不合

这则典故出自《世说新语·德行》,比喻朋友绝交。

汉朝末年的时候有两个人,一个叫管宁,一个叫华歆。这两个人从小就在一起读书,但两个人的性格和追求却是完全的不一样。管宁读书刻苦,不贪图富贵,而华歆则是一个贪财、喜欢虚荣的人。

开始的时候,这两个人在一起种地。一次,管宁和华歆正在耕地,忽然看到地上有一块金子。管宁看到金子之后就仿佛没看到一样,继续耕地,而华歆在看到金子之后却非常高兴,马上将金子捡了起来。

因为性格和追求的东西不同,管宁和华歆之间的距离越来越大。一次,两个人坐在同一张席子上读书。正在这时,一个乘坐有篷盖的华丽马车从他们两个面前经过,管宁依旧专心地读书,就像什么都没发生一样,而华歆这时却丢下了手中的书追过去观望。于是管宁将两个人共用的席子割开,与华歆分席而坐,并对华歆说道:"你不是我的朋友。"

管宁之所以割开席子,是因为感觉到了华歆与自己的追求和人生目标完全不同。与这样志不同、道不同的人交往，要趁早分清楚关系，不然不仅交不到一个真心的朋友，弄不好还会拖累自己，忘记了最初的目标。

 447 运斤成风——娴熟的技艺

这则典故出自《变法通议·论变法后安置守旧大雅之法》，用来比喻技术极为熟练高超。

古时候，楚国的郢都有个勇敢且沉着冷静的人。这人有个朋友，叫石，是个技艺高明的匠人。

一次，这两个人在众人面前表演了这样一个绝活，郢人在自己的鼻尖上涂上像苍蝇翅膀一样薄的白粉，然后让石用斧子将这层白粉削去。只见郢人稳稳地躺在一个地方，而匠人石不慌不忙地挥动着斧头。只听呼的一声，白粉完全就被削掉了，而郢人的鼻尖却没有受到丝毫的损伤。郢人也是面不改色地站在那里，仿佛刚才什么事情都没有发生过一样。

后来这件事情被宋国的国君知道了，非常敬佩匠人石的绝技和郢人的胆量，很想亲眼看一次这个表演，于是就专门派人恭恭敬敬地把匠人石请了过来，让他再表演一次这个绝技。可请来了石之后，却不想，石拒绝了这个表演，说道："我的好友已经去世了，他是我唯一的好搭档，我已经没有办法再表演了。"

匠人石之所以没有办法再表演，是因为他好朋友的去世，可见，这个表演是要两个人的相互配合。石的技艺高超，郢人面对石斧的淡定自若，二者缺一不可。

 448 赵孝争死——令人感动的亲情

这是古时候的一则寓言故事，讲述赵氏两兄弟的相亲相爱。

汉朝的时候，有赵氏两兄弟，哥哥叫赵孝，弟弟叫赵礼，兄弟两人非常友爱。一年，村里闹饥荒，而这时又有一班强盗占据了村子。

一次，强盗又在村子里抢杀，冲进了赵氏的家中。两兄弟见到强盗，拼命逃跑，却不想弟弟因为瘦弱被强盗所抓。逃出去的哥哥回头见弟弟被抓，于是赶忙去救弟弟。

赵孝来到了强盗那里，见赵礼已经被五花大绑起来，强盗们支起锅，准备煮食他（因为饥荒严重，没有食物，所以食人是一件很常见的事情）。赵孝赶忙跑到强盗头目面前说道："我弟弟自幼身体瘦弱，而且多病，他的肉一定很不好吃，求求你们放了他，吃我的肉吧。"还没等强盗开口，被绑着的弟弟赵礼就开口说话了："我是被你们捉住了，就算了死了也是命中注定。我的哥哥本来是已经逃走的，何罪之有呢？所以还是吃我的肉吧。"说完，赵孝抱着弟弟，两兄弟大哭了一番。

在场的人们见到这样的情景，没有不落泪的。就算是凶残的强盗头目也为这兄弟二人的互爱而感动，湿了眼眶，于是决定谁也不吃了，将两兄弟都放了。

后来这件事情传到了皇帝那里，皇帝听了之后也十分感动，于是就下了诏书，褒奖两个兄弟，并将这件事情昭告了天下，将赵氏两兄弟视为兄友弟恭的最好典范。

就算是铁石心肠的强盗都被两兄弟的感情感动了，所以说，真情可以融化一切，我们为人处事，一定要付出真情。

449 埋儿奉母——孝比天高

这则典故出自《二十四孝》，讲述一对夫妇孝敬母亲的感人故事。

晋代的时候有个人叫郭巨。郭巨原本家境殷实，后来，他的父亲去世，兄弟俩分了家将家产分成了两份，一份给了弟弟，另一份给了他，同时，他那年迈的母亲由郭巨一个人抚养。

郭巨是一个十分孝顺的孩子，对他的母亲非常好。他和自己的妻子有一个可爱的儿子，他的母亲对这个小孙子非常疼爱，总是舍不得吃饭，将食物都留给孙子吃。这让郭巨内心非常不安，担心因为自己儿子而影响到了母亲的供养，于是就和自己的妻子商议说："儿子我们可以再生，可是我的母亲死了就不能再复活了，不如我们埋掉儿子，节省些食物供养母亲吧。"妻子流泪同意了。

随后，夫妻二人来到一片空地，打算挖坑将自己的儿子埋了，就在挖到地下二尺的时候，忽然发现了一坛黄金，而且上面写的"天赐郭巨，官不得取，民不得夺"。夫妻二人得到黄金之后，赶忙回家孝顺母亲，并抚养自己的孩子。从此之后，郭氏夫妇就过上了好日子。

虽然故事中的做法过于极端，但"孝"是中华民族的传统美德，也是维系家庭关系的道德准则，希望我们每个人都应孝顺老人，用心对待自己的父母。

 450 分道扬镳——道不同，不相为谋

这则典故出自《北史·魏诸宗室·河间公齐传》，意思是分开道路，驱马前进。指志趣不同，各走各的路。也比喻彼此财力相当，不让一方独占地位。

南北朝时期，北魏有个叫元齐的人，他很有才能，经常立功，皇帝对其也是非常敬重，并封他为河间公。元齐有个儿子叫元志，聪慧过人且饱读诗书，是个有才华又骄傲的年轻人，深受皇帝孝文帝的赏识，被任命为洛阳令。不久之后，孝文帝接受御史中尉李彪的建议，从山西平城搬迁到洛阳建都。这样一来，元志就由洛阳令变成了京兆尹。

在洛阳，元志仗着自己的才能，对朝廷一些学问不高的达官贵人总是一副轻视的模样。有一次，元志外出游玩，正巧遇见李彪的马车从对面飞快地驶来。按理来说，元志的官职比李彪小，要给李彪让路，但因为元志一向看不起李彪，于是这次元志偏不给李彪让路。李彪见他这样目中无人，于是就当着众人的面责问道："我是御史中尉，官职比你大多了，你为什么不给我让路？"元志轻蔑地说道："我是洛阳的地方官，你在我眼中不过是一个洛阳的住户罢了，你在哪里见过有地方官给住户让路的道理？"二人就这样你一言我一语地辩论起来，后来到了皇帝那里去评理。李彪说自己官职大于元志，元志认为自己是地方官吏没理由给住户让路。

孝文帝听了两个人的争辩之后，觉着都有些道理，又不能训斥任何一个人，于是就笑着说道："我听了，觉着你们各有各的道理，认为你们可以分开行走，各走各的，这不就行了么？"

后来人们就用"分道扬镳"这个词来形容分路而行。

对于那些与你志气不相同的人，分开而行，是件好事。

 451 倾盖如故——似曾相识

这则典故出自《史记·鲁仲连邹阳列传》，意思是偶然结识的新朋友却像友谊深厚的旧友故交一样。

邹阳是西汉时期的散文家，贵族梁孝王的门客。一次，邹阳因为受人诬陷而被梁孝王关进监牢，并准备将他处死。邹阳十分激愤，在狱中给梁孝王写了一封信，信中举了许多例子，说明待人真诚就不会被人怀疑，纯粹是一句空话。

信中这样写道："荆轲冒死为燕太子丹去行刺秦始皇，可太子丹还是一度怀疑他的胆小畏惧，不敢立即出发。卞和将宝玉献给楚王，可是楚王硬说他犯了欺君之罪，并下令砍掉了他的脚。李斯尽全力辅助秦始皇执政，使秦国变得富强，结果却被秦二世处死。所以说。双方相互不了解，即使是交往了一辈子，头发都白了，也就好像是刚刚认识一样；而真正互相了解的人，即使刚刚相识，也会像老朋友一样的。"

梁孝王读了邹阳的信之后，很受感动，于是立即将他释放了，并作为贵宾接待。

朋友之间，相互了解，就算只是刚刚认识，也会像老朋友一样。

 452 出尔反尔——做人不可以这样

这则典故出自《孟子》，原意是你怎样做，人家就会怎样对待你。现指人的言行反复无常，前后自相矛盾。

战国时期，有一年，邹国和鲁国发生了战争。邹国大败，死伤了不少将士。为此，邹国国君邹穆公很不开心，于是召来思想家孟子问道："这次的战争中，我手下的官吏一共被杀了三十三个，可百姓们却没有一个人去为他们拼命的，眼看着长官们被杀，也不去营救，实在是可恨。但因为他们人多，不能将他们全杀完，可如果不杀，我又觉着他们实在是可恨，您说这件事该怎么办呢？"

孟子听了邹穆公的话后回答说："记得有一年国家闹灾荒，很多年老体弱的百姓们都饿死在荒野之中了，壮年人也外出逃荒几千人，可大王您的粮仓还是满满的，国库也很充足。那是因为管粮的官员根本没把闹灾荒的这件事情告诉给大王您。这些官员高高在上，丝毫不关心百姓们的疾苦，而且还残害百姓，想起实在是让人心酸。不知大王是否记得孔门弟子曾子说过的话，他说，你怎样对待别人，别人也将用同样的方式去对待你。大王，就像是现在，百姓们有了一个报复的机会，他们在用同样的手段对待那些曾经残害他们的官吏啊。"

最后，孟子对邹穆公说道："所以，大王您不要去责怪百姓们，更不要去惩罚他们，应当实行仁政。这样，您的百姓就会爱护他们的长官，甚至为他们献出自己的生命。"

出尔反尔这个词的原意是，你怎么做，就会得到怎样的后果。这也说明了一个自古不变的大道理，你怎样对待别人，别人就一定会怎样反过来对待你。

453 物以类聚，人以群分——志趣相投的人总会不自觉地聚到一起

这则典故出自《战国策·齐策三》，比喻同类的东西常聚在一起，志同道合的人相聚成群，反之就分开。

战国时期，齐国有个著名的学者名叫淳于髡，他博学多才，能言善辩，是齐国的大夫。这个人很善于利用一些寓言故事或者民间的传说去劝谏齐王，总是可以收获意想不到的效果。正是因为这样，齐王对淳于髡也是十分喜爱。

齐王是一个喜欢招贤纳士的君主，因为对淳于髡的喜爱和信任，于是就让他向自己推荐人才。淳于髡也不负齐王厚望，一天之内向齐王推荐了七个贤士。

齐王对此很惊讶，于是就问淳于髡说："我听说，人才总是很难得的，如果一千年之内可以找到一位贤人的话，那贤人就多得像肩并肩站着一样；如果一百年能出现一个圣人，那圣人就像脚跟挨着脚跟来到一样。可现在，你居然一天之内就给我推荐了七个贤士，那贤士是不是太多了？"淳于髡听了齐王的一番话后回答说："大王，您不能这样去理解。要知道，同类的鸟儿总是聚在一起飞翔，而同类的野兽也是总聚集在一起行动的。如果人们想寻找柴胡、桔梗这类的药材，去水泽洼地一定是找不到，但如果去山背面去找，那就算是找到一整车也不算多。这是因为天下同类的事物总是相聚在一起的。我淳于髡大概也算是贤士，所以要我推荐贤士，就好像是黄河里面取水，燧石中取火一样容易的。如果您还要我再给您推荐贤士，那又何止这七个呢？"

知趣相同、追求一样的人总是聚集在一起。这是自然而然的规律，也是亘古不变的定律。

第六部分 / 交友与相处

454 狗咬吕洞宾——不识好人心

这则典故缘自八仙的传说，指一些不识好歹的人。

相传，在蓬莱八仙当中有个叫吕洞宾的仙人，是著名的道教仙人。

在吕洞宾成仙后，一次外出游行，看见一男子死在河中，于是就想将这个男人救活。吕洞宾先是将男子尸体从河水中捞出，然后又杀了路边的一条狗，挖了它的心脏给男子。却不想，这个男子醒来就是破口大骂，说道："我本来是想死，你干吗要将我救活？"吕洞宾被骂得憋了一肚子气，转身离开，见到身旁那条已经死去的狗，于是就用泥捏了个心脏，填在狗的胸膛中。可谁知，救活的狗又开始追着吕洞宾咬。

后来人们便说，狗咬吕洞宾，不识好人心。

在我们交友的过程中，一定会遇到那些"不识好人心"的人，而对于这种人，我们所采取的态度只能是敬而远之。

455 有眼不识泰山——不要用很浅显的认识去断然评判一个人

这则典故的意思是虽有眼睛，却不认识泰山。比喻见闻太窄，认不出地位高或本领大的人。

春秋末期到战国初期，有一位工艺精湛的工匠，名字叫鲁班。鲁班出生在世代工匠的家庭，在很小的时候就开始跟着家里人参加许多土木工程的建筑。经过不断的学习和经验的累积，鲁班成为了一名出色的工匠，同时也是一位出色的发明家。

鲁班的手艺十分高明，巧夺天工。相传，鲁班曾经用木头做成飞鸟，在天上飞三天三夜都不会掉下来。因为如此精湛的技艺，鲁班招收了很多的徒弟。弟子一多，自然有劣有优，为了维护班门的声誉，鲁班会定期地淘汰一些人。

在鲁班的弟子当中，有一个叫泰山的弟子，天赋很差，和鲁班学习了一段时间，技艺也没有什么长进，于是鲁班决定将其扫出师门。几年过去了，鲁班也渐渐忘记了自己的这个学生。一次，他在街上闲逛的时候，忽然发现了许多做工精良的家具，惟妙惟肖，很受人们的欢迎。鲁班好奇，便向旁人打听做家具的这个人是谁。旁人答："难道你不认识了吗？这就是你曾经的徒

弟、泰山的作品啊。"鲁班听了旁人的回答之后大吃一惊,不由得感慨说道:
"我可真是有眼不识泰山啊。"

对一个人的认知,我们需要时间,不要仅仅通过一件事情就将一个人全盘否定。

 456 一丘之貉——同是丑类,何分你我

这则典故出自《汉书·杨恽传》,意思是一个土山里的貉。比喻彼此同是丑类,没有什么差别。

汉朝时有个名人叫杨恽,出生在官宦之家,从小受到良好教育,还未成年时就成为当朝的名人。后来做了官,立了些功,杨恽经常当众发表自己的言论。

一次,杨恽听见匈奴降汉的人说匈奴的领袖单于被杀了,杨恽便说道:"单于这样白白地送了性命,还不是因为自己不够明智,不用大臣给他拟好的治国策略。就像我国秦朝时的君王一样,总是听信小人的谗言,将忠贞的大臣全部杀害,结果国家灭亡了。从古至今的君王们都是喜欢听信小人的话,就像是一个山丘里出产的貉一样。"

后来这句话传到了皇帝的耳朵中,杨恽也就因此被免了职。

交友过程中,一定要分清朋友的优劣,不然成为一丘之貉,堕落的是自己。

 457 林回弃璧——金钱并不是生命的全部

这则典故出自《庄子·山林》,讲述林回抛弃珠宝救幼婴的故事。

古时候,有个财主叫林回,他十分富有。一次,林回得到了一块价值连城的宝玉,十分高兴,对这块宝玉也珍爱有加,小心翼翼地放在箱子中,不时地拿出来放在手中欣赏。

后来,林回住的县城被敌人攻破了,县城中的每个人都是带着一些珠宝逃跑,唯独林回丢弃了价值连城的宝玉,只背着一个婴儿逃跑。这让所有逃亡的人都感到很奇怪,问他:"你为什么要背着婴儿逃跑呢?婴儿能值几个钱?而且还是个累赘,让你消耗掉大量的精力。还有,婴儿在短时间内又不能成长成人,对你没有任何的帮助,你在这样危急的逃难时刻,选择放弃宝玉背着婴儿,这是为什么?"林回毫不犹豫地回答说:"我和宝玉的关系只有利,而我和婴儿却是血脉相连。你或许以后会衣食无忧,但如果没有了亲人的关怀,你就会感到孤独;只有和亲人在一起,你才会有依靠,会奋发向上,宝玉何患没有?"一行逃跑的人听了林回的话之后都不由得对他十分敬佩。

没有钱固然生活会很艰难,但钱绝对不是这世上最重要的东西;没有情感支撑的生活将是索然无味。如果因为贪恋金钱而失去一份支撑你生活的感情,那则是一个愚蠢之极的决定。

 458 东道主——接待客人的主人

这则典故出自《左传·僖公三十年》:"若舍郑以为东道主,行李之往来,共其乏困,君亦无所害。"泛指接待或宴客的主人。

公元前 630 年,晋、秦两国联军围攻郑国,包围了郑国国都。郑国国君郑文公在走投无路的情况下向老臣烛之武请教解围之计。烛之武思考再三之后,当天夜里就趁天黑出城私会了秦穆公。

秦国和晋国两国都是大国,两国之间本来就不和谐,明争暗斗也是家常便饭。于是烛之武就巧妙地利用这两国的矛盾劝服秦国退兵。烛之武对秦穆公说:"秦、晋两国联合攻打郑国,郑国肯定是会灭亡,但这对贵国也是一点好处也没有啊。从地理位置上来说,秦国和郑国中间隔着一个晋国,如果秦国想要越过晋国来控制郑国,这恐怕是很难做到的事情吧。到头来,因郑国灭亡得到好处的还是晋国。而晋国的实力增加一分,秦国的实力就相对减少一分啊。"秦穆公听了烛之武的话之后,点头示意赞同,于是烛之武继续说道:"如果您能把郑国留下,将其当做你们在东方道路上的主人,如果有使者来往经过郑国,郑国可以给予招待,这有什么不好的呢?"

最终,秦穆公被烛之武说服,单方面与郑国签订了合约,而晋国也只好无奈地退兵。就这样,郑国被保住了。

既然是东道主,就要热情地待客。

 459 牛衣对泣——贫贱不移的夫妇真情

这则典故出自《汉书·王章传》,意思是睡在牛衣里,相对哭泣。形容夫妻共同过着穷困的生活。

汉朝时，有个叫王章的书生去京城学习，成绩很好，但家境贫寒，每天只能和妻子躺在用来盖牛的蓑衣里抵御风寒。一次，王章生病了，浑身发抖地蜷缩在牛衣里，王章以为自己快死了，于是就哭着对妻子说："我的病很重，可现在却连被子都没有，看来我就要死了，我们就此诀别吧。"妻子听了之后十分生气地说道："你胡说什么呢？你说说，京师朝廷中的那些贵人，哪一个人的学问及得上你？现在你这般贫病交加，自己不奋发向上、振作精神，反而这样哭泣，多没有出息啊。"王章听了妻子的这席话之后不禁暗自惭愧，后来病好之后，更加努力地读书了，最终学有所成，成为一代名臣。

在妻子的鼓励下，王章最终学有所成，由此可见，身边伴侣对自己的影响很大。

  460 管鲍之交——信任，朋友间最珍贵的财富

这则典故出自《列子·力命》："生我者父母，知我者鲍子也。此世称管鲍善交也。"比喻交情谊深厚的朋友。

春秋时期，齐国有两个人是好朋友，一个叫管仲，另一个叫鲍叔牙。

管仲和鲍叔牙在二十几岁的时候就认识了，最初，两个人在一起合伙做点小买卖，因为管仲家境贫寒，所以鲍叔牙就多出些本钱，因此生意做得红火，赚得也不少。后来，慢慢有人发现，管仲用一起挣的钱先还了些自己欠的债，而到年底分红的时候，管仲也接受鲍叔牙分给他的另一半红利。

鲍叔牙本钱出得多，分利却给管仲一半，管仲还用大家赚的钱还债。这样让鲍叔牙手下的人十分气愤，于是就有人向鲍叔牙反映说："管仲出资少，平时开销又大，在年底平分效益的时候他还欣然接受，很显然，他是一个十分贪婪的人。"鲍叔牙听了手下的话之后，斥责道："你们可真是满脑子的钱，难道你们就没发现管仲的家庭十分困难吗？他比我更需要钱，我和他一同做生意其实就是想帮帮他。我情愿这样做，这件事情你们以后不要再向我提了。"

后来，管仲和鲍叔牙两个人又一同去从军。在军队中，二人更是相依为命。一次，齐国和邻国打仗，双方军队厮杀得不分你我，在冲锋的时候，管仲总是跑在后面，而且跑得很慢，在退兵的时候他又像飞一样地奔跑。士兵都取笑管仲说他贪生怕死，领兵的就想杀一儆百，杀掉管仲威吓那些贪生怕死的士兵。而就在这关键的时刻，此时已经当上了军官的鲍叔牙又站了出来，

替管仲辩护道:"管仲的为人我是最了解的了,他家有八十岁的老母亲无人照顾,他就算是忍辱含羞,也要照顾他那年迈的母亲。"管仲听了鲍叔牙的一番话后,流泪说道:"生我的是我的父母,而了解我的只有鲍叔牙啊。"

真正的朋友,就是要抛开所有人给你的定位而无条件地相信你的人。

 461 对牛弹琴——白费口舌

这则典故出自《理惑论》,比喻对蠢人谈论高深的道理,白费口舌。

公明仪是战国时期的音乐家,自幼对音乐非常有天赋,他会作曲,能演奏,弹的曲子也是优美动听,很多人都很喜欢听他的演奏。

公明仪非常地喜欢弹琴,有时遇到好天气,就带着自己的琴到郊外弹奏。一天,他来到郊外,享受着徐徐的春风,仰头蓝天白云,低头青草垂柳,此时正好一头黄牛在草地上吃草。公明仪一时兴起,摆上琴,拨动琴弦,对着正在吃草的黄牛弹奏起了最高雅的乐曲——《清角之操》。一曲过后,公明仪为自己的琴声陶醉了,而眼前的黄牛却依旧在低头吃草,像什么都没发生一样。

公明仪想,可能是这支曲子太高雅了吧,换个曲调。于是他又拨动琴弦,自我陶醉。一曲过后,黄牛依旧没有反应,还是在那里悠闲地吃草。公明仪纳闷,难道曲子弹奏得不对么?于是又换了几首,而再看黄牛甩了甩尾巴,换到别的地方去吃草了。

失望的公明仪只好抱琴回家,后来他将这件事情同别人将,人们就安慰他说:"你不要因为这件事情生气啊,牛不理你,并不是因为你弹得曲子不好听,而是因为你弹的曲子牛根本听不懂啊。"

说话办事要看对象,不然只会出现对牛弹琴这样的尴尬。

 462 忘年交——跨越年龄界限的友谊

这则典故出自《后汉书·祢衡传》,意思是不拘年岁、辈分的差异而交情深厚的朋友。

东汉末年的时候,出现了两个很博学的人,一个叫孔融,还有一个叫祢衡。孔融和祢衡相识的时候已经四十多岁了,他在朝廷中担任少尉卿的职务,而那时祢衡才二十出头,才思敏捷,是个高傲的年轻人。

一次,祢衡来到许昌,有人跟他建议说去拜会几个有声望的名士。祢衡说:"在许昌城中,我只钦佩两个人,一个是杨修(东汉末年文学家),还有一个就是孔融,其他人都不值得我去拜访。"孔融听说这件事情之后,对祢衡很感兴趣,很想拜会他,于是就打听到了祢衡的住处,换上了便服前去拜访。

两个人见面之后,一番攀谈,互感相见恨晚,甚至比相识多年的老朋友还要谈得拢。孔融深深感叹祢衡是"颜渊(孔子最器重的学生)复生",而祢衡对孔融也称之为"孔子不死"。就这样,孔融和祢衡两个人超越了年龄的界限,结成了忘年之交。

真诚的友情是没有年龄之分的。

 463 急不相弃——对待朋友的托付,要有始有终

这则典故出自《世说新语》,故事告诫人们:已诺必诚,始终如一。

华歆和王朗是东汉末年两个著名的人物。一次,华歆和王朗一同乘船避难,一个人想搭乘此船,王朗热情地接纳,而华歆却很为难。于是王朗说道:"船还很宽敞,这有什么可为难的呢?"

一段时间之后,因为船上多了一个人,所以船速慢了下来,眼看后面的贼寇就要追上来了,此时的王朗开始有些后悔让那个搭乘的人上船了,于是就想将其丢下。华歆说道:"这就是我刚才犹豫的事情啊。可既然已经接纳了他上船安身,我们就不能在这种紧急的情况下丢弃他。"

从这样一件小事也看出了华歆和王朗两个人的性格特点,华歆对待别人的请托谨慎考虑,一旦接受就不会轻易抛弃;而王朗虽然乐于做好事,但在危急关头首先想到自己,机巧善变,有始无终。我们选择交朋友的时候,一定要交华歆这样的人,对于王朗则要敬而远之。

 464 三生有幸——遇见最投契的朋友

这则典故的意思是三世都很幸运,比喻非常幸运。

唐朝的时候有个和尚,法号圆泽,他对佛学有很深的造诣。圆泽有个朋友,叫李源善,二人十分要好。

一天,圆泽和李源善一同出去旅行,路过河边,见一个大肚子妇人在河边汲水。圆泽指着那个妇人对李源善说:"那个妇人已经怀孕三年了,就等待着我去投胎,做她的儿子,但我一直避着他。现在已经看到了他,没有办法再避了。三天之后这个妇人会生产,到时你去她家看看。如果婴儿对你笑,那就是我了。我们就拿这一笑作为凭证吧。再等十三年后,中秋月夜,我在杭州天竺寺等你,到那时我们再相会。"二人就此分别,这天夜里,圆泽果然死了。三天后,孕妇生产了一个男孩。李源善按照圆泽的话去妇人家里探看,婴儿果然对他笑了一笑。

十三年后,中秋月夜,李源善如期到天竺寺寻访,才刚走到寺门口,就看到一个牧童在牛背上坐着唱道:"三生石上旧精魂,赏月吟风莫要论。惭愧情人远相访,此身虽异性常存。"

后来人们就用"三生有幸"这个词来比喻人与人之间特别有缘分。

人与人之间从相识到相知讲求的是一个缘分,所以我们每相识一个朋友,其实都是三生有幸,要学会珍惜。

 465 爱屋及乌——因为喜欢,乌鸦都可变"祥物"

这则典故出自《尚书大传·大战》,意思是因为爱一个人而连带爱他屋上的乌鸦。比喻爱一个人而连带地关心到与他有关的人或物。

商朝末年,统治者纣王残暴无道,引起西方诸侯国不满,于是西方诸侯国的首领姬昌决定推翻商朝统治。姬昌积极练兵备战,准备东进,可惜还没有实现愿望就去世了。后来他的儿子姬发继位称王,世称周武王。周武王后来出兵讨伐纣王,大败纣王,将商朝统治推翻。

纣王死后,周武王依旧感觉天下没有安定下来,于是召见谋臣姜太公,问起该如何处置旧王朝的士众。姜太公答说:"大王,我听说过这样的事情,如果喜欢那个人,就会连同他屋顶上的乌鸦也喜欢;如果不喜欢那个人,那么就连带着厌恶他家的墙壁篱笆。这个意思很明白,所以将全部的敌对分子都杀尽,大王您看怎么样?"周武王认为这样有些不妥,这时,武王的弟弟召公上前说:"有罪的就杀掉,没有罪的就让他们活着,大王您看这怎么样?"武王想了想,依旧觉着不妥,另一个弟弟周公上前说道:"大王,我认为应该让各人都回到各自的家中,各自耕种自己的田地,而君王也不要偏爱自己旧时的朋友和亲属,要用仁政去感化普天下的人。"听了这一番话之后武王心中豁然开朗,觉得这样天下就可以安定了,于是便按照周公的建议去办。很快,民心归附，西周也变得更强大了。

从古时起，乌鸦就被我们认为是一种不吉祥的鸟，很少有人喜欢它。"爱屋及乌"的意思是说，因为爱那个人，甚至连他家屋顶上的乌鸦都不觉着厌恶。由此可见对这个人的喜欢程度。

466 曲高和寡——知音难求

这则典故出自《对楚王问》："引商刻羽，杂以流徵，国中属而和者不过数十人而已。是其曲弥高，其和弥寡。"意思是曲调高深，能跟着唱的人就少。旧指知音难得。现比喻言论或作品不够通俗，能了解的人很少。

宋玉，战国后期楚国辞赋作家，伟大诗人屈原的学生，也是继屈原之后杰出的楚辞作家，后世常将两人合称为"屈宋"。

有一次，楚国国君楚襄王问宋玉："现在，很多人都对你有意见，是不是你有什么不对的地方？"宋玉回答说："有位歌唱家每天都在我们都城的广场上演唱，当他在唱《下里》《巴人》这些通俗的歌曲时，会有几千的听众会跟着唱起来；但当他唱《阳春》《白雪》这类高深的歌曲的时候，能跟着他一同唱的也就有几十个人。当他唱到更高深的歌曲的时候，能跟着他一起唱的，只有几个人了。从这就能看出来一个道理，曲调越是高深，能跟着一起唱的人就越少。"

宋玉用这样一个例子说明了自己品行的高超，一般的人不能了解，所以才会有人开始说三道四。后来"曲高和寡"被用来比喻作品很艰深，很少有人能理解，知音很少。

曲调易弹，知音难求。乐曲如此高深，没有人应和，想必，弹奏的人内心一定是非常孤独的。

467 平易近人——交友态度

这则典故出自《史记·鲁周公世家》："呜呼，鲁后世其北面事齐矣！夫政不简不易，民不有近。平易近民，民必归之。"意思是对人和蔼可亲，没有架子，使人容易接近。也指文字浅显，容易了解。原作"平易近民"。

西周王朝开国君主周武王，其弟周公因为伐纣有功而在西周王朝建立后被封在曲阜为鲁公，但他并没有去那里，而是派长子伯禽去接受封地，自己留在都城辅佐王室。

伯禽到了鲁地后,过了三年才向周公汇报在那里施政的情况,周公不满意地问道:"为什么这么晚才汇报?"伯禽回答:"因为要改变那里的习俗和礼法,三年才能看到效果,所以来晚了。"

在这之前,曾辅佐文王、武王灭商有功的姜尚被封在齐地,只用了五个月时间就向周公报告那里的施政情况。当时周公感到很惊奇,于是就问他说:"你怎么这么快就报告情况了啊?"姜尚回答说:"我简化了君臣之间的礼仪,一切都按照当地的风俗去做,所以很快。"

后来周公听了伯禽三年才汇报工作之后,叹息道:"唉,鲁国的后代将要当齐国的臣民了,如果政令不简约易行,那百姓就不会对它亲近;如果政令平和易行,那百姓就一定会归附它的。"

　　　　　　放下架子,才会有更多人亲近,有更多人亲近,才有机会交到很多志同道合的朋友。

 468 一字之师——良师益友

这则典故出自《唐诗纪事》,意思是改正一个字的老师。有些好诗文经旁人改换一个字后,便更为完美,往往称改字的人为"一字师"或"一字之师"。

唐朝有个和尚,法号齐己,他很喜欢写诗。齐己有个好友名叫郑谷,是当时有名的诗人。因为两个人都喜欢写诗,所以很谈得来。

一次,齐己写了一首诗,叫《早梅》,诗中有这样两句:"前村深雪里,昨夜数枝开。"几天后,郑谷来齐己这里串门,齐己将诗拿出来给郑谷看,并问其意见。郑谷将诗拿在手中看了半天后说道:"意境很好,情致也很高,但有一处不是很恰当。你写的是早梅,早梅就是早开的梅花,一般不会数枝开,我觉得应该把数枝改成一枝。'前村深雪里,昨夜一枝开。'这样就完美啦。"

齐己和尚一听,向郑谷恭敬地拜谢,并说道:"改得好啊!你可真是我的一字之师啊。"

　　　　　　之所以郑谷只改动一个字就可以将齐己的诗改得完美,是因为郑谷对齐己的了解。与其说郑谷是齐己的老师,不如说郑谷是齐己的知音啊。

469 一诺千金——一诺已出，千金不移

这则典故出自《史记·季布栾布列传》："得黄金百，不如得季布诺。"意思是许下的一个诺言有千金的价值。比喻说话算数，极有信用。

秦朝末年，有个叫季布的人，为人耿直且非常讲信用，只要是他答应的事情，就一定会帮人努力做到，因此受到很多人的称赞，很受尊敬。

季布曾在项羽的军中当过将领，并且率兵多次打败对手刘邦的军队，所以刘邦建立汉朝，当上皇帝之后，便悬赏千两派人捉拿季布。但因为季布的为人，当时很多人都想保护他。起初季布躲在好友的家中，一段时间之后，捉拿他的风声越来越紧，于是他的好友就将他的头发剃光，把他化装成一个奴隶的样子，和几十个家僮一起卖给了鲁国的朱家当劳工。

朱家的主人对季布十分欣赏，于是专程请人到洛阳去与刘邦说情，希望能撤销追杀季布的通缉令。后来刘邦听了季布的为人之后，真的撤销了追查令，并且还给了他一个官职。后来有一个季布的同乡，名叫曹邱生，一向喜欢和有权有势的朋友来往，于是就托人给季布写信，希望能和季布认识。但季布一见到这个人就反感，根本不理会他。可曹邱生却像什么都看不出一样继续对季布说："您也知道，我们都是楚国人，人们常说'得黄金百两，不如得季布一诺'，这句话就是我替您到处宣扬的结果啊。可您为什么总是拒绝见我呢？"季布听完了曹邱生的话之后，顿时改变了态度，将他当做上宾来招待。

朋友既然放心地将事情托付给你，是因为对你信任，所以你就一定要言而有信地将事情做好。承诺，是人与人之间最好的沟通桥梁。

 470 涸辙之鲋——帮人要及时

这则典故出自《庄子·外物》，意思是在干涸了的车辙沟里的鲋鱼，比喻处于极度窘困境地、亟待救援的人。

庄子，战国时期宋国人，是我国著名的思想家、哲学家、文学家，是道家学派的代表人物，老子哲学思想的继承者和发展者，先秦庄子学派的创始人。

庄子的家里很穷，一次，家中没米下锅，于是庄子就去监河侯那里去借粮米。

监河侯见到庄子登门求助，于是很爽快地就答应了庄子的请求，说道："我就要收到封邑中的收入，到时候借给你三百两银子好吗？"

庄子听了监河侯的话之后，说道："我昨天在来的路上，听到了有呼喊的声音，环顾四周，只见一个干涸的车辙中有一条鲋鱼。我就问它在做什么，这个鲋鱼回答说：'我原来是东海中的百姓，如今落魄到这个车辙当中，你有没有一升半斗的水给我活命？'我回答它：'可以，我现在要去南方游说吴、越的国王，引西江水接你，可以吗？'鲋鱼生气地说道：'我失去了我平常所需要的水，没有可以生存的地方了，只要一升半斗的水就可以活命，你竟然跟我说这些，还不如早点到卖干鱼的店铺里去找我呢。'"

面对别人的困难，要及时地进行帮助。

 471 引狼入室——交"友"不慎

这则典故比喻自己把坏人或敌人招引进来。

从前，有个牧羊人在山谷里放羊。正在放羊的过程中，看到一只狼远远地在后面跟着，于是这个牧羊人就时刻提防着。几个月过去了，这只狼还是远远地在后面跟着，并没有要靠近羊群的意思，更没有伤害过一只羊。这让牧羊人逐渐对这只狼除去了戒心。又过了一段时间，因为狼在羊群后面跟着，其他的野兽都不敢靠近羊群，逐渐地，牧羊人觉着狼在后面跟着是对自己的羊群有益的。再后来，牧羊人索性把这只狼当做了自己的牧羊犬去看管羊群。这只狼将羊群看管得很好，而且也从来没有伤害过任何一只羊。牧羊人想："人们都说狼最坏，要我看，狼也没有很坏啊。"

一天，牧羊人因为有事要进城一趟，于是就把羊群放心地托付给了狼看管。狼往常一样在羊群后面跟着，不让其他野兽靠近，估摸着牧羊人已经差不多进城了，就冲着山林中大声嗥叫了几声，引来了许多的狼，将羊全都吃光了。

牧羊人是因为不了解狼的本性所以才被狼的伪善所欺骗，最后羊群被吃得一只不剩。在我们生活中，交友也是一样的，因为不了解而引狼入室，最终受害的是自己。

472 心怀叵测——外表真诚，内心险恶

这则典故的意思是指心存险恶，不可推测。

战国时期，赵国国君赵惠文王派大夫楼缓出使外国。那时候的楼缓已有异心了，但在出使前还是假惺惺地对赵惠文王说："大王将这样重要的任务交给我，我一定誓死效忠，请大王放心。"赵惠文王被楼缓的诚心感动，说道："实践你的承诺，早日归来。"楼缓假装感动地跪下说："如今臣出使别国，并不考虑自身的性命安危，唯一顾虑的就是臣走后在赵国的声誉问题。在我离开赵国后，肯定会有一些嫉妒之人对我进行恶语诽谤，说我里通外国，如果大王您轻易地就相信了别人的话，那么受伤害的是我，那时我又怎么能回到赵国呢？"赵惠文王听了楼缓的话之后，诚恳地说道："你放心吧，我不会听信他人的谣言。"

楼缓离开赵国后就逃到魏国去了，并送给魏王很多贵重的礼物。消息传到了赵国，可赵惠文王还是执意不信，并说："我对楼缓发过誓，不会相信任何谣言的。"大臣们见这样执迷不悟的赵惠文王，着急又生气，可最终还是没能劝服赵惠文王。

后来，"居心叵测"这个词语常用来比喻人存心险恶不可推测。

外表的诚恳，内心的险恶，在我们处事的过程中，这样的人不少。所以在与人相处的过程中，我们一定要擦亮双眼，不要被这种人外表的诚恳所迷惑。

 473 包藏祸心——心怀鬼胎

这则典故出自《左传·昭公元年》："小国无罪，恃实其罪；将恃大国之安靖已，而无乃包藏祸心以图之。"意思是心里怀着害人的恶意。

春秋时期，郑国国君想将大臣公子段的女儿嫁给楚国的将军公子围，希望可以用这种结亲的方式同楚国建立友好的关系。然而，楚国却是想利用公子围到郑国迎亲的这次机会，带兵前往一举将郑国吞并。

迎亲当天，公子围驾起战车，率领军队，浩浩荡荡直奔郑国。其实，楚国的这份险恶早就被郑国的政治家子产识破了。所以在公子围迎亲的那天，子产特意派子羽出城婉言辞谢。见到公子围准备进城的大军，子羽谢绝说道：

"我们郑国的都城实在是太小了,盛不下你们楚国前来迎亲的军队,我们就在城外举行婚礼吧。"楚国说:"婚礼是件大事,怎么能这样草率地就在野外举行?你们郑国不让我们楚国进城迎亲,那岂不是让全天下的人都笑话我们楚国的地位低于你们郑国吗?不但如此,我们的公子围在离开楚国之前,特意去祖庙恭敬地祭告祖先,你们不让我们进去迎亲,岂不是让我们的公子围落下欺骗祖先的罪名?"

子羽见楚国代表已经将话讲到这个程度了,也就只好直言不讳地说道:"我们的国家很小,所以希望仰赖大国,但这并不代表我们就不会加以防备。郑国同楚国的联姻,本来是想依靠你们这样的大国来保护我们小国,可你们却包藏祸心,想借机吞并我们,这岂是我们可以容忍的?"

听了这番话,公子围见阴谋已经败露,料想郑国也一定对此有所防备,所以只好放弃了偷袭郑国的打算,但却坚决否认自己有吞食郑国的意图,坚持想进城迎亲,并表示,进城的楚兵一律不准携带武器。

子产和子羽见公子围已经有了这样的承诺,便同意了进城迎亲的要求。

就这样,公子围在郑国城中举行了婚礼,不久后便带着新娘子回到了楚国。

> 不论是包藏祸心还是心怀鬼胎,只要你内心有不轨的想法,最终都只会以失败而告终。

 474 三无赖落阱——善恶终有报

这是古时候的一则寓言故事,通过讲述三个无赖去别人家偷李子而掉到陷阱中的故事,告诉人们善恶有报的道理。

很久很久以前,在一个村庄的西面住着一个老妇人,这个老妇人家的庭院中有一棵李子树,树上结了许多又大又甜的李子。本是件好事,可老妇人却头疼于李子经常被偷。为了惩治这些偷李子的小贼们,老妇人想出了一个办法。她在院子围墙下挖了一个陷阱,在里面倒进了许多脏东西,心想,看你们这帮偷李子的小贼掉进我的陷阱中怎么受罪。

这天,有三个流氓路过老妇人家门前,看到了树上结的那些上好的李子,顿时心生歪念,于是三个人商议,天黑之后过来偷李子。

夜幕降临,三个流氓相约在老妇人家的门前,第一个人首先敏捷地翻过了墙,却不想直接就掉进了老妇人设的陷阱当中,浑身都沾满了令人恶心的脏污。不过他依旧抬起头小声叫他的同伴翻墙过来，说李子又大又甜，十分美味。第二个人也敏捷地翻过了墙，同第一个人一样，直接掉进了陷阱当中。他刚要开口告诉第三个人不要进来，却被第一个人堵住了口。第一个人依旧对墙的另一面小声喊道："快过来啊，又大又甜的李子。"第三个人迫不及待地翻过围墙，掉进了陷阱。陷阱中的三个人相互望了望，这时第一个翻墙的人开口说道："如果你们两个不像我一样都掉进陷阱中，那岂不是会一起笑话我？"听了第一个人的话，第二个和第三个翻墙的人只好无奈地看了看彼此。

跟着坏人学做坏事，终有一天会被坏人拉下水。所以，交友须谨慎。

475 将相和——大度容人，可平天下

这个典故出自司马迁的《史记·廉颇蔺相如列传》。海纳百川，有容乃大，一个有度量能容人的人，能团结其周围的一切力量，这种力量足以平定天下。

战国时候，秦国最强，经常进攻别的国家。赵国舍人蔺相如奉命出使秦国，他不辱使命，完璧归赵，所以封了上大夫；后来又陪同赵王赴秦王设下的渑池会，使赵王免受侮辱。为表彰蔺相如的功劳，赵王封蔺相如为上卿。

对此，赵国的武官廉颇很是不服气，他对别人说："我攻无不克，战无不胜，立下许多大功劳。蔺相如有什么能耐，就靠一张嘴，反而爬到我的头上去了。我碰见他，得让他下不了台！"这话传到了蔺相如耳朵里，蔺相如就请假不上朝，免得跟廉颇见面。

有一天，蔺相如坐车出去，远远看见廉颇骑着高头大马过来了，他赶紧叫车夫把车往回赶。蔺相如手下的人可看不下去了。他们说，蔺相如怕廉颇像老鼠见了猫似的，为什么要怕他呢！蔺相如对他们说："诸位请想一想，廉将军和秦王比，谁厉害？"他们说："当然是秦王厉害啦！"蔺相如说："秦王我都不怕，会怕廉将军吗？大家知道，秦军不敢进攻我们赵国，就因为武有廉颇，文有蔺相如。如果我们俩闹不和，就会削弱赵国的力量，秦国必然乘机来打我们。我避着廉将军，是为赵国啊！"

蔺相如的话传到了廉颇的耳朵里。廉颇静下心来想了想，觉得自己为了争一口气，就不顾国家的利益，真不应该。于是，他脱下战袍，背上荆条，到蔺相如门上去请罪。蔺相如见廉颇来负荆请罪，连忙热情地出来迎接。从

此以后,他们俩成了好朋友,同心协力保卫赵国。

蔺相如以国家大事为重,始终忍让。将相和好,共同辅国,国家无恙。所以,无论与交友还是与人相处,一个人的宽容和度量是极为重要的。它可以结合一切可以结合的力量,完成自我目标,成为极为成功的人。

 476 四海之内皆兄弟——君子何患无友

这则典故出自《论语·颜渊》:"君子敬而无失,与人恭而有礼,四海之内,皆兄弟也。"意思是普天之下的人民都像兄弟一样。

圣人孔子有一个弟子叫司马牛,一次,司马牛向孔子请教该怎样做一个君子,孔子回答说:"君子不忧愁,不害怕。"司马牛不是很明白孔子的意思,于是接着问道:"不忧愁,不害怕,这就叫做君子了吗?"孔子回答说:"君子就是要时常地反省自己,所以内心没有什么愧疚,那还有什么可忧愁、可害怕的呢?"司马牛告别了老师,在路上遇到了师兄子夏。司马牛见到自己的师兄后便抱怨起自己的忧愁,说道:"每个人都有自己的兄弟,那是一件多么快乐的事情啊,唯独我没有。"子夏听了司马牛的话之后安慰其说道:"我曾听说,一个人的生与死都是要听从命运的安排,富贵则是由天来安排的。君子对工作谨慎认真,不出差错,与人交往的态度也是谨慎而合乎情理的,那么,普天之下就到处都是兄弟了啊。是君子,怎么会担心自己没有兄弟呢?"

如果我们能用最真诚的态度去对待身边的人,那么,四海之内就都是兄弟了。

 477 人有卖骏马者——千里马还需伯乐识

这则典故出自《战国策·燕策二》,寓意是伯乐识得千里马。

相传,伯乐是天上管理马匹的神仙,很会识马。

一次,伯乐受到楚王的委托,希望他可以帮助自己买到一匹日行千里的骏马。伯乐答应了,并特别告诉楚王,千里马少有,需要到各地寻找,希望大王不要着急,他一定会尽力将事情做好。

就这样,伯乐踏上了为楚王寻马之路。伯乐连续跑了几个国家,可却依旧没有发现让他中意的好马。但伯乐没有灰心,依旧慢慢找寻着。一天,伯乐从齐国返回楚国,在路上看到了一匹拉车的马,只见这匹马骨瘦如柴,吃力地在陡坡上行进，累得气喘呼呼。因为对马的敏感，伯乐走到了这匹马的跟前。而马见到伯乐，也突然昂起头，瞪着眼睛，大声嘶鸣，仿佛是要向伯乐倾诉些什么。熟悉马性的伯乐立马就判断出这是一批难得的好马。于是伯乐开口对驾车的人说："如果这匹马驰骋在疆场，那么任何马都比不过它，可如果这匹马只是用来拉车，它却不如任何普通的马，你还是将这匹马卖给我吧。"

驾车的人听了伯乐的话之后，以为自己遇到了个大傻瓜，看了看这匹饲料吃得多、货物拉得少的瘦马，毫不犹豫地就卖给了伯乐。

伯乐满意地牵着这批千里马回到楚国，见到楚王的时候说道："我已经为您找到了您所需要的千里马。"楚王看着眼前这匹瘦马，皱着眉头说道："我是因为相信你会看马，才让你帮我买马，可如今你给我买了一匹什么马啊？这匹马看起来连走路都困难，怎么能上战场？"

伯乐听了楚王的怀疑之后解释说："这的确是一匹千里马，只不过是因为拉了一段时间的车，又没有被精心喂养，所以看起来很瘦。只要大王您能精心喂养他，那么不出半个月的时间，它就一定会恢复体力的。"

楚王将信将疑，命令马夫尽心尽力地将马喂养好。果然，经过半个月的时间的调养，马变得精壮，载着楚王驰骋沙场，立下了不少的战功。

生活中，一些有才华的人总是得不到上司的赏识。但面对这样的境地，不要太过心急，只要耐心等待，终究会有伯乐发现你，让你一展才华。

478 言归于好——做人何必太小气

这则典故出自《左传·僖公九年》："凡我同盟之人，既盟之后，言归于好。"意思是彼此重新和好。

战国时期，诸侯争霸，连年的战争不仅让各国疲惫，更是让百姓们备受折磨。后来齐国第十五位国君齐桓公建立了霸业，为了让诸侯各国重修旧好，在葵丘召开了结盟会议，也就是历史上的"葵丘会议"。

结盟大会上，各国代表都各抒己见，经过一番激烈的争论之后，最终达成了决议：第一，不得阻塞水源；第二，不得阻挠粮食的流通；第三，要尊贤育才，选拔贤士，不得世袭官职。后来在盟会结束的时候，齐桓公还最后要求，凡是参加了同盟的各国，订立了盟约之后，大家就一定要遵照执行，消除过去的隔阂，重新友好相处。

后来引申出"言归于好"这句成语，用来表示重新和好。

与人相处，太过小气就会伤了和气。所以试着学会包容，你会发现，身边多了很多朋友。

479 海上沤鸟——坦诚，交友的态度

这则典故出自《列子·黄帝》，讽刺那些背信弃义的人最终将失去所有的朋友。

很久以前，在海岸边住了一个很喜欢海鸥的人。这个人每天清晨都会来到海边同海鸥一起玩耍，而海鸥对他也一点没有惧怕，总是成群地飞向他，有时会超过一百只。

一天，这个人的父亲对他说："听别人说，你每天早上去海边都有好多的海鸥飞向你，看来海鸥很喜欢和你一起玩耍啊，你捉来几只，让我也玩玩。"这个人答应了。第二天一早，他如往常一样来到海边，可海鸥们却没有一只飞向他，都在空中不停地盘旋，不肯落下。

朋友之间，最重要的就是相互坦诚，那些为了自己的利益而伤害朋友的小人，最终将会一无所有。

480 甲与乙相善——顺从背后的阴谋

这则典故出自《阅微草堂笔记》，寓意是那些事事都顺从你的人不一定就是真的朋友，或许他们另有所图。

古时候，有两个好朋友——甲和乙。甲对乙十分信任，甚至请他帮自己处理家庭等各方面的事情。而乙对甲也是完全听从，从来没有过怨言。后来，甲当了抚军，公务繁忙，于是甲又请到了乙在事业上帮助自己，乙还是和往常一样地听从，没有怨言。

一段时间之后，甲发现了乙的奸诈，并侵占了自己的全部财产。甲非常生气，就责骂了几句乙。而乙不仅不认错，还抓住了甲的短处反咬一口。气愤的甲决定要上告乙。

一天夜里，甲梦见有个人对他说："乙本来就是一个阴险恶毒的人啊，你干吗那么信任他？就是因为他事事都顺着你的心意？"甲点头，梦中人又说

道:"就是这样的人才可怕啊,他们事事都顺从着你的心意,从来不会拒绝你们,让你们完全地信任他,然后他们就开始大肆欺骗你。不过这种人也不会有什么好下场的,一定会有人去收拾他们的,所以你也没有必要再上告了。财产被侵占,也算是对你随便相信人的一种惩罚吧。"

每个人都会有自己想法,有的人可以忍受你的一切而事事顺从你,却有他自己的目的,交友过程中,我们一定要小心这种人。

481 弓与矢——团队合作,缺一不可

这是古时候的一则寓言故事,寓意在团队合作的过程中,不要总是强调自己的能力,要懂得配合,这样才能将每个人的才能都发挥到极致。

古时候,一个人拿着自己的弓吹嘘说:"我的弓简直就是天下无敌,什么箭都不用。"这时,另外一个拿着箭的人也吹嘘说:"我的箭才是天下无敌啊,什么弓都不需要。"

后来,善于射箭的后羿听说了这两个人的吹嘘之后,说道:"如果没有弓,箭又怎么会被射出?没有箭,弓又怎么可能射中靶子呢?"然后叫二人将弓箭相结合,并教授他们射箭。

团队合作中,如果每个人都只强调自己的能力,那么这个团队中的人就算再优秀,最终也只是一事无成。

482 黄雀衔环——动物都懂得的报恩

这则典故出自《续齐谐记》,意思是黄雀衔着银环以报答恩人。指感恩答谢。

古时候,有个叫杨莹的人。在他九岁的时候曾发生了这样一件事情。

一天,杨莹外出,看到一只受伤的黄雀趴在地上,一动不动。杨莹走上前去,小心翼翼地将黄雀拾起,带回家中,仔细地帮它养伤。一段时间之后,黄雀的伤势逐渐好转。三个多月后,黄雀已经像从前一样可以自由地在空中飞翔了。杨莹见黄雀伤势已好,就将其放回了大自然。黄雀通人性地在杨莹的头上转了一圈之后就飞走了。

在黄雀飞走的当天夜里,有一个身穿黄衣的童子来到杨莹的家中,称自己是西王母的使者,特向杨莹感谢救命之恩,并送上白环四枚,祝其子孙位

登三世。

后来,人们便用"黄雀衔环"来形容感恩答谢。

> 动物都明白知恩图报的道理,何况是人。

 483 义猴之墓——感恩之心,人兽皆有

这则典故出自《杏林集》,寓意人也好,动物也好,感恩是我们每个人都该做到的。

很久很久以前,山上住着一个老人。这个老人的妻子在很早的时候就去世了,他的女儿也在几年前嫁到了很远的地方,留下这个老人自己孤独地生活在山上。

一天,一个猎人上山打猎,见这个老人可怜,就送了他一只小猴子。

老人很疼爱这只小猴子,每天自己吃什么就给猴子吃什么,从来不用链子或者绳子拴着小猴子。这只小猴子也很懂事,老人喂它什么它就吃什么,也从来不跑不离开。

几年后,老人变得更老了,小猴子也逐渐长大。一天,老人突然离世,猴子关上老人家的房门,来到老人女儿那里,泪如雨下。老人的女儿见状,问猴子:"是我的父亲去世了么?"猴子点点头。老人的女儿遂同猴子一起回家。

女儿想要安葬老人,可家中没有那么多钱。于是猴子就向同乡的人去哭泣,集资埋了老人。将老人安葬好之后,老人的女儿向猴子鞠躬表示感谢,并示意它离开,去享受自己的生活。而猴子却始终坚守在老人的房子中,每天自己去采野果子吃,每过几天就会去老人的坟前哭祭,就好像是在报答老人的养育之恩。

几个月后,猴子僵死在了老人的坟前。乡里的人纷纷被这只猴子的义举所感动,于是将它的尸体埋在了老人的坟旁,并竖了一块石碑,上面刻着"义猴之墓"。

> 猴子知恩图报,由此可见,动物也有是良知的。

 484 蔡磷坚还亡友财——讲求诚信,收获挚友

这则典故出自《清稗类钞·敬信》,寓意是做人一定要讲求诚信。

古时候，在吴县有个叫蔡磷的人。此人为人老实，且与朋友处事十分讲求诚信。

一次，蔡磷的一个朋友将一千两白银寄存在了他那里，没有立字据。没过多久，他的这个朋友因意外而去世了。于是蔡磷将他朋友的儿子叫了过来，还了千两白银。朋友的儿子见到白银非常吃惊，并拒绝道："哪里有这样的事情啊？寄存白银不立字据，况且，我的父亲生前也没有同我讲过这件事情啊。"蔡磷笑着回答说："字据已经立在了心里，何必写在纸上呢？因为你的父亲了解我的为人，所以才没有将这件事情告诉你。"

最终，蔡磷将千两白银归还给了朋友的儿子。

诚信是我们处事交友最基本的原则。你用真心对待别人，别人也一样会用真心对待你。人与人之间相互信任，我们的社会就会变得越来越美好。

 485 杀骡乘鸡——主人不懂待客之道，又找借口搪塞

这则典故是古时候的一则寓言故事，讽刺了那些待客不热情又不断为自己找借口的人。

古时候，村中住了一户为人很小气的人家。一天，一个朋友到这户人家做客。这户人家的主人只将家中的一些蔬菜简单地炒了炒，便端上桌来招待客人。客人看了看这寒酸的饭菜之后，一脸的不开心，主人也看出了客人的不满意，解释说道："唉，我的家离集市实在是太远了，所以没有什么好的食物可以招待您啊。"客人见主人这样解释，于是说道："那既然这样，就将我骑来的那头骡子杀了吃掉吧。"主人吃惊地说："杀了骡子，那您该怎么回去呢？"客人站起身，指了指台阶上的鸡说："我就借您家的这只鸡骑回去好了。"主人很不好意思地低下了头。

接待朋友，永远要持着一颗最热忱的心，因为人与人之间的情感付出都是相互的，你对别人真诚，别人才会回报给你他的真心。

 486 泽人网雁——对于朋友，选择相信

这则典故出自《燕书》，寓意是任何事情我们都应该仔细调查之后再下结论，绝对不可以凭借自己的主观判断就感情用事。

在太湖的洼地,是众多白雁选择栖息的地方。白雁在休息的时候,因为害怕会被人类伤害,于是每晚都会派一只白雁值班,让它在众白雁栖息的四周巡逻。一旦有人类的侵袭,巡逻的白雁就会大声地叫。

一天,白雁们像往常一样栖息在洼地,有个熟悉白雁习性的湖边人点着火把来到雁群附近。巡逻白雁见到有光便大声叫,湖边人立马熄灭火光。被叫声惊醒的群雁发现周围并没有什么东西,就又继续休息。反复几次,群雁就认为是巡逻的白雁在瞎乍呼,于是就共同攻击它。过一阵,湖边人再拿着火把上前的时候,巡逻的白雁就不敢再叫了。湖边人就轻松地用网捕捉了所有熟睡中的白雁。

巡逻的白雁后来不敢再叫,是因为怕被群雁攻击,而群雁之所以攻击巡逻的白雁,是因为被几次叫醒后都没有发现危机。在团队中,我们一定要相信我们的队友,理智地调查后再下结论。不然就像栖息的群雁,因为对队友的怀疑而最终被湖边人全部捕获。

 487 千里姻缘一线牵——缘分牵引,一世夫妻

这则典故出自《续玄怪录·定婚店》,形容夫妻的缘分都是命中注定的。

故事发生在唐朝。一天晚上,一个叫韦固的小男孩儿去河边玩耍,无意间抬起头,看到月下坐着一个老人。只见这个老人一边翻着书,一边用红绳将身边的石头两两相系。韦固好奇,就问道:"老伯伯,你这样用红绳将两个石头系在一起是什么意思啊?"老人笑着回答说:"我这是在给当婚的人牵线啊。每牵一对石头,那就是一世的夫妻啊。"韦固好奇地问:"那我未来的妻子会是谁呢?"老人看了看手中的书,环顾了一下四周,指着菜园中的一个女孩说:"就是她。"韦固顺着老人手指的方向看去,只见一个面相丑陋的女孩正在菜园中干活。韦固心想:"这女孩家里一定很穷,而且长得又丑,我才不要和他一起一辈子,不如趁早害死她算了。"

几天后,韦固再次路过那个菜园,看到女孩依旧在菜园里干活。韦固见四周没人,捡起地上的一块石头就向女孩扔去。只听一声惨叫,女孩应声倒下,韦固慌忙逃走。

十几年后,韦固通过自己的努力,成为了朝中的大学士,但身边却一直没有妻妾。虽然给他提亲的人非常多,但没有一个能让韦固称心。一个偶然的机会,韦固到一个姓张的员外家做客,在那里见到一个美貌出众的姑娘,

让韦固顿生爱意。这个姑娘是张员外的外甥女,见到相貌堂堂的韦固后,她也是心生喜欢。张员外看出了两个年轻人的心思,当下托媒人定了婚事,为二人选了吉日成亲。

婚后,韦固发现爱妻额角上有一个小疤,就问是怎么回事,爱妻回答说:"在我很小的时候,家里很穷,我每天都要到菜园里去帮忙干活。一天,我正在菜园里拾菜,不知被谁扔出的石头砸中,所以留下了这个疤痕。"韦固听了妻子的叙述后,十分吃惊,就将小时候见到月下老人牵红线的事情告诉妻子,并说:"原来,缘分是拆不散的啊。"

而"千里姻缘一线牵"也就是从这个典故中流传出来的。

每对夫妻都是缘分的注定,所以要好好珍惜自己的另一半。

 488 结草报恩——知恩图报

这则典故出自《左传·宣公十五年》,告诉我们该学会知恩图报。

魏武子是春秋时期晋国的大夫,一次,魏武子生病,当清楚自己时日不长之后,魏武子对他的儿子魏颗说:"在我死了之后,你一定要将我最宠爱的小妾改嫁给别人。"

后来,魏武子的病越来越重,他就将魏颗又叫到自己的身边,说道:"在我死了之后,你一定要将我宠爱的那个小妾给我殉葬。"不久之后,魏武子病重去世,他的儿子魏颗将他最宠爱的小妾改嫁给了别人,并对那个小妾说:"人在重病的时候,神智往往是不清醒的,所以我依照父亲清醒时的吩咐,将你改嫁给别人。"小妾十分感激。

一次,魏颗率军与秦国将领杜回交战。激战之时,一位老人出现在战场上,并用地上的草打成了许多结将秦将杜回绊倒。而魏军正好利用了这个机会将杜回活捉,秦军大败。当天夜里,魏颗梦见一个人对他说:"还记得战场上的那个老人么,他就是你父王小妾的爸爸啊。因为你没有将他的女儿殉葬,他是特意来到战场上结草报恩的。"

对那些曾经对我们有恩的人,我们要记得报答。

 489 既往不咎——学会原谅,懂得宽容

这则典故出自《论语·八佾》,原指已经做完或做过的事,就不必再责怪了。现指对以往的过错不再责备。

宰予是圣人孔子的得意门生之一,春秋末期鲁国人,在哲学方面很有造诣。有一次,鲁国国君鲁哀公约他一起谈论关于祭土地神的事情。

鲁哀公问道:"我们在供奉土地的时候,木牌该用什么木料比较好呢?"宰予的回答将各个朝代的木牌用料及寓意都讲清清楚楚后,鲁哀公满意地点点头,并让其老师孔子对此做一个点评。孔子说:"既然都已经是完成的事情了,那就不要再去说了。顺势办的事情不要劝阻,面对那些已经过去的事情,我们要既往不咎。"

宰予听了老师的话之后问:"那对于伤害过您的感情,但又回头道歉的那些人,可以宽容么?"孔子不假思索地回答说:"一样地既往不咎。"

听了孔子的话,鲁哀公和宰予都微笑地点着头。

宽容是门大学问,如果我们每个人都能学会宽容,那么这个社会就会越来越安定、团结。

 490 糟糠之妻——千金易得,真爱难求

这则典故出自《后汉书·宋弘传》,指贫穷时可以共患难的妻子。

东汉时期,有个叫宋弘的人深受汉光武帝刘秀的赏识,此人学识渊博,而且品行端正,在朝中担任太中大夫。

汉光武帝有个姐姐湖阳公主。因为这个湖阳公主死了丈夫,所以刘秀曾与她谈论过满朝官员中哪一个受其爱慕,好让她改嫁。湖阳公主回答说:"这满朝的大臣大众,我看只有宋弘是个才貌双全的君子。"见姐姐对宋弘爱慕,刘秀特意召见了宋弘,对他说:"这个人要是地位变高了,那身边的朋友就会改变;如果这个人要是发财了,那么他往往就会另娶妻子。这都是人之常情。"宋弘听了刘秀的话后,很坚决地说道:"我们在贫贱时候所结交的朋友是不可以随便忘记的,与你共患难的妻子更是不能抛弃啊。"刘秀听了宋弘这番话之后,欣慰地点了点头,然后回去同他的姐姐说道:"看来,我们是不能动员宋弘另娶妻子了。"

你贫穷时交的一定是关心你的朋友,在你患难时一直陪伴着你的妻子一定是真心爱你的妻子,这两种人是我们所不能抛弃的。

491 各自为政——合作处事，该相互考虑周全

这则典故出自《左传·宣公二年》："畴昔之羊子为政，今日之事我为政。"指各按自己的主张办事，不互相配合。比喻不考虑全局，各搞一套。

春秋时期，郑国与宋国的关系一直很僵硬，两个国家经常发生战争。

一次，郑国和宋国间又因为一些小事而发生了不快，于是郑国准备攻打宋国。宋国遂派大将华元迎战。华元是个很有经验的老将，为了鼓舞将士们的士气，他特意在两军交战之前杀了牛羊给将士们吃。但因为将士太多，忙乱之中，他居然忘记了分给自己的马夫一份。这个马夫是个很小气的人，见自己没有肉吃，就一直怀恨在心，并且越想越生气，决定找个机会好好报复一下华元。

几天后，两军正式交战，就在华元准备好好大战一行的时候，意外却发生了。他的马夫在他上车的时候对他说道："既然你负责分发牛羊肉，那么我就负责驾车好了。"说完就将华元直接送到了郑军那里。华元就这样莫名其妙地被郑军活捉了，而他的军队也因为失去了他的指挥而大败给郑国。

我们做事讲求合作，而在合作的过程中，我们就需要去细心地考虑到其他人的想法与感受，否则就会像宋军与郑军的这场战争——大败而归。

492 千里送鹅毛——礼轻情意重

这则典故出自《路史》："千里送鹅毛，礼轻情意重。"意思是礼物虽然轻薄，但却情意深厚。

古时候，一个地方官在一次偶然的机会得到了一只天鹅。天鹅是一种很珍稀的飞禽，所以这个地方官便想将这只天鹅送给皇上。可京城路途遥远，又是运送这么珍贵的天鹅，必须找一个百分百信任的人去才行。选谁呢？这个官员思来想去，找了他身边最为信任的一个人，叫缅伯高。

缅伯高在接到官员的委托之后，立马回家带了些行李就抱着天鹅出发了。

缅伯高就这样抱着天鹅走在去往京城的路上，当走到潘阳湖边的时候，缅伯高想，走了这么久，人累，天鹅也应该累了吧，于是就想给天鹅洗个澡。缅伯高小心翼翼地将天鹅放在水中，却不想，天鹅呼扇了几下翅膀了飞走了。

这下可把缅伯高吓坏了,如果就这样去见皇帝,恐怕皇帝会一生气而治自己的罪;转头回去,岂不是负了上司对自己的信任。就在缅伯高一筹莫展的时候,低头看见一根天鹅呼扇翅膀的时候掉下来的羽毛。缅伯高看着羽毛,灵机一动,决定将羽毛献给皇帝,并附送了一首诗,其中诗的最后两句是这样写的:"千里送鹅毛,礼轻情意重。"

皇帝在看了诗之后,饶恕了缅伯高。

有时候,打动我们的往往不是一份珍贵的礼物,而是一片真诚的心。

 493 酒徒遇啬鬼——吝啬之人的不断推脱

这是古时候的一则寓言故事,讽刺了那些吝啬、爱占便宜的人。

古时候,有个喜欢喝酒的人。一天,这个人在路上见到了一个好久没见的朋友,于是就想到这个朋友家中与其一起喝酒聊天。嗜酒之人的朋友为人很小气,听说嗜酒之人想到自己家里做客,就推脱说自己家很远,要走很久。嗜酒之人回答说:"没关系的,再远不过二三十里地。"其友又推脱说:"我家十分简陋,恐怕会委屈了您。"嗜酒之人又答:"没关系的,只要门开着就可以了。"友人再次推脱说:"您想喝酒,可我家中没有准备好器皿,没有喝酒的杯子。"嗜酒之人说:"你我都是这般熟悉的老友了,直接用瓶子喝就行了。"友人最后说:"那好吧,你暂且等我半天,我拜访完一个朋友再叫你一起回去。"嗜酒之人听了友人的话之后目瞪口呆,说不出话来。

做人不可以太过小气,总是这样,你身边的朋友就会越来越少。

 494 破镜重圆——缘分终未尽,破镜能重圆

这则典故出自《本事诗·情感》,比喻夫妻失散或感情决裂后重新团聚与和好。

南朝后主陈叔宝的妹妹乐昌公主与他的驸马徐德言原本是一对非常恩爱的夫妻,但后来因为隋文帝灭掉了陈朝,陈朝上下大乱,徐德言怕自己和妻子会因此分开,所以将一面镜子破成两半,一半给乐昌公主,另一半留在自己的身边,并说道:"如果我们日后真的分开了,那么就在每年的元宵节,拿着镜子去集市上卖，这样我们就会有重逢的机会了。"

后来，乐昌公主被虏，夫妻二人不幸分开。徐德言十分难过，终日拿着半块镜子思念自己的妻子。

有一年，到了元宵节，乐昌公主记得丈夫和自己的约定，于是让自己身边的老仆人将半块镜子拿到市场上去卖，结果真的遇到了丈夫徐德言。后来，俘虏乐昌公主的杨素被这夫妻二人的真情感动了，就将乐昌公主放了，还给了徐德言。夫妻二人终于团聚了。

因为缘分未尽，所以才能再遇。

495 落井下石——交友不慎的悲哀

这则典故出自《柳子厚墓志铭》，意思是看见别人掉进陷阱里，不伸手救他，还往井下丢石头。比喻乘人之危加以打击、陷害。

柳宗元是唐宋八大家之一，在他少年的时候就因为文章写得好而很有名气。后来他中了进士，在朝中当上了御史大夫，但因为犯了一些小的过失而被贬到雍州当司马，不久又调到柳州去当刺史，最后抑郁而终。

与柳宗元同一时期的文豪韩愈是柳宗元的好朋友，他亲眼看着好友被小人陷害，郁郁不得志而终，心里很难过，就替柳宗元写了一篇墓志铭。在墓志铭当中有一段是这样说的：读书人要在穷困的时候才能看出他的气节。现在有些人平日居住在简陋巷里，大家和和气气的，相互仰慕，和善地相处着，就像是知己一样，并誓言生死与共，装得很是诚恳。可如果有一天，双方为了一点小小的利害就发起了冲突，他就会翻脸不认人。这个时候，如果你不幸掉到陷阱里，对方不但不会救你，还会拿石头扔你。这些事情是禽兽都做不出的，而这些人却还以为自己做得很对。

当你掉到井里之后，身边的人是会将你拉上来，还是冷眼看笑话？又或者，不仅不拉你上来反而拿石头丢掷你。交友的时候一定要谨慎。

496 高山流水——知音难求

这则典故出自《列子·汤问》，比喻知己或知音，也比喻乐曲高妙。

战国时期有个叫伯牙的人，是晋国的大夫，他精通琴艺。

伯牙在年轻的时候就很好学，且很有天赋，曾拜高人为师。虽然琴技已经达到很高的水平,但伯牙对自己的要求甚高,觉着自己还不能够将对各种事物的感受表现得出神入化。当伯牙的老师知道伯牙的这种想法后,便带着他乘船到东海的蓬莱岛上,让他欣赏大自然的景色,倾听大海的波涛声。面对这样美丽的景色,伯牙感觉自己仿佛已经置身仙境,耳边聆听大自然最和谐的音律,顿时灵感四起,情不自禁地弹奏起来,音随意转,将大自然的美妙完美地融进了琴声当中。这使伯牙体会到了一种前所未有的境界,从这之后,伯牙的琴艺快速地精进。不久之后,伯牙的老师见其已经学有所成,便让伯牙自行离去。从此之后,伯牙便开始四处游历。

  一天晚上,伯牙如往常一样乘船游历。面对清风明月,伯牙忽然思绪万千,心中顿生灵感,便开始弹起琴来。琴声悠扬,伯牙也随之渐入佳境。这时,忽然岸上有人拍手叫绝,伯牙闻声望去,只见一个穿蓑衣、挑担子的樵夫站在岸边。这使伯牙非常吃惊,他想不到一个樵夫居然有这样高的欣赏能力。于是他故意弹奏起赞美高山的曲调,樵夫便在岸边喊道:"琴声慷慨激昂,先生志在高山。"伯牙又弹奏起表现澎湃的波涛,樵夫又说道:"琴声清澈婉转,先生志在流水。"这使伯牙非常兴奋,认为终于遇到了知己,上前打听渔夫的名字,得知渔夫叫钟子期。就这样,伯牙同钟子期成为了心心相印的挚友,并相约好明年中秋在此共同赏月。可没想到,第二年的中秋,钟子期却去世了。伤心的伯牙前往钟子期的坟前祭奠,在弹奏了一首哀伤的曲子后便将琴摔碎,说道:"子期一死,还弹给谁听呢?"于是便发誓不再抚琴。

  对于知己,二人之间有相同的爱好、共同的语言。面对知己,我们无须花言巧语地讨好,也无须朝夕相处地增进感情,更无须刻意地去隐瞒自己的缺陷,有时只需一个眼神的接触,一句话的点拨,便可使对方心领神会。人生得一知己,足矣!

 497 齐人乞食——虚荣心作祟下的怪异举动

  这则典故出自《孟子·离娄下》,这是一篇具有讽刺意味的小文,讽刺了那些虚荣心作祟,甚至出卖灵魂的无耻之徒。

  战国时期,有个齐国人,每天都早早地出门,然后吃得饱饱的,喝得醉醺醺地回到家中。他的妻妾非常地好奇,就问他,每天都和什么人在一起吃喝。这个人就说,都是一些有权有势的人。可她们总是见丈夫每天出门和这些有权有势的人吃喝,却从未见过这些人来到过家里,于是妻子就对妾说:

"不知道丈夫每天到底跟什么人在一起,我明天打算悄悄地跟着他,看他每天到底去什么地方。"

第二天一早,这个齐国人像往常一样早早地出门了,他的妻子就悄悄地尾随在他的后面,走遍了全城,也没见到有一个人停下来和丈夫说话。最后,丈夫走到了东郊的墓地,开始向祭扫坟墓的那些人要剩余的祭品吃,没吃够,东张西望之后,又到别处去乞讨。妻子看了之后明白,原来这就是丈夫每天酒足饭饱的办法。

妻子回到家中,将今天看到的和妾讲了,并说道:"丈夫是我们依靠终身的人啊,他现在竟然是这样的。"晚上的时候,酒足饭饱的丈夫回到家中,全然不知情况的他还在自己的妻妾面前显摆着,说自己今天又跟权势之人出去饮酒吃饭,妻妾都鄙夷地看着他。

名利金钱的确可以满足每个人的虚荣心,但这并不是我们生活的必须,更没必要为此去欺骗别人。

 498 宾至如归——待客的学问

这则典故出自《左传·襄公三十一年》:"宾至如归,宁灾患,不畏寇盗,而亦不患燥湿。"意思是客人到这里就像回到自己家里一样,形容招待客人热情周到。

春秋时期,郑国宰相子产奉国君郑简公之命到晋国出访。却不想,到了晋国之后,晋国国君晋平公摆出大国的架子,根本没有迎接子产。于是子产命令随行的人员把晋国的宾馆围墙给拆掉了,将马车驶了进去。这时,晋国大夫士文伯责备子产说道:"我国修建宾馆是为了保证诸侯来宾的安全,而且还特意修建了高墙。现在你把高墙拆了,那来宾们的安全由谁负责?"子产回答说:"我们郑国是小国,所以按时来晋国进贡。可这次贵国的国君都没有空闲来接见我们,我们带来的礼物不敢冒昧地献上,又不敢让这些礼物日晒夜露。当年晋文公做盟主的时候,接待诸侯的宾馆并不是这个样子。那时的宾馆宽敞明亮,诸侯来了,就好像回到了自己家里一样。而如今,你们的离宫虽然宽广了,但宾馆却像是给奴隶住的小屋,门口狭小,连车子都进不去,客人来了都不知道什么时候才能被接见。您这不是有意为难我们吗?"

士文伯听了子产的一番话之后回去向晋平公报告,晋平公自知理亏,于是便向子产认错,并立刻下令重修宾馆。

与别人相处,就像是照镜子,你对镜子笑,镜子不会对你哭。相同的道理,在接待朋友的时候,一定要做到热情、随和,让朋友感觉就像在家一样。或许只是这简单的一次招待,你的身边就又多了一位挚友。

 499 举案齐眉——夫妻互敬的模范

这则典故出自《后汉书·梁鸿传》:"为人赁舂,每归,妻为具食,不敢于鸿前仰视,举案齐眉。"意思是送饭时把托盘举得跟眉毛一样高。后形容夫妻互相尊敬。

西汉末年,有一个政治家名字叫梁鸿。此人因为品德高尚,所以有许多人都想把自己的女儿嫁给他。但梁鸿统统拒绝了他们的好意。与他同县的孟氏,其女叫孟光。孟光长得又黑又壮,三十岁了还没有嫁人。父母问其为何不嫁,她答说:"我要嫁像梁鸿一样贤德的人。"梁鸿听说了这件事之后,下了聘礼,将孟光娶回家中。

过门那天,孟光将自己打扮得非常漂亮。梁鸿见了之后很不开心,婚后一连七日都没和孟光讲话。于是孟光便问梁鸿,是不是自己犯了什么过错,为什么不同自己讲话。梁鸿回答说:"我一直希望我自己的妻子是一位能穿麻葛衣、与我一起隐居到深山老林中的人。可你现在却穿着成这般,胭脂涂粉,梳妆打扮,这哪里是我想象中的妻子啊?"孟光听了之后笑着说道:"我这些日子这样穿着打扮,其实也是想验证一下我的丈夫是不是我理想中的那种贤士,其实我早就准备了劳作的服装与器具。"说完,孟光便将头发卷成髻,换上布衣,架起织机,开始动手织布。梁鸿看了之后非常的高兴,连忙走上前去说道:"这才是我梁鸿的妻子。"

后来梁鸿带着妻子去了霸陵(今西安市东北)山中,二人过起了隐居的生活。不久,为了躲避征召他入京的官吏,夫妻两个人来到了吴地(今江苏无锡境内),靠给人舂米过活。每天梁鸿回到家中的时候,孟光都准备好食物,将餐盘举到和自己眉毛一样高。后来,人们便用举案齐眉这个成语来形容夫妻之间相互尊敬。

无论是朋友还是夫妻,相互尊敬是人与人之间相处的准则。

500 狼狈为奸——坏人间的相互勾结

这则典故出自《二十年目睹之怪现状》,比喻互相勾结干坏事。

相传在很久很久以前,有狼和狈这两种野兽。狼的体态结构是前肢很长但后腿却很短。而狈则是后腿很长前腿前肢很短。两种野兽的体型各有好坏,在偷羊的时候遇到了麻烦。因为羊圈又高又结实,既跳不进去也撞不开,于是狼和狈就想到了一个办法:狼骑在狈的脖子上,然后狈用两条后腿站起来,将狼托得很高,狼再利用它长长的前肢攀上羊圈,把羊拖走。就这样,狼和狈在一起取长补短,每次都可以顺利地偷到羊。

论智商,狈是一种非常聪明而又狡猾的动物,其聪明程度远远地超过了狼和狐狸,每次都可以很容易地就逃过猎人的追击,于是,狼骑在狈的脖子上,依靠狈的头脑,逃脱猎人的追击。就这样,两种野兽相互依靠,互补长短,组成了做坏事的最佳拍档。

交朋友是好事,和朋友在一起共事也是好事,可如果和朋友在一起做的是丧尽天良的坏事,则是万万不可的。